W0174061

Lexikon des Aberglaubens

Helmut Hiller

Lexikon
des Aberglaubens

Gondrom

Sonderausgabe für Gondrom Verlag GmbH & Co. KG, Bindlach 1993
© 1986 Süddeutscher Verlag GmbH, München
Covergestaltung: Creativ Werbe- u. Verlagsgesellschaft
Ulrich Kolb, Leutenbach
ISBN 3-8112-1057-2

Inhalt

Vorwort

Irrationale Glaubenssätze haben das Leben einzelner und großer menschlicher Gemeinschaften oft stärker verändert als die Realitäten. Wegen Meinungsunterschieden und Glaubensdifferenzen haben sich Menschen fanatischer und brutaler bekämpft als wegen sachlicher Ziele. Irrgläubig, abergläubisch ist immer nur der andere, selbst hat jeder zweifellos den richtigen Glauben – sonst würde er diesem Glauben nicht anhängen.

So merkwürdig und intolerant geht es also im Bereich des Glaubens zu – immer schon, so lange es Menschen gibt. Aber wir brauchen nicht nach weltbewegenden Ideen zu fragen, wenn wir Irrtümer der menschlichen Phantasie suchen. Stichwörter wie Zahnschmerzen, Augenkrankheiten, Heimweh undsofort in diesem Buch zeigen, was die Menschen alles erfunden haben, um sich aus ganz persönlichen Alltagsnöten zu befreien. Wie sollten sie sich tagelange Zahnschmerzen ohne Zahnarzt erleichtern, wie einem hartnäckigen Rheumatismus beikommen?

War es erstaunlich, wenn unsere Ahnen jeden Strohhalm aufgriffen, der ihnen vermeintlich aus ihren Nöten helfen konnte? Für sie waren Geister und Dämonen real existierende Wesen, vor denen man sich schützen mußte oder die einem helfen konnten. Es gab für unsere Vorfahren weder Vitamine noch Bakterien noch Röntgenstrahlen – für sie war deshalb vieles unerklärbar, geheimnisvoll, was für uns klar durchschaubar ist – oder doch nur zu sein scheint?

Wer von uns Heutigen kann sicher sein, daß nicht unsere Nachkommen im 3. Jahrtausend, vielleicht schon in zwanzig Jahren, darüber lächeln, was wir Ende des 20. Jahrhunderts alles geglaubt haben? Etwa wenn heute Vollkornbrot und Quark als »die besten Schönheitsmittel« gepriesen werden? Oder wenn viele Menschen eine geradezu panische Angst haben, wenn der Dreizehnte eines Monats auf einen Freitag trifft, so daß sich an einem solchen Tag schließlich 30 Prozent mehr Verkehrsunfälle ereignen als an sonstigen Freitagen – aus Nervosität, wie man beim Allgemeinen Deutschen Automobil-Club (ADAC) meint? *Die Zeit* hat 1982 die Psychoanalyse pauschal als »den Aberglauben des Jahrhunderts« verurteilt, und wer möchte voraussagen, was aus der 1985 in einer Ärztezeitschrift ernsthaft und wissenschaftlich vorgetragenen Überzeugung wird, daß fromme Menschen weniger vom Krebs befallen werden und eine höhere Lebenserwartung haben als ungläubige.

Aber wir sollten nicht übersehen, welch schöne Naturverbundenheit unserer Vorfahren zum Beispiel daraus spricht, daß sie sich an Ostern und am Palmsonntag, wenn die ganze Tier- und Pflanzenwelt sich erneuert, auch ihrerseits neue Kleider anzuziehen aufforderten und glaubten, daß sie dies glücklich machen würde – glücklich in einem verinnerlichten, nicht im materiellen Sinn.

Sicher wird das eine oder andere natürliche Heilmittel, das in diesem Lexikon erwähnt wird, auch heute noch oder wieder benützt. Seine Anwendung erhält dann einen abergläubischen Charakter, wenn zum Beispiel ein absonderlicher Zeitpunkt oder eine spezielle Haltung vorgeschrieben ist, etwa wenn die Schafgarbe nur zwischen elf und zwölf Uhr gesammelt werden darf, um wirksam zu werden.

Auch heute werden Kupferringe empfohlen, die gegen rheumatische Schmerzen helfen sollen, allerdings nur, wenn man von vornherein an die Wirkung glaubt. Aber auch anderer Aberglaube blüht, wenn wir etwa an die vielen Talismane in den Autos denken. Den Horoskopen in den Zeitungen wollte die Deutsche Bundespost 1984 sogar einen »amtlichen« Horoskop-Telefon-Dienst an die Seite stellen. Und wer hätte geglaubt, daß noch rund 1 200 000 deutsche Bundesbürger an die Existenz von Hexen und Dämonen glauben, wie ein demoskopisches Institut 1985 ermittelt hat?

Dem praktizierenden Katholiken, der in der Kirche eine Kerze aufstellt, um dadurch dem ihm nahestehenden Fußballverein zum Sieg zu verhelfen, wird man wohl echte Glaubens-Überzeugung zugestehen müssen. Aber dieses Beispiel zeigt bereits die Subjektivität und Ambivalenz, die vielfach zwischen Glauben und Aberglauben anzutreffen ist und die im Nachwort noch vermehrt begegnet.

Mancher Leser wird in diesem Buch ein erstaunliches Kompendium menschlicher Erfindungsgabe und Vorstellungskraft entdecken. Vollständigkeit wird in einer solch konzisen Sammlung jedoch kein Kenner erwarten. Ausgangspunkt waren zunächst meine Biographien aus dem Mittelalter, das eine hohe Zeit für jeglichen Wunder- und Zufallsglauben war. Die vorliegende Auswahl soll das bieten, was menschlich und kulturgeschichtlich

7

charakteristisch ist und sich durch Anschaulichkeit auszeichnet. Das Buch soll seinen Lesern und Benützern einen Einblick in die Glaubens- und Gedankenwelt unserer Vorfahren ermöglichen. Einzelnachweise von Quellen wurden sowohl aus Umfangsgründen weggelassen als auch deshalb, weil sie keine verläßliche Auskunft über Dauer und Ausdehnung des Gebrauchs einer Sentenz geben können (siehe dazu auch S. 298).

Nachdem das Irreale das Leben oft mehr verändert hat als die Realitäten – oder was man dafür hält –, soll dieses Buch auch dazu anregen, die heute gebräuchlichen Glaubenssätze genauer zu prüfen und sich ihrer Relativität stärker bewußt zu werden.

Helmut Hiller

A

Abendrot gilt als Vorbote für schönes Wetter.

Abmagern Wollte eine Frau ihrem Mann zum Abmagern verhelfen, dann sollte sie sich den nackten Körper mit Honig bestreichen, sich in Weizenkörnern wälzen und die am Körper haftenden Körner in der Mühle gegen die Sonne mahlen lassen. Nach dem Genuß des aus diesem Mehl gebackenen Liebeszauberkuchens sollte der Mann schlanker werden. Gegen krankhaftes Abmagern (↗ Schwindsucht) empfahl man bei zunehmendem Mond:

> Wen ein Mensch oder Vieh schweindt (schwindet),
> so gib ihm nein leis (neun Läuse) ein,
> drei auf einen bissen brott am dag,
> da der man (Mond) drey dag alt ist.

Abnehmender Mond In der Zeit dieser Mondphase sollte man vorzugsweise tun, womit man eine Reduzierung erreichen wollte, zum Beispiel Schmerzen und Krämpfe bekämpfen sowie Wunden behandeln. Auch den Grund zu einem neuen Haus sollte man bei abnehmendem Mond ausheben, um das Grundwasser einzudämmen. Den Malern wurde geraten, in dieser Zeit zu arbeiten, weil ihre Farben dann am besten trocknen würden, wie man glaubte. Mädchen, denen man Schlankheit garantieren wollte, sollte man bei abnehmendem Mond entwöhnen. Und für alle unter der Erde fruchtenden Gewächse sei diese Zeit auch die beste zum Säen und Pflanzen. Für alles andere aber, das gedeihen und zunehmen sollte, ist die Zeit des zunehmenden Mondes vorzuziehen, so etwa Kinder zu taufen und zu entwöhnen, zu heiraten, zu essen und so weiter.

Abortus ↗ Abtreibung.

Abschied Verabschiedeten sich mehrere Personen voneinander, so durften sie sich die Hände nicht übers Kreuz reichen, weil sonst einer der Beteiligten bald sterben würde.

Abtreibung Um einen Abortus zu erreichen, sollte eine Frau mit dem Wasser, in dem ein Schleifstein gefeuchtet worden ist,

9

Lärchennadeln kochen und den Absud trinken. Auch der Genuß von Kichererbsen, von zerriebener Kresse und einer Art von Mäusezwiebeln sollte abtreibend wirken. ↗ Hyazinth, ↗ Empfängnisverhütung.

Abwehrzauber Man glaubte an eine Fülle von Handlungen und Mitteln, mit deren Hilfe man böse Geister und Unheil von sich abwenden könnte: Amulette, Wasser, Lärm waren nur einige dieser angeblich apotropäisch, d. h. abwehrend wirkenden Mittel. ↗ Zauber.

Achat Dieser Stein sollte vor Blitz und Zauber schützen und die Wirkung von Gift aufheben. Nahm man ihn ein, so glaubte man, damit versteckte, gefährliche Krankheiten zutage fördern zu können. Man erhoffte sich vom Achat auch Schutz vor Schlangenbiß sowie die Stärkung der Augen. Den Frauen sollte der Achat Fruchtbarkeit bringen. Wer ihn als Ring oder Amulett trug, wollte mit seiner Hilfe die Sympathie der Mitmenschen gewinnen. Unter die Zunge gesteckt sollte der Stein stark abkühlen und den Durst löschen. Legte man ihn nachts unter den Kopf, so erwarteten einen angenehme Träume. Wie anderen Steinen sagte man auch dem Achat siegbringende Kraft nach; er sollte vor Gefangenschaft bewahren und überhaupt vor Unfällen schützen. Auf Heilung von Epilepsie, Wahnsinn und Mondsucht hoffte man, wenn man Speisen mit Wasser zubereitete, in dem vorher, bei zunehmendem Mond, drei Tage lang ein Achat gelegen hatte und der Erkrankte sich zehn Monate hindurch von diesen Speisen ernährte. Den im Juni Geborenen sollte der Achat langes Leben, Glück, Reichtum und Gesundheit bringen. Manchmal gilt auch seine Varietät, der Chalzedon, als Juni-Stein.

Acht Dieser Zahl wurde verschiedentlich magische Wirkung zugeschrieben, weil sie aus zwei ↗ Kreisen oder Ringen besteht und die Zauberkraft dieser Symbole also doppelt in sich trägt. Im Altertum galt die Acht als vollkommene Zahl. Man nahm beispielsweise an, daß es acht Himmelsrichtungen und acht Winde gäbe.

Acker ↗ Felder.

Aderlaß sollte an bestimmten Tagen besonders erfolgversprechend sein, so am Karfreitag, an Bartholomäus (24. August), an Martini (11. November) sowie an allen Tagen unter wassernahen Zeichen (Wassermann, Fische, Krebs). Man glaubte, Aderlaß sei mit goldenen Instrumenten gänzlich gefahrlos. ↗ Blut.

Adler waren wegen ihrer Größe und Majestät hoch angesehen. Ihnen wurde nachgesagt, sie würden den Wind auslösen. Ein Adlerflaum auf dem Hut sollte dem Träger die Sehkraft und den Mut des Adlers geben. Man aß die Augen von Adlern und anderen scharfsichtigen Vögeln in dem Glauben, dadurch künftig ebensoweit und genau sehen zu können. Wer die Zunge eines Adlers auf der Brust trug, erwartete, beim Bergsteigen nicht in Atemnot zu kommen. Einen Adlerbalg legte man auf Magen und Bauch in der Hoffnung, dadurch die Verdauung fördern zu können. ↗ Kuckuck.

Ahorn Zapfen von Ahornholz in die Türen und Türschwellen des Stalles geschlagen, sollten den Hexen den Zutritt verwehren.

Akelei Männer wollten mit Hilfe eines Absuds der Akelei die verlorene Potenz wiedergewinnen.

Akrobaten ↗ Seiltänzer.

Albdrücken Die Alben, verwandt mit den freundlicheren Elfen, stellte man sich häufig als gestaltlose und trotzdem menschen- oder tierähnliche Wesen vor. Sie galten als Verursacher von Angstzuständen, vor allem, wenn man glaubte, daß sich einer von ihnen während des Schlafes jemandem auf die Brust gesetzt hatte. Gegen dieses Albdrücken wurde, wie überhaupt gegen Dämonen, das Einnehmen von fünfzehn schwarzen Samenkör- nern der Pfingstrose empfohlen. Helfen sollte auch, wenn man einen Daumen fest einknickte. ↗ Drudenfuß.

Alkoholismus ↗ Trunksucht.

Alpenrosen sagte man, wie vielen anderen rotblühenden Gewächsen, nach, sie würden Blitze anziehen. In Nordtirol gelten Alpenrosen jedoch als blitzabwehrend. Zum Feuermachen durfte das Holz der Alpenrosen nicht verwendet werden, weil sonst alles im Haus verbrennen würde.

Alraunen Die Wurzeln sollten ihren Besitzern Liebe und Geld bringen. Legte man Geld zu einer Alraunwurzel, so erwartete man, daß es sich bis zum nächsten Morgen verdoppelt hatte. Eine Alraunwurzel beim Spiel in der Tasche getragen, sollte Glück bringen. Bei Operationen hat man Wein, in dem eine Alraunwurzel gekocht worden war, als Narkotikum empfohlen und auch die Niederkunft sollte die Wurzel erleichtern. Bei den Bauern galt die Alraunwurzel als Abwehrmittel gegen das Behexen des Viehs. (↗ Nachwort S. 281 und 305.)

Alte Frauen am Morgen, an Neujahr oder in einer neuen Wohnung zuerst zu sehen, wurde vielfach als schlechtes Vorzeichen betrachtet. ↗ Angang.

Alte Leute glaubten zu neuen Kräften zu kommen, wenn sie mit gesunden, gut gedeihenden Kindern schliefen. Angeblich zehrten sie dabei von den Kräften der Kinder. Altersschwache sollten sich unter blühenden Linden aufhalten, wo sie »gesunde Luft« fänden. ↗ Jungbrunnen, ↗ Leben, ↗ Greise.

Ameisen Gegen Gicht und alle rheumatischen Schmerzen sei Ameisengeist am wirksamsten, der aus lebend gebrühten Ameisen herzustellen war. Vor Fieber sollte der Verzehr von Ameiseneiern schützen. Legte man im Frühjahr eine verschlossene Weinflasche in einen Ameisenhaufen, so erwartete man großen Kraftzuwachs, wenn man den Wein ein Jahr später trank. Auch einer in einem Ameisenhaufen gefundenen schwarzen ↗ Kugel sagte man erstaunliche Kräfte und Eigenschaften nach. Da man verschiedentlich jedoch glaubte, Ameisen wären verzauberte Gottlose, war man überzeugt, man könne sie durch Läuten geweihter Glocken vertreiben.

Amethyst Dieser Edelstein sollte vor Gift, giftigen Schlangen und besonders vor Trunkenheit schützen. Wer nicht betrunken werden wollte, trug einen Amethyst am Finger oder legte ihn auf den Nabel oder nahm ihn zerrieben ein. Der Stein sollte verhindern, daß Alkoholdünste in den Kopf stiegen. Vom Amethyst erwartete man sich Ermutigung, die Vertreibung böser Gedanken; er sollte klug, mild und sanft machen. Jäger versprachen sich von diesem Stein besonderes Jagdglück. Im Altertum glaubte man, der Amethyst könne Regen- und Gewitterwolken vertreiben. Für die im Februar Geborenen ist der Amethyst ein Glücksbringer. Häufig gilt er auch als April-Monatsstein.

Amulette sollten – ähnlich wie ↗ Talismane – Unheil und Dämonen abwehren oder Glück und Stärke verleihen. Es waren meist Gegenstände, die leicht, oft an Kettchen um den Hals oder am Handgelenk, mitgetragen werden konnten, wie zum Beispiel Edelsteine, Geldstücke, Wurzelteile, aber auch Tieraugen und Haare in kleinen Behältern, Zwiebeln, Kastanien und so weiter. ↗ Augenbrauen, ↗ Augenkrankheiten, ↗ Baldrian, ↗ Diebe, ↗ Blitz, ↗ Böser Blick. Herstellung und Tragen von Amuletten wurden von der Kirche mehrfach verboten. (↗ Nachwort S. 282.).

Analogien ↗ Nachwort S. 287, 297 und 304 f.

Anblasen ↗ Blasen.

Anemonen oder **Windröschen** Ähnlich wie bei anderen Frühjahrsblumen glaubte man sich Gesundheit für das weitere Jahr sichern zu können, wenn man die ersten drei gefundenen Anemonen aß.

Angang Den Beginn eines neuen Tages, einer Woche, des Jahres, eines Besuches und Unternehmens sah man als entscheidend für Verlauf und Ergebnis an. Stolperte ein Gast beim Betreten des Hauses mit dem rechten Fuß, so glaubte er, willkommen zu sein, stolperte er mit dem linken, so kehrte er lieber wieder um. Hinkenden und alten Frauen gab man eine unheilvolle Vorbedeutung, wenn man sie als erste sah; ein Kaminkehrer, ein Eichhörnchen, eine Hure galten dagegen als gute Vorzeichen. Die Ankündigung des Übels glaubte man oft durch Ausspucken (↗ spucken) unschädlich machen zu können. ↗ Schafe, ↗ Wohnung, ↗ Neujahr, ↗ schwarze Katze, ↗ Nachwort S. 307.

Angst ↗ Furcht.

Animismus ↗ Nachwort S. 292 und 304.

Anis sollte angeblich die sexuelle Lust wecken. ↗ Aphrodisiaka.

Anschauen Es war eine weitverbreitete Meinung, daß schon das Betrachten mancher Pflanzen bestimmte Wirkungen auslöste. So glaubte man Blut stillen zu können, indem man Hirtentäschel ansah, und das Anschauen einer Eberwurz sollte vor Sodbrennen bewahren.

Ansteckende Krankheiten verursacht man, so wurde geglaubt, wenn man einen Tisch oder eine Bank mit einem Besen abkehrt. Trug man aber die Wurzel einer Herbstzeitlose oder einer Meisterwurz bei sich, so war man vor aller Ansteckung gefeit. Im Altertum galt auch der Lorbeer als Schutzmittel. ↗ Fliegen.

Antlaßeier ↗ Gründonnerstag.

Apfel Im Altertum, auch bei den Germanen, galt der Apfel als Symbol der Liebe, der Fruchtbarkeit, Jugendkraft und Schönheit. Man sollte einen Apfel so schälen, daß die Schale nicht abriß. Warf man dieses Band dann über die Schulter, so hoffte man, aus der auf dem Boden liegenden Schale den Anfangsbuchstaben des Namens des künftigen Lebenspartners erkennen zu können. Häufig war dieses Orakel an bestimmte Zeiten gebunden. Eine Frau sollte schöne Kinder bekommen, wenn sie während ihrer Schwangerschaft viele Äpfel aß. Gegen Fieber wurde der Verzehr eines mit Pfefferkörnern gespickten Apfels empfohlen. Der Gedanke an den am Heiligen Abend oder an Neujahr gegessenen Apfel helfe, den richtigen Weg wiederzufinden, wenn man sich im folgenden Jahr verirrte. Auch einem guten Gedächtnis sollte der Genuß von Äpfeln dienlich sein. Andererseits galt auch, daß man so viele Geschwüre im Jahr bekommt, wie man am Neujahrstag Äpfel gegessen hat. ↗ Gründonnerstag, ↗ Karfreitag.

Aphrodisiaka Sexuelle Anregungsmittel pries der Volksmund in großer Zahl an. ↗ Geschlechtskraft, ↗ Fruchtbarkeit, ↗ Akelei, ↗ Anis, ↗ Baldrian, ↗ Beifuß, ↗ Brennessel, ↗ Esel, ↗ Gänsefett, ↗ Knabenkraut, ↗ Leinsamen, ↗ Liebstöckel, ↗ Muskatnuß, ↗ Sellerie, ↗ Ziegenbock. Mit Gartenraute (↗ Raute) versetzter Wein galt als Anti-Aphrodisiakum.

Apotropäisch ↗ Abwehrzauber.

April Der erste April wurde vielfach als Unglückstag angesehen, weil da angeblich Judas geboren, nach anderem Glauben, weil er sich da aufgehängt hatte. Die im April Geborenen, so glaubte man, seien Unglückskinder, besonders die am 1. April zur Welt Gekommenen. Diese Menschen ließen sich schwer aufziehen, würden krüppelhaft, lebten nicht lang, könnten nichts recht machen und würden ihr Leben lang unglücklich sein. Oft hat man ihnen einen unnatürlichen Tod vorausgesagt. Werkzeug, das am 1. April hergestellt worden ist, sollte allen Unglück bringen, die damit arbeiteten. ↗ Diamant.

Aquamarin ↗ Beryll.

Ärger versuchte man mit einem Topas als Amulett zu vermeiden. ↗ Rock, ↗ Zorn.

Arm Menschen mit besonders kurzen Armen und Händen seien gerne schadenfroh, wurde behauptet. Schlug man nachts eine Katze mit der rechten Hand, so sollte der rechte Arm lahm werden.

Armut prophezeite man allen an bestimmten Tagen (↗ Unglückstage) Geborenen. Wer bei abnehmendem oder bei Neumond heiratete, dem wurde gleichfalls Armut vorausgesagt. Eine ins Haus geflogene Hummel kündigte angeblich ebenfalls Armut an.

Arnika Man war der Meinung, von Kraut und Wurzel der Arnika, die man am Johannistag (24. Juni), vor allem am Abend, gesammelt hat, eine heilsame Wundtinktur herstellen zu können. Ein Büschel Arnika getrocknet, ins Zimmer oder unters Dach gehängt oder auf ein Feld gesteckt, sollte vor Gewitter und Hagel schützen. ↗ Johanniskräuter.

Arsch Das Zeigen des nackten Gesäßes sollte sowohl vor dem ↗ Bösen Blick schützen als auch Bienen vom Ausschwärmen abhalten. Mit der Aufforderung an einen anderen zum Arschlecken wollte man Schaden von sich abwehren, ohne den Arsch tatsächlich zu entblößen. ↗ nackt und ↗ Nachwort S. 303.

Arzt Besuche und Konsultationen beim Arzt sollten am Karfreitag sicherere Ergebnisse bringen als zu jeder anderen Zeit. Wer sich Kleider am Leib flicken ließ, an dem sollte auch der Arzt bald etwas zu schneiden und zu nähen haben, glaubte man. ↗ Operation.

Arztfinger ↗ Ringfinger.

Aschermittwoch galt allgemein als Unglückstag, weil da angeblich Luzifer aus dem Himmel gestürzt worden war. Von Flöhen verschont bleiben sollte man für den Rest des Jahres, wenn man am Aschermittwoch viele Hiebe mit Birkenruten über sich ergehen ließ. ↗ Mittwoch.

Asthma Dagegen nahm man einen Abrieb des Chrysolith ein, der den ↗ Atem stärken sollte. Ein weiteres Mittel gegen Asthma war der Chrysopras, an der Handwurzel getragen.

Astrologie ↗ Sterndeutung.

Atem Eine Stärkung des Atems erhoffte man sich, wenn man den abgeriebenen Staub des Chrysolith einnahm. Der Stein wurde deshalb Asthmatikern empfohlen. Beim Bergsteigen sollte eine auf der Brust getragene Zunge eines Adlers vor Atemnot schützen. Hummeln meinte man am Stechen hindern zu können und Brennesseln sollten bei Berührung nicht brennen, wenn man den Atem anhielt.

Aufstehen sollte man morgens nicht vor dem ersten Hahnenschrei, weil erst dieser die Herrschaft der nächtlichen Dämonen beendete. ↗ Bett.

Augen Wen vormittags das rechte Auge juckt, der bekommt etwas Erfreuliches zu sehen, das juckende linke Auge kündigt am Vormittag Unerfreuliches an. Nachmittags ist es umgekehrt. Jucken beide Augen, so wird man bald weinen. Kinder, die erst lange nach der Geburt getauft werden, sollen besonders schöne und große Augen bekommen. Um die Sehkraft zu bewahren, bestrich man nüchtern die Augenlider mit Speichel. Blaue Augen sehen weiter als braune, sagt der Volksmund. Ißt man die Augen scharfsichtiger Vögel, so erwirbt man nach altem Glauben deren Sehkraft. Auch ein am Hals getragener Smaragd sollte die Augen schärfen. Rote, entzündete Augen lassen auf bösartige, grausame und unsympathische Menschen schließen. Braune Augen sollten im Tod ihr Licht behalten, blaue dagegen brechen. ↗ Böser Blick.

Augenbrauen Zur Behandlung verschiedener Krankheiten wurden Haare aus der rechten Augenbraue und Krähenblut verwendet. Drei Augenbrauenhaare der Geliebten in einem Amulett getragen sollten für ihre Treue bürgen. Blieb ein Augenbrauenhaar am Rock eines anderen Menschen hängen, so galt der Rockträger als von dem anderen behext. Er konnte sich davon nur durch Verbrennen des Haares befreien. Ein Kind galt als verschrien, wenn man beim Ablecken seiner Augenbrauen Salz schmeckte. Man mußte dann die Augenbrauen mit geweihtem Wasser abwaschen. So viele Falten sich beim Zusammenziehen der Augenbrauen zwischen denselben bilden, so oft würde man heiraten, war eine gängige Meinung. Eine dunkle Querader zwischen den Augenbrauen sollte auf baldigen Tod deuten. Von den Augenbrauen schloß man auf den Charakter des Menschen (↗ sexy):

stark, borstig	gedankenvolle, zu Melancholie neigende Menschen
lang	hochmütig und rücksichtslos
spärlich, dünn	nachgiebig und weich
innen abwärts	bedenkenlos und unvernünftig
innen aufwärts	ehrgeizig und stolz
zusammengewachsen	verschlossen, mürrisch, Neigung zu Eifersucht. Oft mit ↗ Bösem Blick.

Augenkrankheiten glaubte man seit alters mit Hilfe des Rittersporns vorbeugen zu können. Besonders nützen sollte es, wenn man am Johannisabend (24. Juni) durch Rittersporn hindurch ins offene Feuer blickte (↗ Nachwort, S. 302). Strich man sich mit dem ersten Schneeglöckchen, das man im Frühjahr sah, über die Augen, so glaubte man Augenkrankheiten sowohl heilen als auch neuen im weiteren Jahr vorbeugen zu können. Ähnlich verhielt es sich mit der Kornblume. Gegen Augenkrankheiten hat man das Fett von Reihern verwendet. Vor allem entzündete Augen wurden mit Wasser vom Märzschnee gewaschen, dem man etwas weißen Augenstein, Zucker und Nelken beigegeben hatte. Man ließ die Mixtur einige Tage stehen und badete dann die Augen darin.

Heilkraft für die Augen sollten auch sieben oder neun Löwenzahnwurzeln haben, die an Bartholomäus (24. August) vor Sonnenaufgang ausgegraben und in einem Säckchen als Amulett getragen werden mußten (der Löwenzahn heißt auch »Augenblume«). Ebenso wird dem Baldrian Heilkraft bei Augenkrankheiten zugeschrieben, weshalb er »Augenwurz« genannt wird. Augenleiden sollte man ferner mit einer Totenhand heilen können. Darüber hinaus versprach man sich Gesundung durch Einträufeln von Frauenmilch in die erkrankten Augen, wobei gegen Star besonders die Milch einer Schwangeren empfohlen wurde. Schmerzen meinte man mit dem Wasser von Hagelkörnern lindern zu können. Gegen Hornhautentzündung wurde Wachtelschmalz empfohlen und gegen Hornhautgeschwüre das Blut von Sperlingen. Spülungen mit Wasser, in dem ein Beryll gelegen war, sollten gleichfalls heilend wirken. Amethyst, Opal und Saphir könnten, als Amulette getragen, die Augen ihrer Träger stärken, glaubte man. Wischte man sich mit einem Rubin über die Augen, so wurden sie angeblich wieder klar. Heilung erwartete man sich, wenn man in ein »böses« Auge ein Pulver blies, das man aus dem Kopf einer schwarzen Katze durch Verbrennen in einem neuen Topf gewonnen hatte. Ein Amulett mit einem Hasenauge trug man als Schutz vor Augenkrankheiten und Erblindung. Auch Krähenaugen, als Amulett um den Hals getragen, sollten Augenkrankheiten heilen.

August Der 1. August gehört zu den größten Unglückstagen des Jahres, da man sagte, an diesem Tag sei der Teufel aus dem Himmel geworfen worden (nach anderen Meinungen sollte das jedoch am 1. April oder am Aschermittwoch passiert sein). Deshalb könnten die am 1. August Geborenen Geister und Hexen sehen, stürben aber früh und unnatürlich.

Aussaat ↗ Säen.

Aussatz glaubte man mit Menschenblut heilen zu können. Ein Bad im Blut von unschuldigen Kindern und Jungfrauen wurde als besonders erfolgversprechend erachtet. Aber auch ein Bad in Pferdeblut sollte heilende Wirkung besitzen.

Ausschlag vermeinte man durch Waschungen mit Wasser heilen zu können, das vor Sonnenuntergang aus einem Bach oder Fluß stromabwärts mit einem Gefäß geschöpft werden mußte.

Hilfe versprach man sich auch von einem Bad in einem Fluß am Karfreitag vor Sonnenuntergang. Mittels einer Totenhand sollte man den Ausschlag gleichfalls vertreiben, ebenso mit Eisenrost äußerlich und innerlich angewandt. Man gab auch Graberde ins Badewasser des Befallenen und goß es danach auf den Friedhof. Einer anderen Vorschrift zufolge waren die Pusteln mit Fensterschweiß zu bestreichen und zwar mittels des Ringfingers, der wegen seiner angeblichen Heilkraft auch Arztfinger genannt wurde. Verschiedentlich versprach man sich Heilung durch Waschungen mit Froschlaich vor Georgi (23. April) oder durch ein Bad im ↗ Tau. Das Spucken in einen Wirbelwind wurde als vorbeugende Maßnahme gegen üblen Ausschlag betrachtet. Nach des Volkes Meinung verbargen sich darin die Hexen, die den Ausschlag brachten. Aber auch die Berührung eines Salamanders würde einen Ausschlag hervorrufen, glaubte man, und Kinder seien gefährdet, wenn eine Person sie anbläst (↗ blasen).

Autofahrer   vertrauen darauf, daß ein Talisman (Maskottchen) sie vor Unheil und Unfällen schützen könne. Sie geben ihren Fahrzeugen nicht selten Kosenamen und erheben sie so zu beseelten Wesen (↗ Animismus, Nachwort S. 304). ↗ Weltuntergang.

B

Backen am Freitag würde Streit bringen, wurde behauptet. Auch am Gründonnerstag und während der Zwölfnächte (25. Dezember bis 6. Januar) durfte nicht gebacken werden. Wurde im Haushalt dennoch Brot gebraucht, so mußte die Frau beim Kneten eine Schürze (ein Fürtuch) umhaben, weil sonst die Gefahr bestand, daß das Brot auseinanderreißen würde. Man glaubte, daß das Brot spindig würde, wenn ein Kuchen angeschnitten wurde, während es noch im Ofen war. ↗ Teig, ↗ Brot, ↗ Freitag, ↗ Mai.

Bad Ein Bad im Mai galt als am heilkräftigsten. Aber auch von ↗ Märzwasser, ↗ Osterwasser, ↗ Mühlenwasser, ↗ Regenwasser (↗ Wasser) hat man sich besondere Wirkungen versprochen. Mit einem Bad in Wein glaubte man dem Neugeborenen die Gesundheit zu sichern. Das erste Bad des Säuglings war wichtig, weil man meinte, das Kind durch Beigaben vor Gicht, Kälte (↗ Dill) und so weiter schützen zu können. Auch die Haarfarbe versuchte man zu beeinflussen (↗ blond). Den Mädchen hat man Liebstökkel, das »Badekraut«, ins Wasser getan, mit dem Wunsch, ihnen damit die spätere Gunst der Männer zu sichern. Junge und Alte glaubten, sich mit etwas Graberde im Badewasser von Ausschlägen und mit Gundermann von allen Rheumaschmerzen befreien zu können. Aber während der Hundstage (von Ende Juli bis Ende August) sollte man nicht baden, weil zu befürchten war, daß in dieser Zeit das Wasser vergiftet sei, man leicht ertrinkt oder einen Ausschlag bekommt. Am Himmelfahrtstag war das Baden im Fluß streng verboten, denn man war überzeugt, die Flüsse würden an diesem Tag ein Menschenopfer fordern. ↗ Fußbad, ↗ Glückstage, ↗ Baldrian.

Baldrian Tranken Mann und Frau zusammen Wein mit etwas Baldrian, so sollte dies die Zuneigung und Sympathie fördern. Die Burschen erhofften sich bei einem Mädchen die Erfüllung aller ihrer Wünsche, wenn sie Eberwurz und Baldrian in rotem Wachs bei sich trugen. Zum Schutz vor Krankheiten hat man dem Badewasser kleiner Kinder Baldrian beigegeben. Auch Heilkraft bei Augenkrankheiten ist eine dem Baldrian zugeschriebene

Eigenschaft, weshalb er auch «Augenwurz» genannt wurde. Die Wirksamkeit des Baldrians bei der Heilung von Wunden sei so groß, daß er sogar»das Fleisch im Topf zusammenwachsen läßt«. Mit den übelriechenden Baldrianwurzeln wollte man Hexen und Teufel vertreiben können.

Bann   Man glaubte zum Beispiel ↗ Füchse von den Hühnern, ↗ Wespen von sich selbst, ↗ Gewitter aus der Gegend verbannen zu können. Wiesel, Schlangen, Basilisken, aber auch nicht wenigen Menschen hat man die Fähigkeit nachgesagt, mit ihrem Blick (↗ Böser Blick) andere Tiere und Menschen bannen, bezwingen oder behexen zu können. Durch Räuchern – vor allem mit Wacholderholz – meinte man vielerorts, einen Bann lösen zu können. Auch ungehemmtes, mutiges, lautes und fröhliches Lachen sollte einen Bann brechen. ↗ Zauber.

Bär   Rieb man sich die Schläfen mit Bärenfett ein, so tat man das in der Hoffnung, ein gutes Gedächtnis zu bekommen. Auch gegen Haarausfall sollte Bärenfett helfen. Mit gebratenen Bärennieren, die in der Hochzeitsnacht unter das Brautbett gelegt wurden, glaubte man, die Fruchtbarkeit der jungen Frau sicherstellen zu können. Um ihre Empfängnis zu unterstützen, sollte sie auch die Galle des Bären essen.

Bärlapp   galt als Unglückspflanze, die den Blitz anzieht und daher vom Haus ferngehalten werden mußte. Bringt man Bärlapp unter die Leute, so entsteht angeblich Streit. Andererseits sollte der Bärlapp vor Behexung und Verzauberung schützen.

Bart   Je voller der Bart, um so mehr Glück sollte der Träger haben. Um den Bartwuchs zu fördern, wurde verschiedentlich empfohlen, sich das Gesicht mit der Milch einer Hündin einzureiben. Im Bart – wie in den ↗ Haaren überhaupt – drückte sich für unsere Vorfahren die Stärke des Mannes aus (↗ Glatze). Beseitigen des Bartes bedeutete deshalb den Verlust der Kraft. Wurde ein Mädchen mit dem Taufwasser eines Knaben getauft, so prophezeite man ihm einen Bart.

Basilienkraut   ↗ Keuschheit.

Basilisken   Fabelwesen mit tödlichem Blick, entwickelten sich nach den damaligen Vorstellungen ebenso wie Drachen aus schwarzen Hähnen, und deshalb brachte man solche Hähne meist schnell um.

Bauchweh sollte derjenige bekommen, der Speisen aß, die mit einem spitzen Messer umgerührt worden waren. Auch wer eine Kröte quälte, mußte Bauchschmerzen befürchten. Ein Kind konnte Bauchschmerzen bekommen, wenn ein Mann aus einem gesprungenen Glas trank. Dagegen sollte das Essen von schimmeligem Brot gegen Bauchweh helfen. Der vielfach als Heilmittel verwandte Kümmel entfaltete vor allem dann seine Wirkung gegen Bauchschmerzen, wenn er an Johannis (24. Juni) vor Sonnenaufgang oder während des mittäglichen Zwölf-Uhr-Läutens gesammelt worden war. Auch von gedörrten Heidelbeeren hat man sich bei Bauchschmerzen Besserung erwartet, sofern die Beeren an Jakobi (25. Juli) oder in den Frauendreißigern (15. August bis 8. September) gesammelt wurden. Wer an Jakobi Heidelbeeren aß, dem hat man sogar für ein ganzes Jahr Freiheit von Bauchschmerzen verheißen. Die Volksmedizin meinte auch, daß Hartleibigkeit durch Wachtelbrühe behoben werden könne. Und schließlich hat man dem von Bauweh Geplagten empfohlen, am Freitag ein frisches Hemd anzuziehen. ↗ Blähungen.

Bauopfer Um Bauwerke – Häuser, Deiche, Stadtmauern und so weiter – vor bösen Dämonen und vor Schaden zu bewahren, mauerte man Gegenstände, aber auch Tiere, früher sogar Menschen – oft ein Kind – ein.

Beerdigung Wurde bei einer Beerdigung sehr viel geweint, so glaubte man, daß dadurch die Grabesruhe des Toten gestört und er ein ↗ Wiedergänger würde. Dagegen war man überzeugt, daß der Tote selig würde, wenn es bei seiner Beerdigung regnete und das himmlische Regenwasser ins Grab fiel. Wer bei einer Beerdigung an Blumen und Kränzen riecht, soll den Geruchssinn verlieren.

Beeren Derjenige welcher vor dem Sammeln von Waldbeeren die ersten drei gepflückten auf einen Baumstumpf oder auf einen Stein legte, oder sie über den Kopf oder über die linke Schulter warf, der sollte besonders viele finden. Die so »geopferten« Beeren waren für »die Armen Seelen« oder für die Waldgeister bestimmt.

Behexen Zahlreiche Hilfsmittel sollten vor Behexung, der Verzauberung durch eine Hexe, schützen: angefangen beim aufgemalten Drudenfuß über einem Bergkristall, Dill, Lindenbast, Kamille, Kümmel, Gundermann, Bärlapp und geerbtes und geschabtes Silber. Hemd und Strümpfe sollte man zum Schutz vor Hexenzauber ↗ verkehrt anziehen, und auch Ostersträuße mit Palmkätzchen und ausgeblasenen Eiern galten als Schutzmittel. Menschen mit verwirrten Haaren wären verhext, meinte man. Der Verzehr eines Spechtes sollte eine Behexung ebenso lösen wie dreimaliges Ausspucken. Menschen, die in andere Wesen verwandelt waren, sollten durch einen Anruf mit ihrem richtigen ↗ Namen wieder entzaubert werden können. ↗ Hexen, ↗ Zauber.

Beifuß Um beim Gehen nicht zu ermüden, legte man in früheren Zeiten Beifuß in die Schuhe oder trug ihn mit sich. Vor Kreuz- und Rückenschmerzen wollte man sich bewahren, indem man einen ↗ Gürtel aus Beifuß, der auch Gürtlerkraut hieß, trug. Beifuß war ein ↗ Johanniskraut und wurde schon im Mittelalter häufig gegen bösen Zauber angewandt. Zur sexuellen Anregung legte man Beifuß unter das Kopfkissen. Die Frauen banden sich mancherorts Beifuß an die Schenkel, um fruchtbar zu werden.

Beine zu verschränken galt als großer Frevel, weil dadurch angeblich eine Geburt verhindert wurde (↗ Finger). Gegen geschwollene Beine wurde empfohlen, Ochsenfüße mit Kräutern zu kochen und die Beine in diesem Absud zu baden.

Bereden oder beschreien von guten Eigenschaften eines Menschen, auch seiner Gesundheit, seines Glückes und dergleichen mehr ruft nach einem weit verbreiteten Glauben das Gegenteil hervor, weil – wie man früher meinte – durch das Bereden der Neid böser Dämonen oder Götter geweckt wird. Gegen ungünstige Auswirkungen des Beredens sollte helfen, wenn man in ein Glas Wasser neun Brotstücke und neun Kohlestücke warf, dann an zwei mal zwei gegenüberliegenden Stellen (übers Kreuz) aus dem Glas trank und den Rest des Wassers auf die Angeln einer Tür goß. Vor den Nachteilen des Beredens sollte auch ein Bergkristall und das Einknicken des linken Daumens schützen. ↗ unberufen, ↗ klopfen, ↗ Nachwort S. 310.

Bergkristalle hätten die Eigenschaft, ihren Träger vor Hexenzauber und Bereden zu bewahren, glaubte man, und auf der Haut getragen würden sie Schwindelanfälle abwehren. Pulverisiert geschluckt sollten Bergkristalle gegen Ruhr und gegen Brüche helfen. ↗ Kristall.

Bergsteigen Um dabei nicht in Atemnot zu kommen, glaubte man, es wäre gut, die Zunge eines Adlers auf der Brust zu tragen.

Berufen ↗ Bereden.

Beryll Diesem Stein und seiner Abart, dem Aquamarin, hat man Heilkräfte bei Augenkrankheiten zugeschrieben – Wasser, in dem ein Beryll gelegen hat, wurde für Spülungen empfohlen. Durch Trinken dieses Wassers sollten Halsentzündungen geheilt werden und Schluckauf aufhören. Sichere Heilwirkung wurde dem Beryll auch bei Leber-, Magen- und Gallenleiden zugeschrieben. In der Hand eines falsch aussagenden Zeugen würde dieser Stein schwarz, sagte man, und ein Zauberspiegel aus Beryll offenbarte dem Hineinschauenden angeblich die Zukunft (↗ Spiegel). Als Monatsstein sollte er den im Oktober Geborenen Ansehen verleihen sowie Liebe und Eintracht zwischen Eheleuten stiften. Verschiedentlich gelten Aquamarin und Beryll jedoch als Dezember-Stein.

Beschreien ↗ Bereden.

Beschwören oder **besprechen** von Krankheiten bei Menschen und Tieren sollte mittels festgelegter, formelhafter Worte und ritueller Handlungen Heil – aber auch Unheil! – herbeiführen. Teilweise wollte der Beschwörende auch geheime Gewalt über den Beschworenen gewinnen. ↗ Gesundbeten, ↗ Bann, ↗ Totenbeschwörung.

Besen als Werkzeuge der Hexen hat man vielfache magische Wirkungen zugeschrieben. Stellte man einen Besen mit dem Stiel nach unten hinter eine Türe, so glaubte man, dadurch die Hexen aussperren zu können. Tisch und Bank mit einem Besen zu kehren, sollte ansteckende Krankheiten ins Haus bringen. Einen Birkenbesen im Bett zu haben, galt als bewährtes Mittel gegen Wadenkrämpfe. Lag ein Segelschiff in einer Flaute, so war man überzeugt, Wind aus jeder gewünschten Richtung hervorrufen zu können, wenn man einen Besen in dieser Richtung ins Wasser warf. Drei Besen sollte man in den Ofen stecken, wenn man sich Besuch herbeiwünschte. ↗ kehren.

Besessenheit Von bösen ↗ Geistern, ↗ Dämonen, ↗ Hexen, ↗ Teufeln beherrscht. Um sich davor zu bewahren, wandte man verschiedene Mittel und Manipulationen an, zum Beispiel Edelsteine. War jemand besessen, so hingen ihm seine Mitmenschen das Kraut der Sonnentaupflanze um, von dem behauptet wurde, daß ihm Teufel, Hexen und Dämonen nicht widerstehen können und den Besessenen deshalb verlassen müssen. Man hat auch ↗ Hysterie als Besessenheit angesehen. ↗ Exorzismus, ↗ Katzen, ↗ Saphir und ↗ Nachwort S. 295 und 302.

Besprechen ↗ Beschwören.

Besuch Wer Besuch herbeiwünschte, der sollte drei Besen in den Ofen stecken. Besuch ist zu erwarten, wenn einem ein Stück Seife aus der Hand fällt. Auch Elstern und Katzen sollten mit einem bestimmten Verhalten Gäste ankündigen, mit denen man ferner rechnete, wenn die Teeblätter im Tee obenauf schwammen oder wenn ein Stück Brot oder Kuchen in die Kaffeetasse fiel. Blieb ein spitzes Messer, eine Schere oder ein anderer spitzer Gegenstand nach dem Fallen im Boden stecken, so galt dies ebenfalls als Ankündigung eines Besuches. Gästen am ↗ Montag hat man besondere Bedeutung beigemessen. ↗ Gast.

Beten Kinder, die rote Läuse haben, beten nicht gerne, behauptet der Volksmund.

Betrug Dagegen glaubte geschützt zu sein, wer einen Rabenkopf mit sich trug.

Betrunkene Über sie sollten die Hexen keine Gewalt haben, meinte man. ↗ Trunkenheit.

Betten sollte man in der Zeit des Vollmondes füllen, da sie, der landläufigen Meinung nach, nur dann voll und weich bleiben. Wollte man Motten und Flöhe von den Betten fernhalten, dann mußten diese auf jeden Fall am Gründonnerstag oder Karfreitag gelüftet werden. Ließ man das Bett tagsüber offen, so sagte man, es lege sich ein Geist hinein. Stand man mit beiden Beinen zugleich oder mit dem linken zuerst auf, so galt das als ungünstiges Vorzeichen für den ganzen Tag. Auch wenn das Holz der Bettlade knackte, nahm man das als schlechtes Omen. Dem ersten Traum im neuen Bett wurde besondere Bedeutung beigemessen. Um den Zukünftigen oder die Zukünftige im Traum zu ermitteln, hat man das Bett gerüttelt oder mit dem Fuß dreimal gegen das Fußende gestoßen. Besonders in der Andreas- (30. November) oder Thomasnacht (21. Dezember) sollte man dazu den Spruch aufsagen:

> Bettlad' ich tritt dich,
> heiliger Thomas ich bitt' dich,
> daß mir erschein'
> der Herzliebste mein.

Bettler Die Begegnung mit einem Bettler am Neujahrsmorgen hielt man für ein schlechtes Vorzeichen für das kommende Jahr (↗ Angang).

Bettnässen Ein Kind wird zum Bettnässer, wenn man es in einem undichten Gefäß badet, so sagte man. Heilbar sei das Übel durch den Verzehr der gebratenen Geschlechtsteile eines Ebers oder des gekochten Kopfes eines Hasen nach Sonnenuntergang. Man wollte der Krankheit auch dadurch beikommen, daß man dem Bettnässer ein Stück Speck auf den Nabel band.

Bibelstechen ↗ Nachwort S. 273.

Bibernelle ↗ Pimpernelle.

Bibliomantik ↗ Nachwort S. 273.

Biene Wer eine Biene tötete, war dem Teufel verfallen. Trug man eine Melisse in der Hand, so erwartete man, von keiner Biene gestochen zu werden. Das Steckenbleiben des Stachels glaubte man verhindern zu können, wenn man nicht lachte, während die Biene stach. Die Schmerzen eines Bienenstiches sollten sich mittels in Essig gekochtem oder in Wasser gelösten Schweinekotes lindern lassen. Schneite es in der Neujahrsnacht, so war das ein Zeichen, daß im folgenden Jahr mit vielen Bienenschwärmen zu rechnen sei.

Ein gutes Bienenjahr erwartete man auch, wenn am Neujahrstag die Sonne auf den Altar schien oder vor dem Pfarrer die Kanzel erreichte. Fing ein Imker im Frühling den ersten Schmetterling, den er sah, und ließ er ihn durch das Armloch seines Rockes wieder fliegen, so glaubte er, im Sommer einen Bienenschwarm fangen zu können. Seine eigenen Bienenvölker versuchte er am Wegfliegen zu hindern, indem er die Rinde einer vom Blitz getroffenen Eiche im Garten aufhing. Das gleiche glaubte der Imker zu erreichen, wenn er den Bienen sein nacktes Gesäß zeigte oder wenn er den Bienenstock mit Melisse einrieb. Ließ sich aber ein wilder Schwarm an einem Haus nieder, so hielt man dieses für vom Feuer bedroht.

Bier Wer zu Fastnacht viel Bier trank, meinte, damit sein Leben verlängern zu können, und wer an Neujahr Bier trank, glaubte sich zu verjüngen. Waschungen mit Weißbier sollten die Haut verschönern. Magenbeschwerden wollte man heilen können, indem man über ein gefundenes, glühend gemachtes Hufeisen Bier goß und dieses warme Bier dann trank. Gegen die Folgen eines Schlangenbisses kochte man Eschenlaub in Bier. Träumte jemand vom Bier, so stand Streit ins Haus. Bläst man vor dem Trinken den Schaum nicht ab, dann bekommen die Hexen Gewalt über einen – aber nicht, wenn man betrunken ist. Wird bei einer Hochzeit ein Glas nachgeschenkt, bevor es ganz leer ist, so bringt das dem Trinker unglückliche Liebe. Warf aber ein Mädchen in einer Gesellschaft ein Bierglas um, dann hat man ihm ein uneheliches Kind prophezeit.

Bilsenkraut oder **Tollkraut** galt als Bestandteil der ↗ Hexensalbe. Wer es bei sich trug, dem konnte die Pest nichts anhaben. Kaufleute sollten den Samen vor ihren Laden streuen, um gute Geschäfte zu machen. Gegen Gicht brächte das Öl Hilfe, das man über ein an Johannis (24. Juni) gesammeltes und in einem Topf vergrabenes Bilsenkraut goß. Dieses Gefäß durfte erst in der Christnacht, um Mitternacht, wieder ausgegraben werden.

Bilwis ein Getreidedämon, dessen Bosheit und Tücke sehr gefürchtet war. Man sagte ihm nach, er würde nachts, wenn kein Mond am Himmel stand, besonders in der Walpurgis- und Johannisnacht (1. Mai und 24. Juni), auf die Kornfelder gehen, sich dort an einen Fuß eine kleine, aber außerordentlich scharfe

Sichel schnallen und damit in das Getreide lange, schmale Gassen schneiden.

Birke Das Trinken von Birkensaft, besonders im Mai, sollte die Gesundheit stärken. Die Frauen glaubten vor allem, durch Trinken wie auch durch Waschungen mit diesem Saft Schönheit und Fruchtbarkeit erlangen zu können. Auch Sommersprossen sollten sich damit beseitigen lassen. Gegen Wadenkrämpfe wollte man sich schützen, indem man einen Birkenbesen ins Bett legte. Und wer am Aschermittwoch Hiebe mit Birkenruten über sich ergehen ließ, hoffte, im weiteren Jahr von Flöhen verschont zu bleiben. Kinder jedoch, die viel Birkensaft leckten, sollten Kopfläuse bekommen. Behalten die Birken ihre Blätter im Herbst übermäßig lang, so erwartet man einen strengen Winter.

Blähungen wollte man durch den Verzehr von Hechtaugen beheben können.

Blasen, anblasen galt allgemein als gefahrbringend: Kinder bekommen einen Ausschlag, wenn man sie anbläst, im Vogelnest faulen die Eier, wenn jemand hineinbläst. Das blasende, fauchende ↗ Wiesel war gefürchtet. Aber alle Übel und Krankheiten, die angeblasen worden sind, sollten angeblich auch wieder fortgeblasen werden können.

Bild ↗ Todesvorzeichen.

Blasenleiden glaubte man mittels Gänsefett beheben zu können. ↗ Steinbrech.

Blattern sollten verschwinden, wenn man sich roten Schwefel um den Hals hing.

Blau gilt teilweise als Farbe des Wunderbaren, aber auch des Nichts, des Todes und der Trauer. Blau symbolisiert auch die Treue, die Beständigkeit und die Mäßigung (↗ Nachwort S. 297). Nicht selten sollte die blaue Farbe zur Heilung beitragen, ↗ Keuchhusten, ↗ Zahnschmerzen, ↗ Ohrenschmerzen, ↗ Schlaganfall. Wenn ein Mann im Frühling als erstes eine blaue Blume sah, so galt ihm dies als Zeichen der Bekräftigung weiblicher Treue. In Träumen hat Blau dagegen eine üble Vorbedeutung: blaue Heidelbeeren oder Pflaumen sollen den Tod ankündigen, ↗ Kornblume.

Bleichsucht glaubte man heilen zu können, indem man Erdbeerblätter aß, täglich eines mehr, bis sie einem widerstanden, dann wieder täglich ein Blatt weniger. Auch der Genuß von Kaffeesatz sollte die Bleichsucht verdrängen.

Bleigießen ist besonders am Ende eines Jahres beliebt, um zu erfahren, was das neue Jahr bringt. Man läßt heißes Blei in Wasser tropfen und versucht dann, die entstandenen Formen zu deuten: Sterne sollen Glück verheißen, Kreuze Leiden, Männchen oder Sackformen Reichtum, Tierchen den Tod. Der künftige Beruf wird zu erraten versucht, wenn ein Schüler Blei gießt. Selbstverständlich spielt die Liebe eine große Rolle: aus buchstabenähnlichen Formen sucht man den Namen des künftigen Partners zu ermitteln, aus anderen Gebilden dessen Beruf. Ein Kranz zeigt die Hochzeit im kommenden Jahr an, eine rechteckige Form kann als Sarg gedeutet werden und prophezeit den Tod in Jahresfrist. ↗ Zukunft.

Blendstein ↗ Zeisig.

Blind würde ein Kind, sagte man, wenn die Mutter bei der Niederkunft die Augen schließt. Ein Amulett mit einem Hasenauge sollte vor Augenkrankheiten und Erblindung bewahren. Wurde jemand von einem Wiesel angefaucht, so konnte das zur Erblindung führen, und blind sollten auch alle die werden, die Laubfrösche quälten. ↗ Nachwort S. 302.

Blindschleiche Kriecht eine Blindschleiche über den Weg, dann regnet es bald. Wer auf eine Blindschleiche tritt, dem schneidet oder schießt sie durch den Leib. Gereizt, beißt sie neun Wunden, von denen jede ein Jahr mehr zur Heilung braucht; ist die letzte geheilt, so stirbt der Gebissene, behauptete man. Eine getötete und im Rauchfang getrocknete Blindschleiche sollte als Zauberstab magische Kräfte haben. Wer eine getötete Blindschleiche oder deren Kopf in einem Säckchen um den Hals gehängt trug, glaubte gegen Gelbsucht, Rotlauf, Trunksucht und Lungenleiden gefeit zu sein. Kegler vergruben eine an Peter und Paul (29. Juni) getötete Blindschleiche zusammen mit Erbsen. Hatten diese ausgetrieben und gefruchtet, so steckte man möglichst viele davon in die Tasche, denn entsprechend viele Kegel konnte man angeblich treffen.

Blitz Wer mit dem Finger nach dem Blitz zeigt, zieht ihn an, sein Finger verfault oder fällt ab, war die landläufige Meinung. Die Alpenrose stand wie viele andere Gewächse – Windröschen, Bärlapp, Schaumkraut und so weiter – in dem Ruf, Blitze anzuziehen. Auch von Hunden wurde behauptet, sie würden Blitze herbeiholen. Und Kleider, die am Himmelfahrtstag (40. Tag nach Ostern) oder von einer Wöchnerin genäht worden waren, sollten ebenfalls Blitze anlocken. Während eines Gewitters durfte man nicht rasch reiten und fahren, auch nicht tanzen oder rasch laufen, weil man glaubte, daß schnelle Bewegungen Blitze entzünden würden.

Dagegen meinte man, sich vor einem Blitz schützen zu können, wenn man sich unter eine Linde stellte oder unter einen Dornbusch kroch, der vom Blitz nicht getroffen würde, weil aus einer solchen die Dornenkrone Christi gefertigt worden war. Abwehrend sollten auch Holunder und Eberwurz sowie Rittersporn und Lärchenholz wirken. Man nahm wohl einerseits an, daß ein Blitzschlag von Hexen gewollt und daher nicht zu verhindern sei, andererseits glaubte man an allerlei blitzabwehrenden Zauber: ein vierblättriges Kleeblatt in der Stube sollte ebenso schützen wie wenn man das Ei einer schwarzen Henne am Vorabend des Dreikönigstages (6. Januar) oder ein Osterei über das Dach warf. Auch von Brennesseln unterm Dach erwartete man sich Schutz und ebenso durch das Aufstecken eines Eselskopfes auf das Haus, weil der Esel verschiedentlich als das einzige Tier galt, das vom Blitz nicht getroffen werden könne. In anderen Regionen hat man jedoch auch tote Eulen mit ausgebreiteten Flügeln zur Blitzabwehr an Scheunentore genagelt. Mit dem Läuten der Kirchenglocken während eines Gewitters glaubte man das ganze Dorf vor Blitzschlag bewahren zu können. Das vom Blitz entzündete Feuer, so hieß es mancherorts, sei mit süßer, saurer oder dicker Milch besonders leicht zu löschen.

Anderswo glaubte man an die einzigartige Löschkraft der Jauche, vor allem bei Kirchenbränden. Späne von Bäumen, die vom Blitz getroffen waren, sollten die Besitzer vor allerlei Schmerzen bewahren und ihnen besondere Kraft verleihen. Man hat solche Späne deshalb oft als Amulette getragen. Auch eingegraben wurden sie, weil sie das Unkraut abtöten oder überhaupt nicht wachsen lassen sollten. ↗ Karfreitag.

Blond Wer sich ein blondes Kind wünschte, gab ihm etwas

weiße Wolle ins erste Bad. Man glaubte, blonde Menschen hätten mehr Talente als schwarzhaarige.

Blumen Gedeihen geschenkte Blumen und Pflanzen, so meint es der Geber oder die Geberin gut mit dem Beschenkten, gedeihen sie nicht, so soll es umgekehrt sein. Wer bei einer Beerdigung an Blumen und Kränzen riecht, verliert den Geruchssinn. Blumen, die man bei Vollmond berührt, welken. Gefüllte Blumen sollte man nur in der Zeit des Vollmondes säen und pflanzen, da sie leer bleiben, wenn man sie während des abnehmenden Mondes steckt. Einfache Blumen sollen sich jedoch füllen, wenn man sie bei Vollmond versetzt. Blühende Zwiebelgewächse würden den Tod bringen, sagte man, wenn sie nachts im Schlafzimmer blieben.

Blumensträuße sollte man nicht mit einem schwarzen Faden oder Band binden. Sträuße aus neunerlei Blumen schützen, besonders wenn sie geweiht sind, vor allem Bösen und Unglück.

Blut Als Liebeszauber mischten sich Liebende gegenseitig einige Blutstropfen – Frauen auch von ihrem Menstrualblut – in die Getränke und glaubten, sich auf diese Weise die Treue ihres Partners sichern zu können. Heilend bei Gicht und Epilepsie sollte das Blut eines gesunden Jünglings wirken, das im Mai durch Aderlaß gewonnen wurde. Mit Menschenblut sei Aussatz und mit Bocksblut Impotenz zu heilen. Auch ein Bad in Pferdeblut sollte vom Aussatz befreien, und vom Sperlingsblut versprach man sich Hilfe gegen Hornhautgeschwüre. Wer seine Augenbrauen mit Fledermausblut bestrich, der hatte den Wunsch, nachts so gut wie am Tag sehen zu können. Das Blut von Hingerichteten sollte ↗ Spielglück bringen. Ochsenblut mit Wein und Honig gemischt, war ein alter germanischer Krafttrunk. Dem Karneol hat man blutauffrischende Wirkung nachgesagt. Träumt man von Blut, so soll das Feuer oder den Tod eines Blutsverwandten ankündigen. ↗ Vampire, ↗ Thymian.

Blutegel würden, nach Meinung der Volksmedizin, alle Unreinheiten aus dem Körper entfernen. Mit Hilfe verbrannter und pulverisierter Blutegel hoffte man den Haarwuchs fördern zu können.

Blutergüsse Dagegen trug man Amulette aus Türkis am Hals.

Bluthusten glaubte man mit einem Tee von Leberblümchen heilen zu können.

Blutstillend sollte der Jaspis wirken, wenn man ihn in der Hand trug. Auch dem Karneol und dem Malachit hat man blutstillende Wirkung zugeschrieben, ebenso dem Sardonyx, in zerstoßener Form eingenommen. Pulverisiert sollten auch die Spitzen von Stierhörnern, mit Wasser getrunken, helfen. Hirtentäschelkraut oder eine Wegerichpflanze sollte man in der Hand halten, wenn es galt, Blut zu stillen; beim Hirtentäschel konnte unter Umständen sogar das bloße Betrachten genügen. Dem ↗ Seidelbast, den Spinnweben sowie dem Moos von der Friedhofsmauer hat man ebenfalls blutstillende Wirkung zugetraut. ↗ Messer, ↗ Kornblume.

Blutsturz glaubte man vorbeugen zu können, indem man den kleinen Finger der linken Hand mit einer Schnur umwickelte.

Blutwurst mit Hirsebrei am Fastnachtdienstag vor Sonnenaufgang gegessen, sollte das ganze weitere Jahr ausreichend Geld sichern und vor Fieber schützen. Aß man Blutwurst mit Sauerkraut an Fastnacht, so meinte man, damit die Flöhe verjagt zu haben.

Bock Den männlichen hörnertragenden Tieren hat man teilweise beachtliche Wirkungen nachgerühmt. So ließe sich der Diamant in frischem, warmen Bocksblut aufweichen, und auch Nierensteine glaubte man durch Trinken dieses Blutes auflösen zu können. Kranke sollten Schlaf finden, wenn man ihnen Widderhirn zu essen gab, das auch bei Delirien Anwendung fand. Wollte man aber jemandem einen schlimmen Traum verschaffen, so legte man ihm heimlich ein Bockshorn unter das Kopfkissen. Gegen ↗ Kopfschmerzen halfen Widderhaare. Impotenz sollte sich mit Bocksblut überwinden lassen, wie überhaupt Bocksfett und Bocksgalle für die männliche ↗ Geschlechtskraft eine wichtige Rolle spielten. ↗ Ziegenbock.

Bodenschätze Man glaubte, Erze würden so lange wachsen, wie sie unberührt in der Erde blieben. Wo der Regenbogen auf die Erde stößt, so erzählte man schon in alten Zeiten, seien große unterirdische Schätze zu finden. Auch ein an Walpurgis (1. Mai) um Mitternacht vom Himmel fallender Stern sollte den Weg zu großen Bodenschätzen weisen, und wer während einer Sonnenfinsternis trotz der dabei auftretenden Gefahren die Erde aufgrub, sollte viel Geld finden. Mit der Wünschelrute glaubte man vergrabene und noch ungeborgene Schätze ausfindig machen zu können.

Bohnen Wer in den Zwölfnächten oder Rauhnächten (25. Dezember bis 6. Januar) Bohnen oder andere Hülsenfrüchte aß, dem hat man Geschwüre prophezeit. Nach einem anderen Glauben sollte zum Esel werden, wer am Weihnachtsabend keine Bohnen aß. Warzen und Hühneraugen wollte man durch Reiben mit Bohnen oder Bohnenblättern vertreiben, die danach unter der Dachtraufe zu vergraben waren. Träume von Bohnen kündigten Not und Zwietracht an.

Böser Blick Weit verbreiteter Glaube an die magische Kraft des menschlichen Auges. Einzelnen Menschen – besonders solchen mit zusammengewachsenen Augenbrauen, rothaarigen, schielenden, Huren, menstruierenden Frauen – hat man die Zaubermacht zugeschrieben, durch intensives Anschauen Menschen und Tiere krankmachen oder sogar töten zu können. Davor sollten Amulette schützen, vor allem solche mit einem aufgemalten Auge oder mit Augen eines Wiesels oder eines Wolfes. Der Böse Blick wurde also von einem Gegenblick gebannt. Auch Amulette mit Muscheln, einem Malachit oder Sardonyx und Gesten, wie die ausgestreckte Hand, das Durchstecken des Daumens zwischen Zeigefinger und Mittelfinger, Ausspucken sowie das Zeigen des nackten Hinterns, sollten den Bösen Blick und seine Folgen abwehren.
Man trug als Schutzmittel auch einen goldenen Reif um den Hals oder Salz in den Kleidern. Dreimaliges Reiben der Schläfen war ebenfalls ein erprobtes Mittel. Um Kinder vor dem Bösen Blick zu schützen, mußte die Hebamme dreimal in das erste Bad des Neugeborenen spucken, nachdem sie das Kind herausgenommen hatte. In den ersten Lebenstagen sollte auch kein Fremder – vor allem keine Hure – den Säugling ansehen, damit er auf keinen Fall von einem Bösen Blick getroffen werden konnte. Vorbeugend glaubte auch der zu handeln, der die Haare, mit denen ein Kind geboren wurde, sorgfältig aufbewahrte. Man hat Kindern verschiedentlich einen Büschel schwarzer Haare um den Hals gehängt in dem Glauben, dadurch Böse Blicke von ihnen fernhalten zu können. ↗ Hinrichtung, ↗ Nachwort S. 309f.

Brandwunden Das Blut des ↗ Feuersalamanders sollte gegen Feuer unempfindlich machen. Den Schmerz von Brandwunden glaubte man durch Auflegen von Spinngeweben, mit Hilfe von Seidelbast und ↗ Märzwasser lindern zur können. Hatte man sich am Finger verbrannt, so sollte man ihn ans Ohrläppchen halten, dann würde der Schmerz nachlassen.

Braunkohl Für den, der ihn zu Weihnachten nicht aß, bestand die Gefahr, Eselsohren zu bekommen.

Braut Eine glückliche Ehe erwartete man, wenn der Bräutigam seiner Braut das Brautkleid und die Brautschuhe schenkte und umgekehrt, die Braut dem Bräutigam ein Hemd und ein Paar Schuhe. Dagegen befürchtete man Kummer und Unglück, wenn die Braut sich ihr Kleid selbst nähen mußte. Paßte das Brautkleid nicht, so galt das als böses Vorzeichen für Zank zwischen den Eheleuten. Mußte zur Anschaffung des Brautkleides Geld geborgt werden, so wird es ein leichtsinniges Ehepaar, sagte man, und bringt die Braut Eier mit ins Haus, dann sei viel Streit zu erwarten. Um die eheliche Liebe nicht zu gefährden, soll man der Braut weder Schere noch Messer schenken, aber auch keine Gabeln, Löffel, Kaffeetassen oder Glas. Um den Kindersegen zu sichern, bewarf man die Braut bei der Hochzeit mit Erbsen, einem Fruchtbarkeitssymbol.

Brautbett Man darf nicht darauf schlagen, weil nach Meinung des Volksmundes die Frau sonst Hiebe bekommt. Vielerorts wird auch behauptet: Wer von den Eheleuten zuerst aus dem Brautbett steigt, stirbt zuerst. Gebratene Bärennieren in der Hochzeitsnacht unter das Brautbett gelegt, sollten die Braut fruchtbar machen.

Brautschleier ↗ Schleier.

Brennessel Wachsen die Brennesseln im Sommer und Herbst recht hoch, so erwartet man einen strengen Winter. Hagel befürchtete man, wenn die Brennesseln schon im Frühjahr durchlöcherte Blätter trugen. Wo Brennesseln stehen, schlägt der Blitz nicht ein, hieß es einerseits, und anderwärts sagte man, daß die am Gründonnerstag abgeschnittenen Brennesseln das Haus vor Blitzschlag schützen und darüber hinaus, neben Krüge und Fässer mit jungem Bier gelegt, dieses bei Gewitter vor dem

Umschlagen bewahren. Um sich ein gutes Jahr zu sichern, war es ratsam, an Neujahr Brennesselkuchen zu essen. Brennesselgemüse galt als Kultspeise, die Gesundheit und Kraft verleihen sollte. Waren die Pflanzen dazu am Gründonnerstag eingeholt, so garantierte das Gemüse angeblich den Wohlstand der Essenden. Die Brennesseln sollen nicht brennen, wenn man bei der Berührung den Atem anhält. Nesselsucht vermeinte man durch Trinken von Brennesseltee heilen zu können, und dem selben Zweck diente das Wasserlassen auf die Pflanzen. Sogar Gebärmutterkrebs hielt man für heilbar, wenn die Erkrankte vor Sonnenaufgang Brennesselsamen in die vier Windrichtungen streute. Der verzehrte Samen hatte angeblich die Kraft, die Männer sexuell anzuregen und die Frauen fruchtbar zu machen. Behauptet wurde auch, daß eine Brennessel verdorrt, wenn sie mit dem Harn einer unfruchtbaren Frau begossen wird.

Brezeln sollte man am Gründonnerstag oder am Karfreitag nüchtern essen, dann konnte man sich angeblich vor Fieber bewahren.

Briefträger Die Begegnung mit einem Briefträger am Neujahrsmorgen betrachtete man als schlimmes Vorzeichen für das beginnende Jahr.

Brombeeren Vor Krankheit und Verzauberung glaubte man sich schützen zu können, wenn man unter einem Brombeerstrauch durchkroch.

Brot Wer gerne Brotrinde ißt, den verläßt das Glück nie, erzählten die Alten, und mit einem Stück im Mund glaubte man vor Hundebiß sicher zu sein. In Gegenwart des hochgeachteten Brotes zu fluchen war besonders verpönt. Wer das Brot schief oder krumm schnitt, hatte angeblich vorher gelogen. Und wer Brotwecken oder Laibe verkehrt auf den Tisch legt, läßt zu, daß böse Leute Macht über das Haus bekommen, sagte man. Legt man das Brot mit dem Anschnitt in Richtung Tür, so entweicht das Glück aus dem Haus. Brot und Salz sollten beim Einzug in eine neue ↗ Wohnung nicht fehlen, damit sie auch künftig vorhanden wären. Brotwecken und Laibe darf man nicht im Ganzen verschenken oder verleihen, weil man sonst den Segen mit fortgibt. Deshalb muß man ein kleines Stück abschneiden und selbst essen oder man muß den Laib oder Wecken wenigstens einwickeln. Man sollte auch den Anschnitt keinem Fremden geben, weil dieser nach altem Brauch dem Hausvater gehört. Wurde am Silvesterabend das letzte Brot im Haus angeschnitten, so war zu befürchten, daß es im kommenden Jahr daran mangeln würde. Das am Karfreitag gebackene Brot (↗ Backen) sollte seinen Essern die Seligkeit sichern. Wer aber angebissene Brotreste liegen läßt, die dann ein Hund frißt, der sollte nach altem Glauben den Verstand verlieren. Und wer Getreide niedertrat, dem würde zu Hause das Brot verschimmeln, drohte man.

Brüche Wer aus einem gesprungenen Glas trinkt, müsse – so der Volksmund – mit einem Bruch rechnen. Als Schutz vor Eingeweidebrüchen haben Schwerarbeiter Karfreitagseier von schwarzen Hühnern gegessen, während bei den Bauern verschiedentlich Gründonnerstagseier als Schutz galten. Zur Heilung eines Bruches sollte man ein Gänseei um Mitternacht oder am Karfreitag essen. Genesung versprach man sich auch, wenn man drei Büschel Haare, die vom Wirbel des Patienten abgeschnitten worden waren, in ein reines Tüchlein einnähte und sie an einem nicht auf eigenem Grund und Boden stehenden jungen Weidenbaum so anbrachte (verpflöckte), daß sie dort verwuchsen. ↗ Knochenbrüche.

Brunnen ↗ Münzen.

Brustleiden glaubte man heilen zu können, wenn man Erde von einem frischen Grab, die man um Mitternacht geholt hatte, auf die Brust legte. ↗ Lungenleiden.

Bucklige ↗ Höcker, ↗ Nachwort S. 302.

Busen Wurde der Busen eines Mädchens zu groß, so sollte es mit dem linken Hoden eines Wildschweinebers über die rechte Brust streichen und umgekehrt. Dadurch sollte der Busen wieder die normale Größe annehmen. ↗ Wöchnerin.

Butter habe Heilkraft, wenn man am Himmelfahrtstag (40. Tag nach Ostern) vor Sonnenaufgang butterte, sie aber nicht salzte. Ungesalzene Gründonnerstagsbutter, so glaubte man, könne alle Wunden heilen. ↗ Schwindsucht.

C

Chalzedon Dieser Edelstein sollte seinem Träger im Kampf den Sieg bringen. Ihm wurde auch die Gabe nachgesagt, seinen Besitzer vor Sünden bewahren und böse Geister abwehren zu können. Man schrieb ihm außerdem die Fähigkeit zu, Fieber zu senken und Schwermut zu überwinden, indem er die Galle zerteilt. Insgesamt sollte er die Körperkräfte erhalten helfen. Der Chalzedon gilt teilweise neben dem Achat als Stein des Monats Juni und soll den in dieser Zeit Geborenen Glück bringen sowie sie von quälenden Sorgen befreien. Verschiedentlich wird der Chalzedon auch als August-Stein bezeichnet.

Chirologie ↗ Handdeutung.

Cholera sollte heilbar sein, wenn man Wasser, Milch oder Wein trank, worin ein glühendes Eisen gelöscht worden war. Als Vorbeugungsmaßnahme legte man ein Stück Schwefel auf die Brust.

Christnacht Wollte man etwas über die Zukunft erfahren, dann sollte man ein Gebet sprechen und das Ohr um Mitternacht an einem Kreuzweg auf die Erde legen. Die dabei vernommenen Geräusche wiesen auf das Kommende hin – zum Beispiel wäre bei einem trommelwirbel-ähnlichen Getöse bald ein Krieg zu erwarten. Auch die Tiere im Stall könne man in der Christnacht sprechen hören, wurde gesagt. ↗ Weihnachten, ↗ Mette, ↗ Ostern, ↗ Tiersprache, ↗ Nachwort S. 297.

Chrysolith oder Olivin Von diesem Edelstein erwarten sich seine Besitzer Schutz vor Epilepsie, der Pest, vor Melancholie, Liebesgier und Mäßigung bei Zornesausbrüchen. Bei Fieber sollte der Chrysolith, unter die Zunge gelegt, den Durst löschen. Gerieben wurde dieser Stein den Asthmatikern empfohlen, weil ihm die Stärkung des Atems nachgerühmt wurde, und durchbohrt, mit einem Eselshaar getragen, vertrieb er angeblich die bösen Geister. Er war tunlichst auf der linken Körperseite zu tragen und konnte auch Weisheit verleihen. Er gilt teilweise als September-, teilweise als November-Monatsstein.

Chrysopras Dieser Stein, so glaubte man, stärkt das Herz seines Trägers, hilft ihm möglichen Geiz zu überwinden und verleiht Beständigkeit. Im Altertum meinte man, der Chrysopras könne asthmatische Leiden überwinden, wenn man ihn an der Handwurzel trug. Er ist der Stein der Februargeborenen, gilt aber auch manchmal als Mai-Stein.

D

Dach Fällt ein Stein vom Dach oder sitzt eine Krähe oder eine Eule darauf, so muß im Haus bald jemand sterben, erzählte man sich. Woanders sagte man, daß im Haus jemand krank wird, wenn ein Rabe – Krähen und Raben wurden oft nicht auseinandergehalten – auf dem Dach sitzt. Lief ein Eichhörnchen darüber oder sang ein Rotschwänzchen dort, so rechnete man mit baldigem Feuer im Haus. Um dieses Unheil abzuwenden, warf man beim Richtfest verschiedene Gegenstände über das Dach. ↗ Hauswurz.

Dachdecker glaubten, sich durch den Verzehr des Fleisches und Hirnes von Eichhörnchen Schwindelfreiheit sichern zu können.

Dachtraufe Da man überzeugt war, daß fließendes Wasser Krankheiten fortschwemmen würde, legte man die verschiedensten Gegenstände, die man für Krankheitsträger hielt, unter die Dachtraufe: ↗ Steine, ↗ Bohnen. Kopfschmerzen wollte man durch Trinken von Wasser aus der Dachtraufe vertreiben können.

Dämonen waren in vorchristlicher Zeit gute und böse überirdische Mächte, später nur noch böse Geister, Hexen und Teufel, die man fürchtete. Man glaubte sich nicht nur nachts von ihnen umgeben (↗ Albdrücken, ↗ Nacht), sondern zu jeder Tageszeit (↗ Mittagszeit, ↗ Hysterie). Vor ihrem Einfluß schützte man sich mit Hilfe von Salz und Kräutern (↗ Sonnentau, ↗ Liebstöckel), durch Räuchern, durch Einnehmen von Samenkörnern der Pfingstrose, durch Tragen bestimmter Steine oder mit eisernen sowie erzenen Gegenständen. ↗ Geister, ↗ Spinne, ↗ Exorzismus, ↗ Nachwort S. 308.

Dampfnudeln darf man nicht zählen, sonst werden sie zu Wetzsteinen.

Darmkrankheiten glaubte man heilen zu können, wenn man aus dem geschossenen Wild die Gewehrkugeln herausschnitt und sie als Pillen einnahm. Man meinte auch, die Gräten eines gegessenen Herings würden den Darm säubern.

Dattel ↗ Stürze.

Daumen Diesem stärksten Finger schrieb man überirdische Kräfte zu. Um sich vor Hexen und dem Albdruck zu schützen, hat man im Bett den Daumen eingeknickt – der linke sollte besonders vor Beschreien und Berufen bewahren. Jemand den Daumen zu halten, sollte diesem Glück bringen, vor allem beim Spiel. Beim ↗ Kegeln meint man jedoch, dem Gegner mit dem Daumen Mißerfolg aufhalsen zu können. Der geknickte Daumen sollte auch vor Hundebiß bewahren und das Festhalten eines Daumens sollte bei Seitenstechen helfen. Zur Wundheilung und gegen Koliken, bei Zahnschmerzen und gegen ↗ Epilepsie sollte der Daumen aktiv wirken. Hielt man einem Schlafenden den Daumen, so glaubte man, ihm jedes Geheimnis entlocken zu können. Daumendrehen galt als Spiel mit dem Teufel. ↗ Halsschmerzen.

Delirien glaubte man durch Verabreichung des Hirns eines Widders, der noch nicht gerammelt hatte, beenden und heilen zu können.

Dezember Die in diesem Monat Geborenen galten als Glückskinder – ausgenommen die am 1. Dezember zur Welt Gekommenen, denn an diesem Tag war angeblich Sodom und Gomorrha zerstört worden. Der Türkis sollte den im Dezember Geborenen Reichtum und Segen bescheren. Zimmerpflanzen, die im Dezember beschnitten werden, sollen besonders reich blühen.

Diamant Dieser Edelstein galt im Altertum als unbezwingbar – nur frisches, warmes Bocksblut sollte ihn erweichen können. Der Diamant galt daher als Sinnbild heroischer Tugenden und als siegbringend. Seinen Träger sollte er unbezwingbar und unverwundbar machen. Wegen seines feurigen Glanzes trugen ihn die Menschen auch als Abwehrmittel gegen böse Dämonen und die von ihnen verursachten Krankheiten. Auch vor Hundebiß und vor wilden Tieren sollte der Diamant schützen sowie Schwangeren eine gute Niederkunft sichern. Als Monatsstein sollte er den im April Geborenen Treue, Tapferkeit und Beständigkeit verleihen.

Diebe Vor Diebstahl glaubte man sich durch das Tragen von Wolfshaaren schützen zu können. Auch dem Topas sagte man dieselbe Eigenschaft nach, und ein Granat sollte vor allem auf

Reisen Langfinger fernhalten. Bestohlene glaubten, einen Dieb im Traum zu sehen und zu erkennen, wenn sie eine Wegwartwurzel unter den Kopf oder Eisenkraut unter das rechte Ohr legten. Hatte man einige Verdächtige gefaßt, so bestrich man eine schwarze Henne mit Ruß und ließ sie von ihnen betasten: Wer keine schwarzen Hände bekam, sollte der Dieb sein (↗ Gottesurteil). Auch mit einer Wünschelrute wollte man den Dieb ermitteln können, wenn man damit über Zettel mit den Namen der Verdächtigen strich. Geständnisse glaubte man durch bestimmte Manipulationen erreichen zu können (↗ Geständnis). Röstete man Friedhofserde in einer Pfanne, so sollte der unbekannte Dieb dadurch zur Rückgabe seiner Beute gezwungen werden. Das gleiche Ergebnis strebte man an, wenn man die von einem Dieb betretene Erde in einem Gefäß sammelte und darin mit einem mitternachts vom Friedhof geholten Sargnagel umrührte. Der Dieb, so glaubte man, bekommt dann heftige Schmerzen an den Sohlen, die so lange anhalten, bis er das gestohlene Gut zurückgibt. Schlug man aber alte Sargnägel in die gefundene Spur eines Diebes, so mußte dieser sterben.

Nach anderer Meinung sollte der Bestohlene zusammen mit einer schwarzen Henne an neun Freitagen nichts essen, um auf diese Weise den Dieb entweder zur Rückgabe der Beute zu bringen oder seinen Tod herbeizuführen. Ein Dieb, der in der Neujahrsnacht mit Erfolg stiehlt, wird das ganze Jahr über nicht ertappt, wurde behauptet. Die ↗ Montage galten als günstig für die Diebe, weil diese Tage mit dem Mond, der »Diebessonne«, in Beziehung stehen. Den am Dienstag Geborenen unterstellte man die Neigung zum Stehlen. Kinder, denen man auf die Finger schlug oder denen die Mutter die Nägel schnitt und nicht abbiß, sollten angeblich zu Dieben werden.

Dienstag galt als besonders günstig für Hochzeiten – es war überhaupt der Tag, an dem Vertrags- und Gerichtsdinge erledigt werden sollten, da es der Tag des germanischen Gottes Ziu ist. Ziu oder Tyr, latinisiert Mars Thingsus, war der Gott des Schwertes und des Gerichtes (↗ Nachwort S. 305). Der Dienstag sollte auch für das Antreten einer neuen Arbeitsstelle und für Zauberkuren günstig sein. Allerdings glaubte man auch, die an Dienstagen Geborenen hätten eine Neigung zum Stehlen. Der Dienstag galt auch als »Wurmtag«, an dem man zum Beispiel keine Rettiche säen oder stecken sollte.

Dill ist ein altes Mittel gegen Behexung: neugeborenen Kindern und Bräuten gibt man deshalb davon – meist mit etwas Salz – mit auf den Weg zur Taufe oder zur Hochzeit. Auch sonst trug man gerne etwas Dill in der Tasche. Bräute steckten sich Dill mit Salz und Senf in Taschen, Strümpfe oder Schuhe und glaubten, das Regiment in der Ehe zu erlangen, wenn sie dazu sprachen:

> Ich habe Senf und habe Dill,
> mein Mann muß tun wie ich will.

Rieb die Hebamme das Neugeborene nach dem ersten Bad kräftig mit Dill ein, dann war man sicher, daß es nie frieren werde. Gegen Schlaflosigkeit sollte Dill wirken, wenn man ihn ohne Wissen des Betroffenen unter sein Kopfkissen legte; nach anderer Meinung sollte dadurch das Schnarchen verhindert werden können.

Diphtherie Dagegen wurde empfohlen, geräuchertes Eichhörnchenfleisch nüchtern zu essen oder den eigenen Harn mit Petroleum vermischt zu trinken.

Disteln ließ man auf den Feldern stehen, weil man glaubte, damit Hexen abwehren zu können. Wuchsen jedoch andererseits viele Disteln auf einem Acker, so sollte ein bei der Bestellung fluchender Sämann daran schuld sein. Eine Distel auf einem Grab zeige die Verdammnis des Toten an, hat man geglaubt.

Donnerkeile sind keilförmige Steine, deren Entstehung man sich durch Blitzschlag oder Donnergetöse vorgestellt hat. Man schrieb ihnen unheilverhütende Wirkung zu, vor allem Schutz gegen Gewitterschäden. Der Besitzer eines Donnerkeils konnte sich nach dem Volksglauben unsichtbar machen und erlangte große Kraft.

Donnerstag Wie den meisten Wochentagen wurde auch dem Donnerstag viel Unheil unterstellt. Wer an diesem Tag krank wurde, sollte nicht wieder gesund werden, glaubte man. Vieles sollte man an diesem Tag nicht tun: weder ein Kind erstmals zur Schule schicken, noch eines kämmen, kein Geschirr reinigen, und auch Spinnen und Holzhacken war am Donnerstag verpönt. Der Grund liegt sicher darin, daß es der Tag des bedeutendsten germanischen Gottes Donar, ehemals ein Feiertag, war (↗ Nachwort S. 283 und 307).

Er galt auch später noch lange als bevorzugter Gesellschaftstag, und der Ausdruck »aufgedonnert« für besonders gut gekleidet geht darauf zurück. Gewitter am Donnerstag galten als ungefährlich. Die Bedeutung dieses Tages für Hochzeiten schwankte regional: wo die ursprüngliche Funktion Donars als Gott der rechtlichen Ordnung noch unbewußt weiterlebte, wurde der Donnerstag fürs Heiraten bevorzugt, anderswo hat man ihn gemieden, weil es »sonst in der Ehe donnert«. Am Tag Donars wurden auch vielfach Gerichte und Märkte abgehalten. Der Tag galt neben dem Dienstag verschiedentlich auch als »Wurmtag«, an dem man zum Beispiel keine Rettiche säen oder stecken sollte.

Doppelgänger Es sollte Glück bringen, wenn man einen Doppelgänger vom anderen Geschlecht sah. Fand aber ein Mann zum Beispiel einen männlichen Doppelgänger, so bedeutete das Unglück.

Dornen die man sich eingestoßen hatte, sollten sich nach dem Genuß eines Wurzelstücks der weißblühenden Wegwarte mühelos herausziehen lassen. Allerdings mußte die Wurzel am Jakobitag (25. Juli) schweigend mit einem Goldstück ausgegraben worden sein. Von selbst sollten Dornen und Splitter aus der Wunde treten, wenn man ein Korn eines am Oswaldstag (5. August) gesammelten Fruchtstandes des Breitwegerich (»Dornsamen«) eingenommen hatte. Zog man einen Dorn heraus, so mußte man ihn zerbeißen, weil man glaubte, daß er nur dann keinen weiteren Schaden anrichten könne und die Wunde weder schmerze noch eitere. ↗ Mädchen.

Drachen hat man sich als schlangen- oder echsenartige, feuerspeiende Tiere vorgestellt, teilweise geflügelt oder mit einem Löwenkopf. Diese menschen- und gottfeindliche Kreatur wurde in den Mythen allseits bekämpft und seine Niederlage zum Beispiel durch Siegfried, Dietrich von Bern und den heiligen Georg gefeiert. Man hat geglaubt, die Drachen würden sich ebenso wie die Basilisken aus schwarzen Hähnen entwickeln, weshalb man diese Tiere meist schnell tötete.

Drei gilt vielfach als heilige Zahl, zum Beispiel die Dreifaltigkeit im Christentum und in früheren Religionen. Verbreitet war der Glaube, man solle drei Frühlingsblumen oder -kräuter – Anemonen, Leberblümchen, Schlüsselblumen, Hirtentäschel, Löwenzahn und so weiter – schlucken, um auch im kommenden Jahr gesund zu bleiben. Die ersten drei gefundenen Pilze oder Beeren waren den Waldgeistern zu opfern, um dann reiche Funde zu machen. Nüchtern dreimal niesen bedeutet Glück, ähnlich wie dreimaliges Spucken, das auch Behexung tilgen sollte (↗ Raben). Wichtig war die Drei auch bei der Bekämpfung des Schnupfens, des Schluckaufs, von Zahnschmerzen wie überhaupt bei Unglück verschiedenster Art (↗ Sonnenfinsternis, ↗ Teufel). Drei Augenbrauenhaare der Geliebten sollten für ihre Treue bürgen, und eine Spinne, die dreimal über die Hand lief, sollte Glück bringen. ↗ Zahlen. ↗ Nachwort S. 311.

Dreifaltigkeit Regen am Dreifaltigkeits-Sonntag (Sonntag nach Pfingsten) gab man eine schlimme Vorbedeutung: Man erwartete dann sieben weitere verregnete Sonntage. Andererseits glaubte man, daß das am Dreifaltigkeits-Sonntag gefallene Regenwasser besonders heilkräftig sei.

Dreikönig Schien die Sonne an diesem kirchlichen Festtag (6. Januar), so glaubte man an ein friedliches Jahr. Bei Tauwetter erwartete man ein spätes Frühjahr. Friert es dagegen am Dreikönigsabend, so soll es weitere sechs Wochen Frost geben. Dem Wind am Dreikönigstag öffnete man um Mitternacht alle Türen und Fenster im Haus, weil man sich von ihm viel Segen erhoffte. Auch dem um Mitternacht geschöpften Wasser wurde große Heilkraft zugesprochen. War aber an Dreikönig nicht der von Weihnachten übriggebliebene Kuchen aufgegessen, so sollte es Unglück geben.

Dreißiger ↗ Frauendreißiger.

Dreizehn gilt als Unglückszahl, weil sie auf die heilbringende ↗ Zwölf folgt und das babylonische Duodezimalsystem sprengte (↗ Elf). Noch heute fürchten viele Menschen alles, was mit Dreizehn zusammenhängt, besonders die Verdoppelung des Unglücks an einem ↗ Freitag dem Dreizehnten. Für die Juden des Alten Testamentes war der Dreizehnte mehrfach ein Glückstag (Buch Esther 8,12 und 1. Buch der Makkabäer 7,43 ff.). Auch in manchen Bräuchen hat die Dreizehn eine gute Bedeutung, ↗ Koriander.

Drudenfuß oder Pentagramm (Fünfwinkelzeichen), seit dem Altertum ein magisches Zeichen für die Abwehr von Krankheiten. Bis in die Neuzeit zum Schutz vor Hexen, Druden (weibliche Geister, die Albdrücken auslösen) auf Kinderwiegen, Ehebetten und dergleichen mehr angebracht.

Dumm sollten Kinder werden, wenn man ihnen etwas auf dem Leib flickte oder wenn man ihnen schon im ersten Lebensjahr Haare und Fingernägel schnitt. Auch von den am Mittwoch Geborenen glaubte man, daß sie dumm seien. Wer viel Kartoffeln oder Mohn aß, sollte ebenfalls dumm werden, und Menschen mit großem Mund oder großen Ohren meinte man ihre Torheit anzusehen. ↗ Intelligenz, ↗ Gedächtnis.

Durchfall versuchte man mit einer Reihe von Mitteln zu beheben: ein Apfel war in Richtung zur Blüte zu schaben und das Geschabte zu essen (umgekehrt geschabt sollte gegen Verstopfung helfen); Rotwein, der mit Stangenkandiszucker gekocht werden mußte; ebenso sollte auch das Einnehmen eines zerstoßenen Sardonyx helfen, und schließlich wurde auch ein aus Pferdemist gepreßter Saft mit Branntwein gemischt und mit einer Laus gewürzt zu trinken empfohlen. ↗ Ruhr, ↗ Magen.

Durchkriechen unter einem Brombeerschößling sollte vor Krankheit und Verzauberung bewahren, und wenn ein Gelähmter durch einen Eichenspalt kriechen konnte, sollte er geheilt sein.

Durst konnte mittels eines Achats gelöscht werden, den man unter der Zunge trug. Bei Fieber sollte in gleicher Weise ein Chrysolith verwendet werden. Wer am Karfreitag tagsüber Wasser trank, dem hat man für den Rest des Jahres Durst prophezeit.

E

Ebbe ↗ Klee, ↗ Mädchen.

Eber Seine Stärke wollte man sich in verschiedener Weise zunutze machen. Hirn und Fett waren wichtige Bestandteile einer Salbe, von der man glaubte, sie mache die Waffen besonders wirksam. Pulverisierte Eberhoden sollten nach dem Einnehmen die Empfängnis der Frauen fördern. Einen allzu groß werdenden ↗ Busen glaubte man mit Hilfe der Eberhoden verkleinern zu können. ↗ Bettnässer erhofften sich vom Verzehr der gebratenen Geschlechtsteile des Ebers Heilung. Als ein gutes Vorzeichen galt, wenn man während einer Reise einen Eber sah. ↗ Epilepsie.

Eberwurz oder **Silberdistel** sollte körperliche Kraft und männliche Potenz verleihen. Man aß sie auch als Schutz gegen Seuchen und glaubte, sich mit ihrer Hilfe gegen Eingeweidebrüche absichern zu können. Bei Kreuzschmerzen sollte man eine Eberwurz umhängen, und kein lästiges Sodbrennen sollte einen befallen, wenn man sie über den Essenstisch hing. Man hat behauptet, wer in der Sonnwendnacht (21. Juni) zwischen 23 und 24 Uhr eine Eberwurz mit neun Blüten findet, in Wein siedet und den Absud trinkt, gewinnt die Stärke von neun Männern. Die Burschen erhofften sich bei den Mädchen die Erfüllung aller ihrer Wünsche, wenn sie Eberwurz und Baldrian zusammen in rotem Wachs bei sich trugen. Schließlich sollte die Eberwurz auch vor Blitzschlag schützen.

Edelsteine Von den schönen und seltenen edlen Steinen haben sich ihre Besitzer und Träger vor allem Schutz vor Krankheiten, vor Giften und vor Furcht versprochen. Die Steine sollten den an ihre Kraft glaubenden Eigentümern außerdem Mut und Fröhlichkeit schenken und sie von Traurigkeit sowie der Anfälligkeit für bösen Zauber befreien (↗ Nachwort S. 304). Bestimmten Steinen sagte man nach, daß sie die in den entsprechenden Monaten Geborenen besonders schützen. Die Kombinationen weichen jedoch stark voneinander ab, wie die folgenden Beispiele zeigen (↗ Nachwort S. 300):

Januar	/	Granat	/	Hyazinth	/	Topas
Februar	/	Amethyst	/	Amethyst	/	Chrysopras
März	/	Jaspis	/	Turmalin	/	Hyazinth
April	/	Diamant	/	Saphir	/	Amethyst
Mai	/	Smaragd	/	Chalzedon	/	Jaspis
Juni	/	Chalzedon	/	Smaragd	/	Saphir
Juli	/	Rubin	/	Karneol	/	Smaragd
August	/	Onyx	/	Sardonyx	/	Chalzedon
September	/	Saphir	/	Chrysolith	/	Karneol
Oktober	/	Opal	/	Beryll	/	Sardonyx
November	/	Topas	/	Topas	/	Chrysolith
Dezember	/	Türkis	/	Chrysopras	/	Aquamarin

Efeu im Haus bringt Unglück, zerstört die eheliche Eintracht oder provoziert den Tod eines Familienmitgliedes, glaubte man. Der beim Haus gepflanzte Efeu würde alle sieben Jahre den Tod eines Bewohners fordern, war gleichfalls eine verbreitete Überzeugung und ebenso, daß die Tochter des Hauses, in dem Efeu gezogen wird, unverheiratet bleibt.

Ehe Schlimmes hat man für eine Ehe prophezeit, die während der Hundstage (Ende Juli bis Ende August) geschlossen wurde. War der Mann zu seiner Frau grob und unfreundlich, war der häusliche Friede gestört, dann sollte die Frau dem Mann heimlich Regenwasser in die Suppe mischen, das würde ihn besänftigen, meinte man. Auch ein fünfblättriger Klee sollte Ehesegen schenken, dagegen würde Efeu im Haus die eheliche Eintracht untergraben, wurde behauptet. ↗ Hochzeit, ↗ Heiraten.

Ehebruch War eine Frau untreu, so meinte man es unter anderem daran zu erkennen, daß sich der von ihr zubereitete Käse nicht frisch hielt. ↗ Untreue.

Ehrgeiz Darauf sollten geschwungene Augenbrauen schließen lassen.

Eiche Man sollte im Mai zwischen zwei Frauentagen Eichenlaub sammeln, das einen dann vor allen Schäden schütze – so sollte eine Eichenmistel vor Epilepsie bewahren und frisches Eichenlaub von Verzauberung befreien. Wer sich ein Eichenblatt in seinen Hut legte, glaubte, sich die Füße nicht wundzulaufen. ↗ Biene.

Eichhörnchen Lief ein Eichhörnchen übers Dach, so glaubte man, daß dort bald Feuer ausbrechen würde. Sah man aber ein Eichhörnchen am Morgen, am Wochenbeginn – im Angang –, so sollte das Glück bedeuten. Gegen Rheumatismus half ein Eichhörnchen als Bettgenosse. Das Fleisch von Eichhörnchen aß man gegen Ruhr, Diphtherie, Schwindelgefühl und zur Erlangung eines guten Gedächtnisses.

Eid ↗ Meineid.

Eier Vom Genuß der Eier erwarteten sich die Männer die größte Stärkung ihrer Geschlechtskraft, wobei der sogenannte Hahnentritt, das Häutchen unter der Eischale, besondere Wirkung ausüben sollte. Bei den Frauen, so glaubte man, könnten Eier von Hennen, die keinen Hahn bei sich hatten, sogar hartnäckige Unfruchtbarkeit beheben. Eier, die eine Braut mit ins Haus brachte, sollten angeblich viel Streit auslösen. Am Gründonnerstag gelegte und an Ostern geweihte Eier sollten vor Krankheiten – ↗ Kreuzschmerzen, ↗ Brüche – wie auch vor Blitschlag schützen.

Eifersucht Dazu sollen Menschen mit empfindlichen Haaren besonders neigen, aber auch zusammengewachsene Augenbrauen waren ein Zeichen dafür. Wen es am Knie juckte, der galt schnell als eifersüchtig, und wenn es einen Mann an den Fußsohlen juckte, so sollte er nach einem anderen Glauben wegen seiner eigenen Frau eifersüchtig werden.

Eigensinn hat man Menschen mit fahlen und dunklen Schattierungen im Gesicht anzusehen geglaubt.

Eins ↗ zwei, ↗ Zahlen.

Eisblumen an den Fenstern in den Zwölfnächten oder Rauhnächten (25. Dezember bis 6. Januar) sollten ein fruchtbares Jahr ankündigen.

Eisen sollte vor bösen Geistern schützen (↗ Hufeisen, ↗ Nachwort S. 282). Wer jedoch über auf dem Boden liegende eiserne Nägel hinwegging, mußte bald sterben. ↗ Metall.

Eisenbahn Im 19. Jahrhundert wurde die Eisenbahn mit viel Aberglauben bedacht, gegen den teilweise sogar die Pfarrer von den Kirchenkanzeln predigten. Man glaubte, daß die Natur verdorben wird, daß vorher mehr Gras gewachsen sei und daß der Teufel an jeder Station einen Fahrgast holt.

Eisentränke Verschiedene Krankheiten sollten mit einer Flüssigkeit, in der glühendes Eisen »gelöscht« wurde, geheilt werden können; zum Beispiel ↗ Magen, ↗ Unterleibsleiden, ↗ Wasserlassen.

Eiterungen glaubte man mit pulverisiertem Karneol erfolgreich behandeln zu können. Vorbeugend gegen eiternde Ohren trug man goldene Ohrringe. ↗ Nähen, ↗ Dornen.

Elefantiasis Dagegen sollte ein Trunk aus Wieselblut, vermischt mit der Asche eines verbrannten Wiesels helfen.

Elektrizität hat vielerlei Irr- und Aberglauben verursacht. ↗ Nachwort S. 291.

Elf Diese Zahl galt als Symbol der Sünde und Maßlosigkeit, weil mit ihr die zehn christlichen Gebote »übertreten« werden. Im Gegensatz dazu stand der Brauch mit ↗ Korianderkörnern. Als Glückszahl gilt die Elf, weil sie zweimal eine Eins, das Symbol der Eintracht enthält (Faschingsbeginn am 11. 11. jedes Jahres).

Elster Dieser Vogel symbolisiert den Leichtsinn, die Schwatzhaftigkeit und die Streitsucht. Besonders das Geschrei der Elstern sollte Streit ankündigen, und wenn man eine größere Anzahl sah, befürchtete man Krieg. Flogen sie ungewöhnlich aufgeregt um das Haus, so rechnete man mit Besuch von Bekannten und Verwandten. Kam eine Elster im Traum vor, so drohte angeblich Unheil. Schwätzten die Elstern viel, so erwartete man Regen, zankten sie sich, so sollte Tauwetter folgen. Nisteten die Elstern hoch in den Bäumen, dann erwartete man ein nasses Jahr, nisteten sie in der Baummitte, ein trockenes. Mit einem Stein aus einem Elsternnest wollte man sich unsichtbar machen können, mit einer aus Elsternfleisch gekochten Suppe konnte man angeblich Tobsucht auslösen.

Empfängnis Zahlreich sind die Mittel, die die Empfängnis fördern und damit den Wunsch nach Kindern erfüllen sollten.

Eine Alraunwurzel gehörte ebenso dazu wie einzunehmende Mixturen aus Eselsmilch mit Fledermausblut, oder in Wein gesottene wilde Petersilie, oder Wasser mit etwas Blut von einem Neugeborenen, auch von einer Nachgeburt, oder mit dem Speichel des Ehemannes.

Die pulverisierten Hoden eines Ebers, die Galle eines Bären, Birkensaft, Melissenwasser, Brennesselsamen, Hasenblut, Rinder- und Schweinegalle mit Honigzusatz sollten ebenfalls als empfängnisfördernde Mittel verzehrt und eingenommen werden. Empfohlen wurde den Frauen auch, allabendlich vor dem Zu-Bett-Gehen ein weichgekochtes Ei mit etwas Bisamzutat (Bisamkraut, Moschuskraut) zu essen oder »eine halbe Stunde vor der Beiwohnung die Milch einer neumilchenden Kuh euterwarm« zu trinken. ↗ Schwangerschaft.

Empfängnisverhütung Im Mittelalter glaubten viele Frauen, durch Berühren der Latten in den Badestuben eine Empfängnis ausschließen zu können: jede Berührung sollte ein kinderloses Jahr sichern. Ein Finger von einem Abortus an den Hals einer Frau gehängt, sollte diese gleichfalls vor jeder Empfängnis bewahren. In nämlicher Weise wirkte das Mitführen eines Teiles der Pimpinelle (Bibernelle) oder von Hasenkot in einem Säckchen am Hals oder auch von Katerhoden in Mauleselleder.

Der Verzehr eines welken Knollens des Knabenkrautes sollte unfruchtbar machen. Über Rezepte von Essig mit Schießpulver, von Urin mit dem Ohrenschmalz kleiner Mädchen sowie von Hasen- und Widderharn wurde getuschelt und solche Mixturen zu trinken empfohlen. Schließlich wollte man auch wissen, daß das Einreiben der Menses einer Frau mit den Geschlechtsteilen eines toten Mannes unerwünschten Kindersegen verhindern könne. ↗ Schwangerschaft.

Englische Krankheit ↗ Rachitis.

Entwöhnen Die bei zunehmendem Mond entwöhnten Kinder sollten bedächtige und ruhige Menschen werden, schöne Zähne bekommen und zeitlebens von ↗ Zahnschmerzen verschont bleiben. Mädchen sollte man jedoch bei abnehmendem Mond entwöhnen, wenn man ihnen Schlankheit sichern wollte. Anderswo glaubte man, einem Kind beim Entwöhnen neun Tage lang einen Kamm um den Hals hängen zu sollen, um es vor

Erkrankung und Abmagerung zu bewahren. Bei Kindern, die an den kurzen Tagen des Jahres entwöhnt wurden, befürchtete man für die Zukunft Kurzatmigkeit. Entwöhnte man ein Kind während der Baumblüte, so bedeutete das früh ergrauende Haare. Dagegen glaubte man an das gute Gedeihen eines Kindes, das man um Mitternacht entwöhnte.

Enzian Mit einer am Hals getragenen Enzianwurzel glaubten viele vor Verwundungen geschützt zu sein. Vor Hundebiß sollte der Enzian bewahren, wenn er zwischen den Frauentagen Mariä Himmelfahrt (15. August) und Mariä Geburt (8. September) ausgegraben worden war.

Epilepsie sollte bekommen, wer auf einem Hund ritt. Aber wer stets eine Eichen-Mistel in der rechten Hand hielt, sollte niemals von der Epilepsie befallen werden können. Auch das Trinken des Absudes von einem Mistelzweig bedeutete Schutz. Vorbeugend sollte ferner die umgehängte Wurzel einer Pfingstrose wirken, die jedoch im Juli in der Zeit des abnehmenden Mondes an einem Sonntag in der Mittagszeit ausgegraben worden sein mußte. Auch einem Fingerring aus Eselshuf, der aber keine schwarzen Flecke haben durfte, schrieb man vorbeugende Wirkungen zu. Der Smaragd sollte seinen Träger gleichfalls vor Epilepsie schützen. Heilung von dieser Krankheit erhoffte man sich vom Verzehr eines Wolfsherzens, dem Gehirn der Wachteln, von pulverisierten Maikäfern sowie von Wieselfleisch und Wieselasche, ferner wenn der Kranke zehn Monate hindurch Speisen aß, die mit Wasser zubereitet waren, in dem vorher bei zunehmendem Mond drei Tage lang ein Achat gelegen war. Auch der Berührung des Kranken durch eine Jungfrau mit deren Daumen hat man heilende Wirkung nachgerühmt. In dem Glauben, sich von dem Leiden befreien zu können, hat man sogar Wanzen zwischen zwei Brotschnitten oder mit Rosinen gegessen (↗ Nachwort S. 300), teilweise wurde jedoch das Riechen an einer ekelhaft stinkenden Wanze als ausreichend bezeichnet. Durch die Einnahme von geschabtem, vererbten Silber sowie von abgefeilten Glockenspänen wollte man ebenfalls genesen. Wirksam sollte auch Wein sein, in dem vorher einige Zeit die Hoden eines Wildschweines gelegen waren. Es kursierte sogar eine Empfehlung, Nägel, Haare und Blut eines Erhängten in die Speisen des Epileptikers zu mischen, und auch ein Amulett mit vierzehn an Mariä Himmel-

51

fahrt gesammelten Wacholderbeeren sollte aus dieser Not helfen. Einen akuten Anfall glaubte man sofort beenden zu können, indem man dem Kranken einen Eisenschlüssel in die Hand gab. Als schädlich für den Epileptiker wurde dagegen Ziegenkäse bezeichnet.

Erbschaft Eine große Erbschaft kündigt sich an, wenn man um Mitternacht ein vierblättriges Kleeblatt findet.

Erbsen Man glaubte, Hautkrankheiten abwenden zu können, wenn man an Neujahr ein Erbsengericht aß. Nach einem anderen Glauben sollte man fieberfrei bleiben, wenn man an Neujahr Erbsensuppe aß, während man sonst schlimme Krankheiten zu befürchten hatte. Bei der Hochzeit wurde die Braut mit Erbsen, einem Symbol der Fruchtbarkeit, beworfen. ↗ Regen.

Erdbeben seien zu befürchten, so glaubte man, wenn die Sonne Ringe habe.

Erdbeeren sollten nach einem verbreiteten Glauben für Männer sehr gesund, für Frauen dagegen schädlich sein. Daher wurde den Männern empfohlen, wegen einer Erdbeere am Wege sogar vom Pferd zu steigen, die Frauen jedoch sollten sie, besonders während ihrer Menstruation, lieber zertreten als essen. Erdbeeren, die einem Kind beim Pflücken entfielen, gehörten dem Teufel oder den Armen Seelen und durften daher nicht aufgehoben werden. Beulen sollte bekommen, wer Erdbeeren an Jakobi (25. Juli) oder danach aß. ↗ Bleichsucht, ↗ erforene Glieder.

Erde hat man große Kraft zugeschrieben. ↗ Neugeborene, ↗ Brustleiden, ↗ Kreuzschmerzen. In jüngster Zeit gibt es Fußballspieler, die vor dem Spiel den Boden des Spielfeldes küssen, um den Sieg zu sichern. ↗ Nachwort S. 304.

Erdrauch Trug ein Mädchen dieses Kraut im Schuh, dann wäre es fähig, seinen Zukünftigen zu erkennen, sagte man.

Erfrorene Glieder glaubte man mit Umschlägen aus Erdbeeren heilen zu können. Das Auflegen von Rabenhirn oder von gefrorenen weißen Rüben sollte bei erfrorenen Füßen helfen. ↗ Frostbeulen.

Erika Blüht die Heide besonders üppig, so erwartet man einen strengen Winter.

Erkältungen wollte man loswerden, indem man sich in grüne Blätter schneuzte, diese den Gänsen vorwarf und so hoffte, den Schnupfen auf diese Tiere zu übertragen.

Ermüdung versuchte man durch Kauen des Krautes einer Sonnentaupflanze überwinden zu können – man sollte sich dann wieder frisch und gestärkt fühlen. Beifuß in den Schuhen sollte speziell vor Ermüdung beim Gehen schützen.

Ernte Schon an Neujahr schoß man über die Felder und in die Obstbäume in der Absicht, damit die Fruchtbarkeit zu wecken. Ein schöner Neujahrstag galt als gutes Vorzeichen für ein fruchtbares Jahr. Auch Eisblumen an den Fenstern in den Zwölfnächten oder Rauhnächten (25. Dezember bis 6. Januar) sollten eine gute Ernte ankündigen. Das gleiche sagte man, wenn im Frühjahr viel Löwenzahn blühte. Hörte man aber den Kuckuck noch nach Johannis (24. Juni), so schloß man daraus auf eine schlechte Ernte. Mit der Erntearbeit sollte man nicht am Montag, sondern am Freitag beginnen. Es wurde behauptet, dadurch werde der Ertrag größer. ↗ Tannenzapfen, ↗ Herbstzeitlose, ↗ Obst, ↗ Fisch.

Erschrecken ↗ Schreckhaftigkeit.

Ertrinken Menschen mit glänzenden Haaren oder mit einem Muttermal an einem Ohr hat man den Tod durch Ertrinken prophezeit. Ins Wasser würde fallen, so wurde behauptet, wer ein am Karfreitag gewaschenes oder geflicktes Kleidungsstück trug. Ertrunkene glaubte man mit Hilfe eines Karfreitageies auffinden zu können ↗ Baden.

Erze ↗ Bodenschätze.

Esel galten als die einzigen Tiere, die nicht vom ↗ Blitz getroffen werden können. Eselsunschlitt sowie der rechte Eselhoden in Wein gegessen oder am Armband getragen wurden als sexuell anregend bezeichnet. Frauen sollten stimuliert werden, wenn man mit Eselsblut getränkte Wolle unter ihr Kopfkissen legte. Zahnschmerzen verschwänden, so sagte man, wenn man einen

Esel küßt. Kranke Nieren glaubte man durch Trinken von Eselsharn heilen zu können. Kinder erhielten Stücke einer Eselshaut in
die Wiege gelegt, um sie von Schreckhaftigkeit zu befreien.
Regen erwartete man, wenn ein Esel die Ohren spitzte oder seitwärts
ging.

Essen Wird bei einer Mahlzeit alles aufgegessen, so ist schönes
Wetter zu erwarten, sagt man. Wer jedoch beim Essen Gabel und
Messer fallen läßt, sollte nicht weiteressen, da nun seine Verdauung gestört sei. Fällt jemand beim Essen ein Stück aus der Hand
oder drückt die Speise im Magen, bleibt ein Stück im Halse
stecken oder verschluckt man sich, dann, so glaubt man, ist die
Mißgunst eines anderen die Ursache. Ließ man den abnehmenden Mond in seinen ↗ Teller schauen, so sollte eine schwere
Krankheit zu befürchten sein, weil man den schwindenden Mond
mitgegessen hatte.

Eulen galten als Todesboten: vor oder auf dem Hause kündigen
sie mit ihrem Krächzen das baldige Ende eines Bewohners an,
erzählt man. Die Symbolisierung des Eulenrufes als Todesankündigung ist uralt. Andererseits nagelten Bauern eine tote Eule mit
ausgebreiteten Flügeln an das Scheunentor, um den Teufel,
Hexen, böse Geister und den Blitz fernzuhalten. Das Käuzchen
befreit vom Fieber, wenn man es um Mitternacht im Wald hört.

Exkremente ↗ Kot.

Exorzismus Glaubte man, daß jemand von Dämonen, Hexen
oder dem ↗ Teufel besessen sei, so wollte man sie austreiben.
Dieser Exorzismus wurde zum Beispiel durch Räuchern oder mit
Hilfe von ↗ Katzen vorgenommen. Der Besessene sollte auch das
Kraut einer Sonnentaupflanze umhängen, von dem man glaubte,
daß ihm der Teufel nicht widerstehen kann und ausfahren muß.
Handauflegen und gleichzeitiges Sprechen von Segensformeln
sollte den Teufel gleichfalls veranlassen, aus dem Körper zu
fliehen.

F

Fallsucht ↗ Epilepsie.

Farnkraut Der in der Johannisnacht (24. Juni) um Mitternacht vom Farnkraut angeblich ausgeschüttete Samen, der sogenannte Wünschelsamen, sollte seinem Besitzer Glück in der Liebe und im Spiel bringen, ihn auch hieb- und stichfest und auf Wunsch sogar unsichtbar machen sowie Reichtum bescheren. Verschiedentlich hat man das Farnkraut mit der sagenumwobenen ↗ Springwurzel gleichgesetzt. ↗ Tiersprache und ↗ Nachwort S. 284.

Fasching ↗ Fastnacht.

Fasten wird häufig angewandt, sei es, um sich vor schädlichem Einfluß zu schützen oder um eine überirdische Macht für die Erfüllung bestimmter Wünsche zu gewinnen. Während eines Gewitters sollte man nichts essen, so der Volksglaube, weil man sonst erschlagen werden oder die Zähne verlieren könne (↗ Komet). Neben den kirchlichen Gründen für das Fasten in der Karwoche wurde verschiedentlich auch geglaubt, Fasten am Gründonnerstag schütze vor Zahnweh und Fieber. Fasten am Christtag (24. Dezember) sollte besonderes Glück bringen oder vor Hexenschuß bewahren. Wer in den Zwölfnächten oder Rauhnächten (25. Dezember bis 6. Januar) Erbsen oder Bohnen ißt, bekommt Ausschläge oder wird »elbisch verwirrt«, sagte man. Nach anderen Vorstellungen sollte krank werden, wer zur Zeit der Wintersonnenwende Fleisch ißt. Geglaubt wurde auch, man könne durch Fasten einen Dieb zur Rückgabe des gestohlenen Gutes bringen. Die Indianer nahmen vor einem Kampf Abführmittel, um Platz für den Kriegsgott zu schaffen, der von ihrem Körper Besitz ergreifen sollte. Auch daß man sich durch Brech- und Abführmittel von Sünden befreien könne, wurde geglaubt (↗ Nachwort S. 295).

Fastnacht Wer am Fastnachtdienstag vor Sonnenaufgang Hirsebrei mit Blutwurst gegessen hatte, glaubte, sich für den Rest des Jahres Wohlstand zu sichern. Andere meinten, auf diese Weise das restliche Jahr frei von Fieber zu bleiben. Wer an Fastnacht mittags Blutwurst und Sauerkraut gegessen hat, den verschonten die Flöhe. Suppe sollte man an Fastnacht zwar keine essen, weil sonst die Nase tropfen würde, meinte man, aber durch Trinken von viel Bier in dieser Zeit glaubte man sein Leben verlängern zu können. Und trank man am Fastnachtsdienstag Milch, so meinte man, im Sommer vor Sonnenbrand gefeit zu sein. Vor Mücken wollte sich der bewahren, der an Fastnacht und am Karfreitag kein Wasser trank. Schneite es am Fastnachtsdienstag, so würde es auch Zwetschgen schneien, sagte man, also eine reichliche Ernte geben. ↗ Elf.

Faul sollte ein Mädchen werden, das einen ersten Storch im Frühjahr stehend sah.

Fegefeuer Darin würde ein Toter leiden, auf dessen Grab eine Königskerze wächst, meinte der Volksmund. (↗ Nachwort S. 274.).

Feilschen würde wichtige Hilfsmittel entwerten, glaubte man. Deshalb durfte man um die ↗ Zwiebel, die vor Schwindel und Ohnmacht bewahren sollte, nicht feilschen. Und auch den Topf, den man morgens brauchte, wenn man die Heilkraft des ↗ Mühlwassers nutzen wollte, mußte man ohne Feilschen erstanden haben.

Felder ↗ Disteln, ↗ Raupen, ↗ Bilwis, sowie ↗ Nachwort S. 285 und 300.

Fenster Steigt ein Familienmitglied durchs Fenster, so schwindet das Glück aus dem Haus, sagte man. Hatte aber ein Mann schon mehrere Frauen verloren, so sollte eine weitere nicht durch die Tür, sondern durch ein Fenster in das Haus einziehen. Der Fensterschweiß galt als heilkräftig, zum Beispiel gegen ↗ Ausschlag.

Fensterln Bestimmte Wochentage galten für den Gang zur Liebsten als unpassend, besonders der Freitag, aber auch der Montag und Mittwoch. Dabei bestanden regionale Unterschiede.

Fesseln würden sich mit Hilfe der ↗ Springwurzel und der ↗ Wegwarte mühelos lösen lassen, wurde allgemein behauptet.

Festmachen im Sinn von kugelfest, hieb- und stichfest, ↗ unverwundbar, ↗ unüberwindlich.

Fett von starken und wilden Tieren – zum Beispiel Bär, Eber – nahm man zum Einreiben in dem Glauben, dadurch die Kräfte dieser Tiere zu erlangen. Reichlich Fett im Magen sollte alles verschluckte Gift unwirksam machen. Reiherfett nahm man gegen Taubheit und Hechtschmalz gegen Schlaflosigkeit. Hundefett wurde gegen Lungenleiden und Wachtelschmalz gegen Hornhautentzündungen der Augen empfohlen. Wie anderen Hinterlassenschaften von Hingerichteten so hat man auch ihrem Fett (»Armesünderschmalz«) Heilkräfte zugeschrieben. ↗ Speck.

Feuer Knistert und prasselt das Feuer im Herd, so folgt Streit, sagte man, der aber zu vermeiden sei, wenn man in das Feuer hineinspucke. Den Ausbruch eines Feuers befürchtete man in einem Haus, in dem Wespen nisteten oder über dessen Dach ein Eichhörnchen lief oder ein Rotschwänzchen sang. Auch hoch fliegende Gänse galten als Künder von Feuer. Aber in einem Haus, in dem ein schwarzer Hahn, eine schwarze Katze und ein schwarzer Hund lebten, sollte kein Feuer ausbrechen können. Man wollte sich vor Feuer auch schützen, indem man an Silvester Holunderzweige schnitt, zu einem Reifen bog und im Haus aufhing. Ein durch Blitzschlag ausgelöstes Feuer verlösche, wenn man einen Teller voll Salz hineinwerfe. Man war auch überzeugt, daß das Feuer verlöschen würde, wenn man das Menstruationshemd einer Jungfrau stillschweigend hineinwürfe. Im 17./ 18. Jahrhundert glaubte man, daß nur das vermutete Phlogiston die Stoffe brennbar machen würde. ↗ Nachwort S. 314, ↗ Feuersalamander, ↗ Hund.

Feuersalamander Man glaubte, der Feuersalamander könne Feuer zum Erlöschen bringen und warf diese Tiere deshalb in die Flammen. Ein Mensch, der sich mit dem Blut eines Feuersalamanders bestrich, sollte gegen Feuer unempfindlich sein. Man ließ einen Feuersalamander um ein schmerzendes Glied oder über eine schmerzende Körperstelle kriechen in dem Glauben, dadurch von den Schmerzen befreit zu werden. ↗ Salamander.

Feuerwerk ↗ Lärm.

Fieber Davor glaubte man, sich das ganze Jahr über bewahren zu können, wenn man an Neujahr Erbsensuppe aß oder im Frühjahr die ersten drei Erdbeer-, Korn- oder Schlehenblüten, Anemonen, Leberblümchen oder Schlüsselblumen, die man sah, verschluckte. Vorbeugende Wirkung hatte angeblich auch, wenn man an Johannis (24. Juni) gepflückte Heidelbeeren oder wenn man am Fastnachtdienstag vor Sonnenaufgang Hirsebrei mit Blutwurst aß. Auch das Vergraben von Brot und Salz unter einem Holunder sollte vor Fieber schützen, ebenso der Verzehr von Brezeln nüchtern am Gründonnerstag oder Karfreitag sowie der Genuß von Ameiseneiern. Man hat auch Fasten am Gründonnerstag als Vorbeugungsmaßnahme empfohlen. Kaltes Fieber sollte einen im ganzen folgenden Jahr nicht befallen, wenn man am Ostermorgen die drei ersten Veilchen verschluckte.

Fühlte man aber Fieber herannahen, so sollte man sogleich einen kleinen Handmühlstein auf den Rücken binden und mit ihm schnellstens bergauf laufen, bis man erschöpft niederfällt – dann sollte das Fieber abgewendet sein. Ein ausgebrochenes Fieber glaubte man durch Einnehmen von abgeschabtem Smaragd-, Lasurstein- oder Lapislazuli-Pulver beheben zu können. Abgefeilte Späne von einer Glocke sollten gleichfalls helfen, und von den Gräten eines gegessenen Herings erwartete man, daß sie das Fieber mitnehmen. Empfohlen wurde auch, neun Sprossen der Schafgarbe zu zerschneiden und dem Fiebernden mit einem Löffel Suppe einzugeben. Am zweiten Tag reichten acht Sprossen, am dritten sieben und so weiter. Am neunten Tag sollte das Fieber weg sein. Dämpfende Wirkung erhoffte man sich durch den Verzehr von Maikäfern.

Helfen sollte ferner, wenn man einen mit Pfefferkörnern gespickten Apfel aß oder ein Brotstück mit drei Tropfen Blut aus dem Ohr einer schwarzen Katze. In anderen Regionen erwartete man Heilung, wenn man dem Kranken ein Strohseil um ein Knie band oder wenn der Kranke eine schwarze Katze so lange hetzte, bis sie tot liegen blieb. Man meinte auch, daß den Fieberkranken das Tragen von Hemden menstruierender Frauen helfen könnte. Kaltes Fieber, so versprach es die Volksmedizin, sei durch Einnehmen von weißem Sand mit Wasser zu beheben. ↗ Delirien, ↗ Eulen, ↗ Kugeln.

Finden ↗ gefunden

Finger Wer an den Fingerspitzen gerade Linien hat, sollte wenige Kinder bekommen, Schleifen dagegen deuten auf Kindersegen hin. Ein gelber Fleck an einem Finger der rechten Hand sollte Unglück ankündigen, ein gleicher Fleck an der linken Hand Glück. Nach einer anderen Deutung sollten gelbe Flecke, die sich ohne erkennbare Ursachen an den Fingern bilden, einen Todesfall in der Verwandtschaft oder im Freundeskreis signalisieren. Wurde einem Kind auf die Finger geschlagen, so sollte es angeblich ein Dieb werden. Knacken die Finger, wenn man an ihnen zieht, so gilt das als Zeichen des Verliebtseins: so viele Finger knacken, so viele Verehrer oder Freundinnen hat man. Die Finger zu verschränken galt als großer Frevel – ebenso die Beine –, weil dadurch angeblich eine Geburt verhindert wurde.

Fingernägel Man sagt, mit geraden Fingernägeln lebt man lang, mit krummen stirbt man bald, mit kleinen sind es leichtsinnige Leute. Viele Nagelwurzeln (Hautfasern am Rand der Nägel) deuten auf viele Feinde, auf viel Verdruß und auch auf viele Neider. Die weißen Segmente am Ende der Fingernägel, die »Goldbogen«, sollten auf den Reichtum ihrer Besitzer schließen lassen: an je mehr Nägeln, um so mehr Geld. Schwangere sollten sich ihre Fingernägel nicht schneiden, sondern abbeißen, weil sie sonst tote Kinder zur Welt brächten. Kleinen Kindern sollten die Nägel gleichfalls von der Mutter abgebissen werden, weil die geschnittenen Nägel angeblich nicht mehr nachwachsen und das Kind ein Dieb und Selbstmörder würde. Wer sich aber im übrigen die Nägel stets freitags schneidet, der soll immer Geld haben. Weiße Punkte auf den Fingernägeln werden als Blüten gedeutet und gelten als Glückszeichen. Manchenorts werden sie, entsprechend den Fingern, unterschiedlich gedeutet:

Am Daumen: verliebt oder Geschenke oder Lotteriegewinn;
am Zeigefinger: betrübt oder Kränkung und Ärger;
am Mittelfinger: verehrt oder Haß oder ein Prozeß;
am Ringfinger: begehrt oder Liebe oder baldige Heirat;
am kleinen Finger: gehaßt oder Ehre oder große Freude.

Fisch Wer an Silvester oder Neujahr Fisch aß, sollte das ganze Jahr über ausreichend Geld verfügen. Konnte eine Frau an Weihnachten einen Fischschwanz in zwei gleich große Hälften spalten, so sollte sie noch einmal Jungfrau werden. Wer einen Fischkopf aß, von dem sagte man, daß er verrückt würde. Die Gräten eines gegessenen Herings nützten gegen Fieber und bei Darmkrankheiten. Streute man die Gräten eines am Heiligen

Abend gegessenen Fisches unter einen Obstbaum, so erwartete man von dem Baum eine besonders reiche Ernte. Eine Bauernregel sagt: Springen die Fische aus dem Wasser, so kommt Regen. ↗ Träume.

Fischen sollte man mittags nicht, weil man zu dieser Zeit entweder einen gespenstischen Riesenkrebs fängt oder den Wassermann in Gestalt eines großen, schwanzlosen Karpfens. Fischte man dennoch mittags, so mußte man damit rechnen, daß die Gespenster Stürme und allerlei Verblendungen herbeizaubern würden.

Flechten sollten sich mittels Wasser aus ↗ Märzschnee oder ↗ Osterwasser beseitigen lassen. Man glaubte auch, sie wie andere Ausschläge durch Bestreichen mit Fensterschweiß mittels des Ringfingers, der auch Arztfinger genannt wurde, tilgen zu können.

Fledermaus Ein Amulett mit einem Fledermausauge sollte vor dem ↗ Bösen Blick schützen. Wer sich seine Augenbrauen mit Fledermausblut bestrich, hoffte, nachts ebensogut sehen zu können wie am Tage. ↗ Kegler und ↗ Kartenspieler glaubten, mit einem Fledermausherz sei ihnen das Spielglück besonders hold.

Fleißig sollte ein Mädchen werden, das im Frühjahr einen ersten Storch fliegend sah.

Fliegen künden angeblich für den Winter viel Schnee an, wenn sie im Sommer recht zahlreich sind. Summt eine Fliege im Ohr, so erfährt man eine Neuigkeit, sagt man. Fliegen galten als Verkörperungen des Teufels, der Hexen und alles sonstigen Bösen, vermutlich weil sie Seuchen und andere ansteckende Krankheiten übertrugen. Überwinternde Stubenfliegen dagegen wurden als Glücksbringer angesehen und durften deshalb nicht getötet werden. Man glaubte, daß metallische Nachbildungen von Ungeziefer dieses vertreiben könnten und benutzte deshalb zum Beispiel eherne Fliegen gegen die Fliegenplage (↗ Nachwort S. 282). Gab es im Sommer viele Schmeißfliegen, so befürchtete man für das nächste Jahr Krieg und Teuerung. Gegen Haarausfall sollte eine Schmiere aus zerstoßenen Fliegen helfen.

Flieger ↗ Hals- und Beinbruch.

Flöhe Wenn man von einem Floh in die Hand gestochen wird, so erfährt man etwas Neues oder bekommt einen Brief; sticht er am Hals, so ändert sich das Wetter. Wer zu Fastnacht mittags Blutwurst und Sauerkraut gegessen hat, glaubte, von Flöhen verschont zu bleiben, ebenso, wer am Aschermittwoch viele Hiebe mit Birkenruten über sich ergehen ließ. ↗ Ungeziefer.

Fluchen war besonders in der Nähe von Bienen und Brot verpönt, weil beide besondere Verehrung genossen. Wuchsen auf einem Acker viele Disteln, so sollte ein bei der Bestellung fluchender Sämann daran schuld sein. ↗ Namen.

Flut Wer bei Flut oder während des Uhrschlagens Grimassen schneidet, dem bleiben sie im Gesicht stehen, warnte der Volksmund. Zeugung bei Flut ließ einen Knaben entstehen. Soff ein Hund bei Flut vom Meerschaum, so sollte er angeblich tollwütig werden. Schlachtete man in der Flutzeit, dann erwartete man sich besonders viel Speck.

Frauen Standen mehrere Frauen beim Klatsch zusammen, so sollte Regen kommen. Begegnete man einer Frau, die etwas trug, so hatte man Glück zu erwarten, trug sie nichts, so befürchtete man Unglück (↗ alte Frauen). Wo die Frau die Herrschaft im Hause hat, da wackeln die Tische und schneiden die Messer nicht, lästerte der Volksmund. Sträubte sich eine Frau, mit Kümmel oder Koriander gewürztes Brot zu essen, so galt sie als Hexe. Ein schneefreier, aber regnerischer Januar, so glaubte man, habe den Tod vieler Frauen zur Folge. ↗ Fruchtbarkeit, ↗ Ehe, ↗ Menstruation, ↗ Zwillinge.

Frauendreißiger Man nannte so die Zeit zwischen Mariä Himmelfahrt und Mariä Geburt, also zwischen 15. August und 8. September, und glaubte, daß in diesen Wochen die Natur dem Menschen besonders freundlich gesinnt und nichts giftig sei. Bestimmte Kräuter, in dieser Zeit gesammelt, sollten besonders wirksam sein, zum Beispiel gegen Gewitter, Behexung, Feuer und Krankheiten. Man durfte sie aber nicht mit dem Messer schneiden, sondern nur mit der Hand pflücken. Die sonst als giftig geltenden ↗ Kröten, so glaubte man vielerorts, würden während des Frauendreißigers alles Gift an sich ziehen.

Frauenkräuter Als solche galten zum Beispiel Thymian, das gelbe Labkraut und das Gänseblümchen. Sie streute man den Wöchnerinnen zum Schutz vor Zauber ins Bett.

Freigebigkeit eines Menschen zeige sich daran, daß er als kleines Kind seine Hände meistens offen hält. Menschen mit einer Hakennase gelten unter anderem als freigebig.

Freimaurer Man erzählte sich, daß die Novizen der Freimaurer in einem schwarz ausgeschlagenen Sarg mit einer Katze in eine tiefe Gruft versenkt würden und dort einen Schwur leisten müßten. Die Störche galten verschiedentlich als verwandelte Freimaurer.

Freitag wurde als Tag der Freyja, der nordischen Göttin der Liebe und der Fruchtbarkeit, für Hochzeiten bevorzugt. Er galt als der glückreichste Tag der Woche. Nach diesem Glauben sollte am Freitag alles bestens gelingen, nicht zuletzt sogenannte sympathetische Kuren und ein Spiel in der Lotterie. Freitagskinder, die am Sonntag getauft wurden, galten den Sonntagskindern gleich. Die am Freitag begonnene Ernte brächte reichen Ertrag, behauptete man, und am Freitag geschnittene Haare und Nägel wachsen schön, bringen Glück und Wohlstand und bewahren vor Zahnschmerzen. – Unter christlichen Auspizien gilt der Freitag als Leidenstag Christi verständlicherweise als verhängnisvollster Tag der Woche (↗ Dreizehn). Man soll weder verreisen, noch die Wohnung oder das Arbeitsverhältnis wechseln, noch sonst etwas Wichtiges unternehmen, weil alles mißlingt (↗ Napoleon I., Nachwort S. 306). Demgemäß sollen am Freitag geschlossene Ehen unglücklich werden und kinderlos bleiben. Freitagskindern sagt man viel Leid voraus. Am Freitag Wäsche zu waschen, sollte eine Überschwemmung zur Folge haben und Brot zu backen, sollte Mangel bringen. Am Freitag Gesponnenes sollte nicht halten. Wer sich am Freitag kämmte, trug nach diesem Glauben zur Vermehrung des Ungeziefers bei, wie auch einer am Freitag getöteten Laus neun neue folgen sollten. Katzengeheul in der Freitagsnacht kündigt Streit an, sagte man. Und wer freitags Obst pflücke, mache den Baum unfruchtbar, war eine weitverbreitete Meinung. Wie an diesem Tag, vor allem mittags um 12 Uhr, das Wetter ist, so wird es auch am Sonntag sein. Eine andere Bauernregel besagt:

Wie der Freitag sich neigt,
so der Sonntag sich zeigt

Freude erwartete man unter anderem dann, wenn man unterwegs Schafe auf der linken Wegseite oder wenn man im Frühling den ersten Frosch im Gras sah. Auch verschiedene Edelsteine sollten ihren Trägern Freude bringen. Wurde Wein verschüttet, so galt das ebenfalls als Vorzeichen für freudige Ereignisse. ↗ Frosch.

Freundschaft ist in Gefahr, wenn man spitze oder scharfe Gegenstände verschenkt, weil man die Freundschaft damit allzuleicht zersticht oder zerschneidet. ↗ Nadel, ↗ Sympathie, ↗ Zuneigung.

Frieden Man glaubte an ein friedvolles Jahr, wenn an Dreikönig (6. Januar) die Sonne schien. Ein Rotkehlchennest im Haus garantiere den Bewohnern den Frieden, wurde behauptet. Ein friedloses Jahr befürchtete man dagegen, wenn im Silvestergottesdienst viel gehustet wurde. Fand sich während eines Krieges ein Getreidehalm mit zwei Ähren, so glaubte man an baldigen Frieden. ↗ Krieg.

Friedfertig sollten Saphir und Türkis ihre Träger stimmen. ↗ Opposition, ↗ Streit.

Friedhof Trug man Erde vom Friedhof bei sich, so glaubte man sich vor Ungeziefer geschützt und vor dem Militärdienst bewahrt. Dem Heimweh konnte man vorbeugen, indem man eine Prise Erde vom heimatlichen Friedhof im Kaffee mittrank. Aber man sollte keinesfalls um die Mittagszeit auf dem Friedhof arbeiten, ihn zu dieser Zeit am besten überhaupt nicht betreten, weil es dann dort spuke. Wer aber nach Mitternacht auf den Friedhof ging, den würde der Tod holen, erzählte man sich. Dagegen empfahl die Volksmedizin aber, in der Christnacht zwischen zwölf und ein Uhr Erde vom Friedhof zu holen und sie einem Lungenkranken aufzulegen.

Frieren mußten die Kinder nicht, die von der Hebamme nach dem ersten Bad kräftig mit Dill eingerieben worden waren.

Frosch Sieht man im Frühling den ersten Frosch im Wasser, so sagt der Volksmund, wird man viel weinen; sieht man ihn im

Gras, wird man viel Freude haben. Vor Heiserkeit wollte man sich schützen, indem man kräftig mit den Fröschen quakte, sobald man sie im Frühjahr zum erstenmal hörte. Fröschen unterstellte man allerlei Heil- und Zauberkräfte, wenn man sie auf die eine oder andere Weise tötete. Ein getöteter Frosch sollte unter anderem auch Regen bringen. Wer einen Frosch quälte, mußte mit Blindheit rechnen. Sommersprossen glaubte man mit Hilfe von Froschlaich beseitigen zu können, wenn man ihn an Johannis (24. Juni) vor Sonnenaufgang auflegte.

Frost sollte bevorstehen, wenn eine Hausspinne ihr Netz in Ofennähe spann. Frostiges Wetter an Neujahr ließ auf Gesundheit im weiteren Jahr schließen. ↗ Winter, ↗ Kälte.

Frostbeulen glaubte man heilen zu können, indem man sich die Füße in Wasser wusch, in welchem ein Schwein gebrüht worden war. Auch Waschungen mit Urin sollten helfen. Fuhr man mit einem Kieselstein dreimal um die Beule und sprach dazu:»Bein, du sollst so wenig schwellen und schwären wie der Stein«, so erwartete man dadurch gleichfalls Abhilfe. Umschläge mit Hundefett und Erdbeeren wurden ebenso empfohlen. ↗ erfrorene Glieder.

Fruchtbarkeit der Frauen Schon im Altertum und bei den Germanen galt der Apfel als Symbol der Fruchtbarkeit (Eva im Paradies!), und man glaubte, die Fruchtbarkeit der Frauen mittels zahlreicher Ingredienzen wecken und fördern zu können: Die Frauen banden sich Beifuß an die Schenkel, aßen Brennesselsamen, tranken Birkensaft, nahmen die pulverisierte Gebärmutter von Hasen ein und so weiter. ↗ Empfängnis, ↗ Erbsen, ↗ Brautbett. Fruchtbarkeit der Männer ↗ Glatze.

Frühling In der Zeit des Aufbruchs der Natur glaubte man aus vielen ersten Anzeichen Hinweise für das weitere Jahr entnehmen zu können, zum Beispiel wo man den ersten ↗ Frosch sah, welcher Schmetterling der erste war, das Wetter im März und dergleichen mehr. Man war auch überzeugt, das Schicksal, vor allem die Gesundheit, selbst beeinflussen zu können, wenn man die ersten drei Frühlingsblumen, die man fand, aß, unter anderem Anemonen, Schlüsselblumen, Leberblümchen und Hirtentäschel. Auf die Zukunftsgestaltung waren auch Fastnachts- und

Osterbräuche sowie Verhaltensregeln für den Gründonnerstag, für Walpurgis und weitere wichtige Tage gerichtet. Nicht zuletzt glaubte man im Frühling auch, den ↗ Wohlstand des folgenden Jahres erkennen und durch eigenes Tun sichern zu können.

Fuchs Um die Hühner vor dem Fuchs zu schützen, schlug man drei Eichenpfähle in den Hühnerhof und glaubte, so weit die Hämmerschläge zu hören waren, wäre der Fuchs dadurch gebannt. ↗ Kreis.

Fünf galt als vollkommene Zahl, als Symbol des Ganzen (die fünf Finger der Hand, die fünf Sinne des Menschen, die fünf klassischen Planeten, die fünf Talente, die fünf Säulen der Frömmigkeit im Islam). Die Fünfzahl sollte vor allem Übel schützen.

Fünffingerkraut Eine Wurzel, die am Johannistag (24. Juni) vor Sonnenaufgang ausgegraben wurde, sollte dem, der sie bei sich trug, Glück bringen und ihn bei allen von ihm geliebten Personen unwiderstehlich machen. Wollte einer bei einem mächtigen Mann etwas erreichen, so sollte er Fünffingerkraut bei sich tragen. Er würde dann geschickt reden können und alles würde wunschgemäß verlaufen. Einen Kropf meinte man durch das Trinken des Fünffingerkrautsaftes, mit Wasser vermischt, beseitigen zu können; wenn man den Saft im Mund behielt, sollten alle Beschwerden dort heilen, auch Zahnschmerzen.

Furcht Als furchtsam galten alle Menschen mit auffallend weichen Haaren, aber auch solche mit kurzen, stehenden Haaren, mit blassem Gesicht und mit langem Hals sowie mit nach oben hin stark entwickelten Waden. Verschiedene Edelsteine sollten ihre Träger und Eigentümer von Furcht befreien, so zum Beispiel der Diamant, der Hyazinth, der Karneol, der Lapislazuli, der Rubin und der Sardonyx. Auch eine Stecknadel aus einem Leichentuch sollte vor Furcht bewahren. Der Volksglaube versprach: Wer die Goldwurz (Zwiebel des Türkenbundes) bei sich trägt, braucht nachts keine Angst zu haben.

Furunkel Man glaubte sich mit Hilfe einer als Amulett getragenen Muskatnuß davor schützen zu können.

Fuß Mit dem linken Fuß zuerst aufzustehen, sollte Unglück bringen, mit dem rechten dagegen Glück. Jemand, der öfter oder meistens mit dem linken Fuß zuerst aufstand, war ein mürrischer Mensch. Juckte auf dem Weg zu einem Besuch der rechte Fuß, so glaubte man, willkommen zu sein, beim linken war es umgekehrt. Wer in Frühjahrsnächten eine Krähe hörte, fürchtete, wunde Füße zu bekommen. Legte man aber ein Eichenblatt in seinen Hut, so sollte dadurch das Wundlaufen verhindert werden. »Fußreißen« sollte den heimsuchen, der über Nacht Strümpfe auf einem Tisch liegen ließ. Lief man mit einem beschuhten und einem bloßen Fuß herum, so glaubte man, daß ein Angehöriger sterben würde. Wenn Schwangere zuerst mit dem linken Fuß aufstanden, weissagte man ihnen ein Mädchen, beim Aufstehen mit dem rechten Fuß einen Knaben. Stellte man ein Kind mit bloßen Füßen auf einen Tisch, so sollte es kranke Füße bekommen. Man behauptete auch, eine Warze verschwände, wenn man mit dem rechten Fuß dreimal darüber strich.

Fußbad Der Volksmund empfahl, das Badewasser erst am nächsten Tag auszuleeren, weil man sonst sein Glück mit fortgieße.

Fußball ↗ Erde, ↗ Vorwort.

Fußsohle Von hoher Abkunft zeuge, wenn die Sohle so hoch gewölbt ist, daß Wasser unter ihr durchfließen kann. Gegen zu häufiges Niesen, das man als gefährlich angesehen hat, sollte man unter anderem die Fußsohlen mit einer Bürste oder mit Flanell massieren.

Fußspur Tritt man in die Fußspur eines anderen, dann bekommt man Macht über ihn, behaupteten unsere Vorfahren. Schlug man in die Spur eines Diebes alte Sargnägel, so glaubte man, daß der Übeltäter sterben müsse.

G

Gabel Wer mit der Gabel auf den Tisch schlägt, ruft die Not herbei, warnte der Volksmund. Gabeln galten lange Zeit als Werkzeuge des Teufels und der Hexen. Ließ jemand Gabel oder Messer fallen, so sollte er nicht weiter essen, da seine Verdauung als gestört galt.

Gähnen ein Mann und eine Frau, ein Bursche und ein Mädchen gleichzeitig, so sind sie sich offenbar mehr als sympathisch, meinte man. Gähnen an Silvester galt als gutes Zeichen für das neue Jahr. Umgekehrt glaubte man, gähnen sei gefährlich, weil der Teufel dabei in Mückengestalt in den Mund fliegen kann, weshalb man stets die Hand vorhalten sollte (↗ Nachwort S. 309).

Galle War sie erkrankt, so sollte das Einnehmen eines zerriebenen Beryll helfen. Der Topas hingegen sollte als Amulett die Galle und allen von ihr ausgehenden Ärger beruhigen. ↗ Hagebutten.

Gänse würden Feuer ankündigen, so glaubte man, wenn sie hoch flogen. Wer im Frühjahr zuerst junge Gänse sieht, wird das ganze Jahr hindurch kränklich sein, meinten unsere Vorfahren, und Kundige behaupteten, Geschlechtskrankheiten seien mit dem warmen Kot eines Gänserichs heilbar. Und ein Beschuldigter sollte fast zwanghaft die Wahrheit sagen, wenn man ihm im Schlaf eine Gänsezunge unter den Kopf legte. Ebenso galten die Gänse als Wetterpropheten: wenn sie sich badeten, sollte Regen kommen und wenn eine während des Regens zum Himmel sah, erwartete man Sonnenschein.

Gänseeier Man war überzeugt, einen Bruch durch den Verzehr eines Gänseeies um Mitternacht oder am Karfreitag kurieren zu können. Vor Schlangenbiß sollte der bewahrt bleiben, der vor Sonnenaufgang ein gestoßenes Gänseei gegessen hatte – das gleiche mußte man am Gründonnerstag machen, wenn man Kreuzschmerzen vorbeugen wollte.

Gänsefett schrieb man sexuell anregende Wirkung zu. Man wendete es gegen Koliken, Blasenleiden, für die Wundbehandlung sowie bei Haarausfall und Schwindelanfällen an.

Garten Die über der Erde fruchtenden Pflanzen sollte man in der Zeit des zunehmenden Mondes säen oder stecken. Alle unter der Erde wachsenden Pflanzen, glaubte man, würden besser gedeihen, wenn man sie in der Zeit des abnehmenden Mondes ausbringt, zum Beispiel Kartoffeln, Rüben und Zwiebeln. Was im Augenblick der Umkehr des Mondes gesät wird, gedeiht nicht, wurde behauptet. Rettiche sollte man Dienstag und Donnerstag nicht säen, weil sie sonst wurmig würden. Der Montag wurde allgemein als günstig für Gartenarbeiten erachtet und verschiedentlich hat man auch die ↗ Nachtstunden dafür empfohlen. ↗ Unkraut.

Gäste kündigt der Hund an, der auf dem Schwanz dahinrutscht (»Schlittenfahren«). Stolpert der Gast beim Betreten des Hauses mit dem rechten Fuß, so glaubt er willkommen zu sein, stolpert er mit dem linken, dann soll er besser wieder umkehren. Der Gast muß sich setzen, auch wenn er nur kurz bleiben will, weil er sonst »die Ruhe fortträgt«. Vor allem gilt das beim Besuch von Wöchnerinnen und ihren Neugeborenen.
Der Platz zur Rechten des Gastgebers ist seit altersher der Ehrenplatz für den Gast. Stets sollte dem Gast zu Essen und zu Trinken angeboten werden – nimmt er nichts davon, so bekommt er Zahnschmerzen oder das Wetter wird schlecht. Es ist die Pflicht der Hausfrau, den Tisch abzuräumen, ehe die Gäste das Haus verlassen, weil diese sonst Unglück erwartet. Beim Abschied soll der Gastgeber seinen Gast an der Tür umkreisen, ohne ihn zu berühren, damit der Gast das Glück nicht fortträgt. Schaue der Besucher beim Weggehen oft zurück, so sterbe er bald, glaubte man. ↗ Besuch.

Gebären ↗ Geburt und Niederkunft.

Gebärmutterkrebs sollte heilbar sein, wenn die Erkrankte vor Sonnenaufgang Brennesselsamen in alle vier Windrichtungen streute. ↗ Krebs.

Gebirgsjäger glaubten, der Verzehr des Fleisches und Hirnes von Eichhörnchen garantiere ihnen Schwindelfreiheit.

Geburt Stehen bei der Geburt Schäfchenwolken am Himmel, so wird das Neugeborene vom Glück gesegnet sein. Die Zeit um

Mittag und Mitternacht sollte jedoch ungünstige Vorbedeutung für das Neugeborene haben; den mittags Geborenen sagte man, sie würden nicht alt werden. Die bei Neumond Geborenen sollten ↗ Vampire werden und hexen können, den bei Vollmond Geborenen hat man Mondsüchtigkeit prophezeit. Neugeborene würden bald sterben, wenn bei der Geburt ein Toter im Haus lag oder wenn das Kind gleich nach der Geburt mit den Füßen zur Tür gelegt wurde. Kinder, die »ungeboren« sind, also durch einen Kaiserschnitt zur Welt kamen, sollten sich zu machtbewußten Menschen entwickeln. ↗ Niederkunft, ↗ Neugeborene.

Geburtstag Kein Glück hat, wem zu früh gratuliert wird oder auch wem die Eltern und Geschwister erst am Nachmittag des Geburtstages gratulieren. Legt man einem Kind am ersten Geburtstag ein Ei, ein Geldstück und ein Buch vor, so ist man der Meinung, es würde mit einem Griff nach einem dieser Gegenstände seine künftige Neigung anzeigen. Unwetter am Geburtstag kündet angeblich Unerfreuliches für das neue Lebensjahr an. Träume in der Geburtstagsnacht gehen in Erfüllung, glaubt man. Ist das Geburtstagsgebäck gut geraten, so kann das Geburtstagskind ein langes und glückliches Leben erwarten. Ist der Geburtstagskuchen jedoch mißraten, muß man befürchten, es sei der letzte Geburtstag des Gefeierten. Der Tod des Geburtstagskindes sollte angeblich auch bevorstehen, wenn man von den Geburtstagslichtern, die üblicherweise bis zum 14. Geburtstag aufgestellt wurden, eines vergessen hat. Das Lebenslicht in der Mitte mußte zuletzt niederbrennen, wenn das Geburtstagskind noch einen weiteren Geburtstag erleben sollte, und man durfte es vor allem nicht ausblasen. Schon im Altertum galt es jedoch als besonderes Glück, wenn jemand an seinem Geburtstag starb.

Gedächtnis Große Ohren wurden als äußeres Zeichen für ein gutes Gedächtnis angesehen. Man glaubte, ein solches zu bekommen, wenn man Äpfel oder die Leber eines Wiedehopfs oder warmes Eichhörnchenfleisch auf nüchternen Magen aß. Auch vom Einreiben der Schläfen mit Bärenfett oder Rebhuhngalle versprach man sich Erfolg. Auch wer zweimal über die Schwelle ins Haus ging und rückwärts wieder hinaus, hoffte auf Besserung seines Gedächtnisses. Ein am Hals getragener Smaragd drückte den gleichen Wunsch aus. Um den Kindern ein gutes Gedächtnis zu sichern, steckte man ihnen vor der Taufe ein beschriebenes

Blatt Papier in das Taufkleid. Wer sich vor dem Einschlafen ein Buch unter das Kopfkissen legt, der hofft darauf, am Morgen den nötigen Stoff »im Schlaf« gelernt zu haben. Darüber hinaus meinte man das Gedächtnis mit Ohrfeigen mobilisieren zu können. Ein schlechtes Gedächtnis sollte dagegen bekommen, wer gefundenes Brot aß, sich Kleider auf dem Leib flicken ließ oder die Inschriften auf Grabsteinen las. Verbrannte man die Haare des ersten Haarschnittes, so sagte man, daß damit das Gedächtnis des Kindes mitverbrannt werde.

Gefeit ist jemand, der durch Zauber ↗ unverwundbar, ↗ unüberwindlich geworden ist.

Gefundenes Darauf mußte man dreimal spucken, um eine etwaige Behexung zu beseitigen. Im übrigen sollten gefundene Gegenstände oft besonderen Wert, sogar Zauberkraft haben, etwa ein Glückspfennig, ein Hufeisen, ein vierteiliges Kleeblatt, früher auch Sargnägel. Bei gefundenen ↗ Nadeln war die Deutung unterschiedlich. Der Finder von abgeschnittenen und weggeworfenen Fingernägeln sollte Macht über den ehemaligen Besitzer erhalten.

Gehen ↗ Wanderer.

Geier Ein Amulett mit einem Geierauge sollte dem Träger und Besitzer die Huld seines Herrn sichern und die Sorge vor einer Gerichtsverhandlung bannen.

Geister Gegen böse Geister im Haus vermeinte man sich schützen zu können, indem man das zwischen den Frauentagen Mariä Himmelfahrt (15. August) und Mariä Geburt (8. September) gesammelte Immergrün über die Haustür hing. Die Wöchnerin legte zu diesem Zweck einen Kamm in ihr Bett oder eine Männerhose darauf, um die Geister irrezuführen. Man wollte Geister durch das Öhr einer Nadel erkennen können, mit der ein Toter eingenäht worden war. Alle Kinder, die am Weißen Sonntag (der Sonntag nach Ostern) oder in der Matthiasnacht (24. Februar) zur Welt gekommen waren, sollten Geister sehen können. Wer außerdem noch diese Fähigkeit besitzen wollte, der mußte seine Augen mit Hundetränen bestreichen. In den Zwölfnächten (25. Dezember bis 6. Januar) erschienen – nach altem Glauben –

besonders viele Geister. Sie wollte man, vornehmlich an Neujahr, durch Peitschenknallen und Schießen vertreiben, aber auch mit Hilfe anderer Manipulationen (↗ Dämonen) glaubte man, die Geister abwehren zu können. ↗ Klopfen, ↗ Irrlichter, ↗ Klingen.

Geiz Ein kleines Kind, das seine Hände meistens verschlossen hielt, werde als Erwachsener geizig sein, vermutete man. Als Gegenmaßnahme riet man, einen Chrysopras bei sich zu tragen. ↗ Habgier.

Gelb gilt als Farbe des Vornehmen und des Niederen. Auch Neid, Haß und Eifersucht wird durch Gelb symbolisiert. Vielfach hat man der gelben Farbe eine schlimme Vorbedeutung zugeschrieben. Man glaubte, daß gelbe Blumen bei einer Hochzeit Unheil künden würden, und Personen, die man liebt, sollte man nichts Gelbes schenken. Eine gelbe Hautfarbe signalisiert Siechtum und Tod. Andererseits galt Gelb auch als Glücksfarbe: Sah man im Frühling einen gelben Schmetterling, so sollte eine Taufe bevorstehen.

Gelbsucht Dagegen wurden unzählige Mittel empfohlen, bei denen größtenteils die Beziehung zur gelben Farbe eine Rolle spielte (Sympathieheilung). So glaubte man, Gelbsucht vorbeugen oder auch heilen zu können, wenn man einen Schwefelfaden als linkes Strumpfband trug. Auch einer gelben Schwertlilie sowie dem Tee aus den gelben Blüten der Ringelblume hat man Heilkräfte nachgesagt. Das Schöllkraut sollte ebenfalls wegen seiner gelben Blüten und vor allem seines gelben Milchsafts wegen gut gegen Gelbsucht sein. Kraut und Blüten der Dotterblume, in Wein gekocht und von dem Absud mehrere Tage getrunken, sollte ebenso wirken wie eine ausgehöhlte gelbe Rübe, in die etwas Harn des Erkrankten gegossen werden mußte. Diese hing man dann in den Rauchfang, und die Heilung sollte eintreten, wenn die Rübe vertrocknet war.
Von einem gelben Seidenband, das dem Kranken um die Brust gewickelt wurde, hat man sich Genesung versprochen, und wenn man das Tragen eines goldenen Ringes oder eines Dukatens um den Hals oder die Spiegelung in einem goldenen Becher empfahl, so hat dabei zweifellos auch die gelbe Farbe des Goldes eine entscheidende Rolle gespielt. Rezepte wie einen Eidotter mit Essig zu schlagen und diese Mixtur an drei aufeinanderfolgenden

Tagen jeweils vor Sonnenaufgang zu trinken, oder morgens nüchtern so lange Wacholderbeeren zu essen, bis sie widerstehen, oder einen Pfannkuchen mit Bovistpulver zu backen, wurden eifrig verbreitet. Der Vorschlag, einen Apfel mit Safran zu essen, erinnert wieder an die Beziehung zur gelben Farbe. Auch dem Umhängen und Tragen bestimmter Gegenstände hat man Heilkräfte gegen die Gelbsucht zugeschrieben. Der Türkis besaß angeblich diese Kräfte oder auch die neun Knoblauchzehen, die der Kranke um den Hals zu tragen hatte und mit denen die Gelbsucht verschwinden sollte, wenn die Schalen vertrocknet waren. Geraten wurde auch, eine weiße Rhabarberwurzel zu Pulver zu zerstoßen, das Pulver in ein viereckiges, drei Daumen breites Leinwandsäckchen zu füllen und dieses dem Patienten um den Hals zu hängen, so daß es in der Gegend des Magens unmittelbar die Haut berührte. Schließlich sollte auch das Gehirn der Wachteln helfen sowie eine (gedörrte) Zwetschge, in die man zwei oder sieben lebende Läuse gesteckt hatte, um sie mitzuessen.

Geld Auf eingenommenes Geld, besonders das erste am Tage, in der Woche und so fort, mußte man spucken, dann würde es sich vermehren. Dagegen wird es immer weniger, wenn man es allzuoft zählt. Wer täglich Geld zählte, dem hat man frühzeitigen Haarausfall prophezeit. ↗ Wohlstand, ↗ Münzen, ↗ Gewitter.

Geldstücke die man während eines Gewitters fand, sollten vom Himmel gefallen sein. Man hing sie sich deshalb als Amulette um.

Gemme Einen solchen vertieft geschnittenen Stein trug man unter anderem, um sich vor den üblen Folgen eines Sturzes zu schützen.

Gemse Der Verzehr des Herzens, der Leber und des Blutes einer Gemse sollte schwindelfrei machen, wurde behauptet. Die »Gamskugel« (unverdauliche Rückstände aus dem Magen einer Gemse) garantierte nach Meinung unserer Vorfahren dem Freischützen bei der Jagd Treffsicherheit und einer Schwangeren eine leichte Niederkunft.

Gericht Um vor Gericht Erfolg zu haben, sollte man am frühen Morgen fünf Spitzen Sonnentau einnehmen. Der Träger eines

Granats vertraute ebenfalls darauf, daß das Gericht zu seinen
Gunsten entschied. Ein Amulett mit einem Geierauge sollte
Sorgen vor einer Gerichtsverhandlung bannen. ↗ Geständnis, ↗
Meineid, ↗ reden.

Geruch ↗ riechen.

Geruchssinn Wer bei einer Beerdigung an den Blumen und
Kränzen riecht, würde den Geruchssinn verlieren, sagt der
Volksmund.

Gesäß ↗ Arsch.

Geschäft ↗ Kaufleute.

Geschenke sollten sich unter Umständen beim Niesen und
beim Einschenken von ↗ Wein ankündigen. Für den Austausch
von Geschenken zwischen Verlobten und Brautleuten kannte
man verschiedene Bräuche und Anweisungen. Überhaupt gab es
für das ↗ Verschenken vielerlei Ratschläge. So sollte man zum
Beispiel keine spitzen Gegenstände, keine Messer, tunlichst auch
keinen Spiegel verschenken und ↗ Brot nur nach bestimmten
Vorschriften. ↗ Hochzeit.

Geschirr Eine alte Hausfrauenregel besagt: Wer den Mond in
die Küche scheinen läßt, wird viel Geschirr zerbrechen. Das
gleiche sollte einem Mädchen passieren, das im Frühling zuerst
einen klappernden Storch sieht.

Geschlechtskraft Ihr hat man natürlich große Bedeutung beigemessen, zumal auch die Kirche als den Hauptzweck der Ehe
ansah, Kinder zu zeugen. Größte Stärkung der männlichen
Zeugungskraft versprach man sich vom Genuß von Eiern, wobei
der sogenannte Hahnentritt, das Häutchen unter der Eischale,
besonders wirksam sein sollte. Auch Knoblauch, Eberwurz,
Knabenkraut, Wachteleier, eine umgehängte Muskatnuß, das
Trinken eines Absuds aus Akeleiwurzeln oder eine Tasse Milch
einer jungen, stillenden Frau sollte die Geschlechtskraft stärken
oder wiedergeben.
Ein Amulett mit einem Hirschauge galt als potenzfördernd, und
in der gleichen Weise sollte der Genuß von Hirschfleisch im

Oktober und Mai wirken. Wenn ein Mann mit dem Talg eines Ziegenbocks sein Glied einreibt, so glaubte man, würde ihn eine Frau mit Sicherheit jedem anderen vorziehen. Die gleiche Wirkung versprachen sich die Männer von einer auf das Glied aufgetragenen Salbe aus Fett, Bocksgalle und reinem Öl. Andererseits war man überzeugt davon, einem Mann die Geschlechtskraft rauben zu können, wenn man an der Stelle, wo er sein Wasser gelassen hatte, einen Eichenzweig mit drei Fußtritten in die Erde trat. Der Zweig mußte allerdings an der Südseite einer Eiche nach oben gewachsen und mit einem Messer gegen die Sonne spitz abgeschnitten worden sein. Glaubte man also, die Zeugungskraft durch einen Zauber verloren zu haben, so wollte man sie wiedergewinnen, indem man durch einen Brautring, durch einen mittels Daumen und kleinen Finger gebildeten Ring oder durch einen Kranz von Birkenzweigen urinierte. Impotenz drohte allen bei Neumond Geborenen.

Aber man glaubte, verschiedene Rezepte gegen die Impotenz zu kennen: Sieben oder neun Tropfen Saft aus frischem Pferdemist, vermischt mit Branntwein, waren einzunehmen, oder eine Heringsseele (Luftblase) war am Karfreitag zu essen, oder der Lauf eines am ersten Freitag im März geschossenen Hasen oder Bocksblut oder auch Kaninchenhoden sollten helfen. Impotente Männer vermeinten ihr Unvermögen auch mit dem Samen und der Rute eines geschlechtsreifen Hirsches beheben zu können. Und schließlich versprach man sich Abhilfe auch, wenn man den Absud einer Muskatnuß, vermischt mit dem eigenen Harn, trank. ↗ Aphrodisiaka.

Geschlechtskrankheiten glaubte man vermeiden zu können, wenn man einige Haare von einem kleinen, unberührten Mädchen auf der Brust trug. Männer waren der Meinung, Geschlechtskrankheiten durch den Verkehr mit einer Jungfrau heilen zu können. Helfen sollte auch der warme Kot eines Gänserichs. ↗ Syphilis.

Geschwülste so stand es in alten Kräuterbüchern, seien mit der Wurzel einer Schwertlilie zu heilen, wenn man diese mit der linken Hand aus der Erde zog und dazu sagte, für wen sie bestimmt war. Auch mit Hilfe einer Salbe aus gebranntem Pferdehuf und Öl hoffte man, Geschwülste beseitigen zu können. Auch war man überzeugt, daß sich Geschwülste durch Auflegen eines

Stückes Zwirn oder Baumwolle zurückbilden würden, wenn dieses vorher im Regen gehangen war. Das gleiche traute man der gelben Wolle vom Hodensack eines Hammels zu, die man zunächst in Milch zu sieden hatte. Vom zufällig gefundenen weißen Hundekot versprach man sich sogar die Beseitigung sehr alter Geschwülste. Zur Kühlung entzündeter Geschwülste empfahl die Volksmedizin, einen Kamm aufzulegen.

Geschwüre wurden denjenigen prophezeit, die an Adam und Eva (24. Dezember) viel Obst oder während der Zwölfnächte (die Rauhnächte, 25. Dezember bis 6. Januar) Bohnen und andere Hülsenfrüchte aßen. Auch Äpfel an Neujahr oder Haarewaschen während der ↗ Hundstage sollte man vermeiden. Ebenso konnte das Anfassen von Löwenzahn »Schwären« an den Händen zur Folge haben. Damit gedroht hat man auch den Menschen, die an Neujahr ein frisches Hemd anzogen oder sich auf den Tisch setzten. Die Geschwüre sollte man nicht mit einer Näh-, sondern mit einer Stecknadel aufstechen, weil der ersteren nachgesagt wurde, sie könne eine Sucht oder Krankheit verursachen. Ein Zurückbilden der Geschwüre glaubte man durch das Tragen eines Saphirs ebenso wie eines Endholzes (knollige Verdickungen) von Obstbäumen zu erreichen. Auch mit Hilfe einer Totenhand sowie mit Eisenrost, innerlich und äußerlich angewandt, vermeinte man Geschwüre kurieren zu können.

Gesicht Dessen Farbe spielte früher eine große Rolle: Blässe deutete man als Furchtsamkeit, gelbschwarze Farbe sollte auf Unvernunft und Eigensinn schließen lassen. Eine Schwangere mit fleckigem Gesicht werde höchstwahrscheinlich einen Knaben gebären, bei gleichmäßiger Gesichtsfarbe ein Mädchen. Prickelte oder brannte das Gesicht, so nahm man an, daß jemand über einen spricht.

Gesichtsrose Dagegen sollte ein Säckchen mit Schwefelblüte helfen, das auf der Brust zu tragen war.

Geständnis Ein Beschuldigter sollte sein Wissen nicht mehr für sich behalten können und alles gestehen müssen, wenn man ihm zum Schlafen eine Gänsezunge unter den Kopf legte. Durch Eingeben von Kaulquappenzungen meinte man, bei Verdächtigten die Geschwätzigkeit von Fröschen hervorrufen und auf diese

Weise die Wahrheit erfahren zu können. Von einem Dieb glaubte man ein Geständnis zu erhalten, wenn man ihm heimlich den Abrieb vom Schienbein eines toten Mannes in einem Getränk gab. ↗ Gericht, ↗ Meineid, ↗ Lügen.

Gesundbeten mit Hilfe magisch wirkender Sprechformeln und Mitteln ist ein alter Bestandteil der Volksmedizin. Oft wurde dabei von »Heilwellen« und »heilmagnetischen Kräften« gesprochen. ↗ Beschwören und ↗ Nachwort S. 273.

Gesundheit für das ganze weitere Jahr wollte der erlangen, der im Frühjahr die ersten drei Knospen des Löwenzahns oder die ersten drei Anemonen verschluckte. Auch mit Birkensaft, im Mai getrunken, und mit Hilfe eines Brennesselgemüses, das lange Zeit eine Kultspeise war, glaubte man Gesundheit und Kraft zu erlangen. Das Überspringen des Johannisfeuers war angeblich für die Gesundheit nicht weniger bedeutungsvoll wie ein Schlaf unter einem Holunderstrauch, und auch durch kräftiges Niesen wollte man sich von Krankheiten befreien können. Dem Wasser hat man große Heilkräfte nachgerühmt, vor allem dem März-, Oster- und Maiwasser sowie allen fließenden Gewässern. Von ihnen glaubte man, sie würden Krankheiten wegschwemmen. Wichtig für die Gesundheit waren auch bestimmte Verhaltensweisen etwa an Neujahr und am Gründonnerstag. Gesundheit, so sagte man ganz allgemein, behält man, wenn man sie nicht beredet.

Getreide Die ersten drei Kornblüten, die man im Frühling sah, sollten gegen Fieber und Schlangenbiß vorbeugen, wenn man sie verschluckte. ↗ Brot.

Gewitter Wird der Schnee von der Sonne weggeleckt, so bringt das Jahr schwere Gewitter, war eine überall bekannte Wetterregel. Ebenso sollte ein Gewitter zu erwarten sein, wenn man Günsel oder eine Donnerblume (Schaumkraut) abriß oder wenn man den Schrei eines Spechtes hörte. Durch das Läuten der Kirchenglocken wollte man die Gewitterwolken zerteilen können, und ein Dorf sollte von Gewittern verschont bleiben, wenn am Karfreitag eine Beerdigung stattfand. Ein Kind, das während eines Gewitters geboren wird, hat nach dem Aberglauben ein mühevolles Leben und den Tod durch Blitzschlag vor sich. Gefährlich sollte es auch sein, während eines Gewitters schnell zu reiten und fahren; auch tanzen und rasch laufen waren zu unterlassen, weil schnelle Bewegungen angeblich den Blitz anziehen. Aufsteigende Dünste wie Dampf, Rauch und Tabaksqualm holten den Donner herbei und sollten daher gleichfalls während eines Gewitters vermieden werden. In anderen Gegenden glaubte man aber gerade mit Rauch die personifizierten Gewitterwesen bannen zu können. Donnerkeile und ebenso Salz in Verbindung mit Weihwasser wurden als Schutz vor Gewitterschäden angesehen. Man sollte auch während eines Gewitters nichts essen, weil man sonst vom Blitz erschlagen werden oder die Zähne verlieren könne. Von Gewittern während Hochzeiten hat man auf »Gewitter« in den künftigen Ehen geschlossen. Fand man jedoch während eines Gewitters ein Geldstück, so hielt man dieses für ein Himmelsgeschenk und trug es als glückbringendes Amulett. ↗ Unwetter, ↗ Blitz.

Gicht Zur Vorbeugung gegen Gicht hat man schon den Neugeborenen in das erste Bad »Gichtrosenstengel« (Pfingstrosenstengel) gelegt. In der gleichen Absicht wurde das Kind mit einem Tuch gewaschen, das vorher auf einem Pfingstrosenstrauch gelegen hatte. Ferner hat man das Taufwasser über einen Pfingstrosenstrauch gegossen. Dagegen wurde demjenigen Gicht prophezeit, der aus einem Glas trank, in das nachgeschenkt worden war, obwohl er es noch nicht geleert hatte. Befreiung von der Gicht erhoffte man sich durch das Fett eines Reihers oder eines Wiesels. Andere meinten mit der Asche eines verbrannten Wiesels ihr Zipperlein heilen zu können. Man glaubte sogar, aus dem Blut eines gesunden Jünglings, der im Mai zur Ader gelassen worden war, ein Heilmittel gegen Gicht herstellen zu können. Der Verzehr von ↗ Hagebutten an bestimmten Tagen sollte ebenso Genesung bringen wie eine andere abergläubische Handlung, nämlich einen Blutstropfen des Kranken in eine Hagebutte zu geben, diese zu verschließen und in das Bohrloch eines Baumes zu stopfen. So wie man hier die Krankheit auf den Baum übertragen wollte, so auch, wenn der Kranke dreimal um einen Birnbaum herumlief. Die Gicht sollte auch den Menschen verlassen, der in der Neujahrsnacht zwischen 23 und 24 Uhr nackt auf den Friedhof ging und das Moos von den hölzernen Kreuzen nahm. ↗ Ameisen, ↗ Bilsenkraut.

Gift Gifttränke bereitete man unter anderem aus ↗ Wein und den teilweise für giftig gehaltenen Spinnen. Auch der menschliche Speichel galt verschiedentlich als starkes Gift, und bei Sonnenfinsternissen fürchtete man sich vor Giftregen. Ein Smaragd, geschabt und eingenommen, sollte ebenso gegen Vergiftungen wirken wie der Achat, der Amethyst, der Malachit, der Opal und der Rubin. Ausreichend Fett im Magen würde jedes verschluckte Gift neutralisieren, meinte man. Vor allem sollte Wasser »unfehlbar« wirken, das man aus einem Serpentinbecher trank. Der Serpentin wurde besonders gegen ↗ Schlangengift empfohlen. Falls man Angst hatte, vergiftet zu werden, sollte man kleine Mengen seiner Getränke in einen Serpentinbecher schütten, der angeblich sofort zersprang, wenn Gift enthalten war. Im allgemeinen sah man Kröten als giftige Tiere an. In den ↗ Frauendreißigern sollten sie aber ungiftig sein, weshalb man sie in dieser Zeit fing, tötete und glaubte, daß die Kadaver alles Gift an sich ziehen würden. Andernorts hat man das auch den Spinnen nachgesagt. Weiße Zwiebeln sollten Gift vor allem aus Wunden ziehen. ↗ Raute.

Gladiolen oder **Siegwurz**   Ihre Zwiebeln schützten den, der sie trug, angeblich vor Verwundungen im Kampf. Deshalb wurde besonders die wildwachsende Sumpfsiegwurz auch Allermannsharnisch genannt.

Glas   Zerspringt ein Glas – Flasche, Fensterscheibe und dergleichen mehr – so kündet sich damit angeblich Unheil an, vor allem der Tod eines Verwandten. Binnen Jahresfrist, so glaubte man, würde derjenige sterben, dessen Trinkglas am Heiligen Abend zerbrach. Ein Trunk aus einem gesprungenen Glas sollte einen Bruch zur Folge haben. Andererseits hieß es aber auch: Trinkt ein Mann aus einem gesprungenen Glas, so schenkt ihm seine Frau nur Mädchen, oder ein Kind bekommt daraufhin Bauchweh. Den Finger ins Trinkglas zu stecken bringe angeblich Not, und wer hineinlacht, werde ledig bleiben. Leute, die zerstoßenes Glas gegessen haben, glaubten entweder ihre kranke Milz dadurch heilen oder sich von Lungenstechen oder von ↗ Spulwürmern im Körper befreien zu können. ↗ Nachschenken.

Glatze   Einem Mann mit großer Glatze unterstellte man viel Körperwärme und starken Bartwuchs. Männern mit reichlichem Kopfhaar wurde dagegen dürftiger Bartwuchs, eine kalte Natur und geringe Fruchtbarkeit zugeschrieben. ↗ Haarausfall, ↗ kahlköpfig.

Glocke Von Glocken abgefeilte Späne sollten gegen verschiedene Leiden helfen, vor allem gegen Epilepsie und Fieber. Als Mittel gegen Seitenstechen empfahl man eine Waschung in Wasser, mit dem vorher ein Glockenklöppel gewaschen worden war. Irrsinn glaubte man dagegen mit einem Trunk aus einer Glocke heilen zu können, und bei Ohrenschmerzen sollte man seinen Namen mit blauer Kreide auf die große Glocke im Kirchturm schreiben, ähnlich wie bei Heiserkeit. ↗ Nachwort S. 285.

Glockenläuten Ihm schrieb man seit dem Altertum allerlei magische Kräfte zu. Es könne Gewitterwolken zerstreuen und das Dorf vor Blitzschlag bewahren; auch Hexen, die auf Lawinen ritten, sollten durch das Läuten machtlos werden. Dem mittäglichen Glockenläuten wurde nachgesagt, daß es vor den Folgen eines Kometensturzes bewahre. Drohte Reif die Feldfrüchte und das Obst zu vernichten, so glaubte man auch hier an die Macht des Glockenläutens. Auch gegen zu viele Ameisen sollte das Läuten der Glocken helfen, weil man diese Insekten für verzauberte Gottlose hielt. Schlug während des Glockenläutens eine Turmuhr, so nahm man das für ein Unglückszeichen; verschiedentlich befürchtete man sogar einen Todesfall in der Verwandtschaft oder im Freundeskreis.

Glück hat man verständlicherweise immer gesucht und wollte seine Ankündigung aus den verschiedensten Zeichen ablesen können: aus dem Verhalten der ↗ Vögel ebenso wie aus einem vorüberfahrenden Leichenwagen. Desgleichen aus dem Umgang mit dem hoch geschätzten Brot und aus den für die persönliche Geltung wichtigen Kleidern. Tage wie Silvester und Neujahr, sowie angebliche ↗ Glückstage, (↗ Tagwählerei) werden auch heute noch als entscheidend für Glück, Gesundheit und Erfolg angesehen. Und daß rechts und links ihre Bedeutung hatten und haben, versteht sich beinahe von selbst. Spinnen, Eichhörnchen, Grillen, die Hinterlassenschaften von Hingerichteten und so weiter sollten das Glück beeinflussen; wie man auch glaubte, es durch Niesen und ein ↗ Fußbad regulieren zu können. ↗ Angang, ↗ Wünsche, ↗ Hochzeit.

Glückskinder sind eigentlich nur die, die mit einer Glückshaube, das heißt mit einem Rest der Embryonalhaut oder am Sonntag zur Welt kommen.

Glückspfennig Ein gefundener Pfennig bringt dem Finder Glück, wenn er ihn aufbewahrt.

Glückstage wurden, der menschlichen Natur entsprechend, nie so hervorgehoben wie die angeblichen ↗ Unglückstage. Unter den Wochentagen zählte man allerdings nur den Dienstag und den Sonntag zu den ausgesprochenen Glückstagen. Die Zeit des zunehmenden Mondes und des Vollmondes galt allgemein als günstig, besonders für Handlungen, die Kraft erforderten. Arbeiten, bei denen eine Reduzierung wichtig ist, führte man – wenn möglich – in der Zeit des abnehmenden Mondes aus. Die Glückstage sind für folgende Verrichtungen besonders geeignet: Einzug in eine neue Wohnung, Beginn eines Hausbaues, Wandern, Kaufen und Verkaufen, Arbeiten mit Feuer, Säen und Pflanzen, Ingebrauchnahme neuer Kleider, Haarschneiden, Aderlassen, Arzneien und Abführmittel einnehmen, Baden, Heiraten und zu Schiff verreisen. Hilfestellung dazu gibt ein Planetenbuch, das zweiundfünfzig Glückstage nennt:

Januar: 1., 3., 10., 27., 31.	Juli: 2., 6., 10., 23., 30.
Februar: 7., 8., 18.	August: 5., 7., 10., 14., 20.
März: 5., 9., 12., 14., 16.	September: 6., 10., 13., 18., 30.
April: 5., 17.	Oktober: 15., 16., 25., 31.
Mai: 1., 2., 4., 9., 14.	November: 1., 15., 25., 30.
Juni: 3., 5., 7., 9., 12., 25.	Dezember: 10., 20., 29.

Nach dem katholischen Kalender sind besondere Glückstage: Mariä Verkündigung (25. März), Walburga (1. Mai), Mariä Himmelfahrt (15. August), Michaeli (29. September), Martini (11. November), Andreas (30. November), Barbara (4. Dezember), Thomas (21. Dezember) sowie der Dreifaltigkeits-Sonntag, der als »güldener Sonntag« am 1. Sonntag nach Pfingsten gefeiert wird.

Gold galt lange Zeit als das beste Arznei- und Stärkungsmittel mit unfehlbarer Wirkung. Gegen den ↗ Bösen Blick trug man verschiedentlich einen goldenen Reif um den Hals. Zur Heilung einer Gelbsucht sollte man sich einen goldenen Ring oder Dukaten an den Hals hängen oder sich in einem goldenen Becher spiegeln. Gegen Ohrenkrankheiten – Eiterungen, Ohrenfluß und dergleichen mehr – trug man goldene Ringe in den Ohrläppchen. Ohrringe wurden auch zur Erhaltung der Sehkraft getragen, sie sollten gleichfalls die den Augenfluß verursachenden Krankheitsstoffe an sich ziehen. Empfohlen wurde Gold nicht zuletzt gegen Herzleiden, zum Beispiel wurde ein goldenes Blechstück gegen nervöses Herzklopfen auf die Herzgegend gebunden. Auch gegen Ohnmacht sollte Gold wirken. Bei den bis in die Gegenwart gebrauchten Goldtropfen vertraute man auf die Wirkung des Goldes (Natriumgoldchlorid) für Herz und Kreislauf. Tatsächlich waren jedoch andere enthaltene Mittel ausschlaggebend. Mit einem Trank aus Hühnerbrühe und feingefeiltem Gold versuchte man Ruhrkranke zu heilen. Da das Gold mit Hilfe der Sonne entstanden und mit dieser verwandt sein sollte, hat man ihm auch lebensverlängernde Wirkung zugeschrieben (↗ Nachwort S. 297). Legte der Kapitän ein Goldstück unter den Mastbaum, so glaubte er, damit das Glück an sein Schiff zu binden. Trägt der Sämann bei der Arbeit einen Goldring, so soll die Saat besonders gut gedeihen und gegen Schäden geschützt sein. Von Gold träumen bringt Glück. Heilkräuter sollten mit Gold oder Silber ausgegraben werden und Leibesöffnungen – Schröpfen, Aderlaß, Operieren –, mit goldenen Instrumenten ausgeführt, für den Patienten völlig gefahrlos sein. ↗ Spinne.

Goldfinger ↗ Ringfinger.

Goldlack Blühte im Garten der Goldlack besonders schön, so hielt man dies für ein Todesvorzeichen.

Goldtropfen ↗ Gold.

Goldwurz ↗ Türkenbund.

Gottesurteile offenbarten nach altem, ungeschriebenen Recht den Willen Gottes oder ein überirdisches gerechtes Urteil in strittigen Fragen. Konnte ein Beschuldigter bei der Feuerprobe die Hand ins Feuer halten oder ein glühendes Eisen neun Schritte weit tragen oder barfuß über neun glühende Pflugscharen gehen, ohne sich zu verletzen, so galt seine Unschuld als erwiesen. Wer unter mehreren Verdächtigen bei der Kreuzprobe die ausgestreckten Arme zuerst sinken ließ, den hielt man für schuldig. Bei Wasserproben gab es unterschiedliche Auslegungen: Ging ein teilweise gefesselter Angeklagter unter, so war einerseits damit seine Schuld bewiesen, weil ihn das Wasser nicht trug, andererseits aber auch seine Unschuld, weil ihn das Wasser aufnahm. Mehrere Päpste haben sich nachdrücklich gegen die Gottesurteile ausgesprochen. ↗ Nachwort S. 286.

Gottlose Die ↗ Ameisen galten in manchen Gegenden als verzauberte Gottlose.

Grab Wuchs eine Distel auf einem Grab, so galt das als Zeichen, daß der Verstorbene verdammt sei; wuchs eine Königskerze, so sagte man, der Tote leide im Fegefeuer. ↗ Wiedergänger und ↗ Vampire waren dazu verdammt, in ihrem Grab keine Ruhe zu finden. Ihre Wiederkehr glaubte man mit dem Bild eines Wolfes auf dem Grabstein verhindern zu können. Von Selbstmördern und Meineidigen nahm man dasselbe an. Bei verschiedenen Leiden, insbesondere Ausschlag und Brustkrankheiten, empfahl die Volksmedizin Graberde aufzulegen.

Granat Diesem Edelstein schrieb man lange Zeit einen Einfluß auf innere Krankheiten zu, vor allem sollte er das Herz stärken und Gifte unschädlich machen. Ein Granat-Amulett sollte ermutigen, seinen Träger oder seine Trägerin fröhlich machen und die Traurigkeit überwinden helfen. Manchmal glaubte man, der Granat warne seinen Besitzer vor drohendem Unheil, wenn er seinen Glanz verliere. Auch in Gerichtsprozessen sollte dieser Stein helfen, auf Reisen vor Dieben schützen und seinem Träger die Sympathie der Mitmenschen verschaffen. Generell war der Stein ein Unterpfand, das die Erfüllung aller Wünsche sicherte. Die Januargeborenen hofften, dieser Monatsstein garantiere ihnen die Treue ihrer Liebespartner und die Beständigkeit ihrer sonstigen Gefährten.

Gräten ↗ Fisch.

Grau galt als Farbe des Todes und der Geister (↗ schwarz und ↗ blau).

Graupen So lange jemand nach einer Graupenmahlzeit noch Körner im Magen hat, braucht er sich vor einem Schlaganfall nicht zu fürchten.

Grausam sollten angeblich Menschen mit roten, entzündeten Augen sein.

Greifvögel ↗ Adler, ↗ Geier, ↗ Habicht.

Greise die ihr Alter sagen, müssen sterben, meint der Volksmund. ↗ alte Leute.

Grillen im Haus bedeuten für den einen Glück und für den anderen ein ungünstiges Vorzeichen.

Grimassen Wer während des Uhrschlagens oder bei Flut Grimassen schneidet, dem bleiben sie im Gesicht stehen.

Grippe Davor wollte man sich schützen, indem man ein getrocknetes Wurzelstück der Meisterwurz bei sich trug. ↗ ansteckende Krankheiten, ↗ Komet.

Grün gilt als Farbe der Hoffnung, der keimenden Pflanzen und des werdenden Lebens. Es ist aber auch eine Farbe des Giftes.

Gründonnerstag Weit verbreitet ist die Meinung: Wer an diesem Tag frisches Gemüse und Salat ißt, nimmt die Kraft des Frühlings in sich auf. Verschiedentlich glaubt man auch, das Geld gehe dann das ganze Jahr nicht aus. Um das zu erreichen, nahm man anderswo an diesem Tag Linsen oder Hirse zu sich. Ungesalzene Gründonnerstagbutter sollte alle Wunden heilen. Extra aufbewahrte Äpfel, die man an diesem Tag aß, galten als gesundheitsfördernd und -erhaltend für das weitere Jahr. Brezeln sollte man an diesem Tag zur Vorbeugung gegen Fieber nüchtern essen. Von den Gründonnerstagseiern (in Bayern Antlaßeier) nahm man an, daß sie vor Schäden beim Heben und Tragen bewahren und – eingegraben – Haus, Hof und Felder sichern. Der Genuß von Honig am Gründonnerstag sollte vor dem Biß giftiger Tiere und toller Hunde schützen. Wer an diesem Tag keinen Honig aß, sollte sogar zum Esel werden oder wenigstens Eselsohren bekommen. ↗ Brenneseln, ↗ Stachelbeeren.

Grütze Wenn die Köchin Grütze anbrennen läßt, wird sie bald Braut.

Gundermann sollte vor Behexung ebenso schützen wie gegen alle Krankheiten, wenn man ihn im Hause hatte. Das Kraut, dem Badewasser zugegeben, half angeblich bei »Reißen«, und siebenundsiebzig Blätter davon auf eine Wunde gelegt, sollten auch diese schnell verheilen lassen.

Günsel Wer daran riecht, bekommt Sommersprossen, sagte man, und wenn man Günsel abreißt, kommt ein Gewitter.

Gurken erfrieren nicht, sagt eine Bauernregel, wenn man sie am Walpurgis-Abend (1. Mai) sät. Sie dürfen aber nicht barfuß oder von einer menstruierenden Frau gesät beziehungsweise gepflanzt werden, weil die Gurken sonst Schaden nehmen. Die Pflanzen sollten sogar verdorren, falls eine Frau während »ihrer Tage« in ihre Nähe kam. Außerdem werde ihr Wachstum beeinträchtigt, sobald man etwas Stählernes, etwa ein Gartengerät, in ihrer Nähe liegen ließ. Dagegen sollten die Gurken eine reiche Ernte bringen, wenn man während der Blüte alte Schuhe dazwischen stellte.

Gürtel Heilkraft sollte ein Gürtel besitzen, der von einer Jungfrau für eine Frau und von einem noch nicht mannbaren Knaben für einen Mann angefertigt worden war. Diese Gürtel mußten stets aus der Haut eines vom Wolf gerissenen Widders oder Schafes bestehen. Gürtel symbolisierten bei Männern die Kraft und die Herrschaft, bei Frauen die Liebe, Reinheit und Keuschheit. Man glaubte, daß ein Gürtel vor ↗ Rückenschmerzen bewahren und von ↗ Würmern befreien könne. Weit verbreitet war auch die Meinung, sein Tragen erleichtere die ↗ Niederkunft. Jakob Grimm berichtete, daß Schwangere an einem Heiligenbild einen Docht gemessen und diesen um ihren Leib gegürtet haben. Der Glaube an die Schutzfunktion des Gürtels erinnert an die des ↗ Kreises oder ↗ Ringes. Ein dunkler Aspekt zeigt sich in der Vorstellung, daß ein Gürtel aus gegerbter Menschenhaut seinen Träger in einen ↗ Werwolf verwandeln könne.

Gürtlerkraut nannte man den gemeinen ↗ Beifuß. Ein aus diesem Gewächs geflochtener Gürtel sollte vor Kreuz- und Rückenschmerzen bewahren.

H

Haarausfall Da man überzeugt war, die Haare würden die Lebenskraft enthalten, bemühte man sich nachdrücklich, ihren Verlust zu verhindern. Seit alters glaubte man an die Wirkung von Bärenfett, auch ein Gemisch aus Bärenfett, altem Wein und einem Beruhigungsmittel (Laudanum) wurde empfohlen. Dem Einreiben mit einer Salbe aus Gänsefett und einer Schmiere aus zerstoßenen Fliegen schrieb man ebenfalls einen positiven Einfluß zu. Ein anderes Rezept sah vor, sich den Kopf mit einem Absud vom Schachtelhalm zu waschen. Mit einem neuen Kamm sollte man zuerst ein Tier kämmen, um Haarausfall zu verhindern. Vielerorts war man auch der Ansicht, daß Haare, die mit einem Salamander in Berührung gekommen waren, ausfallen würden. Auch Personen, die täglich Geld zählen, würden frühzeitig ihre Haare verlieren, wurde gesagt. Die Wöchnerinnen wurden ermahnt, sich in den ersten vierzehn Tagen nach der Geburt nicht zu kämmen, weil ihnen sonst die Haare ausgehen würden. ↗ Glatze, ↗ kahlköpfig.

Haare Spätestens seit dem Alten Testament glaubte man, die Kopfhaare seien der Sitz des Lebens, der Seele und der Kraft des Menschen (↗ Nachwort S. 279). Der Raub der Haare sollte den Menschen kraftlos und unfrei machen (Simson und Delila). Nicht selten wurde vor allzu häufigem Kämmen gewarnt, weil dem Körper dadurch zuviel Kraft entzogen würde. Dem Schneiden der Haare stand man mit großer Skepsis gegenüber, nicht weniger dem Verbleib der abgeschnittenen Haare (↗ Haarschneiden, ↗ Verlobte). Als jedoch im August 1167 das Heer Friedrich Barbarossas in Rom von einer Malaria erfaßt wurde, glaubte man, daß das Abschneiden der Haare helfen würde. Schließlich wollte man von den Haaren auf die Mentalität und das Schicksal ihrer Träger schließen, wie auch der Spruch: »Wie die Haare, so der Sinn« zeigt:

Gelockte, krause Haare sollen zu mutigen Menschen gehören
Schlechte, lange und weiche Haare deuten auf Furchtsamkeit
Kurze, stehende Haare gehören einem gesunden Menschen
Empfindliche Haare deuten auf eifersüchtige Veranlagung

Starke Behaarung läßt Glück oder reiche Heirat erwarten
Festsitzende Haare gehören einem gesunden Menschen
Strahlenförmig auseinanderwachsende Haare zeigen Gelehrsamkeit
Dichter Haarwuchs läßt ein langes Leben erwarten
Menschen mit weichen, schmiegsamen Haaren sind verträglich
Wer glänzende Haare hat, kommt auf dem oder im Wasser um
Verwirrte Haare deuten auf einen verwirrten (behexten) Menschen
Menschen mit zwei Wirbeln sind geschickt, klug, werden reich, aber auch liederlich
Krause, wirre Haare deuten auf einen krausen Sinn: diese Menschen sind überall beliebt und werden reich
Haare, die sich beim Ausziehen kräuseln, weisen auf Reizbarkeit
Rote Haare lassen auf Jähzorn schließen, es sollen schlechte, untreue Menschen sein, die man oft des Bösen Blicks verdächtigte
Der Volksmund meint dazu kurz und bündig:

> Rote Haare, spitzig Kinn,
> wohnt der Teufel mittendrin.

Haare auf Zunge und Zähnen deuten einerseits auf kluge, andererseits auf bösartige Menschen
Ein Knabe mit einem Wirbel vorn sollte einmal Stiefvater werden
Mädchen mit weichen, zarten Haaren bekommen einen reichen Mann
Viele Haare am Bauch deuten auf Lasterhaftigkeit
Viele Haare auf den Rippen symbolisieren Kühnheit
Viele Haare an Brust und Bauch zeigen Unverstand an
Viele Haare auf Schultern und am Hals weisen ebenso auf Kleinmut wie auf Widerstreben und Standhaftigkeit hin
Wer am Hals unten behaart ist, wird reich
Haare auf den Armen signalisieren Reichtum und Gesundheit
Ein Löckchen über der Stirn deutet auf Selbstmord, ebenso zwei Wirbel
Kinder, die mit kurzen Haaren zur Welt kommen, werden reich
Kinder, die mit langen Haaren zur Welt kommen, sterben bald, wenn die Haare nicht sogleich ausgehen
Blonde und rote Haare zeigen größere Talente an als schwarze
Ein weißes oder graues Haar sollte man sich nicht ausreißen, weil sonst an der gleichen Stelle mehrere weiße oder graue nachwachsen würden.

Während der Hundstage (Ende Juli bis Ende August) war Haarewaschen verboten, weil zu befürchten stand, daß das Wasser in diesen heißen Tagen vergiftet sei und man Geschwüre bekomme. ↗ Böser Blick.

Haarschneiden Man sollte sich die Haare in der Zeit des zunehmenden Mondes schneiden lassen, weil man glaubte, sie würden dann besonders rasch und besser nachwachsen. Ein überaus günstiger Tag für das Haarschneiden war seit jeher der Fastnachtdienstag. Haarschneiden an einem Freitag sollte zu schönen Haaren verhelfen und Ohren- sowie Augen-Erkrankungen vorbeugen. Haarschneiden am Karfreitag wurde empfohlen, weil dadurch angeblich der Haarwuchs gefördert und Kopfschmerzen vorgebeugt wurde. Im Gegensatz dazu wurde anderswo viel Kopfschmerz angedroht, ja sogar Kahlköpfigkeit und der Verlust des Glückes, wenn man sich am Karfreitag Bart und Haare schneiden ließ.

Auch vor einem Haarschnitt in den Zwölfnächten (die Rauhnächte vom 25. Dezember bis 6. Januar) wurde gewarnt, denn er brächte unweigerlich Kopfschmerzen und kranke Gliedmaßen. Kleine Mädchen sollten nach einem Haarschnitt am Karfreitag auffallend schöne und lange Haare bekommen (↗ Haarwuchs). Kinder jedoch, denen schon im 1. Lebensjahr Haare und Fingernägel geschnitten wurden, sollten allen Mut und Verstand verlieren.

Vielfach glaubte man auch, daß ein Kind nie zu seinen vollen Kräften komme, wenn man ihm die Haare vor dem 7. Lebensjahr schnitt. Verbrannte man die Haare des ersten Schnittes, so sagte man, daß damit auch das Gedächtnis des Kindes in Flammen aufgehen werde. Überhaupt sollte man abgeschnittene oder ausgekämmte Haare nicht verbrennen, weil dadurch die Haare nur noch zögernd wachsen würden und man rote Haare bekäme. Warf man die Haare zum Fenster hinaus, durfte man sich nicht über Kopfschmerzen und Haarausfall wundern. Die Haare wegzuwerfen war auch deshalb nicht ratsam, weil die Spatzen damit ein Nest bauen könnten und der ehemalige Besitzer der Haare dann einen Ausschlag bekäme. Das Wegwerfen der Haare war auch gefährlich, weil die Hexen daraus angeblich Hagelsteine machten. Einem anderen Glauben zufolge sollte man die Haare vor Sonnenaufgang oder nach Sonnenuntergang schneiden und sie dann vergraben oder verbrennen. ↗ Unglückstage.

Haarstrang ↗ Meisterwurz.

Haarwuchs Im Alten Testament wurde empfohlen, den Kopf mit Hundsmilch einzureiben. Auch sei ein Pulver aus verbrannten Bienen, vermischt mit Honig, dem Haarwuchs förderlich. Andere Rezepte setzten sich aus Bärenfett oder Hechtschmalz, Meerzwiebelöl, verdünntem Weingeist oder Bärenfett zusammen. Auch Absude aus Klettenwurzeln oder Brennesseln, aus verbrannten und pulverisierten Blutegeln unterstützten den Haarwuchs. Ebenso sollte Wasser aus den Wurzeln des Immergrüns helfen. Wollten die Mädchen lange Haare haben, dann sollten sie einige davon abschneiden und mit Hopfenranken in der Erde vergraben. Mit dem Hopfen zusammen sollten dann ihre Haare wachsen (↗ Haarschneiden). Den Haarwuchs beseitigen wollte man zum Beispiel mit einem Absud aus Hirschhornasche, vermischt mit in fließendem Wasser zerriebenem Auripigment.

Habergeiß Ein Dämon mit einem Ziegenkopf, der im Getreidefeld sein Unwesen trieb. Man hat befürchtet, daß er einem den Tod ins Ohr bläst und sollte sich zum Schutz vor ihm einen schwarzen Ziegenbock im Schlafzimmer halten.

Habgier Vor der Taufe sollte man einem Kind kein Geld zeigen, war eine landläufige Meinung, weil es sonst habgierig werden würde. ↗ Geiz.

Habicht Man ging mit einem Palmbusch dreimal um Haus und Hof, um den Habicht davon abzuhalten. ↗ Kreis.

Hagebutten sollten ein besonders wirksames Schutzmittel gegen Unfälle und Krankheiten des kommenden Jahres sein, wenn man drei nüchtern am Weihnachtsabend, am Stephanstag (26. Dezember), am Silvesterabend und vor allem am Neujahrstag aß. Man gab diese Hagebutten Familienmitgliedern, Freunden und Bekannten durchs Fenster, ohne ein Wort zu sagen. Vor allem wurde diesen drei Hagebutten vorbeugende Kraft gegen Halsschmerzen, Seitenstechen, Magenleiden, Gicht und Rotlauf zugeschrieben. Ein Absud von am Weihnachtsabend gesammelten und pulverisierten Hagebutten sollte gegen Steine und Grieß in Nieren, Galle und anderen Organen helfen.

Hagedorn ↗ Weißdorn, ↗ Niederkunft.

Hagel komme, so meinten die Alten, wenn die Brennesseln
schon im Frühjahr durchlöcherte Blätter haben. Zum Schutz der
Felder und Gärten vor Hagel und Unwetter stellte man ein
Brotkörbchen ins Freie. Auch Arnika sollte Haus und Felder vor
Hagelschlag bewahren, und ebenso glaubte man, daß Felder, auf
denen Wachteln nisteten, nicht heimgesucht würden. Darüber
hinaus meinte man auch Hagel abwehren zu können, wenn man
eine aus dem Wasser geholte Schnecke mit dem Rücken auf die
Hand legte und rechts und links daneben Erde schüttete, so daß
sich das Tier nicht umdrehen konnte. Hexen stellten angeblich
aus weggeworfenen Haaren Hagelkörner her. Die Bauernkalen-
der wußten auch von möglichem Hexenhagel zu berichten, der an
beigemischten Haaren und Schuhnägeln erkennbar sein sollte. ↗
Specht.

Hahn Der Tag begann früher auf dem Land mit dem ersten
Hahnenschrei am Morgen. Er beendete die Herrschaft der nächtlichen Dämonen, und vorher sollte man weder aufstehen noch
aus dem Haus gehen. Von schwarzen Hähnen glaubte man, sie
würden sich in Basilisken oder Drachen verwandeln, weshalb
diese Tiere bald geschlachtet wurden. Weit verbreitet war auch
der Glaube, daß der, der weiße Steine aus dem Magen eines
schwarzen Hahns bei sich trägt, damit die Zuneigung anderer
gewinnen könne.

Hals Man meinte Leute mit einem kurzen Hals sollten listig und
hintersinnig sein; mit einem langen Hals galt man als Tor,
furchtsam und unbeholfen, mit einem dicken als hitzköpfig und
jähzornig.

Halsschmerzen Ein Mittel, sich vor Halsweh zu schützen, war,
am Palmsonntag Weidenkätzchen zu essen. Hatte man aber
Schmerzen, so glaubte man an baldige Besserung, wenn man
nüchtern mit dem eingespeichelten Daumen über den Hals
strich. Empfohlen wurde zur Heilung auch, abends einen tagsüber getragenen linken oder umgedrehten Strumpf oder ein
schwarzes Seidenband um den Hals zu binden. ↗ Hagebutten an
bestimmten Tagen verzehrt, galten gleichfalls als Heilmittel.
Halsentzündungen meinte man auch durch Trinken von Wasser,

in dem ein Beryll gelegen hat, beheben zu können. Halsschmerzen sollten ebenfalls verschwinden, wenn man sich mit gespreizten Beinen über einen Bach stellte, mit dem Gesicht bachaufwärts, und in das fließende Wasser sein eigenes laufen ließ.

Hals- und Beinbruch wünschen sich die Piloten vor einem Flug, weil sie bei einem wörtlichen Glückwunsch fürchten, das Glück durch ↗ Bereden zu vertreiben. ↗ Nachwort S. 310.

Hämorrhoiden sollte man bei abnehmendem Mond morgens vor Sonnenaufgang mit Tauwasser abwaschen, um sie loszuwerden. Auch glaubte man, sie mit Rabenblut beseitigen zu können. Das Beisichtragen einer oder mehrerer Roßkastanien sollte gleichfalls gegen Hämorrhoiden wirken.

Hand Kurze Hände und Arme verrieten angeblich einen schadenfrohen Besitzer, während mäßig lange Finger einen guten Charakterzug anzeigen. Lange Hände sollten von viel Vernunft und sogar von Weisheit zeugen, kurze dagegen von Torheit, und einen Wüterich erkenne man an seinen kleinen Händen. Hatte ein kleines Kind die Hände meistens offen, so glaubte man, es werde später freigebig; geschlossene Hände dagegen kündigten Geiz an. Juckt die linke Hand, kommt Geld ins Haus, ist es die rechte, so muß man welches ausgeben, meint der Volksmund. Zu kalten Händen gehöre ein aufrichtiges Herz, und wer sich die Hände unter einer Pumpe wusch, dem werde der Partner sterben. Wusch man sie sich zusammen mit einem anderen im gleichen Wasser, so sollte es Streit geben. Spuckte man aber in dieses Wasser, dann konnte der Streit vermieden werden. Wem die Hände zitterten, der habe vermutlich einmal ein Huhn gestohlen oder junge Hunde und Katzen ersäuft. Drückte man einen Maulwurf in der Hand zu Tode, so glaubte man, daß diese Hand heilkräftig würde. ↗ Totenhänden schrieb man Heilkraft zu und glaubte damit Augenleiden, Rückgratverkrümmungen, Geschwüre, Ausschlag und Warzen heilen zu können. ↗ Handdeutung.

Handauflegen auf den Kopf wie auf kranke Körperteile sollte Heilung und allgemeines Wohlergehen bringen. Das Auflegen der flachen, offenen Hand ist auch Bestandteil verschiedener religiöser Riten.

Handdeutung Die Handdeutung oder Chirologie will vornehmlich aus den Linien der Handflächen nach verschiedenen Systemen den Charakter und das Schicksal des Menschen erkennen. Einzelne Chirologen erbringen in individuellen Beratungen beachtliche Ergebnisse. Die Laien-Handdeutung ist erheblich unsicherer und folgt pauschalen Anleitungen wie zum Beispiel:

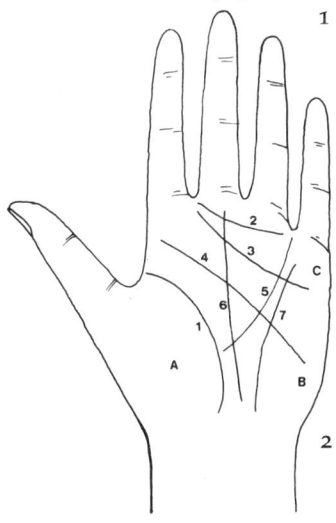

1 Die Lebenslinie soll die allgemeine Lebens- und Widerstandskraft erkennen lassen: je gerundeter der Halbkreis einen kräftigen Venusberg A umschließt, um so vitaler und widerstandsfähiger soll der Mensch sein, ausgestattet mit kräftiger Sinnlichkeit. Je gerader die Lebenslinie ist, um so vorsichtiger, mißtrauischer sei der mit abnehmender Lebenskraft behaftete Mensch, wird behauptet.

2 Der Venusring soll geistig aufgeschlossene, neugierige Menschen erkennen lassen.

3 Die Herzlinie stehe für Gefühlsempfänglichkeit, kreative Kraft und schöpferisches Denken. Ist sie ohne Verästelungen, so wird auf Gefühlskälte und Egoismus geschlossen.

4 Die Kopflinie gebe Auskunft über die Intelligenz, die Beherrschung der Leidenschaften und zeige die Standfestigkeit gegen Schicksalsschläge.

5 Die aufsteigende Linie weise auf energische, zielbewußte und zupackende Menschen hin.

6 Die Saturnlinie soll nur bei unsicheren, anlehnungsbedürftigen Menschen vorhanden sein, die im Leben viel Mühe haben.

7 Die Sonnenlinie zeigt das künstlerische Talent an und soll um so länger sein, je stärker das Talent entwickelt ist und je aktiver und erfolgreicher es ausgeübt wird. Fehlt die Sonnenlinie, so kann das unter Umständen auf ein kurzes Leben hindeuten.

A = Venusberg, B = Mondberg, C = Marsberg.
↗ Handrücken, ↗ Handmaus, ↗ Finger, ↗ Fingernägel.

Handgelenk Von Schmerzen im Handgelenk wollte man sich befreien, indem man mit dem Ende eines Wollfadens einen sogenannten Krähenfuß formte und diesen abends vor dem Schlafengehen um das Gelenk band.

Handmaus heißt die Erhöhung am inneren Rand der Hand, die auftritt, wenn der Daumen an den Zeigefinger angelegt wird. Ist die Handmaus fest und stark, so gilt das als Zeichen von Gesundheit, Widerstandskraft und leidenschaftlicher Vitalität des Menschen. Eine weiche Handmaus dagegen deute auf Passivität hin.

Handrücken Der Verlauf der Adern auf dem Handrücken soll einen Buchstaben darstellen. Auf dem linken Handrücken erscheine, so wurde vielerorts geglaubt, der Anfangsbuchstabe des künftigen Lebenspartners.

Harken die ohne Überlegung hingeworfen wurden und mit den Spitzen nach oben lagen, kündeten nach einem Glauben fruchtbaren Regen an, nach einem anderen Streit.

Harn Das Trinken des eigenen Urins sollte bei Diphtherie, Leberleiden und gegen Magenkrebs helfen. Linderung bei Harnbeschwerden versprach man sich von einem Trank, der aus Milch und sieben darin gekochten Holzwürmern bestand. ↗ Wasserlassen und ↗ Nachwort S. 299.

Hartriegel Dieser Strauch sollte zur Erfüllung aller ↗ Wünsche beitragen.

Hase In vorchristlicher Zeit galt der Hase teilweise als heilig. Er symbolisierte die Fruchtbarkeit, den Kinderreichtum und durfte nicht gegessen werden. Später und in anderen Gegenden, beispielsweise bei den Römern, hat man dem Hasenmahl Wirkung für die Schönheit nach neun Tagen beigemessen. Im Laufe der Zeit wurde der Hase sogar als Unglücksbote angesehen. Kobolde und Hexen erschienen in Gestalt des Hasen. Wem ein Hase über den Weg lief, den sollte Unglück erwarten, vor allem, wenn das Tier von links kam. Nur wenn man sich sogleich dreimal umdrehte oder den Hasen erschoß, konnte man das Unheil noch einmal abwenden. Einem anderen Glauben zufolge bewahrte ein

Amulett mit einem Hasenauge vor Augenerkrankungen und Erblindung. Hasenblut sollte die Empfängnis fördern, Hasenharn hingegen verhindern. Durch den Verzehr eines gekochten Hasenkopfes nach Sonnenuntergang glaubte man sich vom Bettnässen befreien zu können.

Haselgerten vermittelten – so glaubten es unsere Vorfahren – Kraft und Gesundheit. Sie galten seit ältester Zeit als sicherer Schutz gegen ↗ Schlangen. Auch andere gefährliche Tiere vermeinte man mit einer Haselrute überwinden zu können. Mit einer am Karfreitag geschnittenen Haselgerte sollte man jeden Feind treffen können, wenn man auf ein Kleidungsstück von ihm schlug. Die betreffende Person würde die Schläge selbst dann noch spüren, wenn sie weit entfernt war. ↗ Pilze, ↗ Walpurgis.

Haselnüsse Viele Haselnüsse in einem Jahr kündigten – nach altem Volksglauben – viele uneheliche Kinder an, aber auch einen strengen Winter.

Hasenscharte Die Kinder von Müttern, die während der Schwangerschaft aus einem Gefäß mit angeschlagenem Rand tranken, sollten eine Hasenscharte bekommen.

Haß Vor Haßgefühlen bewahrte angeblich der Saphir seinen Träger.

Haus Verließen Ratten und Mäuse ein Haus, so glaubte man, es würde bald einstürzen. Fiel ein Schwalbennest von der Wand, so bedeutete das, daß die Bewohner noch im gleichen Jahr das Haus verlassen werden. Mit dem Bau eines neuen Hauses sollte man bei zunehmendem oder Vollmond beginnen (↗ Glückstage), aber den Grund schon zur Zeit des abnehmenden Mondes ausheben, weil sonst der Keller angeblich stets feucht bleiben würde. Um Unheil vom Haus abzuwenden, warf man beim Richtfest verschiedene Gegenstände über das Dach. ↗ Unglückstage.

Hauswurz Wer eine rote Katze und eine rosablühende Hauswurz besitzt, sei vor Unwetter geschützt, behauptete man. Die Hauswurz wurde früher oft auf das Hausdach gepflanzt, weil sich mit ihr die Vorstellung verband, sie würde Gewitter vertreiben. Das seltene Blühen dieser Pflanzen galt als Anzeichen für den Tod eines Hausbewohners.

Haut Um eine schöne, weiße Haut zu bekommen, sollte man sich mit einem Tuch abwischen, mit dem eine Milchkanne gereinigt worden war. Zum gleichen Zweck wurde auch empfohlen, sich am 1. März mit Schnee zu waschen. Damit glaubte man auch Sommersprossen verhindern zu können, und außerdem sollte sich die Haut nach einer derartigen Waschung nicht bräunen. Auch der ↗ Tau war ein wichtiges Mittel für die Hautpflege. Durch Waschungen mit Froschlaich vor Georgi (23. April) wollte man Ausschläge beseitigen. Mittels eines Gürtels aus gegerbter Menschenhaut sollte man sich in einen Werwolf verwandeln können. Eine gelbe Hautfarbe galt als Zeichen für Siechtum und Tod.

Hautkrankheiten glaubte man vorbeugen zu können, wenn man am Neujahrstag ein Erbsengericht aß.

Hebammen trugen Ringe und Halsketten aus Malachit und versprachen sich davon besonderes Glück bei ihrer Kundschaft. Kam ein mißgebildetes Kind zur Welt oder passierte bei der Niederkunft ein Unglück, so wurde nicht selten die Hebamme der Hexerei beschuldigt. Sie mußte mit dem ↗ Neugeborenen verschiedene, teilweise kultische Handlungen vornehmen, um das Kind vor Unheil zu bewahren. ↗ Muttermal, ↗ frieren.

Heben ↗ Brüche.

Hecht Sein Schmalz wurde sowohl als Schlafmittel als auch gegen übermäßige Menstruation empfohlen. Blähungen meinte man durch den Verzehr von Hechtaugen abzuwenden. Gegen Schwerhörigkeit sollte eine Mixtur mit Hechtgalle helfen.

Heide Blühte das Heidekraut (Erika) sehr üppig, galt das allgemein als Anzeichen für einen strengen Winter.

Heidelbeeren sollten vor Bauchschmerzen und ↗ Fieber bewahren, wenn man sie an bestimmten Tagen pflückte. Eine Mutter, die viel zum Heidelbeerpflücken ging, müsse damit rechnen, daß ihre Kinder viele schwarze Muttermale bekämen, sagte man. Wer an Weihnachten Heidelbeeren aß, dem sollte Trauer bevorstehen. Das gleiche galt, wenn man von Heidelbeeren träumte, was aber auch als Ankündigung einer Krankheit gedeutet wurde.

Heilige sollten behüten und beschützen. So gilt die heilige Anna als Beschützerin der Bergleute, vom heiligen Georg erwarten sich die Reiter Beistand, der heilige Laurentius sollte speziell bei Rheumatismus helfen, die heilige Apollonia bei Zahnschmerzen und der heilige Blasius bei Halsleiden. Die heilige Balbina rief man an bei Kropf, die heiligen Sebastian und Rochus sollten vor der Pest schützen, die heilige Barbara vor Blitzschlag und vom heiligen Antonius erhoffte man sich Schutz für die Schweine, während der heilige Gallus die Gänse beschirmte. Heiligenbilder wurden als »Schluckbilder« oder »Eßzettel« zur Krankheitsbekämpfung verschluckt. Die Kirche hat sich immer wieder gegen solchen Volksglauben gewandt. ↗ Nachwort S. 273.

Heilige Drei Könige ↗ Dreikönig.

Heilkräfte erwartete man sich von den verschiedenartigsten Gegenständen und Handlungen, wie beispielsweise von zahlreichen Heilpflanzen, aber auch von Hinterlassenschaften der Toten (↗ Totenhand, ↗ Totenzähne), speziell von Hingerichteten (↗ Richtschwert, ↗ Strick). Auch den Edelsteinen schrieb man allerlei Heilkräfte zu. In allem Außerordentlichen vermuteten die Menschen heilende oder schützende Kräfte, die häufig jedoch nur zu bestimmten Zeiten wirkten. So schrieb man den Hemden starker Menschen positive Ausstrahlungen zu und empfahl sie den Genesenden anzuziehen. Eine Hand, die einen Maulwurf zu Tode drückte, sollte heilkräftig werden. Die Nacht, die einerseits als des Menschen Feind betrachtet wurde, galt anderswo als besonders günstig für die Entfaltung von Heilkräften.

Heilpflanzen sollten nur mit einem Silberstück oder mit einem silbernen Werkzeug ausgegraben werden. Dadurch, so glaubte man, erhöhe sich ihre Wirkung. Die beste Zeit, Kräuter und Wurzeln zu sammeln, war September und Oktober, und zwar bei abnehmendem Mond zwischen Mitternacht und Sonnenaufgang, weil sie da angeblich am kräftigsten sind. Nach einem anderen Glauben mußten Heilpflanzen vor dem Johannistag (24. Juni) nach Mitternacht gesammelt werden oder am Johannistag bis mittags, weil in der übrigen Zeit die Hexen darüberreiten und sie verderben. Einige Kräuterbücher meinen, daß die am Karfreitag oder am Himmelfahrtstag (40. Tag nach Ostern) vor Sonnenaufgang gesammelten Pflanzen besondere Heilkräfte entfalten. ↗ Heilkräfte und Nachwort S. 307.

Heimweh sei überwindbar, wenn man eine Prise Erde vom heimatlichen Friedhof in den Kaffee gab und mittrank. Der Bräutigam trug seine Braut über die Türschwelle ins Haus, um bei ihr kein Heimweh aufkommen zu lassen. Die jungvermählte Frau sollte sich in der Pfanne spiegeln oder in den Rauchfang sehen, um gegen Heimweh gefeit zu sein. Als sehr hilfreich wurde auch angesehen, wenn die junge Frau Asche aus der heimatlichen Feuerstelle mitbrachte und auf den neuen, fremden Herd streute. Frauen hat man weiter empfohlen, Salz und Brot in den Unterrock einzunähen. Auch ein verkehrt getragenes Hemd sollte gegen Heimweh wirken und ebenso, wenn man ein Stück Brot in der Tasche trug. Aber Umschauen beim Weggehen von zu Hause bringt Heimweh, wurde behauptet, dieser Mensch habe dann in der Ferne kein Glück. Um Heimweh lebenslänglich abzuwenden, legte man das Neugeborene unter den häuslichen Tisch oder unter eine Bank auf die Erde.

Heiraten Im Volksmund hieß es: Wenn ein Mann eine der seltenen Frauenschuh-Blüten findet, bekommt er eine schöne Frau. Heiraten sollte man in der Zeit des zunehmenden Mondes, um es in der Ehe zu etwas zu bringen. Der Dienstag war dafür besonders geeignet, weil dann das erste Beilager auf den Freitag, den Tag Freyjas, der Göttin der Schönheit und Liebe, fallen würde, sofern man die drei Tobiasnächte, die ersten drei Nächte nach der Hochzeit, enthaltsam war. ↗ Hochzeit, ↗ Glückstage, ↗ Trinken.

Heiserkeit Schrie man beim ersten Quaken der Frösche im Frühjahr fest mit, dann wollte man einer eventuellen Heiserkeit vorbeugen. Helfen sollte auch, wenn man seinen Namen auf eine Glocke schrieb.

Helf Gott Mit diesem Wunsch auf ein Niesen hin glaubte man, den Niesenden aus der Gewalt des Teufels befreien zu können. Wer auf sein Niesen kein »Helf Gott« bekam, war angeblich dem Teufel verfallen. Schon die Griechen im Altertum hatten dem Niesenden »Zeus helfe dir!« zugerufen.

Hellsichtigkeit war eine Gabe, die alle an Neujahr zwischen zwölf und ein Uhr Geborenen sowie die 29.-Februar-Kinder haben sollten. Auch Sonntagskindern und solchen, die als erste über einem neuen Taufstein getauft wurden, hat man Hellsichtig-keit verheißen. »Normale Menschen« glaubten, diese Fähigkeit auch erreichen zu können, wenn sie ein vierteiliges Kleeblatt bei sich trugen, die Augen mit Hundetränen bestrichen oder wenn sie durch das Öhr einer Nadel blickten, mit der ein Toter einge-näht worden war. ↗ Zweites Gesicht, ↗ Geister.

Hemd Vor allerlei Gefahren wollte man sich schützen oder hoffte, Krankheiten würden sich bessern, wenn man das Hemd oder wenigstens dessen linken Ärmel verkehrtherum trug. Der Wunsch nach Unverwundbarkeit sollte in Erfüllung gehen, wenn man ein Hemd über den Kopf auszog und verkehrt wieder anzog. Auch gegen Heimweh nützte ein verkehrt getragenes Hemd. Den Hemden starker Menschen schrieb man große Heilkraft zu, weshalb Genesende sie tragen sollten. Krampflösende Wirkung ging angeblich von einem Hemd aus, in dem jemand gestorben war und das man um den befallenen Körperteil wickelte.
Gegen Bauchweh wurde empfohlen, am Freitag ein frisches Hemd anzuziehen. Tat dies aber jemand am Neujahrstag, so drohten ihm angeblich Geschwüre. Wollte man von Mücken verschont bleiben, so sollte man das Hemd verkehrt herum anziehen. Böswillige Hexen und Dämonen glaubte man täuschen zu können, wenn die werdende Mutter bei der Niederkunft ein Hemd ihres Mannes anzog.

Henne Die Eier von schwarzen Hennen würden Menschen und Gebäude vor allerlei Schaden bewahren; nicht nur vor dem Blitz, sondern auch vor Brüchen, Kreuzschmerzen und Schlangenbis-sen. Für die Wöchnerin galt die Suppe von einer schwarzen Henne als das beste Gericht. Und mit Hilfe einer solchen Henne glaubte man, einen ↗ Dieb zur Rückgabe seiner Beute zwingen zu können. ↗ schwarz.

Herbstzeitlose Wer eine Zwiebel der Herbstzeitlosen bei sich trug, erwartete, frei von ansteckenden Krankheiten, aber auch von Zahnschmerzen zu bleiben. In einen Socken gesteckt, sollten diese Zwiebeln vor Hühneraugen bewahren. Wies die Herbstzeit-lose vier Blütenblätter auf, dann folgte ein wenig fruchtbares Jahr. Hatte sie dagegen sechs, so stand ein gutes Jahr bevor.

Hering Seine Gräten säubern den Darm und nehmen das Fieber mit, meinte man. Bei Impotenz solle die ↗ Geschlechtskraft durch Essen der Luftblase des Herings zu erlangen sein. ↗ Fisch.

Herz Gegen Herzleiden aller Art – auch Ohnmachten – wurde das Tragen von Gold empfohlen; zum Beispiel band man gegen nervöses Herzklopfen ein Stück Goldblech auf die Herzgegend. Stärkende Wirkung hatten nach Meinung unserer Vorfahren das Silber, der Hyazinth, der Rubin, der Chrysopras, der Granat und der Opal. Dem Lapislazuli oder Lasurstein wohne sowohl stärkende als auch beruhigende Wirkung inne.

Herzfinger ↗ Ringfinger.

Hexen vermutete man im Wirbelwind, den sie erzeugt haben sollten. Man glaubte auch, Hexen und andere böse Geister würden häufig in Gestalt von Mücken auftreten. Frauen, die sich sträubten, mit Kümmel oder Koriander gewürztes Brot zu essen, galten als Hexen. Menschen mit buschigen Augenbrauen sagte man Beziehungen zu Hexen und Dämonen nach. Wer mit den Hexen schlief oder es fertigbrachte, einer etwas Blut abzuzapfen, war gegen ihren Zauber gefeit. Aber auch wer sie zuerst ansah oder ansprach, sollte von ihnen nicht behext werden können. Gefährlich ausgehen konnte eine Begegnung mit Hexen für denjenigen, der schmutzige Schuhe trug oder sich morgens die Hände nicht wusch. Stellte man einen Besen mit dem Stiel nach unten hinter die Tür oder hing ein Kleidungsstück hinter die Haustür, so war den Hexen der Eintritt verwehrt. An Stalltüren erfüllten eingelassene Ahornpfropfen diese Aufgabe. Man glaubte auch, die Hexen durch Lärm, zum Beispiel Peitschenknallen, vertreiben zu können. Salz oder Kamille bei sich zu tragen oder einen Specht zu verzehren, sollte vor Behexung schützen. Lindenbäume waren angeblich eine besonders gute Hexenabwehr, weshalb man um ein Haus Linden pflanzte, in den Häusern Lindenzweige anbrachte und Amulette aus Lindenbast trug. Um sich vor Hexenzauber zu schützen, zog man Strümpfe und Hemd verkehrt an, trug zweierlei Strümpfe und Schuhe oder stellte die Schuhe mit den Spitzen gegen das Bett. Ausgeblasene Eier und Sträuße von Palmkätzchen galten gleichfalls als Schutzmittel gegen Hexen. ↗ Inkubus, ↗ Hagel, ↗ Disteln, ↗ Lawinen, ↗ Milch, sowie ↗ Nachwort S. 283 und 289 f.

Hexensalbe rieben sich die Hexen angeblich unter die Achseln, um fliegen und sich in Tiere verwandeln zu können. Die Säfte giftiger Nachtschattengewächse wie Tollkirschen, Bilsenkraut, Stechapfel waren Bestandteile der Salbe und lösten vermutlich entsprechende Halluzinationen aus.

Hexenschuß Fasten am Christtag (24. Dezember) sollte vor Hexenschuß bewahren. Um sich von dieser »Behexung« zu befreien, legte man Knoblauch mit Essig und Lehm vermischt auf die schmerzende Stelle. ↗ Serpentin.

Hieb- und stichfest ↗ unverwundbar.

Himmelsbriefe ↗ Nachwort S. 273 und S. 283.

Hinken Sah man morgens als ersten einen Hinkenden, so galt das als schlechtes Vorzeichen für den ganzen Tag. ↗ Angang.

Hinrichtung Dem Hinzurichtenden wurden die Augen verbunden, weil sein Blick für die Anwesenden gefährlich sein sollte. Die Hinterlassenschaft von Hingerichteten galt als besonders glückbringend, teilweise auch als heilkräftig, ↗ Fett, ↗ Strick, ↗ Richtschwert, ↗ Spielglück, ↗ Kaufleute, ↗ Jagd, ↗ Muttermal. Nachwort S. 310.

Hirn Das Hirn des Ebers war ein wichtiger Bestandteil der Waffensalbe (↗ Waffen). Das Hirn von Eichhörnchen hat man in dem Glauben gegessen, dadurch Schwindelfreiheit zu erlangen. ↗ Wachteln.

Hirsch Ein Amulett mit einem Hirschauge sollte die männliche ↗ Geschlechtskraft verstärken, die Geschlechtsteile vom Hirsch gegen Impotenz helfen.

Hirsebrei Eine Mahlzeit aus Hirsebrei, vor allem an Neujahr und Fastnacht, sichere den Wohlstand:

Wer an Fastnacht Hirsebrei ißt,
dem wächst das Geld auf dem Mist.

Hirtentäschel sollte blutstillend wirken, wenn man es in der Hand hielt oder auf die Füße legte – unter Umständen genügte auch schon das bloße Ansehen der Pflanze. Um Kinder vor Erkrankungen zu schützen, gab man ihnen im Frühjahr drei der ersten Hirtentäschel zu essen.

Hochmut Einem Kind, dem das erste Kleid an einem Sonntag angezogen wurde, weissagte man Hochmut. ↗ Stolz.

Hochzeit Der Mai sei kein günstiger Monat zum Heiraten, sagte man, denn in dieser Zeit seien alle Esel verliebt. Ähnliches meint auch der Spruch:»Zwischen Ostern und Pfingsten heiraten die Unseligen.« Regional unterschiedlich gelten bestimmte Tage als Glücks- beziehungsweise Unglückstage für die beginnende Lebensgemeinschaft. Die Monatsersten des März, April, August, September und Dezember als Hochzeitstage zu wählen, brächte Unglück und Untreue in die Ehe, meinten die einen. Mittwoch und Freitag waren in manchen Landstrichen ebenfalls als Hochzeitstage verpönt, anderwärts wurden jedoch der Freitag wie der Dienstag bevorzugt. Man kannte eine Reihe von ↗ Unglückstagen, an denen nicht geheiratet werden sollte. Einer während der Hundstage (Ende Juli bis Ende August), sowie bei abnehmendem und Neumond geschlossenen Ehe sagte man Unheil, Armut und Kinderlosigkeit voraus. Als schlimmes Vorzeichen galt auch, wenn sich die Hunde vor einer Hochzeit bissen. Man sollte in der Zeit des zunehmenden Mondes heiraten, weil die Ehe dann ein Gewinn wird, sagte man. Glücklich sollte die Verbindung auch dann werden, wenn der Hochzeitskuchen schön aufging, der Brautschleier zufällig zerriß, der Kuckuck rief, und wenn man ein Geldstück im Schuh trug. Ein heiterer Himmel am Hochzeitstag ließ gleichfalls auf eine glückliche Ehe schließen, Regen dagegen bescherte einen trüben Ehehimmel mit Unglück, Unfrieden und Hieben für die Frau. Anderwärts waren Glück und Wohlstand dem Paar sicher, wenn es auf den Brautkranz regnete. Die Interpretationen reichen von Gewitter bei der Hochzeit auf Gewitter in der Ehe, bis zum Nebel, der auf ein mühseliges Leben in Zank und Unfrieden deutet. Den Ehefrieden glaubte man auch in Gefahr, wenn sich die Brautleute beim gegenseitigen Anstecken der Ringe auf die Finger sahen. Weiteres Unheil beschwor die Braut herauf, die sich auf dem Weg zum Altar umblickte. Mußte während der Trauung eines der Brautleute niesen, so bedeutete dies ebenfalls Unheil für die Ehe. Flog dem Hochzeitspaar schon während der Fahrt zur Trauung ein Taubenpaar über die Köpfe, so nahm man dies ebenfalls als schlimmes Vorzeichen. Sah dagegen das Brautpaar beim Verlassen der Kirche als erstes Tauben oder flogen solche oder Schwalben während des Hochzeitsmahles um das Haus, dann hat man eine glückliche Ehe vorausgesagt. Schon bei der Hochzeit versuchten die Brautleute die künftige Herrschaft zu jeweils ihren Gunsten zu entscheiden, indem jedes bei der Trauung die eigene Hand obenauf haben wollte und der Mann beim Knien den Rocksaum der Braut unter sein Knie zu zwängen versuchte (↗ Dill). Gelbe Blumen bei der Hochzeit brächten Unheil, war die landläufige Meinung, ebenso daß Geschenke aus Glas die Ehe zerschneiden würden und daß geschenkte Kaffeetassen Hiebe des Ehemannes nach sich zögen. Nach der Eheschließung sollte das Paar einen Rosmarinzweig in die Erde stecken: wurzelte dieser an, so glaubte man an eine glückliche Ehe. Sah die junge Frau nach der Hochzeit den ersten Vollmond im Freien, dann hätte sie ebenfalls Glück in ihrer Ehe, andernfalls wäre Unfrieden zu erwarten, nicht zuletzt, weil die Frau viel Geschirr zerbrechen würde. Die Eheringe durften nie erneuert und dem zuerst Verstorbenen mußte der Ring vom Finger gezogen werden, weil sonst der Ehepartner mit ins Grab gerissen würde.

Höcker Wer mit der Hand über einen Höcker strich, sollte Glück haben. Wollte man jedoch einen Höcker beseitigen, so mußte man ihn mit einer Salbe aus schwarzen Schnecken und Spitzwegerich bestreichen, der auf einem von Hochzeitszügen begangenen Kreuzweg gewachsen sein mußte. Im übrigen traute man den Buckligen allerlei Zauberkünste zu.

Hoffart Lange Augenbrauen seien ihr Zeichen, und der Sardonyx sollte seinem Träger helfen, die Hoffart zu überwinden. ↗ Hochmut, ↗ Stolz.

Hölle Man stellte sich die Hölle als ein gewaltiges Labyrinth von Räumen vor, in denen die vielen Sünder unentwegt und ewig in einer gewaltigen Feuershitze schmachten mußten. Dazu dachte man sich noch weitere Qualen und Martern der Verdammten aus.

Holunder Kranke sollten allein schon durch den Schlaf unter einem Holunder oder in dessen Schatten geheilt werden. Das erste Badewasser eines Neugeborenen schüttete man an einen

Holunder und glaubte, so zur Kräftigung des Kindes beizutragen. Vorbeugend gegen Fieber vergrub man Brot und Salz unter einem Holunder. Abführend sollte Holunderrinde wirken, wenn sie abwärts geschabt wurde, aufwärts vom Zweig geschabte Rinde führte angeblich zu Erbrechen. Dem Holunder schrieb der Volksglaube auch blitzabwehrende Kräfte zu, und zum Schutz gegen Feuer schnitt man an Silvester Holunderzweige, die, zu einem Reifen gebogen, im Haus aufgehängt wurden. Wie wichtig dieser Strauch für die Menschen war, zeigt die Warnung, daß denjenigen Unheil und Tod treffen werde, der einen Holunderbusch mutwillig beschädige.

Holz das während der ↗ Hundstage gefällt wurde, sollte nicht brennen. Zum Schnitzen eigne sich besonders das Holz von Bäumen, die im Spätherbst bei abnehmendem Mond gefällt wurden. Um nachteilige Wirkungen des Beredens guter Eigenschaften oder Ereignisse von vornherein auszuschalten, sollte man mit dem Finger dreimal auf Holz klopfen.

Holzwürmer sollten zur Heilung von ↗ Harnbeschwerden und ↗ Schwindsucht beitragen.

Homunkulus ↗ Nachwort S. 301.

Honig Wer von Honig träumte, für den sollten Vorstellungen wahr werden, auf die er vorher nicht zu hoffen gewagt hatte. Wer sich aber beim Honigessen seinen Mund und seine Hände nicht beschmierte, der sollte bald sterben. Strich man sich am Gründonnerstag Honig zwischen die Finger, glaubte man dadurch Krätze abwenden zu können. Und gegen Seitenstechen sollte das Auflegen eines mit Honig beschmierten Tabakblattes nützen. Ochsenblut, mit Wein und Honig gemischt, war ein alter germanischer Krafttrank. Am Gründonnerstag sollte man Honig essen, um sich gegen den Biß giftiger Tiere und toller Hunde zu schützen. Vergaß man am Gründonnerstag Honig zu essen, dann konnte es geschehen, daß man zum Esel wurde oder einem wenigstens Eselsohren wuchsen.

Hopfen Mit Salat aus Hopfensprossen wollten Frauen ihre Unfruchtbarkeit überwinden. ↗ Haarwuchs.

Horoskop Nach der Stellung der Gestirne zu bestimmten Zeiten eines Jahres glauben die Laien-Astrologen (↗ Sterndeutung), den Charakter und das Schicksal der in diesen jeweiligen Wochen Geborenen vorhersagen zu können. Die folgenden Angaben sind als Beispiele aus verschiedenen Horoskopen herausgegriffen:

22.12.–20.1. Steinbock: Ihm wird großer Ehrgeiz und viel Ausdauer beim planvollen Verfolgen weit gesteckter, höherer Ziele nachgerühmt. Er soll ruhig und überlegt handeln und oft politische Interessen haben. Für andere Menschen kann er sich schwer erwärmen, ist zurückhaltend, oft verschlossen und mißtrauisch. Urteilt hart und unnachsichtig, vergibt und vergißt nicht leicht. Innere und äußere Sauberkeit sind ihm wichtig. Denkt im wesentlichen materiell und stets sehr ichbezogen, mit Sinn für Geltung und Macht. Kann geistreich und philosophisch sein. Sucht häufig die Einsamkeit und gilt als tierliebend.
Beziehungen zwischen Mann und Frau: gut Stier und Jungfrau, nicht gut Waage und Widder.
21.1.–18.2. Wassermann: Er soll Begabung für jede Kunst haben, idealistisch und hilfsbereit sein, jedoch eigene Überzeugungen mit absoluter Konsequenz durchsetzen. Es sollen sehr oft eigenartige, aus dem Gewohnten herausfallende, ja exzentrische Menschen sein, die eigenwillig ihren persönlichen Geschmack bekunden und ihren individuellen Weg gehen. Oft erfüllt von revolutionärem Unabhängigkeitsstreben und sozialem Denken. Menschenliebe und treue Freundschaft wird ihnen nachgesagt.
Beziehungen zwischen Mann und Frau: gut Waage und Zwillinge, nicht gut Skorpion und Stier.
19.2.–20.3. Fische: Oft Träumer und Gedankenmenschen, die sich innerlich vereinsamt fühlen. Begabung für Kunst und Musik. Sehr gefühlvoll, oft gehemmt und anscheinend mit wenig Durchsetzungsvermögen, verstehen sie es vielfach doch, ihre Wünsche zur Geltung zu bringen. Diese Menschen gelten als leicht beeinflußbar, friedliebend, hilfsbereit, aber es sind doch auch tatkräftige und ichbetonte Persönlichkeiten darunter. Schönheitssinn und Freude an aller Harmonie soll für viele Enttäuschungen entschädigen.
Beziehungen zwischen Mann und Frau: gut Krebs und Skorpion, nicht gut Schütze und Zwillinge.
21.3.–20.4. Widder: Wille zur Tat und ihrer Verwirklichung. Gilt als stark ichbetont, stolz und treu. Durch Hindernisse zu doppel-

ter Kraftanstrengung getrieben. Oft einfache, rauhe aber lebensbejahende Menschen, die angeblich sehr reizbar und jähzornig sein können. Sie vertragen weder Zwang noch Bevormundung und schon gar keinen Widerspruch, sagt man. Aber es wird ihnen Organisationstalent zugeschrieben und sie sollen großzügig, ja ritterlich sein, Unrecht jedoch nicht leicht vergessen können. Diese Menschen überstürzen angeblich oft etwas und geraten mit ihren Mitmenschen nicht selten in Streit. Beziehungen zwischen Mann und Frau: gut Löwe und Schütze, nicht gut Steinbock und Krebs.

21.4.–20.5. Stier: Diese Menschen gelten als Praktiker, Realisten, in der Arbeit geduldig und ausdauernd. Sie sollen treue Freunde sein, aber kritisch, rechthaberisch und wenig kompromißbereit, mit viel Sinn für Geld und Gut. Auch eine starke Sinnlichkeit herrscht angeblich vor. Zwar gewissenhaft und gründlich, aber auch oft mißtrauisch, eifersüchtig und stark ichbezogen. Was nicht in das eigene Denkschema paßt, wird abgelehnt; daher sehr subjektive Urteile. Oft starkes Kunstinteresse bis zur Ausübung, besonders Musik. Beziehungen zwischen Mann und Frau: gut Jungfrau und Steinbock, nicht gut Löwe und Wassermann.

21.5.–21.6. Zwillinge: Ihnen sagt man vielseitige intellektuelle Begabungen nach, wobei sie als vorurteilslos und stets für Neues aufgeschlossen gelten. Daneben sollen sie kontaktfreudig, jedoch auch leicht beeinflußbar sein und sich mit vielen Dingen gleichzeitig beschäftigen. Es wird ihnen klarer Verstand, höfliches Wesen nachgesagt, aber sie sollen nicht immer verläßlich, sprunghaft und von Stimmungen abhängig sein. Der vorherrschende Intellekt verdrängt angeblich öfters Gemüt und Gefühlswerte. Gute Beobachter, witzig und kritisch, oft künstlerisch oder wissenschaftlich begabt. Beziehungen zwischen Mann und Frau: gut Waage und Wassermann, nicht gut Fische und Jungfrau.

22.6.–22.7. Krebs: Gefühle und Empfindungen sollen die Handlungen bestimmen, andererseits gelten diese Menschen aber auch als ehrgeizig, ausdauernd und zielstrebig. Da sie begeisterungsfähig seien, lieben sie Veränderungen und Abwechslung, sagt man, obgleich sie doch stark an Haus und Heim hängen. Idealistisch, zurückhaltend, leicht gekränkt, aber meist rasch versöhnt. Das Ichgefühl ist deutlich, aber niemals vorherrschend. Liebe und Zärtlichkeit sind wichtig.

Beziehungen zwischen Mann und Frau: gut Fische und Skorpion, nicht gut Waage und Widder.

23. 7.–23. 8. Löwe: Wille zur Tat und Autorität, der herrschen und organisieren möchte. Dabei selbstherrlich, stolz, mutig und großherzig, unter Umständen auch verschwenderisch. Dient angeblich gern großen Ideen, scheut dabei nicht Gewaltmittel, kann heftig und jähzornig sein. Die Gefühle sind leidenschaftlich. Man sagt diesen Menschen Neigung zum Wohlwollen, Sport und zu einer gewissen herrischen Bequemlichkeit nach. Der Drang zur Herrschaft über andere soll oft hart und unnachgiebig machen, aber bei der Verfolgung höherer Ziele seien diese Menschen auch zu eigenen Opfern bereit. Sinn für Kunst. Beziehungen zwischen Mann und Frau: gut Widder und Schütze, nicht gut Skorpion und Stier.

24. 8.–23. 9. Jungfrau: Angeblich realistische Menschen, stets lernbereit und an allem interessiert, dabei aber nüchtern, oft zu streng urteilend. Mit ihrer Verständigungsbereitschaft ordnen sich diese Menschen häufig unter, wo sie ihrer Begabung nach führen könnten. Sie machen oft einen allzu sorgfältigen, pedantischen und skeptischen Eindruck, sollen mit ihrem praktisch urteilenden Verstand jedoch nie den Boden der Tatsachen verlassen. Stets hilfsbereit. Trotzdem seien unter diesem Zeichen nicht nur gemütvolle, sondern auch gefühlsmäßig kalte Menschen zu finden. Beziehungen zwischen Mann und Frau: gut Stier und Steinbock, nicht gut Zwillinge und Schütze.

24. 9.–23. 10. Waage: Diesen Menschen schreibt man ein Verlangen nach absoluter Ordnung zu, sowohl innerlich wie auch für die Beziehungen zur Umwelt. Dabei Streben nach Gemeinschaft und Wunsch nach Zusammenarbeit. Freundlich, redegewandt, hilfsbereit. Kann sich angeblich rasch für etwas begeistern, springt aber unter Umständen ebenso rasch auf ein anderes Ziel über. Strebt oft eine Rolle in der Öffentlichkeit an. Meist künstlerisch begabt und aktiv tätig. Beziehungen zwischen Mann und Frau: gut Zwillinge und Wassermann, nicht gut Steinbock und Krebs.

24. 10.–22. 11. Skorpion: Sehr selbstbewußte Menschen mit großem Drang nach neuen Erkenntnissen und dem Willen, Neues zu schaffen, so sagt man. Dabei sehr gefühlsbetont und leidenschaftlich bis rücksichtslos. Verletzter Stolz kann angeblich Rachsucht, Grausamkeit und Bosheit provozieren. Wenig Anpassungsvermögen und der Wunsch, andere zu beherrschen, wird diesen Menschen nachgesagt. Dabei sollen die äußeren Härten oft ein weiches Gemüt überdecken, das empfindlich und leicht zu verletzen sei. Beziehungen zwischen Mann und Frau: gut Krebs und Fische, nicht gut Löwe und Wassermann. *23. 11.–21. 12. Schütze:* Angeblich leicht zu begeisternde Menschen, die daher stets aktiv und vielseitig tätig seien, sich leicht zersplittern und häufig unentschlossen sind. Man schreibt ihnen viel Sinn für Unabhängigkeit und Großmut zu, Geselligkeit, liebenswürdig und ohne Falsch. Sie sollen eine gewisse Herrschaft lieben, auch Pracht, und gerne Einfluß ausüben. Dabei hätten sie viel Mitleid und innere Anteilnahme für andere und würden mit ihrem lebhaften Temperament leicht Übertreibungen erliegen. Tierliebe und Reiselust. Beziehungen zwischen Mann und Frau: gut Löwe und Widder, nicht gut Fische und Jungfrau.

Hosenträger Hing der werdende Vater seine Hosenträger zum Fenster hinaus, so glaubte er, dadurch die Geburt eines Sohnes erreichen zu können.

Hostien ↗ Nachwort S. 285.

Hufeisen Gefundene Hufeisen gelten als glücksbringend und Unheil abwehrend. Man muß sie an die Haus- oder Stalltüre oder auf Schiffen an den Mast nageln – nach manchem Glauben ohne dabei zu sprechen. Das Hufeisen schützt vor Blitz und Feuer und bringt den Kaufleuten viele Kunden und guten Gewinn. Verschiedentlich legt man kleinen Kindern ein gefundenes Hufeisen in die Wiege, um Krankheiten und böse Geister abzuwehren.

Huflattich ↗ Lattich.

Hüftschmerzen glaubte man mit einem Nephrit bekämpfen zu können.

Hühner Um sie vor dem Fuchs zu schützen, schlug man drei Eichenpfähle in den Boden des Hühnerhofes – so weit die Rammschläge zu hören waren, sollte der Fuchs gebannt sein. ↗ Henne.

Hühneraugen seien abwendbar, so glaubte man, wenn man Zwiebeln von Herbstzeitlosen in Socken und Strümpfe steckte.

Zur Beseitigung von Hühneraugen kursierten viele Rezepte: Man stelle sich eine Weile auf einen Wacholderstrauß; auch das Bestreichen mit Ohrenschmalz und das Auflegen von Rettichscheiben in der Zeit des abnehmenden Mondes sollte helfen. Ein Einreiben mit Bohnenblättern sollte gleichfalls wirken, aber man mußte die Blätter dann unter einer Dachtraufe vergraben. Empfohlen wurde auch, barfuß in eine Regenpfütze zu treten, in der vorher Hühner gebadet hatten, dann die Strümpfe über die schmutzigen Füße zu ziehen und diese vierzehn Tage anzubehalten, ohne die Füße zu waschen. Daraufhin sollten die Hühneraugen verschwunden sein.

Hummel Um sie am Stechen zu hindern, brauche man nur den Atem anzuhalten – empfiehlt der Volksmund. Eine am Georgitag (23. April) gefangene und im Geldbeutel aufbewahrte Hummel garantiere eine ständig gefüllte Börse. Aber eine ins Haus geflogene Hummel brachte angeblich Unglück und Armut.»Der aus dem Leib purgierte (entfernte) Teufel erscheint als Hummel«, sagte man. Das Ausschwärmen der Hummeln sollte schönes Wetter anzeigen. Spielglück wollte man haben, wenn man einen Talisman aus Hummelwachs zusammen mit einem vierblättrigen Kleeblatt in einem Beutel aus Maulwurfshaut bei sich trug.

Hund Frißt der Hund Gras, so kommt schlechtes Wetter. Regen soll auch zu erwarten sein, wenn der Hund penetrant riecht. Frißt er Schnee oder wälzt er sich darin, so kommt Tauwetter. Läuft ein Hund allein unruhig auf der Straße hin und her, so gibt es an dieser Stelle bald Streit. Wem ein fremder Hund ungerufen nachläuft, der wird angeblich Glück haben. Das Rutschen auf dem Schwanz (»Schlittenfahren«) kündet Gäste an. Ein Hund im Traum bringt Verdruß. Epileptisch würde, wer auf einem Hund ritt, wurde behauptet. Hunde galten als blitzanziehend. Bestrich man die eigenen Augen mit Hundetränen, so erwartete man, Geister zu sehen. Das klägliche Bellen, Winseln und Heulen eines Hundes kündigt Unheil und Tod an, sagte man. Besonders die Kegler fürchten Pech, wenn sie Hundegeheul hören. Reckte der Hund seinen Kopf nach oben, so glaubte man, es würde bald brennen. Schüttete man vom eigenen Waschwasser dem Hund etwas in sein Fressen, dann sollte er scharf und wachsam werden, ebenso wenn man ihm an Weihnachten Knoblauch gab. Säuft ein Hund bei Flut vom Meerschaum, so wird er angeblich tollwütig. Um einen Hund an Haus und Herrn zu gewöhnen, legte man ein Haar von ihm in den eigenen Schuh oder gab ihm einige eigene Haare aus der Achselhöhle zwischen zwei Butterbroten zu fressen. Man sollte auch Kaffee durch einen Spüllumpen seihen, um einen neuen Hund ans Haus zu binden. Ein Hundegrab unter einem Obstbaum versprach reiche Ernte.

Hundebiß Schützen wollte man sich davor durch einen Diamant, den man stets bei sich trug, aber auch Salz und Brot in der Tasche oder eine Brotrinde im Mund würden helfen. Auch der Zahn eines schwarzen Hundes wurde empfohlen und ebenso Enzian, wenn er zwischen den Frauentagen Mariä Himmelfahrt (15. August) und Mariä Geburt (8. September) ausgegraben worden war. Vorbeugend sollte auch der Verzehr von Honig am Gründonnerstag wirken. Das Einknicken des Daumens sollte ebenfalls schützen, bei einem tollwütigen Hund sollte man sich allerdings in den Daumen beißen. Ein Hundebiß würde nur dann vollkommen heilen, so sagte man, wenn man auf die Wunde Haare von dem Hund auflegte, der gebissen hatte.

Hundstage galten allgemein als Unglückstage. Die in diesen Wochen, zwischen Ende Juli und Ende August, Geborenen sollten unglücklich werden, und eine während der Hundstage gefeierte Hochzeit sollte zu einer schlimmen Ehe führen. Das in dieser Zeit geschlagene Holz sollte sogar nicht brennen. Weder baden noch die Haare waschen durfte man sich in diesen Tagen, weil zu befürchten war, daß das Wasser vergiftet sei, oder man Geschwüre bekomme und ertrinke.

Hungersnot stand angeblich ins Haus, wenn am Himmel ein Komet gesehen wurde. Auch aus der Beobachtung und dem Verhalten von ↗ Mäusen und ↗ Vögeln schloß man auf nahende Hungersnöte. ↗ Teuerung.

Hure Wenn ein Bär beim Anblick eines Mädchens heftig brummte, so nahm man das als Zeichen, daß dieses eine heimliche Hure sei. Sah man am Morgen als erstes eine Hure, so sollte das für den ganzen Tag Glück bringen, und eine Hure am Neujahrsmorgen zu sehen, sollte das Glück für das ganze Jahr sichern (↗ Angang). Hurenkinder galten auch für glücklicher als eheliche und sollten ihren Paten Glück bringen. Andererseits wurde Huren der ↗ Böse Blick nachgesagt, der besonders den Neugeborenen gefährlich sein sollte. Uneheliche Kinder bekommen wieder solche, sagte man, und wer einen Spiegel zerbrach, mußte angeblich ein Hurenkind aufziehen. ↗ Nachwort S. 302.

Husten Wer an Weihnachten hustet, stirbt an der Schwindsucht, meinte der Volksmund. Wurde der Silvestergottesdienst durch vieles Husten gestört, so sollte das folgende Jahr unruhig werden. Heftige Hustenanfälle glaubte man erleichtern zu können, indem man den linken Arm herunterhängen ließ. Gegen Husten wurde das Einnehmen von zerkleinerten Haaren vom Rücken eines Esels empfohlen, ebenso das Einstreichen der Fußsohlen mit einer gebratenen Zwiebel. Helfen sollte gleichfalls gekochter Schafs-Unschlitt, mit »rauhem« Wein getrunken. Es wurde auch angeraten, bei Sonnenaufgang durch einen Brombeerstrauch zu kriechen oder zur Tür hinauszuspucken und ohne sich umzusehen zurückzugehen. Bei Kindern glaubte man Husten durch Umhängen eines Rabenfußes heilen zu können. ↗ Keuchhusten.

Hyazinth Diesem Edelstein hat man nachgerühmt, daß er seinen Trägern Kraft verleiht und Traurigkeit sowie Furcht vertreibt. Er sollte seinen Inhabern Schutz bei Reisen in fremde Länder gewähren. Als Amulett getragen, bewahrte der Hyazinth vor Schlangenbissen und der Pest. Unter den Mitmenschen sollte der Stein seinen Besitzern Zuneigung vermitteln und vor Gott Gnade erflehen. Gerieben und als Tinktur eingenommen glaubte man, Herz, Kopf und Gehirn damit zu stärken sowie sich vor Pest und anderen Krankheiten schützen zu können – sogar Krebsgeschwülste verschwänden durch seine Kraft. Schon im Altertum verwandte man den Hyazinth, wenn man einen Abortus erreichen wollte. Verschiedentlich gilt der Hyazinth als Monatsstein für die im Januar, aber auch für die im März Geborenen. Als Varietät des Zirkon wird er auch für den Dezember in Anspruch genommen.

Hysterie galt als ↗ Besessenheit, deren Dämon man mit angebrannten Rebhuhnfedern, angesengten Haaren oder anderen stinkenden Mitteln zu vertreiben suchte.

I

Immergrün Wer Immergrün bei sich trug, das zwischen den
Frauentagen Mariä Himmelfahrt (15. August) und Mariä Geburt
(8. September) gesammelt worden war, über den sollte der Teufel
keine Gewalt bekommen. Auch gegen böse Geister im Haus
schützte das zu dieser Zeit gesammelte Immergrün, wenn man es
über der Haustür aufhing. Dem Kräutlein schrieben unsere
Vorfahren große Kräfte gegen jeglichen bösen Zauber zu. Gab
man aber Immergrün ins Essen, so sollten sich die Eheleute
zerstreiten – in anderen Gegenden hat man jedoch das Gegenteil
vorausgesagt. Legte man Immergrün an Neujahr auf den Herd
oder auf eine heiße Ofenschaufel, so sollte es Glück bedeuten,
wenn die Blätter sich kräuselten; verbrannten sie aber, so kündete
das angeblich den Tod des Fragenden im kommenden Jahr an. In
der Silvesternacht legte man ein Immergrünblatt auf einen mit
Wasser gefüllten Teller: Blieb es in der folgenden Nacht grün, so
erwartete man im kommenden Jahr Gesundheit, Flecke sollten
jedoch Krankheit ankündigen und Schwärze den Tod. Trug ein
Kind eine Immergrünwurzel in einem Säckchen um den Hals, so
hieß das, daß man ihm aufmerksames Lernen und Klugheit
wünschte.

Impotenz ↗ Geschlechtskraft.

Infektionskrankheiten ↗ ansteckende Krankheiten, Grippe,
Pest.

Inkubus nannte man einen männlichen Geist, der als »teufel
die frawen reyt«. Der Glaube an den Inkubus und den weiblichen
Teufel, den Sukkubus, war im Altertum und Mittelalter unum-
stößlich und wurde beispielsweise vom heiligen Augustinus
ebenso gelehrt wie er im »Hexenhammer« von 1487 ernst genommen wurde. Den Umgang mit einem Inkubus legte man den
angeblichen Hexen oft zur Last, und er war nicht selten Anlaß für
ihre Verbrennung auf dem Scheiterhaufen.

Intelligenz sprach man Menschen zu, deren Kopfhaare vorn
strahlenförmig auseinanderwuchsen. Aber auch Menschen mit

zwei Haarwirbeln oder mit Haaren auf Zunge und Zähnen sollten klug sein. Leuten mit einer Adlernase hat man sogar Weisheit nachgesagt, und einem Kind, das vor der Taufe niesen mußte, prophezeite man Klugheit. Diese glaubte man einem Kind auch sichern zu können, wenn man ihm ein Säckchen mit einer Immergrünwurzel um den Hals hing. Erwachsenen riet man in diesem Fall, einen Amethyst zu tragen.

Iris ↗ Schwertlilie.

Irrlichter die man in sumpfigen Gegenden beobachten kann, galten als gutes Zeichen, wenn sie zur Linken des Beobachters aufleuchteten. Man glaubte sie durch Beten an sich zu ziehen und sie sich nutzbar zu machen, durch einen Fluch aber auch vertreiben zu können. Oft galten die Irrlichter als brennende Seelen von Verstorbenen. Ihr Erscheinen wurde vielfach als Ankündigung des Todes eines Verwandten gedeutet. Die Freundlichen erwarteten sich Hilfe von den Irrlichtern, aber die Unfreundlichen mußten fürchten, von ihnen in die Irre geführt zu werden. ↗ Geister.

Irrsinn Verrückt wurde man angeblich, wenn man einen Fischkopf aß. Wer angebissene Brotreste liegen ließ, die dann von einem Hund gefressen wurden, sollte den Verstand verlieren. Ebenso würde es auch Leuten ergehen, die sich Kleider auf dem Leib flicken ließen. Eine treulose Braut glaubte man in den Wahnsinn treiben zu können, indem man ein Haar von ihr um einen Palmzweig wickelte und beides ins Feuer warf. Aber schon im Altertum versuchte man, Wahnsinnige mit Hilfe von Lorbeer zu beruhigen. Dem Saphir schrieb man gleichfalls Wirkkräfte gegen Irrsinn zu, genauso wie dem Trunk aus einer Glocke. ↗ Tobsucht.

J

Jagd Wer am Sonntag jagte, sollte ewig als wilder Jäger weiterjagen müssen. Vom Amethyst glaubte man, daß er besonderes Jagdglück bringe, und die in der Neujahrsnacht gegossenen Kugeln sollten immer treffen. Um das Ziel auch im kommenden Jahr niemals zu verfehlen, stellte man sich an Weihnachten auf ein weißes Tuch und schoß in den Mond. Auch eine in den Büchsenschaft gesteckte Nadel, mit der vorher ein Toter eingenäht worden war, sollte absolute Treffsicherheit garantieren. Den gleichen Erfolg versprach man sich, wenn man die Kugeln mit Taubenblut oder die Büchse mit Tauben- oder Laubfroschblut bestrich. Unfehlbare Kugeln glaubte man auch aus einem Ring herstellen zu können, mit dem ein Verurteilter gehängt worden war. Stets das Ziel zu treffen wünschte man auch, wenn man getrocknetes Schwalbenblut oder die Asche eines Schwalbennestes unter das Schießpulver mischte. Der »Gamskugel« (unverdauliche Reste aus dem Magen einer Gemse) schrieb man ebenfalls vorzügliche Wirkung zu, sofern sie der Jäger bei sich trug. Und wälzt sich der Hund auf dem Weg zur Jagd, so sei seinem Herrn das Glück hold, sagt man.

Jähzorn Dazu sollten Menschen mit roten Haaren oder einem dicken Hals besonders neigen. Auch kurze, schnelle Schritte galten als Kennzeichen für jähzornige Menschen.

Januar Ein regenreicher oder schneefreier Januar düngt die Friedhöfe, sagte man und glaubte, daß dann besonders viele Frauen sterben müßten. Der Tod einer Wöchnerin im Januar verhieß, daß im gleichen Jahr noch sechs weitere im Dorf sterben werden. Und eine alte Bauernregel meinte: Nebel im Januar lassen ein nasses Frühjahr oder Reif im Mai erwarten.

Jaspis Der grüne Jaspis, als Amulett getragen, galt als magenstärkendes Mittel. Dem roten Jaspis wurde blutstillende Wirkung zugeschrieben, wenn man ihn in der Hand hielt. Oft wurde ihm auch die Kraft nachgesagt, Gespenster und böse Geister verscheuchen zu können. Er sollte aber auch die Jungfernschaft bewahren helfen. Vor allem sei der Jaspis den im März Geborenen zugetan, meinte man, aber verschiedentlich gilt er auch als Mai-Monatsstein.

Jauche sollte den Boden nur dann verbessern, wenn sie in der Zeit des abnehmenden Mondes ausgebracht wurde. Sah man im Frühjahr die erste Schwalbe, dann ließen sich Sommersprossen mit Jauche wegwaschen, wurde behauptet.

Johannisfeuer am Johannistag (24. Juni) oder am Vorabend. Das Überspringen des Feuers sollte Gesundheit für das jeweilige Jahr bringen, insbesondere vor Fieber, Koliken und Rückenschmerzen bewahren. Das Schauen ins Johannisfeuer diente der Stärkung der Augen, vor allem, wenn man durch Rittersporn oder Blumenkränze blickte.

Johanniskräuter Unter dieser Bezeichnung werden verschiedene, an Johannis (24. Juni) meist gelbblühende Kräuter zusammengefaßt: das Tüpfeljohanniskraut (Hartheu), Arnika, das gelbe Labkraut, Beifuß, Margerite und Fetthenne. Die Johanniskräuter sollten gegen allerlei Zauber von Hexen und Dämonen helfen, aber auch Abwehrkräfte gegen Liebeszauber, Blitz und Ermüdung besitzen (↗ verreisen).

Johannistag (24. Juni) Ursprünglich der germanische und deutsche Sonnwendtag. Er war nicht nur für das Sammeln der ↗ Heilpflanzen (↗ Kümmel und ↗ Arnika) bedeutungsvoll, sondern auch für die Erfüllung aller ↗ Wünsche. Vorbeugend gegen Fieber sollte man an diesem Tag gepflückte Heidelbeeren essen. Für die Abwehr von ↗ Koliken und ↗ Schlaganfällen war der Johannistag gleichfalls ein Merktag. Auch die Beseitigung der Sommersprossen mit Froschlaich mußte an diesem Tag geschehen. Rief der Kuckuck noch nach Johannis, so hielt man das für die Ankündigung einer schlechten Ernte. ↗ Johannisfeuer, ↗ Johanniskräuter.

Juli Regnet es am 13. Juli (Margarete), so wird es vierzehn Tage regnen.

Jungbrunnen Wer sich am Walpurgistag (1. Mai) in der Dorfpfütze wusch, glaubte jung und schön zu werden und zu bleiben. ↗ Alte Leute vermeinten wieder zu neuen Kräften zu kommen, wenn sie mit gesunden, sich gut entwickelnden Kindern schliefen. ↗ Leben, ↗ Männer und Nachwort S. 301.

Jungfrau Dem roten Jaspis wohnen angeblich Kräfte inne, die auf den Erhalt der Jungfernschaft positiv wirken. Den Jungfrauen schrieb man schon immer besondere Fähigkeiten zu: Berührte eine Jungfrau einen Epileptiker mit dem Daumen, so sollte er geheilt sein; vom Aussatz glaubte man sich durch das Blut einer Jungfrau befreien zu können. Geschlechtsverkehr mit einer Jungfrau gewann an Attraktivität wegen des Glaubens, dadurch von allen Geschlechtskrankheiten geheilt zu werden. Die Niederkunft einer schwer gebärenden Frau sollte leichter werden, wenn eine Jungfrau über sie hinwegschritt und dabei ihren ↗ Gürtel fallen ließ. Kranke Kinder genasen angeblich, wenn man einen von einer Jungfrau gesponnenen Garnstrang unter ihr Kopfkissen legte.

Um Wanzen loszuwerden, hat man drei davon in den Sarg einer Jungfrau gelegt, die sie mitnehmen sollte. Durch Proben wollte man die Jungfernschaft ermitteln können: Wenn ein Mädchen nicht mehr kitzlig war, sollte es keine Jungfrau mehr sein. Das gleiche nahm man an, wenn ein von einem Mädchen geschnittener Barbarazweig bis Weihnachten nicht blühte oder wenn ein Mädchen vergessen hatte, beim Tischdecken auch ein Salzfaß aufzustellen. Wenn ein Mädchen keine Jungfrau mehr war, sollte es angeblich beim Rauch von verbrennendem Efeu den Harn nicht halten können.

Jungfrauen würden auch von Bienen nicht gestochen und ein »Dorrosenkranz« (Alpenrosen) sollte auf dem Kopf einer Jungfrau verdorren, auf dem einer »Gefallenen« jedoch frisch bleiben. Schüttete man das Wasser, in dem das bei der ersten Menstruation getragene Hemd gewaschen worden war, auf einen Rosenstock, so bliebe das Mädchen stets gesund, blühe auf wie eine Rose und würde regelmäßig ihre Menstruation bekommen, meinte der Volksmund. Verschüttete ein Mädchen jedoch Bier, so warnte man, daß seine Jungfernschaft bedroht sei und wohl bald verlorengehen würde. Konnte aber eine Frau an Weihnachten einen Fischschwanz in zwei gleich große Hälften spalten, so sollte sie noch einmal Jungfrau werden. Dieser Wunsch konnte angeblich auch durch ein Bad im Morgentau erfüllt werden. Einem Mädchen, das in den Kaffee zuerst Milch und dann Zucker gab, erzählte man, sie würde eine alte Jungfer werden.

Zahlreich sind auch die Rezepte, mit deren Hilfe die Mädchen etwas über ihren künftigen Lebenspartner erfahren wollten. ↗ Apfel, ↗ Spiegel, ↗ Träume, ↗ Bett, ↗ Bleigießen, ↗ Erdrauch, ↗ Handrücken und ↗ Keuschheit.

K

Käfer Tauchen plötzlich viele schwarze Käfer in einem Haus auf, so stirbt ein Hausgenosse, wurde behauptet.

Kaffee Fällt ein Stück Brot oder Kuchen in die Kaffeetasse, dann sind Gäste zu erwarten. Wer kalten, schwarzen Kaffee trinkt, tut etwas für seine Schönheit. Derjenige, der beim Kaffeetrinken zuerst etwas vergießt, heiratet zuerst. Ein Mädchen, das in den Kaffee zuerst Milch und dann Zucker gibt, wird eine alte Jungfer. Schaum am Tassenrand verkünde angeblich den frühen Tod des Trinkenden und viel Kaffeesatz in der Tasse bedeute viele Tränen. Bei Schluckauf aß man eine Kaffeebohne – gegen Sodbrennen zerbiß und schluckte man eine ungerade Anzahl von Bohnen. Gegen Magenschmerzen nach dem Essen sollte eine Messerspitze gemahlenen Kaffees helfen. Bleichsucht wollte man durch den Genuß von Kaffeesatz beheben. Zur Überwindung des Heimwehs gab man eine Prise Erde vom heimatlichen Friedhof in den Kaffee und trank sie mit. Hunde und Katzen sollten sich an das Haus gewöhnen, wenn man Kaffee durch einen Spüllumpen seihte. Schnittlauch wuchs am besten, wenn er mit Kaffeesatz gedüngt wurde. ↗ Tasse.

Kahlköpfig sollte werden, wer am Karfreitag seine Haare anfaßte. Man sollte nachts nicht mit unbedecktem Kopf aus dem Haus gehen, weil sonst die Fledermäuse darauf pissen und man kahlköpfig wird, erzählten sich unsere Vorfahren. ↗ Glatze.

Kaiserschnitt Kinder, die mittels Kaiserschnittes zur Welt kamen, galten als »ungeboren«. Von ihnen sagte man, sie seien außerordentlich reich begabt und würden machtbewußte Menschen werden. Durch den Verzehr eines Hasen, der durch einen Kaiserschnitt zur Welt gekommen war, glaubten Frauen, die Unfruchtbarkeit beheben zu können.

Kälte Spinnt eine Hausspinne ihr Netz in Ofennähe, so stehen Kälte und Frost bevor, sagt man. Der Schrei des Spechtes kündigt ebenfalls Kälte und Schnee, aber überhaupt schlechtes Wetter an. ↗ Frost, ↗ Winter.

Kamille die man bei sich trägt, schütze vor Behexung, meinten viele (↗ riechen). Die Kamille mußte vor dem Johannistag (24. Juni) gesammelt werden, weil sie sich an diesem Tag angeblich in Hundskamille verwandelte.

Kaminkehrer gelten als Glücksboten, besonders morgens bei einer ersten Begegnung.

Kamm Mit einem neuen Kamm sollte man zuerst ein Tier – Hund, Katze – kämmen, damit er keinen Haarausfall verursache und den Kindern keine Läuse bringe. Auch wurde vor allzu häufigem Kämmen gewarnt, weil dadurch dem Körper zu viel Kraft entzogen würde, da die Haare als Sitz des Lebens und der Kraft des Menschen galten. Läßt man einen Kamm fallen oder träumt man von ihm, dann erwartet einen angeblich Ärger und Verdruß. Nahm man einen Kamm mit auf eine Reise, so sollte das Sicherheit geben. Eine entzündete Geschwulst wollte man mit Hilfe eines aufgelegten Kammes kühlen. Auf die gleiche Weise linderte man die entzündeten Brüste einer Wöchnerin, was aber auch durch Umhängen eines Elfenbeinkammes geschehen konnte. Der Wöchnerin wurde auch zum Schutz vor bösen Geistern ein Kamm ins Bett gelegt. Beim Abstillen war es ratsam, dem Kind neun Tage lang einen Kamm um den Hals zu hängen, um es vor Krankheit und Abmagern zu bewahren. ↗ Wiedergänger.

Kampf ↗ Sieg, ↗ unüberwindlich, unverwundbar, ↗ Richtschwert, ↗ Waffen.

Karfreitag Wer an diesem Tag Fleisch aß, sollte die Hände voller Warzen bekommen und den sollten die Mücken im Sommer übermäßig viel stechen. Dem Menschen, der am Karfreitag tagsüber Wasser trank, hat man für das ganze Jahr Durst prophezeit. Wer ein am Karfreitag gewaschenes oder ausgebessertes Kleidungsstück trug, dem hat man vorausgesagt, daß er ins Wasser fällt. Die am Karfreitag Geborenen würden eines gewaltsamen Todes sterben, wurde behauptet. An diesem Tag durfte man kein Tier töten, nicht einmal eine Fliege, wenn man nicht das ganze Jahr über von solchen Tieren übermäßig geplagt werden wollte. Wer aber am Karfreitag morgens nüchtern einen Apfel aß, sollte das ganze Jahr über keine Magenschmerzen bekommen.

Wie am Gründonnerstag so sollten auch am Karfreitag die auf nüchternen Magen gegessenen Brezeln dem Fieber vorbeugen. Befreiung vom Ausschlag erhoffte man sich durch ein Bad am Karfreitag vor Sonnenuntergang. Gegen Schlangenbiß glaubte man gefeit zu sein, wenn man an diesem Tag die Schuhe putzte. Das am Karfreitag gebackene Brot sollte selig machen. Hing man die Kleider am Karfreitag in die Sonne, so kämen keine Motten hinein, sagte man. Schnitt man beim Zwölf-Uhr-Schlagen einen Lindensproß und bereitete damit einem kleinen Kind den ersten Brei, so sollte das Kind nie von Zahnschmerzen geplagt werden. Maulwürfe konnte man angeblich vertreiben, wenn man am Karfreitag ihre Haufen zerstörte. Allem an diesem Tag Gesäten und Gepflanzten prophezeite man vorzügliches Gedeihen. Eine ärztliche Untersuchung an diesem Tag sollte sicherere Ergebnisse bringen als zu jeder anderen Zeit. Die Heilkraft vieler Wurzeln vermehrte sich noch, grub man sie am Karfreitag aus. Die Menschen, die an diesem Tag starben, sollten die Seligkeit erlangen. Auch ein Haus hätte das ganze Jahr über keinen Blitzschlag zu fürchten, wenn es am Karfreitag eine Leiche beherbergte, und das ganze Dorf sollte vor schweren Gewittern bewahrt bleiben, wenn am Karfreitag eine Beerdigung stattfand.

Karneol Diesem Stein sagte man stillende Wirkung bei Blutungen aller Art nach: Nasenbluten, Zahnfleischbluten, Blutungen der Frauen oder Wunden. Es wurde ihm auch blutauffrischende Wirkung zugeschrieben und man verwandte ihn pulverisiert gegen Eiterungen. Schon in der Antike glaubte man, daß der Karneol seinen Besitzer davor bewahre, sich im Zorn hinreißen zu lassen. Der Stein wurde deshalb am Hals, in einem Ring oder an einem Armband getragen, zumal ihm auch unterstellt wurde, er vertreibe die Furcht und bewahre vor bösem Zauber. Bei Schwangeren sollte der Stein, auf den Leib gebunden, die Frucht beschützen und eine leichte Geburt sichern. Verschiedentlich gilt der Karneol als Juli-, anderwärts als September-Monatsstein.

Karneval ↗ Fastnacht.

Kartenlegen Damit glaubt man, künftige Ereignisse und Schicksale ermitteln sowie rätselhafte vergangene Begebenheiten klären zu können. Die Voraussetzungen – Ausdeutung der verschiedenen Karten und der unterschiedlichen Legesysteme – sind jedoch zu umfangreich, um hier beschrieben werden zu können.

Kartenspielen Wer am Sonntag Karten spielte, sollte dazu ewig jeden Sonntag verurteilt sein. Der Karten Ausgebende hat sich das Herz einer Fledermaus mit einem roten Faden an den Arm gebunden, mit dem er auswarf, und glaubte, sich auf diese Weise selbst besonders günstige Karten sichern zu können. ↗ Spielglück.

Kartoffeln Wer allzuviele ißt, wird dumm, meint der Volksmund. Wenn man eine Kartoffel bei sich trug, glaubte man, vor Rheuma geschützt zu sein. Gegen Läuse sollte das Wasser gut sein, in dem die Kartoffeln gekocht worden waren. Keuchhusten versuchte man durch Einatmen des Dampfes von blauen Kartoffeln zu heilen.

Käse wurde all denen zu essen empfohlen, die Langeweile hatten – sie sollte dann vergehen. Schnitt am Tisch eine ledige Person Butter oder Käse an, so sollte sie noch lange nicht heiraten. Der Ziegenkäse galt als schädlich für Epileptiker. Eine Ehebrecherin glaubte man daran erkennen zu können, daß der von ihr zubereitete Käse nicht haltbar war.

Kastanien in der linken Tasche eines Kleidungsstückes sollten vom Träger rheumatische Krankheiten fernhalten. ↗ Roßkastanien.

Katarrh Dagegen wurde Hechtschmalz empfohlen. ↗ Schnupfen.

Katzen schrieb man, wenn sie einem bei Beginn eines neuen Vorhabens als erste begegneten, die Schuld für kommendes Unglück, Streit und Wetteränderung zu. Im Mittelalter galten Katzen als Hexentiere, die man zur Teufelsaustreibung und zur Abwehr von Unheil tötete, von Türmen warf, in offenem Feuer verbrannte, röstete und in Feldern und Bauten zur Abwehr von Schäden teilweise lebend eingrub (↗ Bauopfer). Heutzutage künden Katzen Besuch an, gelten als Wetterpropheten, zeigen aber auch – besonders ↗ schwarze Katzen – Glück und Unglück an, beispielsweise einen Todesfall im Haus. Bei Besuchsankündigung wird genau unterschieden: putzt sich eine Katze von vorne, kommt ein Mann; tut sie es von hinten, kommt eine alte Frau; leckt sie sich den Schwanz, wird es ein unsympathischer Besuch;

tut sie es am ganzen Körper, kratzt sich mit der Pfote hinter dem Ohr und streicht sich damit auch über die Nase, so ist angeblich ein willkommener Besucher zu erwarten. Katzengeheul kündet Streit an, vor allem in der Freitagnacht. Um eine gekaufte oder geschenkte Katze heimisch zu machen, sollte man ihr einige Haare abschneiden und unter einen Tischfuß legen oder Kaffee durch einen Spüllumpen seihen. Teile der Katze machen unverwundbar oder unsichtbar, wurde behauptet. In der Volksmedizin werden Kot, Harn, Fell, Asche und anderes gegen mancherlei Krankheiten angewandt. ↗ Freimaurer und ↗ Hauswurz.

Kaufleute glauben, viele Kunden und einen guten Gewinn zu erzielen, wenn sie ein gefundenes Hufeisen an ihre Haustür nageln. Ein Knochen eines Hingerichteten, den ein Kaufmann im Geldbeutel hatte, sollte ihm Glück bringen. ↗ Glückstage, ↗ Bilsenkraut.

Kaulquappen Ihre Zungen sollte man Verdächtigen eingeben, um sie zum Reden und zu einem Geständnis zu bringen.

Kegeln Die Kegler glaubten an ihr Glück, wenn sie sich ein Fledermausherz auf die Innenfläche der Wurfhand banden. Sie vergruben eine am Peter- und Paulstag (29. Juni) getötete Blindschleiche zusammen mit Erbsen. Hatten diese ausgetrieben und gefruchtet, so steckte man möglichst viele junge Erbsen in die Tasche, denn entsprechend viele Kegel glaubte man zu treffen. Hört ein Kegler jedoch einen Hund heulen, so glaubt er, beim Weiterspielen vom Pech verfolgt zu werden. Seinem Gegner meint man Mißerfolg aufbürden zu können, wenn man hinter ihm während des Wurfes Zigarrenasche ausstreut oder während seines Wurfes den rechten Daumen in die geschlossene Hand drückt. Der Wurf soll auch mißlingen, wenn ein junger Mensch über die Bahn läuft. Wird der »Schwede« (der vorderste Kegel) zuletzt aufgestellt, so trifft ihn der nächste Schütze nicht.

Kehren nach Sonnenuntergang und den Kehricht aus dem Haus bringen, bedeute, das Glück aus dem Haus tragen. ↗ Besen.

Kerze Ein Skandal stehe bevor, wenn eine ausgeblasene Kerze noch rauchte.

Keuchhusten auch häufig Blauhusten genannt, glaubte man durch Einatmen des Dampfes von blauen Kartoffeln oder durch Tragen eines gestohlenen blauen Bandes heilen zu können.

Keuschheit Keusche Mädchen und Burschen wurden, so glaubte man, von keiner Biene gestochen. Zur Probe legte man einem Mädchen Basilienkraut unter den Suppenteller: War es keusch, so würde es die Suppe nicht anrühren, wurde behauptet. Smaragde und Saphire sollten zerspringen, wenn man sie bei einer unkeuschen Handlung trug. Ein ↗ Gürtel symbolisierte bei Frauen die Keuschheit. ↗ Jungfrau.

Kibitz Wer beim ersten Ruf des Kibitz' im Jahr kein Geld in der Tasche hat, wird das ganze restliche Jahr zu wenig haben.

Kinder bei deren Geburt Schäfchenwolken am Himmel ziehen, sollen glücklich werden, und diejenigen, die als erste über einem neuen Taufstein getauft werden, erhielten die Gabe, Geister und die Vergangenheit anderer Menschen zu sehen. Bösen Geistern würde ein Kind ausgeliefert, dessen ↗ Name vor der Taufe genannt wurde. Man sollte an Kindern nicht Maß nehmen, weil sie sonst nicht mehr wachsen würden. Tat man es trotzdem, und zwar schon im ersten Lebensjahr, so war zu befürchten, daß das Kind recht unförmig werden würde. Man glaubt jedoch, bei Dreijährigen bereits ihre Größe als Erwachsene erkennen zu können, die genau doppelt sein soll.

Wenn ein Erwachsener ein Kind zwischen seinen Beinen durchkriechen läßt oder über ein Kind hinwegschreitet, so wächst es angeblich nicht mehr. Dieses Unheil wollte man rückgängig machen, indem man die Handlung wiederholte: das Kind nochmals zwischen den Beinen durchkroch oder der Erwachsene nochmals einen Schritt über das Kind machte. Man sollte auch Kindern nichts auf dem Leib flicken, weil sie sonst angeblich dumm werden, nichts lernen und ein schlechtes Gedächtnis bekommen. Um Kindern jedoch zu aufmerksamem Lernen und zu Klugheit zu verhelfen, hing man ihnen eine in ein Säckchen genähte Immergrünwurzel um den Hals. Verschiedentlich gab man kleinen Kindern Gewitterregenwasser zu trinken, weil sie dadurch leicht und frühzeitig sprechen lernen würden.

Vor allerlei Gefahren und Krankheiten versuchte man die Kinder mit einem Malachit zu schützen, den man ihnen um den Hals hing. Kinder, bei deren Geburt die Mutter eine Soldatenuniform oder ein schmutziges Hemd des Vaters trug, sollten ausnehmend stark werden. Aßen Kinder Walnüsse ohne Brot, so suchten die Mütter sie besorgt nach Läusen ab. Auffallend schön und tüchtig sollten Kinder werden, die während eines Regenbogens zur Welt kamen. ↗ alte Leute.

Kinderkrankheiten Dagegen half angeblich ein Hufeisen, das man mit den Nägeln in das Bett des erkrankten Kindes legte. Die gleiche Wirkung hatte ein von einer Jungfrau gesponnener Garnstrang unter dem Kopfkissen. Man hat erkrankte Kinder auch in Regenwasser gebadet, in das man vorher an drei Sonntagen hintereinander jeweils einen Pferdekopf getaucht hatte und hoffte, sie würden danach genesen. Heilend sollte auch eine Mistel wirken, die mit einem Pfeil drei oder vier Tage vor Neumond von einer Eiche geschossen worden war, wenn die Sonne im Sagittarius (Sternbild des Schützen) stand. Man glaubte einen Beitrag zur Gesundheit des Kindes zu leisten, wenn man Neugeborene in Wein badete oder wenn man den Kleinen im Frühjahr drei von den ersten Hirtentäscheln zu essen gab.

Kindersegen erhoffte sich die Braut, die bei der Hochzeit den Unterrock einer Frau trug, die viele Kinder bekommen hatte. Auch das Tragen eines Achats sollte der Frau Kindersegen bringen. Kinderlos blieben dagegen solche Ehen, die in der Zeit des Neumondes und des abnehmenden Mondes geschlossen worden waren. ↗ Empfängnis.

Kinn Ein spitzes Kinn sollte auf einen bösen Menschen schließen lassen, wie die unter ↗ »Haare« und ↗ »Nase« zitierten Zweizeiler zeigen. Hingegen soll ein rundes Kinn mit einem Grübchen in der Mitte, nach einer asiatischen Sentenz, einen gemütlichen Menschen mit sexuellen Leidenschaften offenbaren.

Kirchenglocken ↗ Glocken, ↗ Glockenläuten sowie ↗ Nachwort S. 285 und 291.

Kitzelig Angeblich waren Mädchen nur als Jungfrauen kitzelig.

Klee durfte man bei Ebbe nicht säen, weil man glaubte, die Kühe, die davon fressen, würden platzen. Vierblättrige Kleeblätter gelten als glückbringend und dienen als Liebeszauber; sie sollten ihre Besitzer sogar hellsichtig machen. Wer Mitternachts ein solches Kleeblatt fand, der konnte auf eine große Erbschaft hoffen. Ein vierteiliges Kleeblatt im Haus sollte vor Blitzschlag schützen. Aber fünf- und siebenteilige Kleeblätter gelten als Unheilsboten.

Kleider Hat man am Palmsonntag oder an Ostern, wenn die ganze Natur sich erneuert, ein neues Kleid an, so bringe dies Glück, glaubte man. Glück kehrt auch bei dem ein, dem in einem neuen Kleid etwas geschenkt wird. Steckt in einem neuen Kleid noch ein Heftfaden, so ist es noch nicht bezahlt. Wer ein neues Kleid anhat, den sollte man kneifen, um »den Schneider herauszuzwicken«. Hing man neue Kleider erstmals auf, so sollte es möglichst hoch sein, denn dann, so meint der Volksmund, wird man hochgeachtet. Zieht man morgens ein Kleidungsstück irrtümlich verkehrt an, so geht angeblich den ganzen Tag alles schief. Ließ man sich Kleider auf dem Leib flicken oder einen Knopf daran annähen, so lief man Gefahr, Seitenstechen zu bekommen oder sogar den Verstand zu verlieren. Nach anderer Meinung sollte in diesem Fall der Arzt bald etwas an einem flicken müssen. Wer Kleider anzog, die die Nacht über im Freien gehangen hatten, werde mondsüchtig. Ein Kind, dem das erste Kleid an einem Sonntag angezogen wird, sollte hochmütig werden. Die am Gründonnerstag oder Karfreitag gelüfteten Kleider blieben von Motten und Flöhen verschont, sagte man. ↗ Glückstage, ↗ Kranke, ↗ Ungeziefer.

Klette Von ihr und ihrer Wurzel versprach man sich Hilfe gegen Krämpfe und bei Augenleiden. Mit Hilfe einer Klettenwurzel, die man an Walpurgis (1. Mai), mittags zwölf Uhr, schweigend ausgegraben und im Haus ausgelegt hatte, versuchte man die Ratten zu vertreiben.

Klingen Bei einem an sich unerklärlichen metallischen oder gläsernen Klingen hat man oft an die Anwesenheit von Geistern oder verwunschenen Menschen geglaubt.

Klirren das anscheinend von einem Fenster, von Ketten oder ähnlichem kommt, im Grunde aber nicht zu erklären ist, galt als Todesvorzeichen oder als Bestätigung eines soeben eingetretenen Todesfalles.

Klopfen Um nachteilige Wirkungen des Beredens guter Eigenschaften oder Ereignisse zu vermeiden, soll man dreimal mit dem Finger auf Holz klopfen und dazu »unberufen« oder »toi, toi, toi« oder beides sagen. So will man das Bereden unwirksam machen. Man hat damit einen Abwehrzauber verbunden, einen Gegenzauber, weil nach verbreitetem Glauben auch die bösen Geister versucht haben, Menschen durch Klopfen in ihre Gewalt zu bekommen. Auch vor üblen Träumen wollte man sich schützen, indem man vor dem Zubettgehen an die Bettlade klopfte.

Klöße ↗ Knödel.

Klugheit ↗ Intelligenz.

Knaben Beim Hochzeitsmahl gab man der Braut nicht selten das Geschlechtsteil eines männlichen Kalbes oder Schweines auf einem Teller, weil man glaubte, daß sie daraufhin Knaben zur Welt bringen würde. Hinter dem Verzehr der Karfreitagseier stand der gleiche Wunsch. Auch aus der Zeugung bei Flut oder in einer Neumondnacht sollte ein Knabe entspringen. Stand die Schwangere mit dem rechten Fuß zuerst auf oder hatte sie ein fleckiges Gesicht, so machte man sich gleichfalls Hoffnung auf einen Knaben. Der werdende Vater hing seine Hosenträger zum Fenster hinaus und glaubte dadurch die Geburt eines Knaben erreichen zu können. Den Knaben durfte man vor dem siebten Lebensjahr die Haare nicht schneiden, weil sie sonst angeblich keinen Mut bekämen. ↗ Zeugung.

Knabenkraut muß man am Johannistag (24. Juni) mittags oder um Mitternacht vor Beginn des Johannistages ausgraben, ohne die Wurzeln mit den Händen zu berühren. Wer sie dann bei sich trägt, so glaubte man, hat immer Glück im Spiel und Geld im Beutel. Der Verzehr einer jungen, kräftigen Knolle des Gemeinen Knabenkrautes sollte Liebesverlangen wecken und die männliche Geschlechtskraft stärken – das Verspeisen einer ausgezehrten Knolle hingegen würde unfruchtbar machen, wurde gesagt. Nabelbruch könnte geheilt werden, so glaubte man, wenn der Pate des Patienten ein unberufen gefundenes Knabenkraut pflanzte. ↗ Nachwort S. 305.

Knarren, Knacken oder **Knistern** der Möbel, des Stubenbodens, der Treppe, der Tür, der Bettlade und anderer Gegenstände aus Holz, galt allgemein als böses Vorzeichen.

Knie Falten der Hände um ein oder beide Knie war seit alters eine Zaubergeste. In England sagt man: Wenn du dein Knie umarmst, fesselst du deinen ↗ Kummer.

Knoblauch sollte hieb- und stichfest machen, wenn man ihn bei sich trug. Wanderer steckten ihn ein, weil sie glaubten, dann gut gehen zu können. Vor Schlangenbiß sollte er schützen, wenn man ihn an Pauli Bekehrung (25. Januar) aß. Auch die Hebung der männlichen Potenz wird ihm zugeschrieben. Bei Gelbsucht und Hexenschuß sollte er heilend wirken und, in der Stube aufgehängt, alle Krankheiten an sich ziehen. Aber man erzählte sich auch, wenn zwei in einem Bett schlafen, von denen der eine Knoblauch ißt, so wird der andere nach und nach in Siechtum verfallen und sterben. Die Knoblauchblätter muß man in der Nacht vor Johannis (24. Juni) zusammenbinden, sonst zieht sich der Knoblauch in die Erde zurück.

Knochenbrüche selbst bei schwersten Stürzen glaubte man vermeiden zu können, wenn man eine an Neujahr geschenkte Muskatnuß stets bei sich trug. Man glaubte zu wissen, daß gebrochene Knochen schneller und besser heilen würden, wenn man sie mit einem gesottenen Speckstück umwickelte.

Knödel, Klöße am Weihnachtsabend gegessen, sollten Gesundheit und Wohlstand sichern sowie Kopfschmerzen abwenden.

Knopf Reißt ein Knopf am frühen Morgen, so bringt der Tag Unglück, sagt man. Auch der angeblich Unverwundbare (Kugelfeste) sollte mit einem silbernen Knopf getötet werden können, ebenso wie mit einer gläsernen Kugel. Handelte es sich um einen geerbten silbernen Knopf, so sollte es sogar schon genügen, ihn in der Tasche zu tragen und einen Unverwundbaren töten zu wollen, um das Ziel zu erreichen. Reißt einem Burschen der Hosenknopf ab, so glaubt er, daß die Liebste an ihn denkt. ↗ Kleider.

Kochen Während des Kochens soll nichts aus den Töpfen

genommen werden, sonst wird das Essen nicht gar. ↗ Suppe.

Köchin Wenn die Köchin die Suppe versalzt, ist sie verliebt, läßt sie aber Grütze anbrennen, so wird sie bald Braut. Mußte die Köchin ein Gericht nachkochen, das sie schon vom Herd genommen hatte, so standen ihr angeblich Schläge bevor.

Kohl Vergräbt man am Katharinentag (25. November) welke Kohlblätter, die mit Wolle umwickelt sind, so erhält man neuen und besseren Kohlsamen.

Kolik Dagegen sollte vorbeugend ein Messer mit weißem Heft helfen, das man bei sich trug. Als Medikament gegen Koliken wurde Saft aus Pferdemist, vermischt mit Branntwein und mit einer Laus gewürzt, empfohlen. Helfen sollte auch der Genuß von Walnüssen, die allerdings an Johanni (24. Juni) oder an Jakobi (25. Juli) geerntet sein mußten. Geraten wurde ferner, mit dem Daumen um den Nabel zu kreisen oder den rechten Daumen auf den gleichen des Leidenden zu halten. Schließlich sollte auch das Einnehmen von Sperlingskot Erleichterung bringen.

Komet Das Erscheinen eines Kometen kündete angeblich Krieg, Pest und Hungersnot an. Noch 1977 äußerten zwei britische Wissenschaftler, daß Grippe- und andere Epidemien außerirdischen Ursprung haben und durch Kometen auf die Erde übertragen werden können. Früher wurden Kometen auch in Verbindung mit Strafgerichten Gottes gebracht. Schützen sollte davor zum Beispiel Fasten und mittägliches Glockenläuten.

Königskerze Die Wurzel einer Königskerze sollte vor Schlaganfällen schützen, wenn sie in der Johannisnacht (24. Juni) um zwölf Uhr ausgegraben, in Leinwand genäht und auf der Haut getragen wurde. Wuchs eine Königskerze auf einem Grab, so sagte man, der Tote leide im Fegefeuer.

Kopfkissen Eine schlaflose Nacht glaubte man demjenigen bereiten zu können, dessen Kopfkissen man an den vier Ecken einschlug. Hühnerfedern im Kopfkissen sollten einen unguten Tod bringen, im Gegensatz zu einer Strohfüllung. Man glaubte jedoch, dem Sterbenden das Ende erleichtern zu können, wenn man ihm das Kopfkissen wegnahm, so daß er völlig flach lag. ↗ Schlaf.

126

Kopfschmerzen Davor sollte bewahrt bleiben, wer am Weihnachtsabend Knödel, Klöße aß. Hingegen sollte denjenigen der Kopf schmerzen, der am Mittwoch ein neues Kleidungsstück anzog oder im Schatten eines Walnußbaumes schlief. Morgens, auf nüchternen Magen, rohes Sauerkraut zu essen, vertrieb angeblich die Kopfschmerzen. Auch das Einreiben mit Rabenhirn oder ein Wassertrunk aus der Dachtraufe sollten helfen. Wasser aus einem Serpentinbecher getrunken wurde als »todsicheres« Mittel angepriesen. Um von Kopfschmerzen frei zu werden, sollte man auch einen Kranz Gundermann mit einer ungeraden Anzahl von Blättern auf dem Kopf tragen oder eine weiße Zwiebel unter einer Mütze. Schließlich hieß es noch, Zähne von Toten, die man in der Tasche bei sich trug, wären ein probates Mittel. Allerdings durfte man sie auf keinen Fall mit bloßen Händen anfassen. Und auch der Asche aus der Wolle, die den Widdern zwischen den Hörnern wächst, hat man Heilkraft bei Kopfschmerzen zugeschrieben.

Korallen Mit roten Korallen um den Hals glaubte man alle Melancholie verscheuchen zu können.

Koriander Sträubte sich eine Frau, ein mit Koriander gewürztes Brot zu essen, so galt sie als Hexe. Eine Niederkunft sollte erleichtert und beschleunigt werden, wenn sich eine Jungfrau elf oder dreizehn Korianderkörner in einem reinen Leinensäckchen an einen Schenkel band.

Korn ↗ Getreide.

Kornblume Eine am Fronleichnamstag mit der Wurzel ausgegrabene Kornblume sollte das Nasenbluten stillen, »wenn man sie in der hohlen Hand so lange an die Nase hält, bis sie erwärmt ist«. Strich man sich mit der ersten Kornblume, die man im Jahr gefunden hat, über die Augen, so glaubte man, diese zu stärken und vor Erkrankungen zu bewahren.

Kot sollte zauberische wie auch heilende Wirkung – durch Reaktivierung der enthaltenen Lebensstoffe – haben. So hat man Schweinekot sowohl gegen Bienenstiche wie auch gegen Syphilis empfohlen. Der Kot der Sperlinge sollte gegen Koliken, Veitstanz und Zahnschmerzen gut sein. Den warmen Kot eines Gänserichs wendete man zur Heilung von Geschlechtskrankheiten an, und zufällig gefundener weißer Hundekot sollte Geschwülste auflösen können. ↗ Pferdemist.

Kraft und Stärke wollte man einem Kind geben, indem man es nach der Geburt auf die Erde legte, auch auf den Stubenboden, damit die Erdkraft auf das junge Leben überströme. Auch mit Hilfe des ↗ Holunders glaubte man dem Kind Kraft vermitteln zu können. Wer Späne eines vom Blitz getroffenen Baumes oder einen ↗ Donnerkeil bei sich trug, glaubte gleichfalls an Kraft zuzunehmen. Trank jemand aus dem Horn eines Tieres, so hoffte dieser Mensch, überirdische Kräfte zu erlangen. Das Tragen verschiedener Edel- und Halbedelsteine sollte nicht nur Kraft verleihen, sondern sogar unüberwindlich machen. ↗ Stärke, ↗ Haare.

Krähen Ließ sich eine Krähe auf einem Dach nieder, so glaubte man, daß in dem Haus jemand sterben müsse. Wer in Frühjahrsnächten eine Krähe hörte, sollte wunde Füße bekommen. Von einem Amulett mit Krähenaugen sollte heilkräftige Wirkung für alle Augenkrankheiten ausgehen. Schmerzen im Handgelenk wollte man kurieren, indem man mit dem Ende eines Wollfadens einen sogenannten Krähenfuß formte und ihn abends vor dem Schlafengehen um das Gelenk band. ↗ Reisen, ↗ Augenbrauen.

Krämpfe Zum Schutz vor Krämpfen wurden geröstete und pulverisierte Wacholderbeeren empfohlen, die man in einem Säckchen mit sich führen mußte. Angeraten wurde auch geschabtes, vererbtes Silber oder Pulver von Totenknochen, das bei abnehmendem Mond gegessen werden sollte. Kinder glaubte man durch Umhängen einer Klettenwurzel schützen zu können (↗ Ziegenbock).
Ansonsten legte man eine Klette auch unters Bett. Helfen sollte auch die Wurzel einer gelben Schwertlilie, die man an einem Mittwoch vor Sonnenaufgang in der Stunde des Saturn aus der Erde gezogen und an einem Sonntag bei Sonnenaufgang mit gleich viel weißem Achat in roten Samt genäht hatte. Dieses Säckchen hing sich der Kranke um den Hals. Gefeit gegen Krämpfe, vor allem an Händen und Füßen, wäre man auch durch das Mitführen eines Stückes Stangenschwefel (↗ Schwefel). Zur Vorbeugung bei Wadenkrämpfen legte man einen Birkenbesen

ins Bett. Krampflösend sollte auch ein Totenhemd wirken, das man um den befallenen Körperteil wickelte.

Kranke so erzählte man sich, könnten allein durch Schlafen unter einem Holunder oder in dessen Schatten geheilt werden. Schlaf brächte ihnen der Verzehr von Widderhirn. Wer allerdings an einem ↗ Sonntag krank wird, werde nicht so schnell wieder gesund, glaubte man. Die Schmerzen der Kranken lindere der Gesang einer Nachtigall, der auch ihre Genesung fördern sollte. Um das Schicksal eines Schwerkranken zu ergründen, wischte man ihm den Schweiß mit einem Stück Brot von der Stirn; fraß ein Hund das Brot, so glaubte man an die Genesung des Kranken, andernfalls erwartete man seinen Tod. Man glaubte auch, daß ein Smaragd zerspringen würde, wenn man ihn auf das Herz eines todgeweihten Kranken legte. Eine alte Volksweisheit wußte zu berichten, daß Kranke, die weinen, nicht so schnell sterben. Sie durften jedoch in keinen Spiegel blicken, wenn sie ihre Leiden nicht verschlimmern wollten. Die von Kranken getragenen Kleidungsstücke vergrub man verschiedentlich in dem Glauben, dadurch auch die Krankheit vergraben und vertilgen zu können. ↗ Wunden, ↗ Donnerstag.

Krankenhaus Als Kranker oder Geheilter soll man aus dem Krankenhaus keine Blumen oder ähnliches mitnehmen, weil man sonst bald wieder zurückkommt, sagt man. ↗ Operationen, ↗ Arzt.

Krankheiten aller Art sollte ein Diamant oder ein Amulett aus Muscheln von ihren Trägern abwehren können, glaubte man. Auch gesegnetem Gundermann im Haus hat man Abwehrkräfte gegen vielerlei Krankheiten zugeschrieben. Man glaubte aber auch, Krankheiten mit Peitschenhieben vertreiben zu können, und einem aus dem Myrtenkranz einer Braut gekochten Tee hat man vielfältige Wirkkräfte nachgerühmt. Viel Heilkraft vermutete man in den Hemden starker Menschen, die deshalb von den Genesenden getragen werden sollten. Zur Behandlung verschiedener Krankheiten wurden Haare aus der rechten Augenbraue und Krähenblut verwendet. ↗ Kreuzweg.

Sehr verbreitet war der Glaube, man könne Krankheiten auf Tiere, Pflanzen oder Steine übertragen. Einen Stein sollte man zum Beispiel auf eine kranke Körperstelle legen oder damit über die kranke Körperpartie streichen oder sie umkreisen. Um die auf den Stein übertragene Krankheit unschädlich zu machen, warf man ihn in einen Bach; anderswo legte man ihn unter die Dachtraufe oder übergoß ihn mit einem Kübel Wasser. Auch das Anspucken sollte die Krankheit von dem Stein tilgen. Da das Niesen angeblich ebenfalls Krankheiten ableitet, hat man es gerne mittels Niespulver hervorgerufen. Ferner war man überzeugt, man könne eine Krankheit mit Hilfe von Salz und Brot, das man in ein fließendes Gewässer warf, fortschwemmen (↗ Mühlenwasser, ↗ Wasser). Von schwarzen Schnecken gewann man ein Öl, das angeblich alle körperlichen Schäden heilen konnte. Als universale Heilmittel galten auch die Schafgarbe, Maikäfer in Butter gebacken sowie die Myrte aus dem Brautkranz. Tauben ziehen Krankheiten an sich, behauptete man. ↗ Kugeln, ↗ Brombeeren, ↗ Wunden.

Krätze Sie sollte man nicht bekommen, wenn man sich am Gründonnerstag Honig zwischen die Finger schmierte. Krätze, so meinte man, sei durch Waschungen mit Wasser, in dem ein glühendes Stück Eisen gelöscht worden war, zu heilen. Der von Krätze Befallene sollte sein Badewasser vor Sonnenaufgang auf den Friedhof gießen, um von dem Übel befreit zu werden.

Kräutern die am Himmelfahrtstag (40. Tag nach Ostern) vor Sonnenaufgang nüchtern und schweigend gesammelt worden sind, hat man große Heilkräfte zugeschrieben. Ein Rubin sollte seine Träger vor ungenießbaren Kräutern bewahren. ↗ Heilpflanzen.

Krebs Dagegen sollte die Asche eines verbrannten Wiesels schützen. Empfohlen wurde auch, Eselsmilch und Salz zu einem Pulver zu brennen, mit flüssigem Fuchsschmalz zu vermischen und einzunehmen. Das auf eine Krebsgeschwulst gelegte Sperlingsfleisch sollte ebenso helfen, wie der Saphir gegen Gesichtskrebs und der eigene Harn gegen Magenkrebs gut sein sollten. Auch den Hyazinth zählte man zu den Heilmitteln, und bei Gebärmutterkrebs sollte die Erkrankte vor Sonnenaufgang Brennesselsamen in die vier Himmelsrichtungen streuen, um wieder gesund zu werden. ↗ Geschwülste.

Kreis Ebenso wie beim ↗ Ring soll das im Kreis Befindliche geschützt und das von außen Kommende abgewehrt werden. So wollte man ein Dorf vor der Pest schützen, indem man mit einem Pflug einen Kreis herumzog. Ging man mit einem Palmbusch (↗ Palmsonntag) dreimal um Haus und Hof, so glaubte man, daß weder Fuchs noch Habicht etwas daraus stehlen könnten. Umgekehrt wollte man sich vor einer Schlange schützen, wenn man mit einer Haselgerte einen Kreis um sie bezeichnete, sie einkreiste. Koliken, Frostbeulen und dergleichen mehr glaubte man ebenfalls durch Umkreisen heilen zu können. Ein magischer Kreis in der ↗ Silvesternacht sollte es ermöglichen, die Zukunft zu sehen. ↗ Nachwort S. 294f.

Kreislauf ↗ Gold.

Kreuzottern sollten ungefährlich werden, wenn man ihnen ein Haselnußblatt vorwarf. ↗ Haselgerten, ↗ Schlangen.

Kreuzschmerzen Wer am Gründonnerstag vor Sonnenaufgang ein gestoßenes Gänseei oder das Ei einer schwarzen Henne aß, wollte gegen Kreuzschmerzen vorbeugen. Auch der Tanz um das Johannisfeuer (24. Juni) sollte vor solchen Schmerzen schützen, und empfohlen wurde ferner, sich im Frühling beim ersten Donner entweder mit dem Rücken gegen einen Baum zu stemmen oder sich dreimal rücklings auf die Erde zu werfen und den Rücken auf ihr zu reiben. Abwehrend sollte auch wirken, wenn man das Gehörknöchelchen eines Schweines ständig bei sich trug oder einen Gürtel aus dem sogenannten Gürtlerkraut, dem gemeinen Beifuß. Heilung versprach sich der, der eine Eberwurz umhing oder ein »Jungfernkind« in sein Kreuz treten ließ.

Kreuzweg Sich kreuzende oder sich gabelnde Wege galten vielfach als Aufenthaltsorte von Geistern, Hexen und anderen Wesen. Deshalb wurden hier Beschwörungen, Zauber und auch Krankheitsheilungen bevorzugt vorgenommen. Obgleich dieser Glaube von der Kirche bekämpft wurde, hat man gerade die ↗ Christnacht und die ↗ Osternacht mit den Kreuzwegen in Verbindung gebracht. Oft waren diese Wegkreuzungen Gerichts- und Hinrichtungsstätten. ↗ Höcker.

Krieg befürchtete man, wenn eine größere Anzahl von Elstern auftauchte. Auch das Erscheinen eines Kometen sollte Krieg ankündigen, und viele Schmeißfliegen oder Feldmäuse im Sommer zeigten für das kommende Jahr Krieg und Teuerung an. Kämpften zwei Raben in der Luft miteinander, so hat man dies auch für das Vorzeichen eines Krieges gehalten. Und ein starkes Morgenrot am Neujahrstag galt den Menschen gleichfalls als Zeichen eines kommenden Krieges. ↗ Christnacht, ↗ Mantel, ↗ Waffen, ↗ unüberwindlich.

Kriegsdienst ↗ Militärdienst.

Kristall Seit der Antike glaubte man, aus einem »Kristall« die Zukunft erkennen zu können. Als »Kristalle« dienten glänzende, reflektierende oder durchscheinende Gegenstände. Man mußte den spiegelnden »Kristall« so lange anstarren, bis man glaubte, die erwartete Zukunftsvision zu sehen. ↗ Bergkristall.

Kropf Vorbeugend sollte die Asche eines verbrannten Wiesels gegen Kropf wirken. Wer allerdings lange den Mond betrachtet, würde einen bekommen, sagte man. Loswerden wollte man den Kropf mit vielerlei Mitteln: durch Trinken von Rettichsaft, mittels einer Salbe aus gebranntem Pferdehuf und Öl, durch allabendliches Einreiben mit Speichel, durch Verzehren der Asche einer verbrannten Totenbahre und auch mit Hilfe einer Wurzel der Schwertlilie, die man mit der linken Hand aus der Erde ziehen und dazu sagen mußte, für wen sie bestimmt ist. Von einem schwarzen Samtband, das man zunächst über den Hals einer Leiche ziehen und sich dann um den eigenen Hals binden mußte, versprach man sich ebenfalls Abhilfe. ↗ Lärche, ↗ Fünffingerkraut.

Kröten galten im allgemeinen als giftig. In den Frauendreißigern (15. August bis 8. September) hielt man sie aber für ungiftig, fing und tötete sie, weil man glaubte, ihre Kadaver würden dann alles Gift an sich ziehen. Verbrannte und pulverisierte Kröten sollten gegen allerlei Krankheiten gut sein.

Kuckuck Er gilt vielfach als Frühlingsbote und war für die Germanen ein Göttervogel. Hört man ihn im Frühjahr erstmals, so kündet die Zahl seiner Rufe die Anzahl der Jahre, die man noch zu leben hat:

Kuckuck, sag mir doch
wieviel Jahre leb ich noch?

Hat man während des Kuckucksrufes kein Geld in der Tasche, so wird es das ganze restliche Jahr daran mangeln – hat man aber welches, so wird es auch weiterhin daran nicht fehlen. Verspürt man in dem Augenblick des Kuckucksrufes Hunger, so verhält es sich wie mit dem Geld. Mädchen und Burschen wollen durch die Kuckucksrufe erfahren, wieviele Jahre oder Monate sie noch ledig bleiben. Frauen glauben aus der Anzahl der Kuckucksrufe zu hören, wieviele Kinder sie noch bekommen werden. Rief der Kuckuck nach Johannis (24. Juni), so erwartete man schlechte Ernten, ebenso wenn er den Häusern nahe kam. Man glaubte überhaupt an künftiges Unheil, wenn der Kuckuck ins Dorf flog. Klang der Kuckucksruf von Osten her, so bedeutet es Glück, von Westen dagegen Unglück. Ruft er während einer Hochzeit, so wird die Ehe glücklich. Um Sommersprossen loszuwerden, sollte man beim ersten Kuckucksruf im Frühjahr das Gesicht in einem Teich waschen und dazu den gleichfalls gesprenkelten Kuckuck ansprechen:

> Kuckuck, ich höre dich rufen,
> Abwasche mir meine Sprussen,
> Daß sie bei dir besteh'n
> und mir ganz schnell vergeh'n

Der Kuckuck galt den einen als ein überirdisches Wesen und den anderen als Verkörperung des Teufels. Teilweise wurde er als Gegenpol des Adlers angesehen und symbolisierte dann das Minderwertige.

Kugelfest ↗ unverwundbar.

Kugeln Eine in einem Ameisenhaufen gefundene schwarze Kugel bringe dem Finder die Zuneigung einer geliebten Person, wurde behauptet. Darüber hinaus schütze diese Kugel auch vor Fieber und Krankheiten und mache gesund und stark. Man sollte sie einem Kind umhängen, weil sie angeblich auch das Zahnen erleichtere. Benutzte Gewehrkugeln, vor allem aus geschossenem Wild herausgeschnittene, wurden als Pillen gegen Darmkrankheiten verwendet. Breitgeschlagene dienten zum Auflegen gegen Überbeine, Rotlauf, Nasenbluten und Zahnschmerz.

Kuh ↗ Milch, ↗ Strick, ↗ Klee.

Kümmel Sträubte sich eine Frau, ein mit Kümmel gewürztes Brot zu essen, so galt sie als Hexe. Andererseits hielt man Kümmel für ein Schutzmittel gegen Behexung und Zauberei, weshalb man dieses Gewürz Kindern, Brautleuten und Toten mitgegeben hat. Als Heilmittel, vor allem bei Bauchschmerzen, sollte der Kümmel besonders wirksam sein. Er mußte allerdings an Johannis (24. Juni), vor Sonnenaufgang oder während des Zwölf-Uhr-Läutens, gesammelt werden.

Kummer glaubte man abwenden zu können, wenn man die Hände um ein oder beide ↗ Knie faltete.

Kürbis muß am Tag vor Himmelfahrt (40. Tag nach Ostern) während des abendlichen Ankündigungsläutens für das Fest gesät werden, dann erhält man angeblich große Früchte.

L

Lachen Wer bei Tisch in sein Glas lacht, bleibt ledig, sagte man. Aber man vertraute auch darauf, daß der einen Bann brechen könne, der ungehemmt, mutig und laut darüber lachte. So sollten sich Geber und Empfänger beim Schenken von Nadeln gegenseitig anlachen, um das drohende Unheil abzuwenden. Und wenn eine Frau für die Wäsche schönes Wetter wünschte, empfahl man ihr, in eine Männer-Unterhose hineinzulachen. Auch bei der Aussaat von Petersilie sollte man lachen. Wenn man aber Tränen lacht, gibt es Streit, wurde behauptet, und bestimmt nicht lachen durfte man, wenn eine Biene stach, weil man nur so verhindern konnte, daß der Stachel zurückblieb.

Lähmung sollte eine Strafe Gottes für einen Meineid sein. Durch Einreiben mit dem Fett eines Reihers glaubte man Lähmungen beheben zu können. ↗ Arm, ↗ Durchkriechen.

Langeweile Auch dagegen gab es ein Mittel: Käse essen.

Lapislazuli sollte gut gegen Melancholie und Ohnmachten sein – pulverisiert eingenommen erwartete man sich fiebersenkende Wirkung. Außerdem gehörten zu seinen Eigenschaften beruhigende, herzstärkende Kräfte. Pulverisiert hat man ihn auf Warzen gestreut, die daraufhin verschwinden sollten. Man hing ihn auch kleinen Kindern um und glaubte, er könne sie von ihren Ängsten befreien.

Lärche Das rötliche Lärchenholz schütze vor Feuer und Blitzschlag, hieß es, und bei Kropf wurde empfohlen, in der Neumondzeit nachts einer jungen Lärche ringsum die Rinde abzubeißen. Ging der Baum ein, so sollte auch der Kropf verschwinden. Als Abortivmittel wurden Lärchennadeln in Wasser, mit dem ein Schleifstein angefeuchtet worden war, gesotten, und der Absud getrunken.

Lärm sollte böse Geister, Dämonen und Hexen vertreiben. Deshalb wird am Jahresanfang geschossen, mit Peitschen geknallt, und das gebräuchliche Feuerwerk geht gleichfalls auf diesen Glauben zurück. Das Läuten der Glocken sollte Hexen machtlos machen, ↗ Ameisen vertreiben, Gewitterwolken zerteilen und so weiter. ↗ Hexen, ↗ Peitsche, ↗ Polterabend.

Lattich schrieb man vorbeugende Wirkung gegen aufregende und sexuell erregende Träume zu.

Läuse galten verschiedentlich als Glücksbringer. Man sollte sie bekommen, wenn man mit Wasser zuprostete, unreifes Obst aß oder sauren Wein trank. Man hat auch geglaubt, daß durch den Verzehr von Sauerampfer Läuse hervorgerufen werden und daß welche bekommt, wer rohe weiße Rüben ißt. Bei Kindern sollten sie sich festsetzen, wenn sie Walnüsse ohne Brot aßen. Verschont blieb man von ihnen, wenn man von einem Friedhof, den man erstmals besuchte, am neunten Tag eines Monats vor Sonnenaufgang Erde holte und sie an der rechten Seite bei sich trug. Kinder glaubte man davor schützen zu können, wenn man mit einem neuen Kamm zuerst ein Tier – Hund, Katze – kämmte. Hatte man welche, so sollte das Wasser, in dem die Knollen der Kartoffeln gekocht worden waren, helfen. Los wurde man die Läuse, indem man eine an einen Faden band und in den Kamin hing. Am Freitag sollte man aber keine Laus töten, weil sonst neun neue kommen, sagte man. ↗ Ungeziefer, ↗ Schwindsucht.

Lawinen sollten angeblich da niedergehen, wo sich Hexen herumgetrieben haben. Hexen, die auf Lawinen ritten, hätten keine Macht mehr, wenn die Glocken läuteten.

Leben Nach einem alten Glauben sollten die Kopfhaare (↗ Haare) der Sitz des Lebens sein und Menschen mit dichtem Haarwuchs besonders alt werden. Früher verhieß man auch Menschen mit großen Ohren ein langes Leben, nach neuerem Glauben zeigen abstehende Ohren jedoch ein kurzes Leben an. Man meinte auch, ein langes Leben zu erreichen, wenn man viel Suppe oder auch, wenn man viel schimmeliges Brot aß.
Zu den lebensverlängernden Vorschriften gehörten auch: Stets langsam zu essen und nicht neugierig sein. Wer an Fastnacht viel Bier trank, glaubte ebenfalls, daß er lang leben werde. Aber man durfte nicht über ausgegossenes Wasser gehen, auch nicht über eiserne Nägel, denn das bedeute einen frühen Tod. Wer dagegen Storchblut trank, gerade Fingernägel hatte oder wem an seinem

Geburtstag das Gebäck gut geriet, dem sei ein langes Leben beschieden, wurde behauptet. Da Gold angeblich mit Hilfe der Sonne entstanden und mit dieser verwandt war, hat man ihm lebensverlängernde Wirkung zugeschrieben. Der Kuckuck sollte ebenso wie der Marienkäfer, der Wegerich und viele andere Medien die künftige Lebensdauer offenbaren. In der Antike galten das 21., 42. und 84. Lebensjahr als gefährlich, mehr noch das 49. (= 7 × 7) und am meisten das 63. (= 7 × 9). ↗ Haarausfall, ↗ Jungbrunnen, ↗ Salz und ↗ Nachwort S. 301.

Lebenselixier ↗ Nachwort S. 302.

Leber Ihre Erkrankungen versuchte man durch Einnehmen von zerriebenem Beryll zu heilen. Auch das Trinken des eigenen Harns sollte helfen. Bei Leberverstopfung empfahl die Volksmedizin das Trinken warmer Ochsengalle. Durch den Verzehr menschlicher Leber konnte man sich angeblich unsichtbar machen. ↗ Leberblümchen.

Leberblümchen wurden bei Erkrankungen der Leber verwendet. Ein Tee von diesem anemonenartigen Kraut sollte auch gegen Bluthusten helfen. Und das ganze Jahr fieberfrei blieb der, der die ersten drei gefundenen Leberblümchen im Frühjahr verschluckte.

Leberflecke ↗ Muttermal.

Lebkuchen wurden als Heilmittel verwandt: gegen Fieber, wenn man sie in bestimmter Weise beschriftete und verzehrte, gegen Rückenschmerzen, wenn man von Weihnachten bis Lichtmeß (2. Februar) ein Stück in der Tasche mit sich trug und davon aß, gegen Spulwürmer, wenn man sie als Brei mit Hefebranntwein kochte und davon Umschläge auf den Leib legte. In den Klöstern wurden Lebkuchen mit Heilkräutern gebacken.

Ledig bleibt wer bei Tisch in sein Glas lacht, sagte man. Mädchen würden nicht heiraten, wenn sie in die Kaffeetasse zuerst Milch und dann Zucker gaben oder wenn bei ihnen zu Hause Efeu wuchs. Schnitt am Tisch eine ledige Person Butter oder Käse an, so sollte sie es noch lange bleiben. Auch mit ↗ Sand wollte man die Zukunft in dieser Hinsicht bestimmen. Mit Hilfe des ↗ Kuckucks, einer ↗ Wachtel und von ↗ Rüben wollte man ermitteln, wie lange man noch ledig bleibt. ↗ Petersilie.

Ledige Mütter Stieß ein Mädchen in einer Gesellschaft ein Bierglas um, so hat man ihm ein uneheliches Kind prophezeit. ↗ unehelich.

Leibschmerzen ↗ Bauchweh.

Leichenwagen Die Begegnung mit einem Leichenwagen sollte Glück bringen; war er aber leer, dann sei Unglück zu befürchten, sagte man.

Leichtsinn Kleine Fingernägel und zwei Haarwirbel lassen auf leichtsinnige Menschen schließen. Kindern, die früh und viel in den Spiegel sahen, prophezeite man, daß sie leichtsinnig würden. Mußte vor der Hochzeit zur Anschaffung des Brautkleides Geld geborgt werden, so sollte es ein leichtsinniges Ehepaar werden. Die Elster galt als Symbol des Leichtsinns.

Leinsamen vermischt mit Honig und Pfeffer als Kuchen reichlich genossen sollte sexuell anregend wirken.

Leiter Wer unter einer Leiter hindurchgeht, zieht Unglück auf sich, wurde gesagt.

Lepra ↗ Aussatz.

Lerche Trank man am Sonntagmorgen vor dem Kirchenläuten drei Lercheneier aus, so glaubte man, eine gute Singstimme zu bekommen.

Lernen Von Mittwochskindern hieß es, daß sie dumm werden und Kinder, die mittwochs zum erstenmal in die Schule gingen, würden auch nichts lernen. Man sollte Kindern nichts auf dem Leib flicken, weil sie sonst ebenfalls nichts lernen und dumm bleiben würden. Dagegen sollte eine Immergrünwurzel, in einem Säckchen um den Hals gehängt, das Lernen eines Kindes sehr fördern. Mit Hilfe der ↗ Nabelschnur glaubte man den Verstand des Kindes aktivieren und ihm zum leichten Lernen verhelfen zu können. Man sagte, wer sich ein Buch nachts unter das Kopfkissen legt, kann morgens die geforderte Aufgabe. ↗ Gedächtnis.

Liebe beim anderen Geschlecht zu erregen, dazu sollten viele Mittel helfen. Die stärksten und wirksamsten waren angeblich, etwas von seinem eigenen Körper – Haare, Nägel, Schweiß, Blut, Speichel, sogar männlichen Samen und weibliches Menstrualblut – in die Speisen oder Getränke der geliebten Person zu mischen. Um Liebe zu gewinnen, trug man weiße Steine aus dem Magen eines schwarzen Hahnes bei sich. Drei Haare aus den Augenbrauen der Geliebten, in einem Amulett gefaßt, sollten dem Liebhaber ihre Treue verbürgen. Glück in der Liebe wollte man sich auch mit Hilfe des Wünschelsamens, mit der Wegwarte, mit bestimmten Teilen eines Sperlings und vielen ↗ Aphrodisiaka sichern. Gähnten zwei Personen verschiedenen Geschlechts gleichzeitig, so galt das als Zeichen gegenseitiger Zuneigung. Aber auch in Sachen unglücklicher Liebe wußte der Volksmund Rat: Abgeschnittene Haare oder Fingernägel des Liebenden seien unter Waldkreßboden zu vergraben: So sollte die Liebe absterben. In derselben Absicht hielt man einen Totenzahn in Rauch und ließ diesen an sich vorbeistreichen. ↗ Zuneigung, ↗ Liebstöckel, ↗ Nachwort S. 283.

Liebende dürfen sich ihre Hände nicht mit dem gleichen Handtuch abtrocknen, sonst entzweien sie sich. Auch darf der Liebhaber sich nicht an der Schürze seines Mädchens abtrocknen, wenn er Streit vermeiden will; nach einem anderen Glauben sollte er dadurch hörig werden (↗ Taschentuch).

Liebstöckel oder **Maggikraut** war ein häufig gebrauchtes Schutzmittel gegen bösen Zauber und ein Heilmittel bei Viehkrankheiten. Schon den kleinen Mädchen hat man es ins Badewasser gegeben (daher auch »Badekraut«), um ihnen später die Gunst der Männer zu sichern. Bräute trugen Wurzeln und Blüten des Liebstöckels bei sich. Ein Zweig, der einem Bienenschwarm als Ruheplatz gedient hat, soll dem Mädchen viele Tänzer bringen. Die Wurzel ist ein Bestandteil der Liebesträuke. Der starke Geruch sollte Dämonen vertreiben.

Linde Man glaubte, sich mit einem Amulett aus Lindenbast gegen Zauber und Hexerei schützen zu können. Unter einer Linde sollte man vor Blitzschlag sicher sein. Alte und Lungenkranke würden unter einer blühenden Linde »gesunde Luft« finden. Man streute auf den Acker Lindenasche, um ihn von Ungeziefer freizuhalten. Vom Haus und seinen Bewohnern wollte man Hexen fernhalten, indem man Linden um das Haus pflanzte und Lindenzweige im Haus auslegte. ↗ Zahnschmerzen.

Links galt in vorchristlicher Zeit als die günstigere Seite (↗ Schafe, ↗ Irrlichter). Unter dem Einfluß des Alten und Neuen Testaments setzte sich die gegenteilige Auffassung durch (↗ rechts). So wurde dann zum Beispiel Aufstehen mit dem linken Bein und Anziehen des linken Strumpfes zuerst als ungünstiges Vorzeichen gedeutet, ebenso wenn das linke Ohr klang (↗ Ohrenklingen) und wenn ein Gast mit dem linken Fuß stolperte oder wenn ihn der linke Fuß juckte. Auch ein Fleck an einem Finger der linken Hand wurde als unheilschwanger gedeutet, wogegen man heute noch sagt, Jucken der linken Hand würde Einnahmen, der rechten Hand jedoch Ausgaben ankündigen. ↗ Mädchen, ↗ Hase, ↗ Schnupfen.

Lippen sollten nicht aufspringen, wenn man sie leckte, während ein Hund sein großes Geschäft machte.

Listig glaubte zu werden, wer Rabenfleisch aß. Menschen mit einem kurzen Hals galten als listig.

Löffel Aßen zwei Leute mit dem gleichen Löffel, so sollte es Streit geben.

Lorbeer galt im Altertum als Schutz vor ansteckenden Krankheiten, vor Zauber, Feuer und Blitzschlag. Man glaubte auch an seine Kraft, Wahnsinnige zu beruhigen.

Losen Man entschied sehr viele strittige und fragliche Dinge durch Losen, in der Frühzeit mit Hilfe eines Priesters. Diese göttliche Entscheidung war dann für die Menschen verbindlich. ↗ Gottesurteile.

Lostage waren Tage, von denen man sich Auskunft über das kommende Wetter erwartete (↗ Siebenschläfer, Dreifaltigkeitssonntag) oder die sonst für die Zukunftsdeutung wichtig waren (Lichtmeß, ↗ Zwölfnächte).

Lotterie Der Freitag war angeblich der beste Tag für das Spiel in der Lotterie. Eine Glücksnummer dafür glaubte man zu erhalten, wenn man vor Georgi (23. April) einen weißen Schmetterling mit der Hand fing und zu dem Fangdatum die Anzahl seiner Flecke auf den Flügeln hinzuzählte. Auch von Träumen erhofften sich die Spieler Hinweise auf Glücksnummern. Eine Zwiebel sollte man bei Vollmond zuerst in Wasser und dann in Erde legen – nach neun Tagen glaubte man aus den Verschlingungen der Wurzeln eine Glückszahl für die Lotterie zu erkennen. Außerdem sollte man von Toten eine Glücksnummer erfragen können, wenn man das Grab des zuletzt Verstorbenen öffnete. Kinder ließ man mit Vorliebe Lotterielose ziehen, weil man ihnen das größte Glück zutraute.

Lotto Man empfahl, sämtliche Lottozahlen auf kleine Zettel zu schreiben, diese in einen neuen, noch nicht benützten Topf zu werfen und eine Spinne, am besten eine Kreuzspinne, hineinzusetzen. Sie würde ihren Faden an dem Zettel mit der Glücksnummer anspinnen.

Löwenzahn Sieben oder neun Wurzeln, die an Bartholomäus (24. August) vor Sonnenaufgang ausgegraben worden waren und in einem Säckchen als Amulett getragen wurden, sollten gegen Augenschmerzen helfen (daher auch »Augenblume«). Bei Zahnweh riet man dem Leidenden, sich Löwenzahnblätter so lange umzuhängen, bis sie trocken waren.
Faßt man Löwenzahn an, so bekommt man Schwären an der Hand, meinten frühere Generationen. Mit dem Milchsaft des Löwenzahns glaubte man Warzen vertreiben zu können, sofern der Saft am dritten Tag bei abnehmendem Mond aufgetragen wurde. Wer im Frühjahr die ersten drei Löwenzahnknospen verschluckte, sollte das ganze Jahr über gesund bleiben, und viel Löwenzahn würde ein fruchtbares Jahr ankündigen. Kinder verwenden den verblühten Löwenzahn zu allerlei Auszählsprüchen, um zu erfahren, wie lange sie leben, wie viele Jahre sie noch zur Hochzeit haben und dergleichen mehr.

Lügen hat man all den Leuten besonders nachgesagt, aus deren Kleidern beim Waschen auffallend viele Blasen aufstiegen. Menschen mit stumpfer Nase bezichtigte man gleichfalls der Lügenhaftigkeit. Wer Messer gut zu schleifen versteht, versteht auch gut zu lügen, sagte man, und wer das Brot schief oder krumm schnitt, sollte vorher gelogen haben. Mit Hilfe des Wegerichs oder eines ↗ Beryll glaubte man, Lügner überführen zu können. ↗ Geständnis.

Lungenleiden Zum Schutz vor dieser Krankheit trug man ein Säckchen mit einer getöteten Blindschleiche oder deren Kopf um den Hals. Oft wurde auch Hundefett dagegen empfohlen, vor allem das Fett schwarzer Hunde. Der Absud der roten Hundsrose, als Trank genossen, sollte bei Männern, der Aufguß der weißen bei Frauen heilend wirken. Lungenkranken empfahl man die »gesunde Luft« unter einer blühenden Linde. Auch das Auflegen von Friedhofserde, die in der Christnacht zwischen zwölf und ein Uhr geholt sein mußte, sollte helfen. Gegen Lungenstechen aß man zerstoßenes Glas.

M

Machandel ↗ Wacholder.

Macht Menschen, die durch einen Kaiserschnitt zur Welt kamen, sollten sehr machthungrig werden. Fand jemand abgeschnittene Nägel oder Haare eines Menschen, so sollte er Macht über diesen bekommen. Das gleiche glaubte man, wenn jemand in die Fußspur eines anderen trat, oder ein Messer über Nacht auf dem Tisch liegen ließ. Legte man einen Brotlaib oder -wecken verkehrt auf den Tisch, so sollten böse Leute Macht über das Haus bekommen. Bei der ↗ Hochzeit versuchten die Brautleute sich durch Gesten die künftige Herrschaft in der Ehe zu sichern. Bei Männern symbolisierte der ↗ Gürtel Kraft und Herrschaft.

Mädchen erwartete man nicht nur, wenn die Schwangere mit dem linken Fuß zuerst aufstand, sondern auch bei einer Zeugung während der Ebbe oder im letzten Mondviertel. Lief ein Mädchen unter einem Regenbogen hindurch, so sollte es ein Knabe werden. Sah ein Mädchen im Frühling den ersten Storch stehend, so sollte es entweder faul oder als Patin gebeten werden, sah es ihn fliegend, so sollte es fleißig werden oder bald heiraten, und hörte es den Vogel klappern, so war zu befürchten, daß es in nächster Zeit viel Geschirr zerbrechen werde. Blieben am Kleid eines Mädchens beim Spazierengehen viele Dornen hängen, so sprach man von einer baldigen Heirat, verschiedentlich auch von einem Witwer als Bräutigam. Ebenso lassen sich andere Vorkommnisse als Zeichen für eine baldige Heirat deuten: ↗ Rüben, ↗ Schlüsselblume. Steckte ein Mann einem Mädchen eine Pimpernelle unbemerkt in die Tasche, so wurde dieses ihm hörig, wurde behauptet. ↗ ledig, ↗ Zeugung, ↗ Jungfrau.

Magen Ein Amulett aus grünem Jaspis würde den Magen stärken, und wer am Karfreitag morgens nüchtern einen Apfel aß, der sollte das weitere Jahr über vor Magenschmerzen gefeit sein. Einem kranken, schmerzenden Magen hat man nicht nur zerriebenen Beryll in der Hoffnung auf Heilung gegeben, sondern auch Eisenfeilspäne und Treibsand aus einem Fluß zusammen mit reinem Brunnenwasser. Bei akuten Beschwerden verabreichte man auch Tee von weißen Schafgarbenblüten. Empfohlen wurde ferner, morgens und abends nüchtern schwarzgeräucherten Speck zu essen.

Gegen Magenschmerzen nach dem Essen half eine Messerspitze gemahlenen Kaffees, chronische Magenleiden dagegen wollte man mit an bestimmten Tagen verzehrten ↗ Hagebutten heilen. Akute Schmerzen sollten auch durch Auflegen eines blauen Leinenlappens, Magenkrämpfe jedoch mittels eines auf die Brust gelegten schwarzen Katzenbalges gebessert werden. Auch Bier sollte helfen, wenn man es über ein gefundenes, erhitztes und glühendes Hufeisen goß und das warme Bier trank. Bei einem vom Durchfall angegriffenen Magen versprach man sich Hilfe von Wasser, Milch oder Wein, worin ein glühendes Eisen gelöscht worden war. ↗ Verdauung.

Magenkrebs Dagegen wurde empfohlen, den eigenen Harn zu trinken.

Maggikraut ↗ Liebstöckel.

Magie ↗ Zauber, ↗ Bann, sowie ↗ Nachwort S. 294.

Magnetismus Man glaubte im 18. Jahrhundert, erkrankte Körperstellen heilen zu können, indem man mit einem Magnet darüberstrich.

Mahlzeit Wenn alles aufgegessen wird, bringt der nächste Tag schönes Wetter, sagt man. ↗ Essen.

Mai Wenn am 1. Mai gebacken wird, bleibt der Regen aus, sagte man. Ein Bad am 1. Mai galt als besonders gesundheitsfördernd. Aber heiraten sollte man im Mai nicht, weil da alle Esel verliebt sind. Die Vorstellung, daß die am 1. Mai Geborenen den Hexen gehören, war früher weit verbreitet.

Maikäfer Biß man dem ersten Maikäfer, den man im Frühling sah und fing, den Kopf ab, so sollte das Glück bringen. Maikäfer in Butter gebacken und als Brotaufstrich verzehrt, waren angeblich gut gegen alle Krankheiten. Man glaubte auch, der Genuß von Maikäfern würde das Fieber dämpfen. Pulverisierten Maikäfern hat man Heilkraft bei Epilepsie zugeschrieben. Ein aus

Engerlingen bereitetes Öl galt als nervenstärkend und sollte eingerieben gegen Rheuma helfen.

Maiwasser schrieb man seit altersher heilsame Kraft zu, besonders wenn man es am 1. Mai frühmorgens getrunken hat. Auch das am 1. Mai vor Sonnenaufgang aus einer Quelle geschöpfte Wasser galt als heilkräftig.

Malachit Diesen Schmuckstein trugen hauptsächlich die Kinder an einem Band um den Hals, weil man glaubte, er würde sie vor allerlei Gefahren und Krankheiten schützen. Frauen und Hebammen schmückten sich häufig mit Ringen und Ketten aus Malachit, die einen, weil sie glaubten, dadurch das Zahnen ihrer Kinder zu erleichtern, die anderen, weil sie meinten, sich damit Glück mit ihrer Kundschaft zu sichern.
Auch Schutz vor Vergiftungen hat man sich vom Malachit versprochen. Amulette aus diesem Stein sollten vor dem ↗ Bösen Blick schützen. Schwangere, die sich einen Malachit so um den Leib gebunden hatten, daß er auf dem Nabel auflag, wollten damit ihr erwartetes Kind stärken und ihm große Kraft verleihen. Zur Zeit der Niederkunft mußte der Stein auf den rechten Oberschenkel gebunden werden, »so folgt das Kind von Stund an dem Stein und wird geboren«. Auf Wunden gebunden sollte der Malachit blutstillend wirken, auf peinigenden Gliedern schmerzstillend. Auch Koliken sollte er vertreiben können.

Maler sollten nur in der Zeit des abnehmenden Mondes arbeiten, weil sonst die Farben nicht trocknen würden.

Männer Alte Männer werden verjüngt, wenn sie sich mit jungen Mädchen verheiraten, sagte man, aber die jungen Frauen würden in diesen Fällen vorschnell altern. ↗ alte Leute, ↗ Kinder.

Manneskraft ↗ Geschlechtskraft.

Mantel Blieb jemand, der in die Fremde oder in den Krieg zog, beim Abschied mit dem Mantel irgendwo hängen, so glaubte man an seine Wiederkehr.

Margarete ↗ Regen.

Marienkäfer galten allgemein als Glücksboten. Man durfte sie keinesfalls töten, wenn man nicht – und das war noch das kleinste Übel – schlechtes Wetter riskieren wollte. Hat man sie von den Kleidern abgeschüttelt, war Unglück zu befürchten. Setzt sich ein Marienkäfer auf die Hand, zählt man so lange, bis er wieder wegfliegt und meint, auf diese Weise zu erfahren, wieviele Jahre man noch zu leben hat oder wie lange ein Mädchen noch unverheiratet bleibt. ↗ Zahnschmerzen.

März So viel Tau im März, so viel Reif um Pfingsten und so viel Nebel im August, besagen die Wetterregeln.

Märzschnee Wenn man mit dem ersten Märzschnee die Stube auskehrt, vertreibt man das Ungeziefer, sagte man. Geschmolzener Märzschnee gibt eine schöne Haut und beseitigt Sommersprossen, hieß es. Dieses Wasser wurde deshalb das ganze Jahr über aufbewahrt und immer wieder angewandt.

Märzwasser galt sowohl als Heil- und Schönheitsmittel wie auch zur Beseitigung von Ungeziefer. Dem ersten Märzregen schrieb man heilbringende Kräfte bei Brandwunden zu, weshalb man das Wasser das ganze Jahr über bereithielt. Vom Märzregen sollten andererseits die Sommersprossen herrühren (»Märzflekken«), für deren Beseitigung am 1. März eine Waschung am Brunnen vorgenommen werden mußte (↗ Märzschnee). Man hat dem Wasser vom Märzschnee Heilkraft unterstellt, insbesondere bei Augenleiden und Flechten.

Masern wollte man heilen können, indem man den Kranken mit einem Stück Speck einrieb. Auch dem Türkis schrieb man Heilkräfte gegen Masern zu. Verschiedentlich wusch man die Kinder mit Erbsenbrühe oder mit gekochtem Weißwein mit Zucker, der die Patienten zum Schwitzen bringen und die Krankheit aus dem Körper treiben sollte.

Maskottchen ↗ Talisman, ↗ Autofahrer.

Maulwurf Er symbolisierte das geheimnisvolle Walten der Natur und sollte in Beziehung zu unterirdischen Schätzen stehen, auch zu Geld. Geldbeutel aus Maulwurfsfell wurden angeblich nie leer. Warf aber ein Maulwurf vor einem Haus seine Haufen auf, so befürchtete man den Tod eines Hausbewohners. Deshalb hoffte man, ihn vertreiben zu können, wenn man am Karfreitag seine Haufen zerstörte. Drückte man einen Maulwurf mit der Hand zu Tode, so glaubte man, daß diese Hand heilkräftig würde. ↗ Stärke, ↗ Unfälle.

Mäuse In Monaten mit zweimaligem Vollmond erwartete man große Mäuseplagen, auch nach Regen an Pfingsten. Bei massenhaftem Auftreten von Feldmäusen glaubte man an baldigen Krieg, an Hungersnot und Teuerung. Aus dem Haus wollte man die Mäuse verjagen, wenn man an Ostern alle verfügbaren Schlüssel zusammenband und damit, während des ganzen Früh- oder Mittagläutens, im Keller rasselte. Gleiches wollte man mit der Asche einer verbrannten Maus erreichen. Auch wenn man in der Christnacht zu mitternächtlicher Stunde durchs ganze Haus trommelte, erwartete man, daß die Mäuse fliehen würden. Andererseits glaubte man jedoch, daß ein Haus, das Ratten und Mäuse verlassen, bald einstürzen wird. Einem verschnittenen weißen Hahn hat man die Fähigkeit nachgesagt, mit seinem Krähen alle Mäuse aus dem Haus zu treiben und/oder sie fortführen zu können, indem er ihnen vorausgeht. Verfluchen durfte man die Mäuse nicht, weil sie sich sonst allzusehr vermehren würden. Man glaubte aber, das Überhandnehmen der Mäuse verhindern zu können, wenn man am Christabend von einem Erbsengericht jeweils etwas in alle vier Ecken der Stube schüttete.

Meerettich gerieben und in einem weißen Tuchfleckchen auf das Genick gelegt, sollte gegen Zahnschmerzen helfen. Auch ↗ Seitenstechen wollte man mit Hilfe von Meerrettich beheben können.

Meerschweinchen ziehen alle Krankheiten an sich, glaubte man. Man nahm deshalb eines mit ins Bett und band es auf die schmerzende Körperstelle. ↗ Rheumatismus.

Mehltau an Rosen glaubt man im 20. Jahrhundert mit einem Schachtelhalmpräparat erfolgreich bekämpfen zu können.

Meineid Um den Folgen eines Meineids zu entgehen, bog man bei der Eidesleistung den Daumen ein oder hielt die linke Hand hinter den Rücken beziehungsweise die erhobene Schwurhand von sich abgewandt. Manche Überlieferungen berichten, daß das Gras verdorrt sei, auf dem ein Meineidiger stand. Ist dieser gestorben, so wird seine Leiche schwarz und er findet keine Ruhe im Grab, sondern wird als Spukgeist umgetrieben (↗ Wiedergänger). Die meineidige Hand ragt – so erzählen es viele Sagen – aus dem Grab heraus. ↗ Lähmung und ↗ Nachwort S. 285.

Meisterwurz (Haarstrang) Trug man ein Stück der Wurzel bei sich, so glaubte man, vor Ansteckungen, besonders vor Grippe, sicher zu sein.

Melancholie Dazu sollten Menschen mit zusammengewachsenen Augenbrauen neigen. Gegen Melancholie trug man Edelsteine wie Opale oder auch Chrysolithe, einen Saphir, Granat, Hyazinth oder einen Lapislazuli, aber auch Korallen und Nüsse. Auch der goldgelben Zwiebel des Türkenbundes (Goldwurz) sollte die Melancholie nicht standhalten, wenn man sie, in ein Tüchlein gebunden, bei sich trug. ↗ Schwermut.

Melisse Wenn man Bienenstiche fürchtete, sollte man im Sommer stets eine Melisse in der Hand tragen. Mundspülungen mit »Melissenwasser« lindern Zahnschmerzen, und Frauen, die sich ein Kind wünschten, hat man dieses Elixier zur äußeren und inneren Anwendung empfohlen.

Menstruation Man schüttete das Wasser, in dem ein bei der ersten Menstruation getragenes Hemd gewaschen worden war, auf einen Rosenstock in dem Glauben, damit dem Mädchen gleichbleibende, rosengleiche Gesundheit und regelmäßige Menstruation sichern zu können. Gegen übermäßige Monatsblutungen wurde Hechtschmalz empfohlen, blieben diese aber aus, so sollte Tee von roten Schafgarbenblüten helfen. Menstruierenden Frauen hat man den Bösen Blick nachgesagt; man glaubte auch, daß sie mit einem festen Blick Spiegel trüben und sogar durchlöchern könnten. Ihr Blick sollte jedenfalls Früchte welken lassen. Sie durften Früchte beim Einkochen nicht anfassen und kein Fleisch einsalzen, weil sonst alles verdürbe. Sehr nachteilig sollte sich auch der Umgang einer menstruierenden Frau auf ↗ Gurken auswirken. ↗ Erdbeeren, ↗ Muttermal, sowie ↗ Nachwort S. 280.

Messer Hatte man sich mit einem Messer verletzt, so sollte man dieses in Butter oder Speck stecken oder mit Fett beschmieren und dann an eine trockene Stelle legen, weil man glaubte, auf diese Weise die Schmerzen und die Blutung stillen zu können. Scharfe Messer im Haus ließen angeblich auf ein strenges Regiment der Frau schließen. Wer Messer gut zu schärfen versteht, versteht auch gut zu lügen, sagte man. Ließ man ein Messer über Nacht auf dem Tisch liegen, dann geriet man in den Einflußbereich seines Feindes. Legte man bei Tisch ein Messer mit der Schneide zum Nachbarn, so provozierte man damit eine Feindschaft; legte man ein Messer mit dem Rücken auf den Tisch, also mit der Schneide nach oben, so sollte das Streit ankündigen. Messer und andere scharfe oder spitze Gegenstände sollte man nicht verschenken, weil man damit die Freundschaft oder Liebe zerschneidet, es sei denn, man schenkt gleichzeitig ein Geldstück und der Empfänger bedankt sich nicht. Mit einem neuen Messer sollte man nicht schlachten, weil da die Tiere nicht sterben könnten, sagte man; wenigstens von einem Brot sollte man vorher damit geschnitten haben. ↗ Kolik, ↗ Schluckauf.

Metall wurde im Altertum magische Kraft zugeschrieben. So glaubte man in der Antike mit spiegelnden Metallstücken alles Unheil abwehren, »zurückwerfen«, zu können (↗ Nachwort S. 281 f.). Später galten ↗ Hufeisen, ↗ Nägel, ↗ Nadeln als zauberkräftig.

Mette Wer auf dem Weg zur oder von der Mette in der Christnacht ausrutscht, wird im kommenden Jahr sterben, sagte man.

Milch Ging die Milch beim Kochen nicht auf, so sollte es Regen geben; kochte sie über und lief ins Feuer, so glaubte man, eine Hexe würde damit verbrennen. Oft wurde die Milchhaut, die man auch »Hexe« nannte, absichtlich verbrannt, weil man meinte, sich damit einer Hexe entledigen zu können. Blutrote Milch sollten die Kühe geben, wenn man einige Haare aus ihrem Schwanz schnitt, räucherte und sie ihnen dann unters Futter mischte. ↗ Sonnenbrand.

Militärdienst Auch früher war diese Zeit wohl für viele nicht erstrebenswert und sie versuchten sich vor der Einberufung zu schützen, indem sie eine lebende Kreuzspinne bei sich trugen.

Das gleiche wollte man mit ins Hemd eingenähter Friedhofserde erreichen. Auch wer die um Mitternacht ausgegrabenen Zähne eines Toten in der Tasche hatte, hoffte, nicht zum Militärdienst eingezogen zu werden.

Milz Bei Erkrankungen der Milz sollte eingenommenes zerstoßenes Glas helfen, ebenso Wasser, Milch oder Wein, worin ein glühendes Eisen gelöscht worden war.

Misteln Die immergrünen Schmarotzerbüsche auf vielen Laubbäumen galten bei den Kelten als alles heilende Pflanzen. Später hat man den Kindern Mistelzweige umgehängt in dem Glauben, sie dadurch vor Zauberei und Gespenstern schützen zu können. Im und am Haus angebracht sollten Mistelzweige vor Blitz und Feuer schützen. ↗ Kinderkrankheiten, ↗ Schwangerschaft.

Mitesser bei Kindern wollte man mit einem Brei aus gekochten Kohldisteln und Hefe beseitigen, den man äußerlich aufstrich.

Mittagszeit Diese Zeit, besonders zwischen elf und zwölf Uhr, galt vielfach als gefährlich und man glaubte, daß dann Geister umgingen. In der Mittagszeit Geborene galten als Unglückskinder. Wer bei der Arbeit keine Mittagsrast hielt, dem drohte der Schreck der Mittagsgespenster. Auch ↗ Fischen oder ↗ Verreisen sollte man in der Mittagszeit nicht und einen ↗ Friedhof am besten gar nicht betreten. Wer ein mittags zugeschnittenes Kleid anzog, dem drohte angeblich sogar der Tod.

Mitternacht Um diese Zeit geborene Kinder werden unglücklich, sagte man, und ebenso: Wer nach Mitternacht auf den Friedhof geht, den holt der Tod. In der Osternacht hatte man Aussicht, neue Talente und in der ↗ Walpurgisnacht einen Schatz zu erwerben. Dem um Mitternacht geschöpften Wasser hat man für Mensch und Tier besondere Wirkkräfte zugeschrieben. ↗ Nacht, ↗ Christnacht, ↗ Neujahr.

Mittwoch galt als Unglückstag, an dem man nichts Wichtiges unternehmen durfte, vor allem nichts, was länger vorhalten sollte. Er ist der Tag Wodans oder Odins, des germanischen Sturm- und Totengottes. An ihm durfte weder gesät noch gedüngt werden. Monate, die mit einem Mittwoch begannen, sollten durchweg schlechtes Wetter bringen. Mittwochskinder, sagte man, sind Unglückskinder, schwer aufzuziehen und dumm. Ein Kind, das am Mittwoch erstmals die Schule besucht, lernt nichts. Wer am Mittwoch ein neues Kleid anzog, dem prophezeite man Kopfschmerzen. Hochzeit am Mittwoch bringe Unglück, meinte man, die Frau ginge bald zu ihren Eltern zurück. Man glaubte auch, wenn am Mittwoch jemand stirbt oder an diesem Tag ein Grab offen ist, dann würde bald ein weiterer Toter folgen.

Möbel Knarrten oder knackten die Möbel, so hielt man das häufig für ein schlimmes Vorzeichen.

Mohn am Weihnachtsabend zu essen, sollte viel Geld bringen. Viel Mohn zu essen, sollte aber auch dumm machen.

Möhren Wer an Silvester oder Neujahr Möhren ißt, dem geht das Geld das ganze Jahr nicht aus, versprach der Volksmund.

Molch ↗ Salamander und ↗ Feuersalamander.

Monatssteine Edel- oder Halbedelsteine werden vom Volksglauben bestimmten Monaten zugeteilt und sollten besonders die in jenen Monaten Geborenen schützen. ↗ Edelsteine.

Monatstage Völlig im Gegensatz zu der der Zahl Sieben sonst beigelegten glückhaften Bedeutung sollen Monatstage mit einer Sieben, also der 7., der 17. und der 27., Unglück bringen. Auch am 13. des Monats befürchtet man generell Unerfreuliches.

Mond Auch heute noch kennt jedes Kind die Geschichte: Weil der Mann im Mond den Sonntag einmal nicht geheiligt und gearbeitet hat, muß er nun ewig sein Holzbündel auf dem Rücken tragen. Die Zeit des zunehmenden Mondes und des Vollmondes galt allgemein als günstig (↗ Glückstage). Beide Phasen wurden als Zeiten der Fruchtbarkeit angesehen und man sollte in diesen Tagen zum Beispiel pflanzen sowie über der Erde fruchtende Gewächse säen. Aber man hat den Mond auch mit Unglück in Verbindung gebracht und ihn als »Diebessonne« bezeichnet, weil er den nachts arbeitenden Einbrechern leuchtet. ↗ abnehmender, ↗ zunehmender, ↗ Neumond, ↗ Vollmond sowie ↗ Nachwort S. 300 und 304.

Mondschein Im Mondschein darf man nicht arbeiten, besonders nicht spinnen, denn das dabei gesponnene Garn hält nicht, sagte man. Wer im Mondschein Wäsche trocknet, würde den Tod herbeirufen, und die Näherin im Mondschein nähe ihr Sterbekleid, so wurde gewarnt. Auch Geräte oder Wagen dürfe man nicht im Mondschein stehen lassen, sonst würden sie bald kaputtgehen. Wer aus einem Brunnen oder Bach, in den der Mond scheint, trinkt, schluckt den Mond mit hinunter, und das sollte bei abnehmendem Mond sehr gefährlich sein (↗ Essen). Allzulanges Betrachten des Mondes ließe einen Kropf wachsen, und wem der Mond in die Küche scheint, der würde viel Geschirr zerbrechen. Wer im Mondschein tanzt, locke die Geister herbei, denn zu dieser Zeit sei die Erddecke sehr dünn. Auch Wunden sollte der Mondschein nicht treffen, weil sonst das Fleisch schnell zu faulen begänne.

Mondsüchtig sollten alle bei Vollmond Geborenen werden. Kleider und Wäschestücke, die die ganze Nacht draußen hängengeblieben waren, durfte man nicht anziehen, sonst würde man mondsüchtig werden. Man glaubte aber, dieses Leiden heilen zu können, indem man zehn Monate hindurch Speisen aß, die mit Wasser zubereitet waren, in dem vorher bei zunehmendem Mond drei Tage lang ein Achat gelegen war.

Montag Wie der Montag beginnt, so sagte man, glücklich oder unglücklich, so geht es die ganze Woche. Allerdings galt der Montag meist als Unglückstag. Man sollte da nichts beginnen, was Dauer haben sollte: weder eine neue Wohnung beziehen, schon gar nicht heiraten, aber auch keine neue Stelle antreten oder ein Kind erstmals in die Schule schicken. Verleiht man am Montag etwas oder gibt man eine größere Summe aus, so gibt man das Glück für die ganze Woche weg, sagte man. Man sollte weder Wäsche waschen noch eine Reise antreten oder mit der Erntearbeit beginnen. Kommt ein Gast am Montag, so sei die ganze Woche mit Besuchern zu rechnen, meinte man. Aber Besucher am Montag Vormittag würden dem Gastgeber Unglück ins Haus bringen. Der Montag steht dem Mond nahe, dessen Beziehung zur Nacht, zur Dunkelheit, augenscheinlich ist und der auch »Diebessonne« genannt wurde. Deshalb war der Montag ein günstiger Tag für die Diebe. Andererseits durfte man durchaus am Montag im Garten und auf dem Feld pflanzen, da der Mond, besonders der zunehmende, als Förderer der Fruchtbarkeit galt.

Morgen Der Morgen befreite von der Nacht, die vielfach als die Zeit der Dämonen, sogar als menschenfeindliche Zeit betrachtet wurde: Man sollte nicht vor dem ersten Hahnenschrei aufstehen oder aus dem Haus gehen. Vieles sollte am frühen Tag, oft auch nüchtern (↗ Sonnenaufgang, ↗ nüchtern) getan werden, weil die Wirkung für die Gesundheit und für das Glück dann am größten wäre. Der Ausspruch »Morgenstund' hat Gold im Mund« ist dafür kennzeichnend. Aber auch mancherlei zufällige Begegnungen am Morgen (↗ Angang) sah man als entscheidend für den weiteren Tageslauf an. Wasser, das man am 1. Mai frühmorgens trank, sollte besonders heilkräftig sein und ein am Morgen des Karfreitags nüchtern gegessener Apfel sollte das ganze Jahr über vor Magenschmerzen schützen. Falls man morgens, noch nüchtern, dreimal nieste, sei einem das Glück hold, erzählten die Alten. Steht man jedoch mit dem linken Bein zuerst auf oder zieht irrtümlich ein Kleidungsstück verkehrt an oder reißt am Morgen schon ein Knopf ab, so nimmt man das als schlechtes Vorzeichen für den weiteren Tagesverlauf. ↗ Spinne.

Morgenrot kündet nach einem verbreiteten Glauben schlechtes Wetter an. Man sagte auch, Morgenrot am Neujahrstag würde Krieg, Krankheit, Feuersbrunst und viele Gewitter verheißen (↗ Nachwort S. 280).

Motten Kleider, die man am Karfreitag in die Sonne hing, würden nicht von Motten befallen werden, behauptete man.

Möwen Eine alte Wetterregel sagt: Wenn sie aufs Land fliegen, künden sie Sturm.

Mücken Wer davon verschont bleiben wollte, durfte an Fastnacht und am Karfreitag kein Wasser trinken oder er mußte sein Hemd verkehrt anziehen. Im Schatten des Holunder sollte man von den Mücken unbelästigt schlafen können. Vielfach hat man geglaubt, Hexen und böse Geister würden als Mücken erscheinen. Aufgeregte und stechende Mücken künden Regen an, sagte man, tanzende dagegen schönes Wetter.

Mühlenwasser hat man für Waschungen besondere Heilkraft

zugeschrieben. Der Kranke sollte vor Sonnenaufgang aufstehen, ein frisches Hemd anziehen, einen neuen Topf nehmen, den er ohne Feilschen bezahlt hatte, und zur Mühle gehen. Er durfte dabei weder sprechen noch sich von jemandem sehen lassen. Vom Mühlrad sollte er sodann Wasser schöpfen und sich damit am ganzen Körper waschen. Danach würde er gesund werden.

Mumps oder Ziegenpeter glaubte man heilen zu können, indem man einer schwarzen Ziege ein schwarzes Tuch umband.

Mund Auch nach dem Mund hat man Eigenschaften und Charaktere beurteilt. Ein großer Mund sollte natürlich zu einem großen Fresser gehören, aber auch dessen Ungeschicklichkeit und Torheit erkennen lassen. Man hat diesen Menschen sogar nachgesagt, sie seien unverschämt und hemmungslos. Ein kleiner Mund sollte das Gegenteil bezeugen. Alle Entzündungen und Wunden im Mund könnten – so die Naturmedizin – durch Spülungen mit dem Saft des Fünffingerkrautes geheilt werden. ↗ Gähnen.

Münzen Bestimmte Münzen, vor allem mit Kruzifix-Prägungen oder solchen der Mutter Gottes, sollte man entweder ganz oder aber einen Abrieb davon schlucken, um von einer Krankheit geheilt zu werden. Auch bei der Niederkunft erhoffte man sich auf diese Weise Hilfe durch bestimmte Münzen. Der werdenden Mutter sowie den Kranken wollte man auch durch Auflegen von Münzen helfen. Die in Schaltjahren geprägten Münzen galten als Glücksbringer. Man benützt Münzen auch als Orakel, indem man sie hochwirft und sein Verhalten davon abhängig macht, auf welche Seite die Münze fällt. In verschiedene Brunnen wirft man Münzen (ursprünglich ein Opfer für einen Wassergott) und erwartet danach Erfüllung der Wünsche. ↗ Geld, ↗ Gewitter.

Mürrisch war angeblich, wer öfters oder gar meistens mit dem linken Fuß zuerst aus dem Bett aufstand.

Muscheln als Amulett getragen, sollten den ↗ Bösen Blick abwehren, aber auch vor Zauberei und Krankheiten schützen. Muschelschalen sollten böse Geister zwingen, geraubte Kinder zurückzubringen und den hinterlassenen ↗ Wechselbalg wieder abzuholen.

Muskatnuß Trug man eine Muskatnuß bei sich, so glaubte man, dadurch vor Knochenbrüchen und Furunkeln gefeit zu sein. Auch vor Geschwüren sollte diese Frucht den Träger schützen. Verschiedentlich mußte die Nuß ein Neujahrsgeschenk sein, wenn sie ihre Wirkung entfalten sollte. Vor einem Schlaganfall, so glaubte man, würde eine in Brot gebackene Muskatnuß ihren Träger bewahren. Von einer umgehängten Muskatnuß erwarteten sich Männer auch die Stärkung ihrer Potenz. Impotenz ließe sich nach Meinung des Volksmundes beheben, wenn man einen Absud der Muskatnuß im eigenen Harn trank. Die Nuß war auch Bestandteil eines angeblich unfehlbaren Liebeselixiers: Im ganzen verschluckt und so auch wieder zurückerhalten, dann pulverisiert und mit dem Essen erneut verzehrt, wird ihrer Kraft niemand widerstehen können.

Muskelschwund wollte man durch Einreiben mit Fischfett begegnen.

Mut sollten verschiedene Edelsteine ihren Trägern verleihen: der Diamant, der Granat, der Karneol, der Onyx, der Rubin, der Saphir und der Sardonyx. Auch der Zahn eines Toten sollte seinen Träger ermutigen. Menschen mit krausen Haaren, auch mit viel Haaren auf den Rippen, hat man Mut zugeschrieben. Knaben blieben mutlos, behauptete man, wenn man ihnen die Haare vor dem siebten Lebensjahr schnitt.

Mutter Kinder magerer Mütter sollten vornehmlich ihren Vätern gleichen, dagegen sollten die Kinder von Frauen mit »fettreicher Natur« mehr den Müttern ähneln.

Muttermale oder **Leberflecke** Ging eine Mutter viel zum Heidelbeerpflücken, so hat man ihrem Kind viele schwarze Muttermale prophezeit. Sie sollten auch entstehen, wenn eine Mutter während der Schwangerschaft ein Gelüst nicht befriedigen konnte oder wenn sie sich erschreckt an eine Körperstelle griff. Um das Kind durch das Mal nicht zu entstellen, sollte die Mutter sich bei einem Schreck vorsorglich an ihren Hintern greifen, wo das Mal beim Kind nicht sichtbar würde, oder Hände und Arme weit von sich strecken.
Von der Hebamme wurde verlangt, ein Muttermal zu beseitigen, bevor es jemand gesehen hatte, entweder durch Aufdrücken der

Nachgeburt, oder durch Bestreichen mit Menstrualblut, gegebenenfalls auch durch das Berühren mit einer Totenhand. Im übrigen glaubte man, Muttermale mit Speichel entfernen zu können, den man abends aufstrich und über Nacht antrocknen ließ. Ein Muttermal an den Augenbrauen sollte anzeigen, daß die Person einmal gehängt wird, ein Mal an den Ohren sollte den Tod durch Ertrinken ankündigen.

Muttermilch würde reichlich fließen, wenn eine Frau Wachteleier aß oder ein Stück der Pimpinelle am Busen trug.

Myrte Aus dem Myrtenkranz der Braut glaubte man einen wirksamen Tee gegen alle Krankheiten kochen zu können. Ein Zahnstocher aus Myrtenholz sollte Zahnschmerzen beheben und davor schützen.

N

Nabelbruch könne geheilt werden, wenn der Pate des Patienten ein unberufen gefundenes Knabenkraut pflanzte. Auch mit dem Schmierfett von Kirchenglocken und Radachsen glaubte man, Nabelbrüche beheben zu können.

Nabelschnur sollte man sorgfältig aufbewahren. Gab man sie seinem Kind nach dessen sechsten Geburtstag, gehackt in einer Eierspeise, wollte man seinen Verstand anregen. Legte man sie dem Kind beim ersten Schulgang auf die Brust, so sollte es leicht lernen. Hob man die Nabelschnur in einem Leinwandsäckchen auf und zerhackte sie bei einem Knaben später oder zerstach sie bei einem Mädchen, so glaubte man, daß diese Menschen im Leben geschickt und praktisch würden.

Nachgeburt Um ihr Anwachsen zu hemmen, wurde der Schwangeren geraten, sich jeden Morgen nüchtern die Nabelgegend mit geschnittener, in Wasser aufgelöster Seife und beigemischtem Kornschnaps einzureiben. Nach der Geburt sollte man die Nachgeburt zunächst drei Tage unter dem Bett der Wöchnerin stehenlassen, um zu verhindern, daß eine Hexe das Kind vertauscht (↗ Wechselbalg). Dann sollte die Nachgeburt in fließendem Wasser fortgeschwemmt werden. ↗ Muttermal.

Nachschenken Ein halb ausgetrunkenes Glas wieder zu füllen, würde dem daraus Trinkenden die Gicht bringen, glaubte man. Schenkte man bei einer Hochzeit ein Bierglas nach, bevor es ganz leer war, so sollte das dem Trinkenden unglückliche Liebe bringen. Und wer aus einer Tasse trank, in die nachgeschenkt wurde, ehe sie ganz leer war, bekäme eine böse Schwiegermutter. ↗ trinken.

Nacht Die Nacht wurde vielfach als des Menschen Feind angesehen – die Zeit bis zum Hahnenschrei galt als gefährlich, weil da angeblich Kobolde, Mahre, Truden und andere böse Geister herrschten (↗ Albdrücken). Unglück sollte es deshalb bringen, sich nachts im Freien umzusehen (↗ umschauen), zu pfeifen oder zu arbeiten. Man sollte immer vor dem Teufel auf der Hut sein.

Nach einem anderen Glauben galt die Nacht jedoch als günstige Zeit, in der Heilkräfte besonders wirksam, die Aussaat wie auch die Vertreibung von Schädlingen ungewöhnlich erfolgversprechend sein sollte. ↗ Sonnenuntergang, ↗ Mitternacht.

Nachtigall Ihr Gesang sollte die Schmerzen der Kranken lindern und ihre Genesung fördern. Den Sterbenden sollte der Nachtigallen-Gesang einen sanften Tod bescheren.

Nachzehrer ↗ Vampire, ↗ Wiedergänger.

Nackt In einer Reihe von Anweisungen wurde Nacktheit verlangt, um die gewünschte Wirkung zu erzielen. So glaubte man, Schönheit zu erlangen, wenn man sich nackt im Tau wälzte, und von Gicht sollte befreit werden, wer in der Neujahrsnacht nackt zum Friedhof ging und das Moos von den hölzernen Kreuzen nahm. Auch das Ungeziefer würde denjenigen nicht befallen, der sich an Walpurgis (1. Mai) nackt im Tau wälzte. Durch Entblößen des Gesäßes glaubte man, allgemein Schaden von sich abwehren zu können (↗ Arsch). Im Altertum hat man dazu die Genitalien entblößt und sogar auf Amuletten abgebildet. ↗ Nachwort S. 303.

Nadel In manchen Gegenden war man überzeugt, eine gefundene Nadel bringe Unglück, besonders wenn ihre Spitze gegen den Finder zeigt, woanders wurde geglaubt, eine gefundene Nadel bringe Glück, vor allem, wenn ihr Kopf dem Finder zugekehrt ist. Wer eine gefundene Nadel aufhebt, bekomme Seitenstechen, hieß es. Sogar ein Sterbefall sollte folgen, wenn man auf dem Weg eine Nähnadel mit einem schwarzen Faden gefunden hat. Wie beim Schenken aller spitzen Gegenstände, so sollte auch beim Verschenken von Nadeln Unheil drohen. Um dieses abzuwehren, wurde vielfach empfohlen, sich bei der Überreichung anzulachen und die Nadeln mit dem Kopf voran zu übergeben; auch sollte man sich nicht dafür bedanken. Eine kleine, blutige Wunde, die sich der Geber oder Empfänger durch einen Stich mit der Nadel beigebracht hat, sollte ebenfalls vor Schaden bewahren. Oder man schenkte mit der Nadel zugleich ein Geldstück. Feindschaft zwischen Geber und Empfänger glaubte man auch vermeiden zu können, wenn man die Nadeln nicht in die Hand gegeben, sondern auf den Tisch gelegt oder in ein Stück Tuch gesteckt hat. Mit Nadeln, die zum Einnähen von

Toten gedient hatten, glaubte man das Spiel- und Jagdglück beeinflussen und Furcht abwehren zu können. ↗ Stecknadel, ↗ Geschwüre.

Nadelöhr Durch das Öhr einer Nadel, mit der ein Toter eingenäht worden war, glaubte man Dinge zu sehen, die sonst dem sterblichen Auge verborgen waren. ↗ hellsichtig.

Nadelstich Eine dadurch verursachte Wunde sollte schnell heilen, wenn man die Nadel sofort in Wachs steckte. ↗ töten.

Nägel soll man – ebenso wie Haare – vor Sonnenaufgang oder nach Sonnenuntergang schneiden und nicht wegwerfen, sondern vergraben oder verbrennen, weil sonst der Finder Macht über den vormaligen Besitzer ausüben kann. Nach einem anderen Glauben war der sich seines Wohlstands sicher, der seine Nägel stets am Freitag schnitt. Weit verbreitet war auch der Glaube: wer über eiserne Nägel hinweggeht, würde früh sterben.

Nähen Sticht sich ein Mädchen beim Nähen in den Finger, so bekommt es am gleichen Tag noch einen Kuß. Wer zwischen Weihnachten und Neujahr nähte, sollte eitrige Finger bekommen. Und wer gar bei Mondschein näht, näht sich sein Sterbekleid, warnte man.

Namen Vor der Taufe sollte der Name eines Kindes nicht genannt werden, weil es sonst bösen Geistern ausgeliefert wäre. Mit dem Taufnamen glaubte man nicht nur den Charakter des Kindes prägen zu können, er sollte auch Leben und Tod beeinflussen: »Nomen est omen« sagt man in Anlehnung an Plautus. Wer den Namen weiß, hat magische Gewalt über den Träger. Einen Toten mit namentlich gezeichneten Kleidern zu begraben, sollte ihn zum ↗ Vampir machen. Wer einen Toten mit Namen ruft, stört seine Ruhe. Mißbräuchliche Nennung eines Gottesnamens (Fluchen) ist sündhaft. Auch die Namen böser Geister durfte man nicht nennen, weil sie sonst erschienen.

Nase Aus der Nasenform schloß man vielfach auf den Charakter und die Intelligenz des Inhabers:

> Spitze Nas' und spitzig Kinn,
> da sitzt der lebendig Teufel drin!

Eine stumpfe Nase sollte einen bösen, falschen, unkeuschen, lügenhaften und wankelmütigen Menschen verraten. Leute mit Haken- oder Adlernase galten als freigebig, hochherzig, redegewandt und stolz – auch als streng, klug, verschlossen, aber gerecht und barmherzig. Von Trägern kleiner Nasen sagte man dagegen, sie seien unterwürfig, Diebe und Deserteure. Männern mit großer Nase wurde auch ein großes Geschlechtsteil zugeschrieben und umgekehrt. In Asien glaubt man, daß Menschen mit einer großen Nase, deren Öffnungen man von vorne nicht sieht, sehr materiell eingestellt seien und von der Liebe wenig wissen wollten.

Juckt die Nase, so erfährt man etwas Neues – andere wiederum glauben, es würde daraufhin Streit geben. Eine tropfende Nase bekam angeblich, wer an Fastnacht Suppe aß. Und hat man einer Schwangeren den Wunsch nach etwas Saurem abgeschlagen, so sollte ihr Kind ohne Nase zur Welt kommen.

Nasenbluten sollte durch ein rotes Halsband zu verhindern sein. Gegen akutes Nasenbluten schlug die Volksmedizin vor, rohes Sauerkraut so lange in der Hand zu halten, bis es warm wird. Auch eine am Fronleichnamstag ausgegrabene Kornblumenwurzel wurde empfohlen, die in der hohlen Hand an die Nase zu halten war, bis sie sich erwärmte. Helfen sollte auch, eine halbe Zwiebel an die Halsschlagader zu drücken. Und wickelte man einen Faden fest um den kleinen Finger – meist der linken Hand – oder legte man weißes Papier unter die Zunge, so sollte das Nasenbluten ebenfalls aufhören. Angeraten wurde ferner, pulverisierten Eselsmist in der Nase hochzuziehen, und weiter wurde frischer, warmer Kot eines Ebers empfohlen. Bei Männern sollte sich das Nasenbluten mit den Blättern eines Birnbaumes, bei Frauen mit denen eines Apfelbaumes stillen lassen. ↗ blutstillend.

Nebel im Advent soll ein gutes Obstjahr ankündigen. Am Neujahrstag bedeutet nebeliges Wetter jedoch viel Krankheit für das kommende Jahr. Nebelt es im Januar viel, so erwartet man ein nasses Frühjahr oder Reif noch im Mai; im August rechnete man mit Nebel, wenn es im März Tau gab.

Neid hat den Bösen Blick zur Folge, sagte man. Aber mit Hilfe eines Saphirs glaubte man den Neid überwinden zu können.

Nekromantie ⁊ Totenbeschwörung, ⁊ Nachwort S. 280 und 307.

Nelken sollte man in der Christnacht, an Mariä Himmelfahrt (15. August) oder in den Frauendreißigern (15. August bis 8. September) im Garten pflanzen, dann würden sie gut gedeihen, glaubte man. Gefüllte Nelken sollte man bekommen, wenn man am Karfreitag oder zur Zeit des Vollmondes pflanzte. Während eines Regenbogens sollte man schnell säen, weil dann bunte Nelken wachsen würden. Durch Abreißen von Nelken befürchtete man Blitze anzuziehen.

Nephrit Diesem Stein schrieb man heilende Kräfte bei Nierenschmerzen zu, weshalb er auch »Nierenstein« genannt wurde. Man hat ihn als Fingerring gefaßt, als Amulett am Hals, auf einem Schenkel oder in der Nierengegend ins Kleid genäht getragen. Allgemein erwartete man vom Nephrit Stärkung der Nieren sowie Heilung bei Hüftschmerzen.

Nerven Ein aus Maikäferlarven gewonnenes Öl, das einzureiben war, sollte nervenstärkend wirken.

Nervenfieber glaubte man durch Urinieren auf eine Leber lindern zu können.

Nesselsucht sei angeblich durch Trinken von Brennesseltee zu heilen. Dasselbe wollte man erreichen, wenn man sein Wasser auf Brennesseln ließ.

Neugeborene sollten in Wein gebadet werden, um ihre Gesundheit zu erhalten. Wünschte man sich ein blondhaariges Kind, so gab man etwas weiße Wolle in das erste Bad. Der Vater oder die Patin warfen Geld in die Wanne, damit das Kind einmal sparsam, glücklich und reich würde. Auch »Gichtrosenstengel« (⁊ Gicht) und »Badekraut« (⁊ Liebstöckel) waren wichtige Badezusätze. Nach dem Bad sollte die Hebamme das Kind kräftig mit Dill einreiben, weil man glaubte, daß es dann nie zu frieren brauche. Das Wasser des ersten Bades schüttete man unter einen Holunder, der das Gedeihen des Kindes fördern sollte. Um den ⁊ Bösen Blick von dem Kind abzuwehren, mußte die ⁊ Hebamme dreimal in das Wasser spucken, nachdem sie das Kind herausgenommen hatte.

In den ersten Tagen sollte auch kein Fremder das Kind anschauen, um es nicht der Gefahr des Bösen Blickes auszusetzen. Vor allem sollte keine Hure in seine Nähe kommen, denn ihnen sagte man den Bösen Blick ganz besonders nach. Kinder, die auffallend starr nach oben (zum Himmel) blickten, sollten angeblich selten alt werden. Man legte Neugeborene oft auf die Erde oder auf den Stubenboden, um so die Erdkraft auf das junge Leben überströmen zu lassen und dem Kind Kraft und Stärke zu sichern. In anderen Gegenden legte man das Neugeborene unter einen Tisch oder unter eine Bank in der Erwartung, daß es dadurch ordnungsliebend, wirtschaftlich, wohlhabend und fleißig werden sowie sich überall gut einleben, kein Heimweh bekommen und nie den bösen Geistern verfallen solle. Damit nicht noch eine Hexe das Neugeborene vertauschen (↗ Wechselbalg) konnte, blieb die Nachgeburt drei Tage unter dem Bett der Wöchnerin stehen und wurde dann, nach alter Überlieferung, in fließendes Wasser geworfen. Im Haus sollte ständig ein Licht, besser aber drei, brennen, um die Hexen fernzuhalten. ↗ Gewitter, ↗ Nachwort S. 308.

Neugierde würden die Geister bestrafen, sagte und glaubte man. Wer neugierig sei, würde nicht lange leben. (↗ Nachwort S. 280).

Neujahr Beim zwölften Glockenschlag mitternachts sollte man von einem Tisch oder Stuhl herunterspringen – wer diesen Glückssprung unterließ, verzichtete auf künftiges Glück. Mit Schießen und Peitschenknallen wurden böse Geister vertrieben, die das neue Jahr sonst stören würden. Man schoß über die Kornfelder und in die Obstbäume, um die Fruchtbarkeit zu wecken. Wer an Neujahr zwischen zwölf und ein Uhr zur Welt kam, sollte zwar nicht alt werden, dafür aber die Fähigkeit erlangen, Geister und Vorzeichen für Tod und Geburt zu sehen. Wie Neujahr, so sollte das ganze Jahr aussehen: Wer an diesem Tag Geld hatte, dem sollte es das ganze Jahr daran nicht mangeln, wer an Neujahr viel ausgibt, wird auch im kommenden Jahr viel ausgeben, wer borgt, wird weiterhin borgen, wer früh aufsteht, bleibt ein Frühaufsteher, und wer gut und lang in den Tag hineinschläft, der wird es das ganze Jahr so machen. Wer am Neujahrstag flickte und nähte, dem hat man für alle Tage des Jahres Flicken und Nähen prophezeit. Man durfte am Neujahrstag überhaupt keine Handarbeit machen.

Von Bedeutung sollte auch die erste Begegnung am Neujahrstag sein: Ein Mann, vor allem ein junger oder ein Knabe, bringt Glück, sagte man – ein weibliches Wesen, gar eine alte Frau, sollten dagegen Unglück verheißen. Unglück brachte auch die Begegnung mit einem Briefträger, einem Bettler, Glöckner oder Totengräber. Glückverheißend sollte es dagegen sein, am Neujahrsmorgen einem bespannten Wagen zu begegnen oder einer anderen Überlieferung zufolge von einem Mann um eine milde Gabe gebeten zu werden.

Wer am Neujahrstag Erbsensuppe aß, glaubte, fieberfrei zu bleiben, wer keine aß, riskierte schlimme Krankheiten. Der Genuß der Erbsen sollte vor allem Hautkrankheiten abwehren. Erbsen sollte man unbedingt kochen, auch wenn sie nicht gegessen wurden. Wer an Neujahr Möhren aß, der hätte das ganze Jahr über Geld. Gleiches behauptete man auch von anderen Speisen, von Fischen, von quellenden Gerichten – namentlich Hirse – und Weißkraut. Schweinefleisch mit Sauerkraut sollte das Glück festhalten, und Süßigkeiten würden das ganze Jahr versüßen. Brennnesselkuchen an Neujahr versprach angeblich ein gutes Jahr. Biertrinken sollte verjüngen, aber wer Äpfel an Neujahr aß, mußte mit der gleichen Anzahl von Geschwülsten im nächsten Jahr rechnen.

Dem Glückwünschen hat man nicht nur Höflichkeits-Charakter beigemessen, sondern fest an seine sichere Zauberkraft geglaubt. Wünschte allerdings eine Frau einem Mann zuerst ein gutes neues Jahr, so sollte das ein Unglücksjahr zur Folge haben. Ähnlich wie beim ↗ Bleigießen träufelte man Talg oder Wachs ins Wasser oder man schlug Eier in kochendes Wasser, um dann aus den erstarrten Formen die Zukunft herauszulesen. Legte man an Neujahr Immergrün auf den Herd oder auf eine heiße Ofenschaufel und kräuselten sich die Blätter, so glaubte man ans Glück für das kommende Jahr, verbrannten sie aber, so sollte das den Tod künden. Was man in der Neujahrsnacht träumte, sollte in Erfüllung gehen.

Ebenso schloß man vom Wetter am Neujahrstag auf das des kommenden: War es mild und windstill, so rechnete man mit gemäßigter Witterung, war es dagegen stürmisch, so glaubte man, das Jahr werde unruhig, wechselhaft. Ein schöner Neujahrstag ließ ein fruchtbares Jahr erwarten. Wurde es an diesem Tag rasch hell, so glaubte man auch an ein gutes Jahr mit »Geld, Lieb' und Fried' im Haus«. War es heiter und frostig, so versprach man sich Gesundheit im neuen Jahr; Nebelwetter oder starker Wind ließen jedoch viel Krankheit befürchten. Starkes Morgenrot an Neujahr, glaubte man, würde Krieg ankündigen, Feuersbrunst und Krankheit sowie viele Gewitter. Der Beginn des Jahres sollte auch für den Imker bedeutungsvoll sein (↗ Bienen), und man behauptete, ↗ Gicht, ↗ Zeugung und das ↗ Jagdglück beeinflussen, ja sogar sich jetzt schon vor Knochenbrüchen schützen zu können. ↗ Silvester.

Neumond Die Zeit des Neumondes galt als schlechte Zeit, man hat sie mit schlimmen Vorbedeutungen belastet. Die bis zu sechs Stunden vor und nach Neumond Geborenen sollten nicht lange leben und darüber hinaus impotent sein. Vor Heiraten bei Neumond und abnehmendem Mond wurde gewarnt, Unglück, Armut und Kinderlosigkeit sollten die Folgen sein. Ein Kind, in der Neumondnacht gezeugt, sei fast immer männlichen Geschlechts, wurde behauptet, und ließ man den Neumond in seinen Geldbeutel schauen, so sollte es weiterhin am Geld nicht fehlen. Aber wer kein Silberstück bei sich hatte, wenn er erstmals den Neumond sah, dem würde Unheil widerfahren, prophezeite man, und Obstbäume, die in der Neumondzeit gepflanzt wurden, sollten zwar blühen, aber keine Früchte bringen.

Neun Dieser Verdreifachung der vielfach als heilig geltenden Zahl Drei hat man meist eine entsprechend starke Vorbedeutung beigemessen. Schon bei den ↗ Gottesurteilen waren neun glühende Pflugscharen zu überschreiten oder neun Schritte mit einem glühenden Eisen in den Händen zu gehen. Bei Augenschmerzen sollten sieben oder neun Wurzeln des Löwenzahnes helfen, und neun Blüten der ↗ Eberwurz sollten die Kraft von neun Männern verleihen. Bei Fieber spielte die Zahl Neun für das Einnehmen von Schafgarbe eine Rolle, und gegen Schluckauf sollte man neun Schlucke kalten Wassers trinken. Auch beim Entwöhnen der Säuglinge und bei der Bekämpfung von Läusen taucht die Neun mehrfach auf. ↗ auch Blumensträuße.

Niederkunft Hatte der Bräutigam der Braut am Hochzeitstag die Strumpfbänder gebunden, so sollte eine leichte Niederkunft bevorstehen. Eine einfache Geburt sei auch zu erwarten, wenn sich die werdende Mutter ein Hemd oder die Pantoffeln ihres Mannes zur Niederkunft anziehe. Von den Edelsteinen hat man den Schwangeren den Diamant und den Karneol zu tragen empfohlen, und in der entscheidenden Stunde sollte eine Jungfrau sich ein Leinensäckchen mit elf oder dreizehn Korianderkörnern an einen Schenkel binden, um die Niederkunft zu erleichtern und zu beschleunigen. Der gleiche Wunsch sollte in Erfüllung gehen, wenn man der Gebärenden einen ↗ Donnerkeil in die Hand gab oder wenn man dreimal einen Hagedorn auf den bloßen Leib der Frau fallen ließ.

Erleichterung sollte es der werdenden Mutter ferner bringen, wenn eine Jungfrau über sie hinwegschritt und ihren ↗ Gürtel auf sie fallen ließ. Die Wehen sollten mittels Sonnentau gemildert werden können, aber die Mutter durfte ihre Augen während der Niederkunft nicht schließen, weil man ihr sonst die Erblindung ihres Kindes prophezeite. Damit die Gebärende nicht ihr Herzblut verliere, legte man ein Beil unter ihr Bett. Erfolgte die Niederkunft bei zunehmendem Mond, so glaubte man, daß die Frau noch weitere Kinder bekommen werde. Bei zunehmendem Mond Geborene sollten sich auch physisch und psychisch besser entwickeln als die bei abnehmendem oder Neumond Geborenen. ↗ Gewitter, ↗ Gemse, ↗ Münzen.

Nieren Bei Nierenleiden habe sich das Tragen eines Nephrits oder eines Saphirs bewährt, hieß es. Außerdem glaubte man auch an die Heilwirkung eines auf die Nierengegend gelegten Serpentins. Gut für die Nieren sollte Wachtelbrühe sein. Kranke Nieren vermeinte man durch Trinken von Eselsharn kurieren zu können, und Nierensteine sollten sich durch frisches, warmes Bocksblut auflösen lassen. Geraten wurde bei Nierensteinen auch zu einer Mixtur aus Knoblauch und Pferdemist sowie zu einem Absud von Hagebutten. Gegen Nierenschmerzen sollte der Saft der Türkenbundzwiebel helfen.

Niesen galt vielfach als gefährlich, wer niesen mußte, sollte ein Kreuz über dem Mund machen. Sogar dem Teufel sagte man Macht über einen Niesenden nach, was man nur durch ein ↗ »Helf Gott« abwenden konnte. Gegen zu vieles und zu starkes Niesen empfahl die Volksmedizin: die Hände warm waschen sowie Fußsohlen und Handteller mit einer Bürste oder mit Flanell reiben, ebenso die Augen und Ohren.

Niesen sollte nach einem verbreiteten Glauben Verdruß oder ein scheltendes Weib ankündigen. Mußte eines der Brautleute während der Trauung niesen, so befürchtete man Unheil für die Ehe. In anderen Orten meinte man jedoch, daß Niesen Glück bringe: wenn ein Kind vor der Taufe niest, wird es klug und bekommt viele Geschenke, sagte man dort. Wer morgens nüchtern dreimal niest, hat Glück zu erwarten und wird etwas Neues erfahren. Niest man, nachdem man etwas behauptet hat, so wird dadurch angeblich die Wahrheit und Richtigkeit bekräftigt. Wenn Samstag abends das jüngste Kind der Familie im Bett nieste, so sollte eine glückliche Woche folgen. Nieste ein Kranker, so glaubte man an seine Genesung.

Niesen sollte Krankheiten ableiten und wurde deshalb nicht selten durch Niespulver hervorgerufen. Wer niest, ist in den nächsten vierundzwanzig Stunden vor einem Schlaganfall gefeit, glaubte man. Andererseits hat man dem Niesen tageweise unterschiedliche Bedeutung gegeben:

> Montag beschenkt,
> Dienstag gekränkt,
> Mittwoch geliebt,
> Donnerstag betrübt,
> Freitag groß Glück,
> Samstag gehen die Wünsch' zurück,
> Sonntag Gesellschaft.

Nonne Begegnete man am Morgen als erster Person einer Nonne, so sollte das für diesen Tag Unglück und Mißerfolg ankündigen. Sah man die Nonne von vorn, so sollte auch noch Streit bevorstehen.

Not beschwört herauf, wer seinen Finger ins Trinkglas steckt oder mit der Gabel auf den Tisch schlägt, glaubte man. Auch wer mit den Fingern auf den Tisch trommelt, würde das Elend herbeirufen, davon war man überzeugt, und Kometen sollten gleichfalls Notzeiten ankündigen.

November Schnee am Andreastag (30. November) bleibt hundert Tage liegen und schadet der Saat, konnten die Bauern im Kalender lesen.

Nüchtern Die Nüchternheit hatte für die Wirksamkeit und den Erfolg eines Tuns ähnliche Bedeutung wie das Nicht-Bereden und die ↗ Nacktheit. So glaubte man, Heilkräfte durch Nüchternheit verstärken und die Wirkung der Heilpflanzen aufbessern zu können, wenn man sie nüchtern ausgrub oder anwandte. Die Sehkraft zum Beispiel wollte man wahren, indem man die Augenlider nüchtern mit Speichel bestrich. Schwangere sollten sich morgens nüchtern die Magengegend mit Speichel einreiben, um ein übermäßiges Wachstum der Nachgeburt zu verhindern. Wer am Karfreitag, morgens, nüchtern einen Apfel aß, sollte gegen Magenschmerzen gefeit sein, und dreimaliges Niesen im Zustand der Nüchternheit galt als sicheres Glücksvorzeichen.

Nüsse   ↗ Haselnüsse, ↗ Muskatnuß, ↗ Walnüsse.

O

Obst War es an Neujahr windig, so erwartete man ein reiches Obstjahr. Aber wenn es an Pfingsten regnete, sollte das Obst schon vor der Reife abfallen. Dem ↗ Salamander unterstellte man, er wäre fähig, das Obst zu vergiften. Wer unreifes Obst aß, den sollten Läuse heimsuchen, und wer an Adam und Eva (24. Dezember) viel Obst zu sich nimmt, bekommt Geschwüre. Pflücken sollte man das reife Obst bei wachsendem (zunehmendem) Mond. Menstruierende Frauen, denen man den ↗ Bösen Blick nachgesagt hat, sollten Früchte welken lassen und durften das Obst beim Einkochen nicht anfassen, weil sonst alles verderben würde, behauptete man.

Obstbäume sollte man bei zunehmendem oder bei Vollmond pflanzen und veredeln. Bäume, die bei Neumond gepflanzt wurden, sollten zwar blühen, aber keine Früchte bringen. Man glaubte auch, die Obstbäume würden gut gedeihen, wenn man einen toten Hund unter ihnen begrub. Im Herbst hat man oft einige Früchte an den Bäumen gelassen als Garantie für eine gute Ernte im kommenden Jahr. Auch durch Ausstreuen der Gräten eines am Heiligen Abend gegessenen Fisches unter den Obstbäumen glaubte man, ihre Fruchtbarkeit fördern zu können. An Neujahr schoß man in die Bäume, um die Fruchtbarkeit zu wecken.
Das Wachstum der Bäume konnte man unterstützen, wenn man am Gründonnerstag vor Sonnenaufgang einen durch Honig gezogenen Faden um sie band. Man sollte den Schnee von den Bäumen nicht abschütteln, weil sie sonst nicht gut tragen würden. Raupen sollten angeblich die Obstbäume nicht heimsuchen, wenn man sie am Karsamstag während des Glorialäutens abkehrte. Wer jedoch an einem Freitag erntete oder den Baum am Sonntag zuschnitt, der würde ihn dadurch unfruchtbar machen, wurde behauptet.

Ochse Wer sich im warmen Ochsenblut badete, sollte sehr schön werden. Bei geschwollenen Beinen wurde empfohlen, Ochsenfüße mit Kräutern zu kochen und die Beine in dem Absud zu baden. Gegen Leberverstopfung sollte das Trinken warmer

Ochsengalle helfen. Gegen »Durchlaufen« (Ruhr) wurde empfohlen, geräuchertes und gesottenes oder zu Pulver gebranntes Ochsenfleisch in Wein einzunehmen.

Ohnmacht Vorbeugend gegen Ohnmachten hat man nicht nur Gold in Form von Ringen und Kettchen getragen, sondern auch Lapislazuli sowie einen Chrysolith am linken Arm, der in einem kleinen Loch ein Eselshaar enthalten mußte. Um einen Ohnmächtigen wieder zu sich zu bringen, sollte man ihn mit dem Ringfinger, den man auch Arztfinger nannte, fest reiben.

Ohren Von den menschlichen Ohren wollte man allerlei Vorbedeutung herleiten können, vor allem hinsichtlich des Charakters. Menschen mit großen Ohren sollten zwar töricht sein, aber lange leben. Nach einem anderen Glauben hat man diesen Menschen jedoch ein gutes Gedächtnis nachgerühmt und gemeint, sie seien aufmerksam und sorgfältig. Kleine, eng anliegende Ohren sollten böse, tückische und ungerechte Menschen kennzeichnen. Später hat man in kleinen Ohren eine Ankündigung für Reichtum, in abstehenden Ohren ein Zeichen für ein kurzes Leben gesehen; ein Mann mit freien, nicht angewachsenen Ohrläppchen wird – nach der Volksmeinung – eine Witwe heiraten. In Asien ist der Glaube weit verbreitet, daß kleine Ohrläppchen auf wenig Aktivität in der Liebe schließen lassen.

Ohrenklingen Wenn das rechte Ohr klingt, sollte einem Gutes bevorstehen oder es redete jemand Gutes über einen. Klingt das linke Ohr, glaubte man das Gegenteil. Dann biß man sich auf die Zunge in der Überzeugung, daß der Lästerer dadurch eine Blase auf der seinigen bekommt. Hörte das Klingen plötzlich auf, so war man sicher, den Namen des Lästerers erraten zu haben.

Ohrenkrankheiten Dagegen – vor allem gegen Eiterungen, Ohrenfluß und so weiter – trug man goldene Ohrringe in den Ohrläppchen.

Ohrenschmalz Man glaubte nicht nur, mit Hilfe von Ohrenschmalz Hühneraugen beseitigen zu können, sondern es sollte auch, wenn es von kleinen Mädchen kam, empfängnisverhütend wirken. Sogar den Schutz eines Unverwundbaren vermeinte man überwinden zu können, wenn man eine Waffe mit Ohrenschmalz bestrich. ↗ Nachwort S. 299.

Ohrenschmerzen glaubte man heilen zu können, wenn man seinen Namen mit blauer Kreide auf die große Glocke im Kirchturm schrieb. ↗ blau.

Ohrfeige Ihr hat man ebenso Abwehrkräfte gegen allerlei Übel zugeschrieben wie auch die Fähigkeit, das Gedächtnis zu mobilisieren.

Ohrläppchen ↗ Ohren.

Ohrringe ↗ Ohrenkrankheiten.

Öl zu verschütten sollte Unheil, ja sogar den Tod bringen, glaubte man. Wunden aller Art sollten mit Hilfe eines Öles heilen, das man von schwarzen Schnecken gewann, und ein Öl aus Maikäferlarven wurde gegen Rheumatismus empfohlen. ↗ Stall.

Olivin ↗ Chrysolith.

Onyx Dieser Edelstein sollte gegen Krätze, Räude sowie gegen Augenleiden gut sein. Als Monatsstein ist er den im August Geborenen zugeordnet und soll ihnen einen lebhaften Geist sowie ein mutiges Herz verleihen. Verschiedentlich gilt er jedoch als Februar-Monatsstein.

Opal Dieser Edelstein galt als sicherer Glücksbringer. Man sagte ihm auch magische Heilkräfte nach, vor allem sollte er Herz und Augen seiner Träger stärken, die Melancholie vertreiben und vor Vergiftungen bewahren. Die im Oktober Geborenen erwarteten sich vom Opal, als ihrem Monatsstein, Beistand in aller Not und Gefahr; er sollte ihnen das Wohlwollen ihrer Mitmenschen sichern und sie vor Selbstmordgedanken bewahren.

Operationen Wer sich Kleider auf dem Leib flicken ließ, an dem sollte auch der Arzt bald etwas flicken müssen, sagte man. Aber man hielt alle Operationen für gefahrlos, wenn sie mit goldenen Instrumenten ausgeführt wurden, denn das Gold galt der Sonne verwandt und würde – dessen war man sich sicher – lebensverlängernd wirken. ↗ Krankenhaus.

Opposition Um allen Widerspruch bei sich und anderen zu

überwinden, sollte man in der Zeit des ↗ Frauendreißigers Taubnesseln sammeln, in einjährigen Zypressensaft legen und gut verwahrt bei sich tragen. Damit sollte man selbst auch sanft und gütig werden. ↗ friedfertig.

Orakel In vielen Religionen Götterspruch zur Bestimmung des ↗ Schicksals und der ↗ Zukunft eines Menschen oder einer menschlichen Gemeinschaft. Im weiteren Sinne nicht ausschließlich eine Sentenz göttlicher Herkunft, sondern allgemeine ↗ Wahrsagerei.

Ostern Hat man an Ostern und am Palmsonntag, wenn die ganze Natur sich erneuert, auch ein neues Kleid an, so bringt das Glück, glaubte man. Wenn es am Ostersonntag regnete, dann sollte es sechs Sonntage hintereinander regnen. Und eine weitere Regel will wissen: Woher am Ostermorgen der Wind weht, daher würde er bis Himmelfahrt oder bis Pfingsten wehen.
Vor kaltem Fieber hoffte man verschont zu bleiben, wenn man am Ostermorgen die drei ersten Veilchen, die man gefunden hat, verschluckte. Ostersträuße aus Palmkätzchen und ausgeblasenen Eiern galten als Schutzmittel gegen Hexen. Wer in der Osternacht eine Wurzel der Schwertlilie ausgrub und getrocknet auf der bloßen Haut trug, glaubte hieb- und stichfest zu werden.
Legte man sich aber in der Osternacht von elf bis zwölf Uhr auf einen Kreuzweg, der zugleich Totenweg war, und wenn man dort trotz aller widrigen Erscheinungen weder lachte noch weinte, weder betete noch sprach, dann sollte der Teufel in Gestalt eines Jägers kommen und allerlei vorteilhafte Gaben verleihen.

Osterwasser wurde an Ostern vor Sonnenaufgang schweigend aus Bächen und Flüssen gegen den Strom geschöpft. Man hat ihm besondere Heilkraft gegen alle Krankheiten, vornehmlich der Augen, Flechten und Ausschlag nachgerühmt. Wer sich in Oster-wasser badete, sollte das Jahr über von Krankheiten verschont bleiben und dazu noch schön werden. Im Haus versprüht, sollte es alles Ungeziefer vertreiben. Bewahrte man es auf, so blieb es angeblich das ganze Jahr über frisch und unverdorben.

P

Palmkätzchen Ein Strauß aus Palmkätzchen mit leergeblasenen Eiern galt als Schutzmittel gegen Hexen. ↗ Palmsonntag, ↗ Halsschmerzen.

Palmsonntag Man zog an diesem Sonntag vor Ostern wie auch an Ostern selbst gerne neue Kleider an, weil die ganze Natur sich zu dieser Zeit erneuerte und die neuen Kleider Glück bringen sollten. Der Palmbusch, regional sehr unterschiedlich aus Weiden-, Wacholder-, Eichen-, Haselzweigen und so weiter zusammengefügt und mit Eßwaren verziert, sollte die Freude über den eingekehrten Frühling ausdrücken und Fruchtbarkeit bringen. Aß man am Palmsonntag Weidenkätzchen, so glaubte man, im weiteren Jahr von Halsschmerzen verschont zu bleiben. Einem anderen Glauben zufolge sollte das Verschlucken dreier unzerkauter Palmkätzchen auf nüchternen Magen allgemein für die Gesundheit gut sein.

Pantoffel Wollte man etwas Unerfreuliches vergessen, so sollte man einen Pantoffel über den Kopf nach hinten werfen.

Paprika ↗ Pfeffer.

Patenschaft galt ursprünglich als enge verwandtschaftliche und geistige Beziehung zwischen Patenkind und Paten. Teilweise hat man durch Geben und Nehmen einer Haarlocke ein Patenschafts- und Schutzverhältnis begründen wollen. Das Hemd des Paten sollte das Patenkind vor Krankheiten und Dämonen bewahren. Sah ein Mädchen im Frühling einen Storch zuerst stehend, so erwartete es, als Patin gebeten zu werden. Schwangere Frauen durften keine Patenschaft übernehmen, weil man glaubte, daß sonst ihr erwartetes Kind wie auch das Patenkind in Lebensgefahr geraten würden.

Pech Mit Lärchenpech, vermischt mit weißer, ungewaschener Butter, glaubte man Schwindsucht heilen zu können. ↗ Unglück.

Peitsche Vielfach nahm man an, Krankheiten durch Peitschenstreiche vertreiben zu können. Auch Hexen sollten durch lautes Peitschenknallen wie überhaupt durch Lärm verscheucht werden können. Fuhrleute flochten zuweilen in ihre Peitschen eine Ottern- oder sonstige Schlangenzunge, weil sie überzeugt waren, dann ihre Pferde zum Ziehen selbst der größten Lasten antreiben zu können.

Perlen bedeuten Tränen – deshalb durften sich Liebende keine Perlen schenken und Bräute keine im Hochzeitsschmuck tragen.

Pest Die Pimpinelle (Bibernelle) galt lange als bewährtes Mittel gegen die Pest:

> Esset Eberwurz und Bibernell,
> damit ihr sterbet nit so schnell.

Wer Bilsenkraut bei sich trug, vermeinte ebenfalls sicher zu sein, und an den Häusern hing man Büschel von Schafgarbe als Pestschutz auf.

Man glaubte, die Bewohner eines Dorfes vor der Seuche schützen zu können, wenn man mit dem Pflug einen geschlossenen ↗ Kreis um die Ansiedlung zog. Es wurde auch behauptet, daß die Pest Wasser nicht überschreiten könne. ↗ Hyazinth, ↗ Nachwort S. 300.

Petersilie muß lachend ausgesät werden, tunlichst an einem Mittwoch, sagte man. In einigen Gegenden sollte man bei der Aussaat jedoch zornig sein. Sät man die Petersilie am Petrustag (29. Juni) oder am Johannistag (24. Juni), dann soll sie den ganzen Winter über grün bleiben. Bei abnehmendem Mond in die Erde gebracht, erwartete man kräftige Wurzeln, bei zunehmendem ein schönes Kraut. Geht die Petersilie üppig auf, dann lebt der Sämann lang oder die Familie bekommt Nachwuchs, sagte man, geht sie schlecht auf, so hat der Sämann einen losen Mund. Verpflanzen darf man die Petersilie nicht, weil sonst angeblich jemand stirbt oder man keinen Mann bekommt. Wilde Petersilie in Wein gesotten sollte die Empfängnis fördern.

Pfeffer Wurde Pfeffer oder Paprika verschüttet, so sollte schlimmerer Streit folgen als nach dem Salzverschütten. Gegen Fieber wurde das Verzehren eines mit Pfefferkörnern gespickten Apfels empfohlen.

Pfeifen Wer pfeift, der holt Wind und Sturm heran, sagte man. Wer vor dem Schlafengehen pfeift, ruft den Teufel herbei. Nachts zu pfeifen sollte überhaupt Unglück bringen, hieß es. Mädchen dürfen nicht pfeifen, meinte man, sonst lacht der Teufel.

Pferd Das Pferd galt vielfach als Amme des Menschen, da man die ↗ Stutenmilch trank. Man betrachtete die Pferde auch als Träger der Seelen Verstorbener. ↗ Kinderkrankheiten.

Pferdegewieher kündigte angeblich bevorstehendes Glück an.

Pferdemist wurde, wie anderem ↗ Kot, auch Heilkräfte nachgesagt. Er sollte sowohl gegen ↗ Koliken als auch gegen ↗ Fieber und ↗ Ruhr helfen. Eine Mixtur aus dem Saft von frischem Pferdemist und Branntwein verabreichte man gegen die männliche Impotenz, und Sommersprossen würden sich mit Pferdeharn einfach wegwaschen lassen, wurde behauptet.

Pfingsten Regen an Pfingsten hielt man für eine schlechte Vorbedeutung – es sollte dann vierzig Tage oder sechs bis zehn Sonntage regnen, ein Drittel bis die Hälfte der Feldfrüchte durch Regen verderben, mehr Spreu als Weizen geben, das Obst sollte vor der Reife abfallen und eine Mäuseplage das Land heimsuchen. Aber mit einem Strauß aus frischem Grün, an Pfingsten im Haus, glaubte man Gewitter und Krankheit, Zauber und Ungeziefer verscheuchen zu können. ↗ Nachwort S. 297.

Pfingstrose Schon der Antike galten die Päonien als Schutzmittel gegen böse Geister und später – nicht nur im Mittelalter – sollte der Verzehr der Samenkörner besonders vor Albdrücken bewahren. Diese »Schreckkörner«, in einem Amulett oder auf eine Schnur gezogen und den Kindern umgehängt, sollten diese vor Schreckhaftigkeit schützen, vor allem nachts. Die Pfingstrosen sollten vorbeugend gegen ↗ Gicht helfen und die umgehängte Wurzel gegen Epilepsie.

Pflanzen sollte man in den meisten Fällen bei zunehmendem oder Vollmond. Beide Mondphasen galten als Zeiten der Fruchtbarkeit (↗ Obstbäume). Da der Montag, zumindest vom Wortstamm her, dem Mond nahestehen soll, wurde auch dieser Tag für das Pflanzen empfohlen.

Vorzügliches Gedeihen hat man ebenfalls für alles vorausgesagt, was am Karfreitag gepflanzt und gesät wurde. Man kannte aber auch eine Reihe von ↗ Unglückstagen, die Saaten und Pflanzungen angeblich mißlingen ließen. ↗ säen, ↗ Garten.

Phantasie sollte der ↗ Topas zügeln, der Onyx dagegen sollte den Geist beflügeln, mindestens bei den im August Geborenen.

Phlogiston ↗ Feuer und ↗ Nachwort S. 314.

Pickel ↗ Ausschlag.

Pilze Schlug man einen Pilzplatz mit einer Wacholderrute oder mit einer einjährigen Haselnußrute, so erwartete man, daß dort viele Pilze wachsen werden. Andererseits hielt man aber reichlichen Pilzwuchs für das Vorzeichen einer Teuerung. Beim Pilzesammeln sollte man die ersten drei gefundenen – ähnlich wie beim Beerensammeln – in einen hohlen Baum legen, dann würde man viele Pilze finden, glaubte man.

Pimpinelle oder Bibernelle sollte in Pestzeiten eine abwehrende, schützende Wirkung haben. Aber auch mit Liebeszauber wird sie in Zusammenhang gebracht. Steckte ein Mann sie unbemerkt in die Tasche eines Mädchens, dann wünschte er, jenes solle ihm hörig werden. Andererseits glaubten Frauen an eine empfängnisverhütende Wirkung, wenn sie ein Stück der Pimpinelle bei sich trugen. Am Busen geborgen, sollte eine Pimpinelle die Muttermilch vermehren.

Planeten ↗ Horoskop, ↗ Sterndeutung, ↗ Glückstage.

Pocken Dem ↗ Türkis schrieb man Heilkräfte bei Pocken zu.

Pollution ↗ Sauerampfer.

Polterabend Lärmen am Polterabend sollte die bösen Geister, die die Hochzeit stören könnten, vertreiben. ↗ Lärm.

Potenz ↗ Geschlechtskraft.

Prosit ↗ Trinken.

Pustel ↗ Ausschlag.

Q

Quark Nach neuerem Glauben sind Vollkornbrot und Quark die besten Schönheitsmittel.

Quellen Vergrub man bei dem Nest eines Schwarzspechtes einen Spiegel, in den man vorher einen Hund hat hineinschauen lassen, so erwartete man, daß der Spiegel verborgene Quellen offenbaren wird.

Quendel ↗ Thymian.

Quetschungen sollte man mit Hundefett behandeln, hieß es.

R

Raben galten als Unglücksboten ($\nearrow$ Nachwort S. 281), sogar als Verkörperung des Teufels. Vor allem wenn mehrere gesehen wurden, sollte das Unheil bringen: Rabengeschrei kündet Streit an, sagte man, und auch Raben über dem Haus sollten kommenden Zank anzeigen. Saßen Raben auf dem Dach, so befürchtete man, daß jemand im Haus krank würde. Flog ein einzelner Rabe über das Haus, so rechnete man mit dem Tod eines weiblichen Familienmitgliedes, bei zweien mit dem eines männlichen. Um das von Raben angezeigte Unglück abzuwenden, sollte man dreimal auf den Boden spucken.

Verdammte würden in Raben verwandelt, glaubte man. Zur See deutete man einen Raben jedoch als Glücksbringer, zwei als Sturmkünder und bei dreien sollte der Tod bevorstehen. Dagegen galt eine gefundene Rabenfeder stets als Glückszeichen. Und wer Rabenfleisch aß, sollte listig, allerdings auch diebisch werden. Rabenhirn sollte erfrorene Füße heilen und Kopfschmerzen vertreiben, Rabenblut sei gut bei Hämorrhoiden, sagte man, und Rabengalle hat man gegen Schwerhörigkeit empfohlen. Kindern hing man gegen Husten einen Rabenfuß um.

Rachitis Gegen diese Krankheit sollte das Kind einen Absud von weißem Hundekot trinken. Hilfe erwartete man auch, wenn man das erkrankte Kind unter Segenssprüchen nach allen vier Ecken eines Zimmers schwang.

Ratten wollte man mit einer Klettenwurzel vertreiben, die man an Walpurgis (1. Mai) mittags zwölf Uhr stillschweigend ausgegraben und im Haus ausgelegt hat. Andererseits sagte man, daß nicht nur ein Schiff untergeht, sondern auch ein Haus einstürzt, wenn Ratten und Mäuse daraus verschwinden.

Raubvögel $\nearrow$ Adler, $\nearrow$ Geier, $\nearrow$ Habicht.

Räuchern mit bestimmten Hölzern und Zugaben, zum Beispiel mit Wacholderbeeren, galt als starker Schutz gegen Hexen und alle bösen Geister. Im Alten Testament (2. Buch Mose 30, 1–10) wurde das Räuchern bereits vorgeschrieben. Man wandte es später beim ↗ Exorzismus und zur Lösung von einem Bann an. Wacholderholz schätzte man für das Ausräuchern eines Sterbezimmers besonders. Das Beräuchern mit Schwefel sollte Krankheiten heilen. ↗ Totenzähne, ↗ Riechen, ↗ Weihrauch.

Rauferei Wer ein Fläschchen mit Taufwasser bei sich trug, glaubte bei jeder Rauferei die Oberhand zu gewinnen. Auch verschiedene Edelsteine sollten ihren Trägern in jeder Auseinandersetzung den ↗ Sieg sichern.

Rauhnächte ↗ Zwölfnächte.

Raupen und anderes Ungeziefer auf den Feldern glaubte man vernichten zu können, wenn man alte Kleider verbrannte, die Asche durch ein Sieb trieb und auf die Felder streute. Die Obstbäume wollte man von Raupen freihalten, indem man sie am Karsamstag während des Glorialäutens abkehrte.

Rausch galt als ein Zustand, in dem göttliche Kraft auf den Berauschten übergeht.

Raute Diesen Pflanzen mit ihrem stark riechenden Öl hat man im Altertum Wirksamkeit gegen Schierlingsgift, im Mittelalter auch gegen Schlangengift nachgesagt. Das Einreiben der Füße mit Raute und Wermut sollte die Schlangen abwehren, und ein mit Gartenraute versetzter Wein galt als Anti-Aphrodisiakum.

Rebhuhn Wer sich die Schläfen mit Rebhuhngalle einrieb, glaubte dadurch ein gutes Gedächtnis zu bekommen.

Rechen die ohne Überlegung hingeworfen wurden und mit den Spitzen nach oben zu liegen kamen, sollten fruchtbaren Regen bringen, nach anderem Glauben jedoch einen Streit heraufbeschwören.

Rechts wurde unter dem Einfluß des Alten und Neuen Testaments (Gen. 48,14 ff. und Matth. 25, 33–41 sowie 26,64) zur bevorzugten Seite gegenüber ↗ links (↗ Nachwort S. 279). Der Platz rechts vom Gastgeber gilt als der Ehrenplatz für den Gast. Stolperte der Gast mit dem rechten Fuß oder stand man mit dem rechten Fuß zuerst aus dem Bett auf oder klang das rechte Ohr, all das wurde positiv als Glückszeichen gedeutet. Dagegen soll Jucken der linken Hand Einnahmen, das der rechten Ausgaben ankündigen und das Jucken der ↗ Augen wird je nach Tageszeit wechselnd gedeutet. ↗ Fuß.

Reden Wer ein Fünffingerkraut bei sich trug, sollte besonders gewandt reden können und dadurch alle seine Wünsche erfüllt bekommen. ↗ Sprache.

Regen erwartete man, wenn die Milch beim Kochen nicht aufging, oder wenn sich die Tauben im Wasser badeten oder in einer Reihe auf dem Dach saßen, ebenso wenn die Fische aus dem Wasser hochsprangen, wenn ein Esel die Ohren spitzte oder seitwärts ging, wenn die Elstern viel schwätzten oder die Mücken aufgeregt waren und viel stachen. Auch Spechte, Sperlinge und Reiher, wie überhaupt die ↗ Vögel, dienten als Wetterpropheten. Regen erwartete man ferner, wenn ein Hund Gras fraß oder penetrant roch. Hatte der Mond einen Hof oder schien er blaß und gelb, so sollte das genauso ein Regenvorzeichen sein wie das Verhalten einer Schnecke:

> Belädt sich die Schnecke mit Grund,
> so tut sie starken Regen kund.

Tötete man eine Schnecke, so sollte das gleicherweise Regen zur Folge haben wie wenn man einen Frosch umbrachte. Man konnte angeblich Regen auch herbeiführen, indem man eine Schlange verkehrt an den Ast eines Baumes hing.
Regnete es an Ostern, Pfingsten, am Dreifaltigkeitssonntag (Sonntag nach Pfingsten), an Siebenschläfer (27. Juni) oder an Margarete (13. Juli), so sollte es längere Zeit regnen. Lief jemand im Regen, dann würde dieser noch zunehmen. Ein Ende des Regens konnte man angeblich mit dreimaligem Ausspucken erreichen. Schaute eine Gans während des Regens zum Himmel hinauf, so sollte dies ohnehin das Ende des nassen Wetters ankündigen, das dann für längere Zeit verschwand, wenn man am 1. Mai gebacken hatte.

Regenbogen Die Kinder, die während dieser Himmelserscheinung zur Welt kamen, sollten besonders schön und tüchtig werden. Da der Regenbogen als Gottes Werk angesehen wurde, durfte man nicht mit dem Finger auf ihn deuten, weil dieser sonst verdorren und abfallen würde. Wo der Regenbogen auf die Erde aufstößt, sollten sich große unterirdische Schätze befinden. Lief ein Mädchen unter einem Regenbogen hindurch, so sollte es ein Knabe werden. Bunte Nelken wollte man bekommen, wenn man sie während eines Regenbogens säte.

Regenwasser möglichst frisch und unmittelbar vom »Himmel« gefallen, sollte große Zauber- und Heilkraft haben, noch verstärkt, wenn der Regen an kirchlichen Feiertagen oder an heiligen Tagen, zum Beispiel am Dreifaltigkeitssonntag, gefallen ist. Sowohl durch Trinken als auch durch Waschungen könne er, zum Beispiel gegen Warzen, Hühneraugen, bei Kinderkrankheiten und so weiter, helfen.

Regen im Mai fördere das Wachstum der Kinder, glaubte man auch, vor allem das ihrer Haare, wenn sie sich mit bloßem Kopf beregnen ließen. Wasser von einem Gewitterregen sollten die Kinder trinken, um leicht und frühzeitig sprechen zu lernen. Den Ehefrauen riet man, ihren Männern Regenwasser in die Suppe zu geben, wenn der häusliche Frieden gestört war. Regnete es ins offene Grab, so glaubte man, daß der oder die Tote sicher selig würde.

Reh Ein Amulett mit einem Rehauge sollte vor Zahnschmerzen bewahren.

Reichtum ↗ Wohlstand.

Reif (Rauhreif) und seinen Schaden glaubte man durch nächtliches Glockengeläut abwenden zu können.

Reiher galten als Wetterpropheten – flog einer hoch über eine größere Strecke, so erwartete man Regen, Wind und weiteres Unwetter. Die Feder eines Reihers sollte ihren Träger vor Unheil schützen. Reiherfett wurde gegen Gicht, Taubheit, Augenleiden, Lähmungen und zur Förderung des Stuhlganges angewandt. Plinius schrieb, gegen Schlaflosigkeit sei es gut, einen Reiherschnabel in Eselshaut einzunähen und vor die Stirn zu binden.

Reisen galten an bestimmten Tagen von vornherein als unglückliche Unternehmungen, die man an diesen Tagen besser unterlassen sollte (↗ Unglückstage). Allgemein hat man geglaubt, daß Reisen, die man mittags antritt, nicht glücklich verlaufen. Streute man aber etwas Salz in die Schuhe oder auf ein Stück Brot, das man mitnahm, so glaubte man, vor Unglück geschützt zu sein. Das gleiche sollte auch ein Kamm bewirken, den man auf die Reise mitnahm. Und sah man während der Reise einen Eber, so wurde dies gerne als gutes Vorzeichen gedeutet, bei Schafen nur, wenn sie links des Weges weideten. Auch von links den Weg überfliegende, krächzende Krähen galten als gutes Zeichen. Ein mitgetragener Granat oder Hyazinth sollte den Reisenden vor aller Unbill schützen.

Reizbar sollten Menschen mit roten Haaren sein, aber auch mit solchen, die sich beim Ausziehen kräuselten.

Rettich sollte man nach unten schaben, weil er dann angeblich nicht aufstößt. Im medizinischen Bereich wurden Rettiche gegen Kropf und Hühneraugen empfohlen, im einen Fall war Trinken des Saftes geboten, im anderen das Auflegen von Scheiben. Am Dienstag und Donnerstag sollte man Rettiche weder säen noch stecken, weil diese als »Wurmtage« verschrien waren.

Rheumatismus Wirksam dagegen sollte ein aus Maikäfer-Engerlingen zubereitetes Öl sein, mit dem die schmerzenden Stellen eingerieben werden mußten. Vor Rheuma glaubte man sich schützen zu können, wenn man eine Kastanie oder eine Kartoffel bei sich trug. Auch Gundermann im Badewasser sollte von Rheuma befreien.
Man glaubte aber auch, die rheumatischen Schmerzen auf Tiere übertragen zu können, und nahm dazu Eichhörnchen oder Meerschweinchen mit ins Bett oder hielt Turteltauben in den Händen. Ringe aus alten Sargnägeln sollten Rheumatismus gleichfalls anziehen und ihre Träger davon befreien. »Fußreißen« sollte jedoch bekommen, wer über Nacht Strümpfe auf dem Tisch liegen ließ. ↗ Ameisen.

Richtfest Um Unheil von dem neuen Haus abzuwenden, warf man beim Richtfest verschiedene Gegenstände über das Dach.

Richtschwert Da man glaubte, vom Körper und Blut eines Hingerichteten würden magische Kräfte ausgehen, schrieb man diese auch dem Schwert zu, mit dem die Hinrichtung vollzogen worden war. Man hat einem solchen Richtschwert einerseits große Kräfte für den Kampf nachgerühmt und andererseits auch heilbringende Wirkungen. Kinder, die mit nach oben gekehrtem Gesicht zur Welt kamen, würden straffällig, hat man gesagt. Sie sollten davor nur bewahrt werden können, wenn sie der Scharfrichter mit dem Richtschwert blutig ritzte.

Riechen Stark riechende Pflanzen – zum Beispiel Baldrian, Dill, Kamille, Liebstöckel, Rosmarin, Salbei, Sellerie – galten seit alters als Schutz gegen Dämonen und Teufel. Darüber hinaus waren sie Bestandteile jeglicher Schadensabwehr. Bei ↗ Hysterie wollte man den Dämon durch den Gestank angebrannter Haare und Federn vertreiben, und gegen Epilepsie sollten unter anderem die übel stinkenden Wanzen helfen. ↗ Günsel, ↗ Geruchssinn und ↗ Nachwort S. 300.

Ring Ebenso wie der ↗ Kreis symbolisierte der Ring das in sich Geschlossene, den Schutz für das Innere und die Abwehr gegen das Äußere. Der Ringfinger hatte angeblich eine direkte Verbindung zum Herzen und besondere Heilkraft, des weiteren eine starke Beziehung zum Gold, dem man eine Verwandtschaft zur Sonne nachgerühmt hat. Der Sämann sollte einen Goldring tragen. Der Ehering ist Symbol der Gemeinsamkeit, auch des Schutzes und der Abwehr. Er sollte nicht mit ins Grab genommen werden, wenn ein Partner früher starb als der andere (↗ Hochzeit). Mit Ringen wollte man sich vor vielen Krankheiten, beispielsweise vor Ohnmachten, Vergiftungen, Gelbsucht, Epilepsie und Ohrenleiden schützen. Sie spielten auch bei der Wiedergewinnung der durch einen Zauber verlorenen ↗ Geschlechtskraft eine Rolle. Nicht nur den Ringen aus ↗ Gold und ↗ Silber, sondern auch den aus alten Sargnägeln und verschiedenen Zweigen oder Pflanzen (zum Beispiel Beifuß) hergestellten hat man magische Kräfte zugeschrieben. ↗ Gürtel sowie ↗ Nachwort S. 294.

Ringelblume Um sich bei Mädchen beliebt zu machen, sollten die Burschen stets eine Wurzel der Ringelblume in einem violetten Seidentüchlein bei sich tragen. Tee aus den gelbroten Blüten der Ringelblumen wurde gegen Gelbsucht und Rotlauf getrunken.

Ringfinger Man hat lange Zeit geglaubt, daß vom Ringfinger eine Ader direkt zum Herzen geht. Der Ringfinger wurde deshalb auch Herzfinger genannt, auch Goldfinger und wegen seiner angeblichen Heilkraft, zum Beispiel bei Ohnmachten, Arztfinger. ↗ Flechten, ↗ Zahnschmerzen.

Rittersporn wurde seit alters zur Abwehr von Augenkrankheiten verwendet. Besonders am Johannisabend (24. Juni), wenn man durch Rittersporn hindurch ins Johannisfeuer blickte, glaubte man, das weitere Jahr von allen Augenkrankheiten verschont zu bleiben (↗ Nachwort S. 302). Der Rittersporn galt auch als blitzabwehrend.

Rock Der Rock einer Frau, der sich hinten aufstülpte, kündigte angeblich Verdruß an. ↗ Kindersegen.

Rosmarin Schon Plinius empfahl die Wurzeln gegen Hämorrhoiden und als Wundheilmittel. Der Saft des Strauches sollte gegen Gelbsucht helfen und die Augen stärken, der in Wein gelegte Samen gegen Podagra wirken und Sommersprossen beseitigen. Versprühtes Wasser mit eingeweichten, pulverisierten Rosmarinblättern sollte Flöhe töten und Motten vertreiben. Ein Vers aus dem Jahre 1588 empfahl:

> Ein lieblich's Blümlein find'st du hie
> wolriechend und ohn' alle Müh',
> gedörret der Geruch am stärksten ist
> das Haupt und Hirn stärkt zu jeder Frist
> macht gut Gedächtnis g'legt in Wein.
> Davon getrunken soll auch sein
> ein gut Arznei zu Milz und Nier'n
> das kann ein jeder selber probier'n.
> Mit Wermut sind sie wohl in Wein
> bringt gut Kühlung dann dem Magen dein.
> Die Blümlein leg' zu dein Gewandt
> den Weibern ist es wohl bekandt.
> Drum magst dies Blümlein halten hin
> zu deinem Nutzen und Gewinn.

In der Neuzeit spielen Sträuße und Kränze des Rosmarin bei Liebe und Hochzeit eine große Rolle (↗ riechen). Steckte das junge Brautpaar nach der Trauung einen Rosmarinzweig in die Erde und wurzelte er an, so sollte die Ehe glücklich werden.

Roßkastanien wurden als Amulett meist in der Hosentasche, seltener als Halskette, gegen verschiedene Krankheiten getragen, vor allem gegen Rheuma und Gicht, gelegentlich auch gegen Krämpfe, Schlaganfälle, Ausschlag, Schwindel, Zahnschmerzen und Hämorrhoiden. Öfter wurde geglaubt, daß es notwendig sei, die Roßkastanien in ungerader oder Dreizahl bei sich zu haben. Örtlich verschieden waren auch Empfehlungen, die Kastanien in einer linken oder rechten Tasche zu tragen.

Rost Eisenrost sollte sowohl gegen Ausschlag wie auch gegen Geschwüre bei innerlicher und äußerlicher Anwendung hilfreich sein.

Rot galt als Farbe der Liebe und des Herzens, also des Lebens, wie auch des Hasses. Deshalb sagte man auch, daß zur Erschaffung des Menschen roter Lehm verwendet worden sei.

Rothaarige Menschen wurden oft verdächtigt, mit Bösem Blick andere Menschen schädigen zu können. Sie galten nicht selten als schlecht, untreu und jähzornig. Andererseits glaubte man jedoch, daß rothaarige und blonde Menschen mehr Talente besäßen als schwarzhaarige. ↗ Nachwort S. 302.

Rotkehlchen schützen das Haus vor Blitzschlag, sagte man, und sichern den Menschen Frieden, in deren Haus sie nisten. Vertreibt man sie, so droht Fallsucht (Epilepsie), Zittern der Hände oder ein schwerer Tod. Gaben die Kühe rote Milch, so war das auf eine solche Tat zurückzuführen.

Rotlauf Wer daran nicht erkranken wollte, hielt sich einen roten Gimpel im Haus oder aß am Fastnachtsmorgen eine geräucherte Blutwurst.

Rotschwänzchen galten als Feuerankündiger, wenn eines auf dem Dach eines Hauses sang.

Rotwein mit Stangenkandis gekocht, wurde gegen Durchfall empfohlen.

Rüben Beim Anbau sollte man einen großen, breitkrempigen Hut aufsetzen, dann würde man auch große Rüben bekommen, sagte man. Man sollte Rüben am Mittwoch säen, weil sie sich sonst spalten würden; außerdem bei abnehmendem Mond, der für alle in der Erde fruchtenden Gewächse vorzuziehen war. Steckt ein Mädchen eine Rübe und einen Kohlrabi zusammen in die Erde und gedeihen beide weiter, so wird es bald heiraten. Verwelkt aber eine der beiden Pflanzen, dann sollte das Mädchen noch lange, vielleicht immer, ledig bleiben. Wer rohe weiße Rüben aß, sollte Läuse bekommen, hingegen bei Frostbeulen sollte es gut sein, gefrorene weiße Rüben aufzulegen.

Rubin Man glaubte, daß dieser Edelstein seine Träger vor Zauber schützen und sie durch Dunkelwerden vor Gefahren warnen könne. Üble Absichten anderer Menschen sowie Teufelswerk mache der Rubin unschädlich, und seine Besitzer seien gegen alle unterirdischen Mächte, böse Geister und ihre Anfechtungen gefeit. Ebenso habe er die Kraft, ungenießbare Kräuter anzuzeigen und alle Gifte und widrigen Dünste an sich zu ziehen. Er sollte das Herz stärken, die Schwermut vertreiben und verbrauchte Kräfte wieder erneuern. Wer mit einem Rubin über seine Augen strich, wünschte, daß sie wieder klar werden. Hans Jakob Chr. von Grimmelshausen meinte, der Rubin nehme die Furchtsamkeit und mache den Menschen fröhlich und glücklich. Als Monatsstein ist er den im Juli Geborenen zugetan.

Rückenschmerzen glaubte man ebenso vorbeugen wie vertreiben zu können, wenn man von Weihnachten bis Lichtmeß (2. Februar) ein Stück Lebkuchen bei sich trug und ab und zu davon aß. Einen besonders wirksamen Schutz vor Rückenschmerzen meinte man durch das Überspringen des Johannisfeuers (24. Juni) zu erreichen. Wenn man sich beim ersten Gewitter eines Jahres rücklings auf die Erde legte und den Rücken kräftig auf dem Boden rieb, meinte man ebenfalls dagegen gefeit zu sein. Gegen akute Schmerzen sollte ein Gürtel aus dem sogenannten Gürtlerkraut, dem gemeinen Beifuß, helfen.

Rückgratverkrümmungen glaubte man heilen zu können, wenn man mit einer Totenhand über das Rückgrat strich.

Rückwärts, rücklings sollte man allerlei Gegenstände mit verschiedener Bedeutung werfen. Durch das Wegwerfen von ↗ Salz und ↗ Steinen wollte man eine Krankheit loswerden. Der Wurf eines ↗ Pantoffels über den Kopf nach hinten sollte Unerfreuliches endgültig beseitigen, und einen aufkommenden Streit wollte man ersticken, wenn man schnell Salz über die linke Schulter warf und es dann verbrannte. Werfen die Mädchen das Band einer ↗ Apfelschale über die Schulter, um den künftigen Lebenspartner zu erfahren, so sollte der Wurf den magischen Vorgang betonen. Und der Wurf der drei zuerst gefundenen Waldbeeren nach hinten sollte ein Opfer zugunsten der Waldgeister hervorheben. Rückwärts (»arschlings«) zu gehen sollte eine Schutzfunktion hervorrufen (↗ Nachwort S. 303).

Ruhr sei durch Einnehmen von fein gefeiltem Gold in Hühnerbrühe zu beheben. Auch aus Pferdemist gepreßter Saft, vermischt mit Branntwein und gewürzt mit einer Laus, wurde zu trinken empfohlen. Der Verzehr von gekochtem und pulverisiertem Eichhörnchenfleisch sowie der dabei gewonnenen Suppe sollte gleichfalls helfen. Schließlich riet man gegen das »Durchlaufen« Ochsenfleisch geräuchert und gesotten oder zu Pulver gebrannt in Wein einzunehmen. ↗ Durchfall, ↗ Bergkristall.

S

Säen Pflanzen, die ihre Früchte über der Erde tragen, sollten bei
zunehmendem Mond gesät werden, Knollen- und Rübenge-
wächse jedoch bei abnehmendem Mond. Die beste Zeit für die
Aussaat könne man auch vom Verhalten des Seidelbasts ableiten:
Ging seine Blütenähre zuerst oben auf, so sollte Frühsaat am
günstigsten sein, blühten die Ähren zuerst unten, so sollte eine
Spätsaat den größeren Erfolg versprechen. Verschiedentlich galt
die Nacht als besonders günstig für die Aussaat.
Der Karfreitag wie auch andere feststehende ↗ Glückstage
wurden ebenfalls bevorzugt, wie bestimmte ↗ Unglückstage
gemieden wurden. Trug der Sämann bei seiner Arbeit einen
Goldring, so glaubte man an das sichere, gute Gedeihen der
Aussaat, die unter diesem Schutz stand. Aus dem Verhalten der
↗ Vögel auf dem bestellten Feld konnte der Sämann sein künfti-
ges Schicksal erkennen. ↗ Samen.

Salamander Dieses Tier hat der Volksglaube mit vielen negativen Eigenschaften versehen: daß es Menschen in Sümpfe locke,
sein Betasten einen Ausschlag zur Folge habe und daß Haare, die
von ihm berührt worden waren, ausfallen würden. Fing man
einen Salamander und gab dieser dabei einen Laut von sich, so
solle gar der Fänger taub werden, behauptete man. Ein Salamander, der auf einen Obstbaum klettere, mache das von ihm
berührte Obst ungenießbar, und außerdem hätte ein solches Tier
noch die Macht, Wasser zu vergiften. Ganz besondere Eigenschaften hat man dem ↗ Feuersalamander zugeschrieben.

Salbei sollte kraft seines starken Geruchs Geister und Dämonen
vertreiben, wenn man einen Büschel am Türstock aufhing.

Salz galt in sehr frühen Zeiten als heilig, als Leben spendend
und erhaltend, damit auch als wirksam gegen Dämonen und
Zauber, als Schutzmittel gegen Teufel und Hexen (↗ Nachwort S.
307). Vieles davon hat sich bis in unsere Zeit erhalten, beispielsweise, daß man Neugeborenen Salz auf die Zunge legt oder es
ihnen auf den Weg zur Taufe mitgibt, oder wenn Hochzeitspaare
in den Taschen Salz tragen oder beim Bezug einer neuen Woh-

nung Salz geschenkt und bei Antritt einer Reise welches in die Schuhe gestreut wird.

Salz zu verschütten, bringt immer Unheil, glaubt man, besonders bei einer Hochzeit für die ganze Ehe und an Silvester für das folgende Jahr. Warf man jedoch Salz und Brot rückwärts in einen Bach oder Fluß, glaubte man, daß dadurch eine Krankheit fortgeschwemmt werden würde. Zur Abwehr des gefürchteten Bösen Blickes nähte man Salz in die Kleider ein. Bei nahendem Gewitter sprengten unsere Vorfahren Weihwasser und Salz ins Herdfeuer, um die drohende Gefahr abzuwenden – ein durch einen Blitz entzündetes Feuer glaubte man mittels eines Tellers voll Salz löschen zu können. Mädchen, die zu salzen vergessen hatten, hielt man für fromm, aber wer zu viel Salz nahm, sei verliebt, sagte man, so wie auch die Köchin verliebt sein soll, wenn sie die Suppe versalzt.

Samen den man auf den Tisch legte, würde nicht aufgehen, hieß es. Um den Samen auf den Feldern vor den ↗ Vögeln zu bewahren, schüttete man ihn vor dem Aussäen durch eine alte Hose oder durch ein Männerhemd. ↗ säen, ↗ Sauerampfer.

Samstag war deutlich der End-Tag der Woche: Es durfte keine neue Arbeit mehr begonnen, weder gesät noch gedüngt, auch kein Dienst und keine Reise angetreten werden. Jede Spinnerin mußte am Samstagabend ihren Spinnrocken leergesponnen haben, weil sonst die Hexen weiterspinnen oder der Teufel am Sonntag haspeln würde. Was eine Frau am Samstagabend noch spann, galt nicht und sollte in der Nacht wieder zerstört oder weggenommen werden. Von einer solchen sagte man: Sie spinnt sich den Galgenstrick.

Am Samstag durften auch keine neuen Kleider gekauft werden. Kinder, die samstags zur Welt kommen, neigen angeblich zu Heuchelei und Lüsternheit oder besitzen die Fähigkeit des zweiten Gesichts. Fiel der Neujahrstag auf einen Samstag, so erwartete man einen strengen, kalten Winter.

Sand galt als vielfältiges Heil- und Hilfsmittel. Bei Magenschmerzen, gegen kaltes Fieber und Warzen vertraute man auf seine Kraft. Streute man Sand auf die Füße, so war man überzeugt, daß der oder die Betreffende noch längere Zeit ledig bleiben würde.

Saphir Diesem Edelstein hat man große Kräfte gegen alle Krankheiten des Leibes und der Seele zugeschrieben. Seinem Besitzer sollte er ein friedfertiges Gemüt bescheren und ihn vor Untreue, Haß und Schreckhaftigkeit bewahren. Des weiteren glaubte man, mit seiner Hilfe den Neid zu überwinden und ein fröhliches und kühnes Herz zu bekommen, worin die Traurigkeit keinen Platz habe. Ebenso sollte er gegen Besessenheit helfen und, wie andere Edelsteine auch, die Keuschheit seines Trägers fördern und ihn vor unkeuschen Handlungen bewahren, da er sonst Flecken bekommen oder zerspringen würde.

Besondere Wirkung wurde dem Saphir gegen Geschwüre, Nieren- und Augenleiden sowie gegen Erkrankungen der Zunge zugeschrieben. Auch den Gesichtskrebs sollte der Saphir heilen können. Als Monatsstein für September – nach anderen Versionen für April oder Juni – galt der Saphir als Sinnbild der Treue und Beständigkeit.

Sardonyx Schon im Altertum glaubte man, daß dieser Edelstein gegen Verzauberung schützt und sogar den Furchtsamsten Mut verleiht. Außerdem sollte er seine Träger auch vor Unkeuschheit und Hoffart bewahren. Man nahm ihn zerstoßen gegen Blutungen und Durchfall ein. Die im August Geborenen glaubten, durch Tragen eines Sardonyx werde ihre Ehe glücklich sein. Verschiedentlich gilt dieser Stein jedoch als Monatsstein für die im Oktober Geborenen.

Sargnägel dienten zur Herstellung von Fingerringen gegen Gicht, Krämpfe, Fieber und Fallsucht. Vor allem Frauen trugen diese Ringe auch auf der Brust. Die alten Sargnägel aus verwitterten Särgen durften aber nicht eigens gesucht, sondern mußten zufällig gefunden sein, wenn die Ringe wirken sollten. Auch durften die Nägel nicht mit bloßen Händen angefaßt werden. Wenn man einen schmerzenden Zahn so lange mit einem Sargnagel bearbeitete, bis er blutete und den Nagel dann wegwarf, so sollte der Schmerz aufhören. Ein Dieb würde sterben, sagte man, wenn man seine Fußspur findet und einen Sargnagel hineinschlägt. Gab man die vom Dieb betretene Erde in ein Gefäß und rührte sie mit einem mitternachts vom Friedhof geholten Sargnagel um, so sollten die Sohlen den Dieb so lange schmerzen, bis er seine Beute zurückgab. Ein Sargnagel in einen Baum, etwa in den des feindlichen Nachbarn geschlagen, sollte jenen verdorren lassen.

Satt werden Gäste nicht, sagte man, wenn das Tischtuch verkehrt auf dem Tisch liegt.

Sauerampfer Wer ihn ißt, bekommt Läuse, hieß es. Nächtlichen Samenfluß (Pollution) wollte man durch Tragen von Amuletten mit dem Samen von Sauerampfer, der von Knaben oder Jungfrauen gesammelt sein mußte, hintanhalten können.

Sauerkraut roh und morgens nüchtern gegessen, sollte gegen Kopfweh helfen und gegen Nasenbluten, wenn man es in der Hand hielt, bis es warm wurde. Wer es am Heiligen Abend aß, sollte im folgenden Jahr sterben. Den Mädchen wurde verboten nach dem Essen von Sauerkraut etwas zu trinken, weil sie sonst ein uneheliches Kind bekämen. ↗ Fastnacht, ↗ Neujahr.

Schachtelhalm Mit dessen Absud sollte man den Kopf gegen Haarausfall waschen. Schachtelhalm helfe gegen Mehltau an Rosen, glaubte man noch in unserem Jahrhundert.

Schadenfreude Menschen mit besonders kurzen Armen und Händen hat man eine ausgeprägte Neigung zur Schadenfreude nachgesagt.

Schadenzauber Man glaubte, daß einem von übel gesinnten Menschen auf verschiedene Weise Schaden angezaubert werden könne. ↗ Böser Blick, ↗ Teufel, ↗ Tischtuch, ↗ Messer und anderes mehr.

Schäfchenwolken ↗ Wolken.

Schafe die man unterwegs sah, sollten eine unterschiedliche Vorbedeutung haben:

> Schafe zur Linken, Freuden uns winken,
> Schafe zur Rechten, Streiten und Fechten.

↗ Husten und ↗ Zahnen der Kinder.

Schafgarbe sollte als Gemüse, Saft oder Tee gegen fast alle Krankheiten helfen, wenn sie zwischen elf und ein Uhr gesammelt worden war. Der Tee von weißen Blüten wurde gegen Magenschmerzen empfohlen, der von roten Blüten bei ausbleibender Menstruation. Gegen Wechselfieber legte man kleine Beutel mit Schafgarbe auf die Herzgrube und die Füße. Auch guten Schlaf sollte der Tee spenden. Als Heilpflanze durfte Schafgarbe in der Gründonnerstagssuppe nicht fehlen. An den Häusern hing man Büschel als Schutz vor der Pest auf.

Schaltjahre bringen Unglück, behauptete man. Vieles, was man in einem Schaltjahr unternimmt, würde mißlingen. Noch heute befürchtet man in Schaltjahren viel schlechtes Wetter und Mißernten. Man glaubte, daß alle an einem 29. Februar Geborenen hellsichtig würden. Aber die in einem Schaltjahr geprägten Münzen galten als Glücksbringer.

Scharlach vermeinte man heilen zu können, wenn man den Kranken mit Speck einrieb.

Schaumkraut Wenn im Frühjahr auf den Wiesen viel Schaumkraut wuchs, so sollte dies für den Herbst Überschwemmungen ankündigen. Das Schaumkraut zählte man zu den Donnerblumen, die den Blitz anziehen, weshalb man es nicht abreißen und ins Haus bringen durfte.

Scherben bringen Glück, ist ein auch heute noch verbreiteter Glaube.

Schiefer ↗ Splitter.

Schielenden wurde oft der Böse Blick nachgesagt.

Schiff Man glaubte, einem Schiff Glück und Unversehrtheit sichern zu können, wenn man ein Goldstück unter den Mastbaum legte oder ein Hufeisen an den Mast nagelte. Unheil sagte man aber voraus, wenn das Schiff an einem Freitag in See stach oder wenn sich jemand mit einem am Sonntag genähten oder ausgebesserten Kleidungsstück an Bord befand. Wollte man auf einem Segelschiff eine Flaute überwinden, so glaubte man, Wind sogar aus einer bestimmten Richtung hervorrufen zu können, indem man einen Besen in dieser Richtung ins Wasser warf. Auch Staub in diese Richtung zu werfen oder an dieser Seite des Mastes zu kratzen sollte erfolgversprechend sein. Der baldige Untergang eines Schiffes schien bevorzustehen, wenn es von Ratten und Mäusen verlassen wurde.

Schirm Das Aufspannen eines Schirmes im Zimmer bringe Unglück, vor allem Familienzwist, wurde behauptet.

Schlachten mit einem neuen Messer sei nicht gut, weil da die Tiere nicht sterben könnten. Wenigstens Brot sollte vorher mit dem Messer geschnitten worden sein. An der See riet man bei Flut zu schlachten, weil sich dann der Speck in der Fleischkammer vermehren würde.

Schlaf sollte der Schlafapfel – ein moosartiger Auswuchs (Galle) an der Wildrose – bringen, wenn man ihn unter das Kopfkissen legte. An der selben Stelle aufbewahrt, garantiere der Schlafapfel auch das rechtzeitige Aufwachen. Auch angenehme Träume wurden ihm zugeschrieben. Allerdings meinte man, daß er seine Wirkung verliere, wenn man ihn über ein Wasser trägt. Als Schlafmittel wurde auch Hechtschmalz empfohlen sowie der Schmutz aus den Ohren einer Eselin, den man sich auf die Stirn streichen sollte. Auch der Tee der Schafgarbe galt als gutes Schlafmittel, und Kranke sollten Schlaf finden, nachdem man ihnen Widderhorn zu essen gegeben hat. Bei Schlaflosigkeit wurde empfohlen, frisches Dillkraut unter das Kopfkissen zu legen, allerdings ohne Wissen des Betroffenen. Nach Plinius sollte es bei Schlaflosigkeit gut sein, sich einen in Eselshaut genähten Reiherschnabel vor die Stirn zu binden. Mußte man nachts schlaflos ständig an jemand denken, so sollte man rasch das Kopfkissen umdrehen, dann würde der oder die andere an einen denken. Bei kleinen Kindern seien Tannenzapfen unter das Kopfkissen zu legen, damit sie Schlaf fänden. Wer im Schlaf redete, dem empfahl man, einen Knochen aus dem Beinhaus eines Friedhofs unter sein Kopfkissen zu legen. Schlechter Schlaf wurde oft auf Töpfe zurückgeführt, die nachts ohne Deckel geblieben waren. Aber auch mit Taubenfedern gefüllte Kissen erlaubten angeblich weder einen ruhigen Schlaf noch einen ruhigen Tod. Und wollte man jemand, den man nicht mochte, einen schweren Traum verschaffen, so legte man ihm nach Möglichkeit ein Bockshorn unter das ↗ Kopfkissen.

Schlafsucht Dagegen sollte Wasser wirken, das man aus einem Serpentinbecher trank.

Schlafzimmer Das Bett sollte stets so aufgestellt werden, daß der Schlafende entgegen der Sitte, wie die Toten hinausgetragen wurden, mit dem Kopf oder den Füßen näher zur Tür lag. Ob Tote mit dem Kopf oder den Füßen voran weggetragen wurden, war landschaftlich unterschiedlich.

Schlaganfall glaubte man vermeiden zu können, wenn man morgens regelmäßig einige Senfkörner zu sich nahm. Auch Graupenkörner sollten vor einem Schlaganfall schützen, so lange man sie nach einer Mahlzeit noch im Magen hatte. Mit Hilfe einer ↗ Muskatnuß wollte man sich gleichfalls vor einem Anfall bewahren können. Nach dem Niesen, so wurde geglaubt, sei man 24 Stunden vor einem Schlaganfall gefeit. Schutz sollte aber auch die Wurzel einer Königskerze bieten, die in der Johannisnacht (24. Juni) um zwölf Uhr ausgegraben, in Leinwand genäht und auf der Haut getragen wurde. Vorzubeugen versuchte man auch, indem man abends Hühnereier aus dem Nest schwarz färbte, wieder ins Nest legte und morgens dasjenige austrank, das wieder weiß geworden war. Die Folgen eines Schlaganfalles glaubte man beheben zu können, wenn man dem Betroffenen ein angebranntes Band von einer blauen Schürze unter die Nase hielt. ↗ Sprache.

Schlangen Das Trinken von Schlangenblut und das Essen von Schlangenfleisch sollte die Gabe verleihen, die Sprache der Tiere zu verstehen. Ebenso hartnäckig hielt sich auch der Glaube, Schlangen und Skorpione könne man mit menschlichem Speichel töten. Auch mit einer Haselnußgerte glaubte man Schlangen und andere widrige Tiere überwinden zu können.
Der Haselzweig galt seit ältester Zeit als sicherster Schutz vor Schlangen: Man sollte mit einer einjährigen Rute einen ↗ Kreis um das Tier ziehen und es damit unschädlich machen können. ↗ Kreuzottern, ↗ Schlangenbiß sowie ↗ Nachwort. S. 282.

Schlangenbiß Nach alter Überlieferung sollte derjenige verschont bleiben, der die ersten drei gesichteten blühenden Kornähren durch den Mund zog und die dabei abgestreiften Blüten schluckte. Auch wenn man einen Zweig der Silberpappel bei sich trug oder vor Sonnenaufgang ein gestoßenes Gänseei oder das Ei einer schwarzen Henne aß, glaubte man von Schlangenbissen verschont zu bleiben. Schließlich hat man auch gesagt, daß ein an Pauli Bekehrung (25. Januar) gegessener Knoblauch sowie das Putzen der Schuhe am Karfreitag Abwehrwirkung habe.

Bier, in dem Eschenlaub gekocht worden war, sowie das Auflegen eines Schlangenstückes auf die Wunde sollten diese schneller und sicherer heilen lassen. Die gleiche Wirkung hat man auch einem Pulver zugeschrieben, das aus einer bei Neumond abgezogenen und dann getrockneten Schlangenhaut zu gewinnen war. ↗ Hyazinth.

Schlangengift glaubte man mit dem Serpentin unschädlich machen zu können. Man sollte sowohl einen erwärmten Serpetin auf die Bißwunde legen als auch andererseits dem Gebissenen Wein aus einer Serpentinschale geben, in der einige Zeit dieser Stein gelegen war. Gepökeltem Wieselfleisch hat man gleichfalls Abwehrkräfte gegen Schlangengift nachgerühmt und ebenso der ↗ Raute.

Schlankheit wollte man den Mädchen sichern, wenn die Mutter sie bei abnehmendem Mond entwöhnte.

Schlehenblüten Verschluckte man die ersten drei, die man im Frühling sah, so wollte man damit dem Fieber vorbeugen.

Schleier Dem bei der Hochzeit in der Kirche geweihten Brautschleier hat man Heilkräfte nachgesagt. Zerriß der Brautschleier bei der Hochzeit zufällig, so schloß man daraus auf eine glückliche Ehe.

Schlösser glaubte man durch Berühren mit einer ↗ Wegwarte oder mit der sagenhaften Springwurzel öffnen zu können.

Schluckauf Da, so sagt man, denkt jemand an einen. Der Schluckauf sollte sich verdrängen lassen, wenn man selbst ganz intensiv an eine Person oder Sache dachte. Dazu hat man besonders das Denken an drei kahlköpfige oder kropfige Männer angeraten oder an drei alte, böse Weiber. Auch durch das Versprechen eines Geschenkes an eine dritte Person sollte der Schluckauf vergehen. Das Verschlucken einer Kaffeebohne sollte helfen sowie das Ausziehen eines Haares aus einer Wimper oder wenn man ein Messer mit der Spitze an die Magengegend hielt. Das Trinken von Wasser, in dem ein Beryll gelegen war, sollte Erleichterung bringen, und das Trinken von Wasser über einen Messerrücken oder neun Schlucke kalten Wassers, währenddessen der linke Mittelfinger einzuknicken war, sei ebenfalls sehr hilfreich in dieser Situation.

Schluckbilder ↗ Nachwort S. 273.

Schlüssel Man sagte, es gäbe Streit zwischen den Eheleuten, wenn ein Schlüssel auf dem Tisch liegt.

Schlüsselblume Dieser Frühlingsblume hat man beachtliche Kräfte nachgesagt, drei verschluckte Blüten sollten dem Fieber vorbeugen. Die Blumen würden Glück ins Haus bringen, glaubte man, und fand ein Mädchen schon in der Karwoche eine Blüte, so sollte es im gleichen Jahr heiraten. Auch als Mittel gegen Gelbsucht wurden Schlüsselblumen empfohlen.

Schmerzen verschiedenster Art sollten zurückgehen, wenn man zum abnehmenden Mond aufblickend sagte:

> Gleichwie der Mond abnimmt,
> so nehmen auch meine Schmerzen ab.

Man glaubte, Schmerzen auch loswerden zu können, wenn man einen Feuersalamander um das schmerzende Glied oder über die schmerzende Körperstelle kriechen ließ. Schmerzstillend sollte der Malachit wirken, wenn man ihn auf ein quälendes Glied band. Empfohlen wurde ferner, schmerzende Glieder mit erwärmtem Fett einer schwarzen Katze einzureiben. Auch mit Hilfe des Seidelbastes und den Spänen eines vom Blitz getroffenen Baumes glaubte man marternden Schmerzen beikommen zu können. ↗ Kreuz-, ↗ Rücken-, ↗ Bauch-, ↗ Zahnschmerzen.

Schmetterling Sah man im Frühling zuerst einen weißen oder gelben Schmetterling, so erhoffte man sich Glück in Geldsachen, ein grauer dagegen würde Pech bringen, glaubte man, und bei einem roten Schmetterling drohten Augenschmerzen. Fing man vor Georgi (23. April) einen weißen Schmetterling mit der bloßen Hand, so sollte er eine Glücksnummer für die Lotterie verraten, wenn man zu dem Fangdatum die Zahl seiner Flecken auf den Flügeln hinzuzählte. Fing ein Imker im Frühling den ersten Schmetterling, den er sah, und ließ ihn durch das Armloch seines Rockes wieder fliegen, so glaubte er, im Sommer einen Bienenschwarm fangen zu können.

Schnarchen glaubte man verhindern zu können, indem man Dill heimlich unter das Kopfkissen des Schnarchenden legte.

Schnecken Alle Wunden und körperlichen Schäden sollte ein Öl heilen, das man von großen, schwarzen Schnecken gewann, die man im Mai, morgens im Tau, in ein Glas sammeln mußte. Wer Schnecken jedoch an ihren Fühlern zwickte oder sie sonst quälte, dem hat man Krankheit prophezeit. Dagegen hielt man an anderen Orten an der Meinung fest: an die Wand geworfene Schnecken sollten sich bald zu Geld verwandeln. Beobachtete man eine Schnecke, die ein grünes Blatt mit sich trug, so durfte man auf schönes Wetter hoffen. Trug eine Schnecke dagegen Erde, so galt der Spruch:

> Belädt sich die Schnecke mit Grund,
> so tut sie starken Regen kund.

Auch wenn man eine Schnecke tötete, sollte Regen folgen. Hatte man eine aus dem Wasser geholte Schnecke mit dem Rücken auf die Hand gelegt und links und rechts Erde aufgeschüttet, so daß sie sich nicht umdrehen konnte, so glaubte man, mit dieser Geste Hagel abwehren zu können.

Schnee Wenn die Rinder niesen, gibt es Schnee, sagten die Alten. Auch faul und träge herumsitzende Sperlinge sowie ein Spechtruf sollten Schnee ankündigen. Schnee, der am Andreastag (30. November) fiel, würde hundert Tage liegenbleiben und der Saat schaden. Schneite es an Neujahr, so sollte das Jahr viele Bienenschwärme bringen. Schnee, den die Sonne wegtaut, kommt wieder, sagt man auch heute noch.

Schneeglöckchen Mit dem ersten Schneeglöckchen, das man im Frühling sah, sollte man sich über die Augen wischen, um sie entweder zu heilen oder das weitere Jahr über vor Krankheit zu schützen.

Schnittlauch Wollte man im Garten schönen Schnittlauch haben, so sollte er erbettelt oder gestohlen sein. Man darf ihn auch nicht bei abnehmendem Mond pflanzen, weil er sonst immer weniger wird. Am besten gedeihe der Schnittlauch, wenn er am Abend vor Georgi (23. April) gepflanzt und mit Kaffeesatz gedüngt werde. Aber man hat auch gesagt, je schöner im Garten der Schnittlauch wächst, um so böser sei die Hausfrau.

Schnitzen Das Holz eines Baumes, der im Spätherbst bei abnehmendem Mond gefällt worden war, eignet sich besonders gut fürs Schnitzen.

Schnupfen wollte man vertreiben, indem man stillschweigend dreimal an einem Strumpf roch, den man am linken Fuß getragen hatte. Empfohlen wurde auch, ein Glas Wasser durch eine dreizinkige Gabel zu trinken oder durch einen Türring zu schneuzen. ↗ Katarrh.

Schnupftabak würde den Magen reinigen, Zahnweh und Läuse vertreiben, Geschwüre heilen und vor Pest schützen, schrieb ein Kräuterbuch im 17. Jahrhundert.

Schöllkraut galt wegen seiner gelben Blüten und vor allem wegen seines gelben Milchsaftes als Mittel gegen Gelbsucht. ↗ Stärke, ↗ Unfälle.

Schönes Wetter war nicht nur zu erwarten, wenn die Mücken tanzten, sondern auch, wenn bei einer Mahlzeit alles aufgegessen wurde, wenn der Mond weiß und hell schien; wenn man eine Schnecke sah, die ein grünes Blatt mit sich trug, wenn eine Gans bei Regen zum Himmel hinaufschaute und wenn sich ein Esel im Gras wälzte oder wenn zwei Esel miteinander spielten und tanzten. Auch wenn die Vögel hoch flogen oder die Zugvögel früh zurückkamen, rechnete man mit schönem Wetter, und aus dem Verhalten der ↗ Spinnen wollte man ebenfalls das Wetter herauslesen können.

Schönheit Aß eine Frau während ihrer Schwangerschaft viele Äpfel, so sollte ihr ein schönes Kind gewiß sein. Auch während eines Regenbogens Geborene sollten besonders schön werden. Man glaubte, Schönheit gewinnen zu können, wenn man sich mit Tau – besonders im Mai – oder mit Osterwasser, mit Märzschnee oder mit Birkensaft wusch. Auch das Essen kalter, gekochter Speisen und das Trinken von kaltem, schwarzen Kaffee sollten die Schönheit vermehren. Waschungen mit Weißbier würden die Haut verschönern, und jugendlichen Glanz versprach sich, wer sein Gesicht mit Pferdefett einrieb. Große Schönheit wurde nach einem Bad in warmem Ochsenblut oder auch in Eselsmilch verheißen. Nach neuerem Glauben sind Vollkornbrot und Quark die besten Schönheitsmittel.

Schornsteinfeger gelten als Glücksboten.

Schreckhaftigkeit von Kindern sollte sich beseitigen lassen, wenn man Stücke einer Eselshaut in die Wiege legte. Später hing man den Kindern Amulette mit den Samenkörnern der Pfingstrose um. Auch der Saphir sollte seine Träger vor Erschrecken bewahren.

Schreckkörner ↗ Pfingstrose.

Schröpfen Mit Blutegeln glaubte man, alle Unreinheiten aus dem Körper entfernen zu können. Wurde die Blutentnahme mit Hilfe goldener Instrumente vorgenommen, so hielt man sie für gänzlich gefahrlos.

Schuhe Neue Schuhe durfte man nicht auf den Tisch stellen, weil man sonst damit zu Fall kommt, sagte man. Schuhe, die beim Gehen knarren, sollten noch nicht bezahlt sein. Wenn man Glück haben wollte, mußte man morgens zuerst beide Strümpfe und dann erst beide Schuhe anziehen. Zog man zuerst ein Bein vollständig an und danach das andere, so sollte das Unheil bringen. Trug man ungereinigte Schuhe, geriet man in den Machtbereich der Hexen. Putzt man sich jedoch die Schuhe an den Füßen, so wird man daran viel Schmerzen leiden müssen, warnte der Volksmund. Wer seine Schuhe am Karfreitag putzte, sollte gegen Schlangenbiß gefeit sein.

Schule Kinder, denen man bei ihrem ersten Schulgang ihre Nabelschnur auf die Brust legte, würden leicht lernen. Am Mittwoch sollten Kinder nicht mit der Schule beginnen, weil sie dann nichts lernen würden, sagte man. Auch am Montag sollte kein Kind erstmals zur Schule gehen, weil man an diesem Tag überhaupt nichts beginnen durfte, was Dauer haben sollte. Auch der Donnerstag verheiße als erster Schultag Unglück, wurde behauptet. ↗ Intelligenz, ↗ dumm.

Schürze Verlor ein Mädchen oder eine Frau ihre Schürze, so sagte man, der Liebhaber oder der Ehemann würde untreu und es gäbe Streit mit ihm. ↗ Liebende, ↗ Schlaganfall, ↗ Taschentuch.

Schwalben Das Erscheinen der Schwalben nach dem Winter

galt als glückbringend, ihre Nester am Haus wehren Blitz und alles Unheil ab, erzählt man sich. Sah man im Frühjahr die erste Schwalbe, so sollte man mit dem Wasser aus einer Mistpfütze oder mit Jauche die Sommersprossen wegwaschen können. Und wenn man beim Anblick der ersten Schwalbe das Geld im Beutel fest umrührte, dann würde es sich bald kräftig vermehren. Verbrannte man aber ein Schwalbennest und mischte die Asche unter das Schießpulver des Jägers, so treffe er damit immer das anvisierte Ziel. Mit der gleichen Absicht mengte man getrocknetes Schwalbenblut unter das Schießpulver. Fiel jedoch ein Schwalbennest von der Wand eines Hauses, so sollte das ein Vorzeichen dafür sein, daß die Bewohner dieses Haus noch im gleichen Jahr verlassen würden.

Schwangere sollten sich keine Speisen versagen, nach denen sie Lust hatten, denn man sagte, daß diese Speisen ihr Kind sonst später nicht essen könne und daß es dann auch Muttermale bekäme. Insbesondere durfte man einer Schwangeren nichts Saures abschlagen, weil ihr Kind sonst ohne Nase zur Welt käme. Aß eine werdende Mutter aus dem Kochtopf, so hat man ihr gedroht, daß ihr Kind nur stammeln könne. Trank sie aus einem Gefäß mit unvollständigem Rand, meinte man, ihr Kind werde durch eine Hasenscharte verunstaltet. Hatte sie Gelüste nach Fisch, machte man sich wegen einer Frühgeburt Sorgen. Hat die Schwangere zusammengewachsene Früchte gegessen, so sollte sie sich auf Zwillinge einrichten. Aß sie aber viele Äpfel, würde sie ein schönes Kind zur Welt bringen.
Ein weißes Kind (Albino) hat man Schwangeren prophezeit, wenn sie in der Zeit Wäsche bleichten. Unter einer Wäscheleine durchzugehen sollte dazu führen, daß das Kind im Leib mit der Nabelschnur stranguliert würde, und wenn sich die Frau im Bett kämmte, würde das Kind nicht lange leben, wurde gewarnt. Schwangere sollten sich jeden Morgen nüchtern mit Speichel die Magengegend einreiben, um ein übermäßiges Wachstum der Nachgeburt zu verhindern. Um ihrem Kind besondere Kraft mitzugeben, banden sich werdende Mütter öfters einen Malachit auf ihren Nabel. Zur Zeit der ↗ Niederkunft mußte der Stein auf den rechten Oberschenkel gebunden werden, »so folgt das Kind von Stund an dem Stein nach und wird geboren«.
Ein totes Kind sollte eine Schwangere zur Welt bringen, wenn sie sich die Fingernägel schnitt, statt sie abzubeißen. Stand sie zuerst

mit dem linken Fuß auf, so bekäme sie ein Mädchen, mit dem rechten Fuß, einen Knaben. Ein solcher sollte es auch werden, wenn die Schwangere ein fleckiges Gesicht hatte, bei gleichmäßiger Gesichtsfarbe rechnete man mit einem Mädchen. ↗ Nachwort S. 302.

Schwangerschaft sollte sich unfehlbar herbeiführen lassen, wenn beide Eheleute acht Tage vor dem Eintritt der Periode der Frau einen Absud tranken, der durch dreiminütiges Abkochen von drei Mistelzweigen in einem halben Liter alten Weißweines mit etwas Zucker hergestellt worden war. Zur Verhütung einer Schwangerschaft trugen Frauen die Hoden eines Wiesels als Amulett oder sie rieben ihre äußeren Geschlechtsorgane mit einer aus diesen Hoden hergestellten Salbe ein. Auch die Einnahme solcher Hoden in Pulverform wirke angeblich empfängnisverhütend. ↗ Empfängnis, ↗ Empfängnisverhütung.

Schwären   ↗ Geschwüre.

Schwarz   war die Farbe der Dämonen und des Teufels und es ist die Farbe des Todes und der Trauer geworden. Aus schwarzen Hähnen würden sich dämonische Drachen und Basilisken entwickeln, hat man geglaubt. Den Eiern schwarzer ↗ Hennen traute man allerlei geheimnisvolle Wirkungen zu, meist gute. Die Meinungen über ↗ schwarze Katzen waren widersprüchlich, sie konnten Glück wie auch Unglück ankündigen. Hingegen sollten schwarze Kälber und Kühe viel Glück bringen. Der schwarze Mann ist eines der bekanntesten magischen, furchterregenden Symbole.
Es war verpönt, Blumensträuße mit einem schwarzen Faden oder Band zu binden, und hat man auf dem Weg eine Nadel mit einem schwarzen Faden gefunden, so deutete das einen bevorstehenden Sterbefall an. Dagegen sollte ein schwarzes Band gegen ↗ Kropf, ↗ Hals- und ↗ Zahnschmerzen helfen, und vor Hundebiß bewahre einen der Zahn eines schwarzen Hundes, sofern man ihn bei sich trägt.

Schwarze Katzen   würden demjenigen Unglück bringen, dem sie über den Weg liefen, behauptete man. Aber man hat von der Begegnung mit einer schwarzen Katze da und dort auch Glück erwartet, wenn man sie »im Angang«, also am frühen Morgen oder an Neujahr als erstes gesehen hat. Schmerzende Glieder sollten zu heilen sein, wenn man sie mit dem erwärmten Fett einer schwarzen Katze einrieb. Wer einen schwarzen Kater hält, wird selbst schwarz, behauptete man. Aber es hieß auch:

Die schwarze Katz, das schwarze Huhn,
soll kein Bauer aus dem Hause tun.

Eine schwarze Katze durfte man nachts nicht mit der rechten Hand schlagen, sonst würde der ganze Arm lahm. Fieberkranke sollten zu ihrer Genesung entweder drei Tropfen Blut aus dem Ohr einer schwarzen Katze einnehmen oder eine schwarze Katze so lange hetzen, bis sie tot liegenblieb.

Schwefel wurden vielerlei Heilkräfte zugeschrieben: gegen Gelbsucht trug man einen Schwefelfaden als linkes Strumpfband. Gegen Cholera sollte ein auf der Brust getragenes Schwefelstück vorbeugen. Bei Gesichtsrose setzte man seine Hoffnungen auf ein Säckchen mit Schwefelblüte, das um den Hals zu tragen war. Kranke Körperteile hat man auch mit Schwefel beräuchert. Befreiung von Blattern, Schwindel und Rotlauf versprach man sich, wenn man ganzen roten Schwefel um den Hals hing. Ein Stück Stangenschwefel sollte vor Krämpfen an Händen und Füßen bewahren und ein Stück Schwefel in der Hosentasche vor Wadenkrämpfen.

Schweigend mußten viele Handlungen vorgenommen werden, wenn sie wirksam sein sollten (↗ Wegwarte). Es galt nicht selten als großes Übel und sollte Unheil bringen, wenn man etwas ↗ beredet hat. In dem Sprichwort »Reden ist Silber, Schweigen ist Gold« kommt all dies auch heute noch zum Ausdruck.

Schwein Die Milch eines Schweines sollte nicht nur gegen Trunksucht, sondern auch gegen Verstopfung und Schwindsucht helfen. Schweinekot wurde gegen vielerlei Krankheiten empfohlen, teils geröstet und pulverisiert zum Beispiel gegen Syphilis, oder in Essig gekocht gegen die Folgen von Bienenstichen, teils auch in Wein, Bier oder Branntwein. Würmer im Gehirn wollte man mit Hilfe von Schweineschmalz beseitigen können. Schweinegalle galt als empfängnisförderndes Mittel. ↗ Kreuzschmerzen.
In der christlichen Symbolik hat man Schweine als Verkörperung

des Teufels angesehen, die aber nicht selten ihrerseits böse Geister von Kirchen fernhalten sollten.

Schweiß Wasser, das man aus einem Serpentinbecher trank, sollte schweißtreibend wirken. Wischte man einem Kranken den Schweiß mit einem Stück Brot von der Stirn und warf es einem Hund vor, so glaubte man, der Kranke würde wieder genesen, wenn der Hund das Brot fraß, andernfalls rechnete man mit dem Tod des Kranken. Man meinte, eine geliebte Person an sich binden zu können, wenn man ihr vom eigenen Schweiß etwas ins Essen mischte. ↗ Masern.

Schwerhörigkeit sollte mit Rabengalle zu beheben sein. Verwendete man Hechtgalle, so mußte diese nach dem Dörren pulverisiert und mit Hasengalle sowie Frauenmilchschmalz vermischt werden. Damit glaubte man das verlorene Gehör wieder herzustellen.

Schwermut sollte der Chalzedon oder ein Rubin bei seinem Träger verdrängen. ↗ Melancholie.

Schwertlilie oder Iris Wer eine Wurzel der Schwertlilie in der Osternacht ausgrub und getrocknet auf der bloßen Haut trug, glaubte hieb- und stichfest zu sein. Eine in der Johannisnacht (24. Juni) ausgegrabene Wurzel sollte vor Zahnschmerzen schützen. Schon die Römer hängten die Wurzel der Iris den zahnenden Kindern zur Schmerzlinderung um. Zog man eine Wurzel mit der linken Hand aus der Erde und sagte dazu, für wen sie bestimmt war, so glaubte man an ihre Heilkraft bei Kröpfen, Geschwülsten und bei geschwollenen Schamteilen. Gegen Krämpfe verwandte man die Wurzel einer gelben Schwertlilie, die man am Mittwoch vor Sonnenaufgang in der Stunde des Saturn gezogen und an einem Sonntag mit gleich viel weißem Achat in roten Samt eingenäht und um den Hals gehängt hat. Die gelbe Schwertlilie hat man auch gegen Gelbsucht verwandt.

Schwestern Heirateten zwei Schwestern am gleichen Tag oder auch im gleichen Jahr, so hat man geglaubt, daß ihre Ehen unglücklich würden. ↗ Zwillinge.

Schwiegermutter Eine böse Schwiegermutter sollte ein Mädchen bekommen, wenn es beim Essen an einer Tischecke saß. Auch wer aus einer Tasse trank, in die nachgeschenkt worden war, bevor sie ganz leer war, hatte eine böse Schwiegermutter zu befürchten.

Schwindel wollte man mit einer weißen, teilweise auch mit einer geschenkten Zwiebel in der Tasche vorbeugen können. Auch der Verzehr des Herzens, der Leber und des Blutes einer Gemse machte angeblich schwindelfrei, und die Seiltänzer, Dachdecker und Gebirgsjäger glaubten an die vorbeugende Wirkung des Verzehrs von Eichhörnchenfleisch und -hirn. Menschen, die im Gebirge lebten oder viel dort unterwegs waren, vertrauten auf die vorbeugende Kraft des ↗ Türkis. Aber noch besser war es angeblich, roten Schwefel dabeizuhaben, weil dieser nicht nur vorbeuge, sondern Schwindel auch überwinden könne. Das Bestreichen der Schläfen mit Gänsefett sollte gleichfalls akut gegen Schwindelgefühl helfen. ↗ Bergkristall.

Schwindsucht sollte man mit Lärchenpech, vermischt mit weißer, ungewaschener Butter, heilen können. Auch Schweinemilch sollte wirksam sein. Man empfahl den Schwindsüchtigen auch das Mehl der Holzwürmer mit verschiedenen Zutaten zu essen. Aber wer an Weihnachten hustete, sollte an Schwindsucht sterben. Und es kursierte der Vers:

> Wen ein Mensch oder Vieh schweindt (schwindet),
> so gib ihm nein leis (neun Läuse) ein,
> drei auf einen bissen brott am dag,
> da der man (Mond) drey dag alt ist.

Seelentiere Man glaubte, die menschliche Seele würde nach dem Tod in Gestalt eines – meist kleinen – Tieres entweichen (↗ sterben) und hielt zum Beispiel Vögel, Schmetterlinge, Spinnen und Mäuse für solche Seelentiere, die deshalb besonders zu schonen waren. Aber auch Pferde und Störche betrachtete man oft als beseelte Tiere.

Seerose Der Verzehr von Wurzeln der weißen Seerose sollte vor sexuell erregenden Träumen schützen.

Sehkraft Aß man die Augen scharfsichtiger Vögel, so glaubte man, damit deren Sehkraft zu erwerben.

Seidelbast oder **Zylander** Die ersten Blüten der wildwachsenden Pflanze sollte man suchen, ohne darüber zu sprechen. Mit den gefundenen vermeinte man sich dann gegen Unglücksfälle schützen zu können, indem man sprach:

> Den ersten Zylander, den ich fand,
> Den nehm ich in meine Hand,
> Damit kann ich stillen,
> Blut, Schmerz und Brand.

Vom Verhalten des Seidelbasts schloß man auch auf die günstigste Aussaatzeit: gingen seine Blütenähren zuerst oben auf, so sollte Frühsaat am meisten bringen, blühten die Ähren zuerst unten, so meinte man, daß eine Spätsaat erfolgversprechender sei.

Seife Schenken sich Liebende Seife, so werden sie sich bald trennen, sagte man. Fällt jemand ein Stück Seife aus der Hand, so soll dadurch ein Gast angekündigt werden. ↗ Splitter.

Seiltänzer glaubten, durch den Verzehr des Fleisches und Hirnes von Eichhörnchen auch deren Schwindelfreiheit zu übernehmen.

Seitenstechen An bestimmten Tagen verzehrte ↗ Hagebutten sollten vorbeugende Kraft gegen Seitenstechen haben. Durch Festhalten eines Daumens wollte man Seitenstechen akut verhindern können. Dagegen hat man all denen Seitenstechen prophezeit, die eine Nadel finden und aufheben, und ebenso, wer sich auf dem Leib Kleider flicken oder einen Knopf annähen läßt. Aufhören soll das Seitenstechen, wenn man einen Stein aufhebt, auf seine untere Seite spuckt und ihn dann wieder genauso hinlegt, wie man ihn weggenommen hat. Auch das Auflegen von rohem, geriebenen Meerrettich oder eines mit Honig beschmierten Tabakblattes sollte helfen und ebenso, wenn man sich mit Wasser wusch, in dem vorher ein Glockenklöppel gewaschen worden war. Schließlich hat man sich Hilfe auch von den Körnern eines Stechapfels erhofft.

Selbstmord Ein Löckchen im Haar über der Stirn oder zwei Haarwirbel auf dem Kopf sollten angeblich künftige Selbstmörder offenkundig machen. Vor Selbstmordgedanken schützen sollte jedoch der Opal seine Träger, vor allem die im Oktober Geborenen. Wenn ein heftiger Sturm wehte, so sagte man, es habe sich jemand erhängt und der Teufel fahre mit der Seele davon. Der Sturm sollte sich erst legen, wenn der Selbstmörder begraben worden war. Selbstmörder finden im Grab keine Ruhe, glaubte man, sondern müssen immer wieder an den Ort ihres Todes zurückkehren (↗ Wiedergänger). Man sagte auch, Selbstmörder seien dazu verdammt, so lange in Gestalt eines schwarzen Hundes umherzuirren, wie sie gelebt haben. Weiterhin wurde behauptet: Die Leiche eines Selbstmörders verwese nicht, sondern werde hart.

Seligkeit Die am Karfreitag Gestorbenen sollten mit Sicherheit selig werden. Man glaubte auch, daß alle Toten selig würden, bei denen es während der Beerdigung regnete und das himmlische Regenwasser ins Grab fiel. Man versprach auch all denen Seligkeit, die ein am Karfreitag gebackenes Brot aßen.

Sellerie hat man starke Wirkung als Liebesmittel zugeschrieben: Seinen Saft mit Honig vermischt sollten die Männer auf ihr Glied und an ihre Hoden streichen, um sich die Zuneigung einer Frau zu sichern. In Frankreich sagt man: »Wenn eine Frau weiß, daß ein Mann mit Sellerie umgeht, dann wird sie ihm bis nach Rom nachlaufen.« Auch sexuell anregende Träume sollte der Sellerie auslösen. Wegen seines starken Geruches galt er auch als Hexen abwehrendes Mittel, das zum Beispiel Hochzeitspaare in Taschen und Schuhe steckten.

Senfkörner ↗ Schlaganfall.

Serpentin Wasser, das man aus einem Serpentinbecher trank, sollte »unfehlbar« gegen Gift, Schlafsucht, Kopfschmerzen, Hexenschuß und Wechselfieber helfen sowie schweißtreibend wirken. Löffel und Becher aus Serpentin würden augenblicklich zerspringen, wenn sie mit Gift in Berührung kämen. Der Stein warne so vor Vergiftungen, glaubten die Menschen früherer Zeiten.
Man schrieb ihm auch Heilwirkung bei Schlangenbissen zu: In diesem Fall sollte er angewärmt und auf die Wunde gelegt werden. Dem Gebissenen half angeblich auch ein Schluck Wein aus einem Serpentinbecher, in dem einige Zeit ein Serpentinstein

gelegen war. Man hielt den Stein auch für wirksam bei Nierenleiden und legte ihn deshalb auf die Nierengegend.

Seuchen würden, so glaubte man, von Fliegen als den Verkörperungen des Teufels übertragen. Davor bewahren sollte man sich mit Hilfe der Eberwurz, der Meisterwurz und der Zwiebel der Herbstzeitlosen. ↗ ansteckende Krankheiten, ↗ Pest.

Sexuelle Anregungen erwartete man sich von Anis, Baldrian, Beifuß, Gänsefett, Brennesselsamen, Leinsamen, Muskatnuß, Sellerie, dem Talg des Esels sowie des Ziegenbocks und anderen ↗ Aphrodisiaka. Auch der rechte Eselhoden sollte wirksam sein, wenn man ihn mit Wein aß oder am Armband trug. Um Frauen in sexuelle Erregung zu versetzen, schob man ihnen mit Eselblut getränkte Wolle unter ihr Kopfkissen.

Sexy sollen nach einer asiatischen Sentenz Menschen mit sichelförmigen Augenbrauen sein. Auch schön geschwungene Wimpern sind Anzeichen dafür, und Frauen mit geplatzten Äderchen in den Augen gelten als in der Liebe phantasievoll und feurig. ↗ Kinn.

Sieben Die Zahl ist seit Jahrtausenden ein Symbol des Glücks und der Vollkommenheit. Ihre Hochschätzung geht auf die siebentägigen Mondperioden zurück. Für Babylonier, Perser und Juden war die Sieben in der Siebentagewoche und im Jahr 49 (= sieben mal sieben) als Jubeljahr von Bedeutung. Im Alten wie im Neuen Testament spielt sie gleichfalls eine große Rolle, etwa in der Genesis und in der Apokalypse des Johannes. Der Talmud nennt den siebten Himmel als den Ort der größten erreichbaren Glückseligkeit.
Infolge dieser Wertschätzung hat die Sieben auch im Aberglauben eine wichtige Funktion. Beispielsweise beim ↗ Löwenzahn, ↗ Efeu, ↗ Spiegel, ↗ Tanne, ↗ Dreifaltigkeit, ↗ Gelbsucht, um nur einige zu nennen. Bei den Monatstagen mit einer Sieben, also 7., 17. und 27., glaubte man allerdings an eine unglückliche Bedeutung. Auch in anderer Hinsicht wird der Sieben Schlimmes nachgesagt: Etwa wenn ein Spiegel von der Wand fiel, würden sieben Jahre Not für den Eigentümer folgen, Regen am Dreifaltigkeitssonntag sollte sieben weitere verregnete Sonntage ankündigen, und wer sich mit dem Teufel verbunden hatte, der konnte

sich erst nach siebenjähriger Abstinenz von Waschen und Kämmen wieder von ihm befreien.

Siebenschläfer Die alte Wetterregel: Wenn es am Siebenschläfertag (27. Juni) regnet, so regnet es sieben Wochen lang jeden Tag, ist uns auch heute noch geläufig. Wer am Siebenschläfertag spät aufsteht, bleibt das ganze Jahr ein Langschläfer. Siebenschläfer wird verschiedentlich der ↗ Schlafapfel genannt. In den betreffenden Gegenden sollte er denjenigen sieben Stunden schlafen lassen und ihn dann pünktlich wecken, der ihn unter sein Kopfkissen legte.

Sieg Nach altem Glauben bringen der Achat, der Chalzedon und der Diamant ihren Trägern den Sieg in allen Auseinandersetzungen. Auch die Zwiebel der Gladiolen sollte den, der sie bei sich trug, im Kampf vor Verwundungen schützen (↗ unverwundbar), weshalb sie auch Siegwurz genannt wurde. Wer ein Fläschchen mit Taufwasser bei sich trug, glaubte ebenfalls, bei jeder Rauferei die Oberhand zu bekommen. ↗ unüberwindlich.

Silber Nach altem Aberglauben hat es üble Vorbedeutung, wenn man erstmals den Neumond sieht, ohne ein Silberstück bei sich zu haben. Ringe aus Silber, auch im Ohr, sollten allgemein die Heilung von Krankheiten bewirken. Dem Edelmetall wurden besondere Kräfte gegen Tollwut und zur Stärkung des Herzens (↗ Gold) nachgesagt. Heilkräftige Pflanzen sollte man mit einem silbernen Werkzeug ausgraben, weil man glaubte, dadurch ihre Heilwirkung verstärken zu können. Geschabtes, geerbtes Silber wurde gegen allerlei Krankheiten, auch gegen angehexte, eingenommen und sollte vor allem gegen Krämpfe und Epilepsie wirken. Durch mehrere Generationen vererbtes Silber galt als besonders heilkräftig.

Silberdistel ↗ Eberwurz.

Silvester Wer an Silvester einen Schuppenfisch ißt, hat im folgenden Jahr ausreichend Geld, sagte man und glaubte dasselbe, wenn an Silvester Möhren oder ein Linsengericht auf den Tisch kamen. Wurde dagegen am Silvesterabend das letzte Brot im Haus angeschnitten, so sollte im kommenden Jahr daran Mangel sein. Mußte man an Silvester gähnen, so nahm man das als ein gutes Zeichen für das neue Jahr. Einen Strick sollte man in der Silvesternacht aber nirgends hängen lassen, weil daran Leid ins neue Jahr hinübergelangen könnte. Wer in der Silvesternacht zwischen elf und zwölf Uhr im Freien einen ↗ Kreis um sich zog, erfuhr angeblich dort sein zukünftiges Schicksal. Auch mit einem ↗ Immergrünblatt werde man an Silvester sein Schicksal für das kommende Jahr ergründen können, hieß es.

Similia similibus curentur ↗ Nachwort S. 299.

Singen Wer am Morgen singt, weint am Abend, sagt man. Eine schöne Singstimme glaubte man zu bekommen, wenn man am Sonntagmorgen vor dem Kirchläuten drei Lercheneier austrank. Kinder, die gerne Wasser aus dem Badeschwamm tranken, sollten gute Sänger werden.

Skandal Wenn eine ausgeblasene Kerze noch rauchte, gäbe es einen Skandal.

Smaragd Dieser Edelstein sollte gegen Epilepsie, Fieber und Gift wirken sowie das Gedächtnis und die Augen stärken. Trug man ihn bei sich und beging eine unkeusche Handlung, so würde der Stein zerspringen, glaubte man. Das gleiche Verhalten erwartete man, wenn man ihn einem Schwerkranken aufs Herz legte, falls dieser sterben mußte. Wer einen Smaragd unter die Zunge legte, erwartete, die Sprache der Tiere zu verstehen. Der Smaragd gilt verschiedentlich als Schutzstein für die im Mai, nach anderem Glauben für die im Juli Geborenen.

Sodbrennen meinte man beheben zu können, wenn man eine ungerade Anzahl von Kaffeebohnen zerbiß und schluckte. Hing man eine Eberwurz über dem Tisch auf, so sollte dies vorbeugend wirken.

Sohn ↗ Knaben.

Soldaten ↗ Militärdienst.

Sommersprossen sollte nicht bekommen, wer sich am 1. März im Schnee wusch. Bekommen sollte man aber welche, wenn man am Günsel roch oder die von jemand anderem zählte. Man sollte auch die eigenen nicht zählen, weil sonst noch mehr kommen. Es wurde behauptet, die Sommersprossen wären mit Pferdeharn oder mit Jauche, wenn man im Frühjahr die erste Schwalbe sah, wegzuwaschen. Einem anderen Rat zufolge sollte man sich das Gesicht mit einer schwarzen Schnecke einreiben oder mit dem Wasser waschen, das sich in einem alten Baumstumpf gesammelt hatte. Froschlaich an Johannis (24. Juni) vor Sonnenaufgang aufgelegt, Wasser aus einer Mistpfütze, wenn man die erste Schwalbe sah, und auch Tauben- oder Schwalbenblut empfahl man gegen Sommersprossen. Auch die Milch einer Stute nach ihrem ersten Fohlen, bevor sie dieses gesäugt hat, sollte helfen. Märzschnee und Birkensaft, der im Mai angewandt werden sollte, durften unter den Rezepten zur Beseitigung der der Schönheit angeblich so abträglichen Sommersprossen ebensowenig fehlen wie der Tau, der wiederum vor allem im Mai und besonders dann wirksam sein sollte, wenn er von einem Roggenfeld käme. ↗ Kuckuck.

Sonnabend ↗ Samstag.

Sonnenaufgang beendete die Herrschaft der Dämonen, Kobolde und anderer dem Menschen feindlicher Geister. Es war also eine geheimnisumwitterte Zeit, in die der Volksglaube manche Handlungen verlegte, zum Beispiel Oster-, Mai- und Mühlenwasser vor Sonnenaufgang anzuwenden, um gesund zu werden, oder Froschlaich gegen Sommersprossen aufzulegen oder Haare und Nägel zu schneiden, um vor Schaden bewahrt zu bleiben. Auch das Wachstum der Obstbäume glaubte man vor Sonnenaufgang fördern zu können. Für nicht wenige Verrichtungen wurde zusätzlich ↗ Nüchternheit gefordert, oft auch ↗ Schweigsamkeit und ↗ Nacktsein.

Sonnenbrand belästigte denjenigen im Sommer nicht, der am Fastnachtsdienstag Milch getrunken hatte.

Sonnenfinsternis Man fürchtete sich bei Sonnenfinsternis vor Giftregen und Gifttau, deckte deshalb die Brunnen zu und blieb in den Häusern. Wäsche, die während einer Sonnenfinsternis im Freien hing, galt als verseucht. Verbreitet war auch der Glaube, daß Sonnenfinsternisse den ↗ Weltuntergang ankündigen. Die mannigfaltigen Gefahren glaubte man durch Lärmen (Metallgegenstände aneinanderschlagen) und Schreien abwenden zu können, auch drei Palmknospen oder drei Brosamen ins Feuer zu werfen sollte schützen. Den Tollkühnen, die während einer Sonnenfinsternis ins Freie gingen und die Erde aufgruben, versprach der Aberglaube, dabei viel Geld zu finden. ↗ Nachwort S. 306.

Sonnentau (Tropfen der Sonnentaupflanze) zu trinken empfahl man den Schwangeren, um die Niederkunft und die Wehen zu erleichtern. Linderung bei Ermüdung von Arbeit und weitem Weg versprach man sich vom Kauen des Pflanzenkrautes. Dem Kraut der Sonnentaupflanze sollte angeblich sogar der Teufel nicht widerstehen können, weshalb man es den Besessenen um den Hals hing in dem Glauben, daß dann der Teufel ausfahren müsse. Auch einen Gerichtsprozeß hoffte man, durch die morgendliche Einnahme von fünf Spitzen Sonnentau zu gewinnen.

Sonnenuntergang Damit begann nach einem verbreiteten Glauben die gefährliche Zeit der Dämonen, Kobolde und anderer Geister – alle Arbeiten mußten bis dahin verrichtet sein, wollte man sein Glück nicht gefährden. Wer zum Beispiel nach Sonnenuntergang noch kehrte und den Kehricht aus dem Haus brachte, der trug sein Glück davon, und eine Frau, die am Samstagabend noch spann, würde ihren Galgenstrick spinnen, sagte man. ↗ Nacht.

Sonntag gilt allgemein als glücklicher Tag. Sonntagskinder sind Glückskinder und sollten vieles sehen und erkennen können, was anderen Menschen verborgen blieb. Früher wurde der Sonntag wegen seiner guten Vorbedeutung gerne als Hochzeitstag gewählt. Andererseits glaubte man aber auch, wer am Sonntag krank wird, stehe nicht so schnell wieder auf. Auch einer am Sonntag eingetretenen Besserung gegenüber war man mißtrauisch und warnte vor einem Rückschlag, wenn ein Genesender, nach längerem Leiden, sein Krankenbett am Sonntag zum erstenmal verließ.
Sonntagsarbeit bringt Unglück, sagte man. In Kleidern, die am Sonntag genäht wurden, wird man krank oder vom Blitz getroffen (↗ Schiff) und in einem am Sonntag genähten Hemd sollte man sogar nur schwer sterben können. Man hat auch geglaubt, daß am Sonntag beschnittene Bäume eingehen würden. Über den

Sonntag hinweg durfte keine unvollendete Arbeit liegenbleiben. Wer nie an einem Sonntag gearbeitet hatte, dem hat man großen Segen versprochen: nie würde ein Vogel sein Getreide oder seine Gartenfrüchte anrühren.

Sorgen sollten verschiedene Edelsteine von ihren Besitzern nehmen, allen voran der ↗ Chalzedon.

Spatzen ↗ Sperlinge.

Specht Er galt als Wetterprophet – sein Schrei kündete schlechtes Wetter an, Regen, Gewitter, Hagel, Kälte, Schnee. Kam er von rechts, brachte er angeblich Glück, von links Pech. Legte man sich das Nest eines Spechtes unter das Kopfkissen, so sollten die Träume wahr werden. Dem Specht wurde die Fähigkeit nachgerühmt, zauberkräftige Pflanzen finden zu können, vor allem die sagenhafte ↗ Springwurzel. Vergrub man bei dem Nest eines Schwarzspechtes einen Spiegel, in den man vorher einen Hund hatte hineinschauen lassen, so glaubte man, der Spiegel würde verborgene Quellen offenbaren. Das Verspeisen eines Spechtes sollte von Behexung erlösen.

Speck Wie allem ↗ Fett so haben besonders die Germanen auch dem Speck heilkräftige, magische Wirkung zugeschrieben. Der Bettnässer vertraute auf seine heilende Kraft, wenn er sich ein Stück Speck auf den Nabel band, Warzen sollten mit einem Speckstück bestrichen und dieses dann an einen Baum gehängt werden; schwarzgeräucherter Speck tat einem kranken, schmerzenden Magen gut, und bei Masern und Scharlach wurde empfohlen, den Kranken mit Speck einzureiben. Sogar Knochenbrüche waren durch Umbinden eines gesottenen Speckstückes zu behandeln. In Landstrichen, die an der See lagen, wurde empfohlen, bei Flut zu schlachten, weil da eine besonders gute Speckausbeute zu erwarten sei.

Speichel galt teilweise als starkes Gift, denn man glaubte damit Schlangen und Skorpione töten zu können. Dem Speichel sollten aber auch Heilkräfte innewohnen und sich entfalten, etwa bei Kropf, Halsschmerzen; auch Muttermale ließen sich angeblich damit beseitigen, und wenn man die Augenlider mit Speichel bestrich, glaubte man, die Sehkraft bewahren zu können.

Man war auch überzeugt, daß es möglich war, eine geliebte Person an sich zu binden, wenn man ihr vom eigenen Speichel etwas ins Essen mischte, und der Speichel des Ehemannes sollte für seine Frau empfängnisfördernd wirken. ↗ spucken sowie ↗ Nachwort S. 299 und 309.

Sperlinge galten als Wetterpropheten: Saßen sie morgens aufgeplustert herum, so sollte es Regen geben – kamen sie im Winter mit struppigem Gefieder in die Nähe der Häuser, so rechnete man mit strenger Kälte – lagen ihre Federn glatt an, so erhoffte man sich mildes Wetter – saßen sie faul und träge herum, so sollte das auf Sturm und Regen deuten, im Winter auf Schnee – nahmen sie ein Staubbad oder schrien sie auffällig viel, so kündete das angeblich ebenfalls Regen an.

Man sagte den Sperlingen ein besonders reges Liebesleben nach und machte sie deshalb zu Helfern der menschlichen Liebe. Ihr Blut und ihr Fleisch, besonders natürlich ihre Geschlechtsteile, waren Bestandteile der Liebeszaubermittel.

Gegen Krebsgeschwülste legte man dem Erkrankten frisches Sperlingsfleisch auf. Bei Hornhautgeschwüren hat man frisches Sperlingsblut in die Augen geträufelt. Gegen Koliken und Veitstanz riet man sogar den Kot von Sperlingen anzuwenden, und gegen Zahnschmerzen wurde ein Gemenge aus Kot und Öl ins Ohr gegeben.

Spiegel Lange Zeit glaubte man, mit blanken, spiegelnden Metallstücken alles Unheil, auch Hexenzauber und Krankheiten, abwehren zu können. Wer sich nachts, nach elf Uhr, im Spiegel betrachtete, sollte neben sich den Teufel oder eine Hexe oder eine andere Fratze sehen, die Gelbsucht bekommen oder sein Spiegelbild verlieren. Besonders Wöchnerinnen warnte man, es würden im Spiegel neben ihrem Gesicht Schreckgestalten erscheinen, weshalb man in ihrer Umgebung sorgfältig alle Spiegel verhängte. Man glaubte auch, daß sich der Zustand eines Kranken verschlimmern würde, wenn er in einen Spiegel blickte. Drehte man aber den Spiegel um, so behauptete man, sogar die Fallsucht heilen zu können. Blickten Kinder allzufrüh und allzu viel in den Spiegel, so sollten sie leichtsinnig und stolz werden und bald nicht mehr richtig sprechen, sondern nur noch stammeln können.

Wer einen Spiegel zerbrach, mußte sich damit vertraut machen, bald ein Hurenkind aufziehen zu müssen. Ließ man einen Handspiegel mit dem Glas nach oben liegen oder setzte man sich unter einen Wandspiegel, so sollte Unglück folgen. Einen Spiegel zu schenken, würde die Liebe gefährden, glaubte man. War aber in einem Haus jemand gestorben, so verhängte man oft alle Spiegel, bis nach dem Begräbnis, mit weißen Tüchern, um weiteren Todesfällen vorzubeugen und um zu vermeiden, daß der Tote ein ↗ Wiedergänger würde. Fiel ein Spiegel von der Wand und zerbrach, so sollte das sieben Jahre Not für den Eigentümer bedeuten, nach anderem Glauben kündete sich damit ein Todesfall an.

Man sagt auch, in der Neujahrsnacht würde jeder Spiegel den Unverheirateten ihre künftigen Lebenspartner zeigen. Das Erblinden des Spiegels hingegen nahm man als Beweis für einen untreuen Gatten. Menstruierenden Frauen hat man zugetraut, mit einem festen Blick Spiegel trüben und sogar durchlöchern zu können. Angeblich konnte man mit einem Spiegel ↗ Unwetter verhindern, und blickte man in einen Zauberspiegel aus Beryll, so glaubte man, die Zukunft erkennen zu können. ↗ Nachwort S. 308.

Spielglück Wer beim Spiel verliert, hat Glück in der Liebe, tröstete man sich. Helfen sollte gegen Spielpech, wenn man sich von jemand anderem den Daumen halten ließ. Auch durch das Verrücken des Stuhles an eine andere Stelle meinte man die Unglückssträhne unterbrechen zu können. Möglich war auch, ihn einfach umzudrehen und ihn mit der Lehne zum Tisch zu stellen, und wer ganz sichergehen wollte, nahm einen anderen. Eine Chance, das launische Spielglück festzuhalten, rechnete sich der aus, der Wünschelsamen (↗ Farnkraut) oder vierblättrigen Klee, auch eine Wurzel des Knabenkrautes oder Karfreitagseier bei sich trug.

Dem viel begehrten Blut von Hingerichteten, etwa einem damit getränkten Taschentuch, hat man gleichfalls glücksbringende Kraft nachgesagt. Die Spieler haben sich Glück häufig auch von einer Alraunwurzel oder von Hummelwachs zusammen mit einem vierblättrigen Kleeblatt in einem Beutel aus Maulwurfs-haut erhofft, wenn sie dies bei sich trugen. Beim Karten- und Würfelspiel sollte besonders eine Nadel, mit der ein Toter einge-näht worden war, Glück bringen, wenn sie der Spieler vor sich in die Unterseite des Tisches steckte. Auch ein Span von einem

Wegkreuz sollte seinem Besitzer Spielglück bringen. ↗ Würfelspiel, ↗ Kartenspiel.

Spinne Diese Tiere, die im Aberglauben eine große Rolle spielen, sollten aus verfaulten Gegenständen, besonders aus gefaul-
ten Sonnenstäubchen sowie aus dem nach einer Mahlzeit von
einem Menschen ausgeworfenen Speichel entstehen. Sie galten
teilweise als giftig (↗ Gift, ↗ Speichel), andererseits aber auch als
↗ Seelentiere. Sie durften dann weder vertrieben noch getötet
werden. Man glaubte, wer eine Spinne tötet, zerstöre sein Glück.
Glück sollte es vor allem bringen, wenn eine schwarze Spinne
sich an ihrem Faden auf den Körper eines Menschen herabließ
oder darauf kroch. Verschiedentlich setzte man dabei aber voraus, daß die Spinne auf dem Kopf oder auf der Brust in Richtung
zum Herzen lief. Glück wollte man auch erlangen, wenn man
eine Spinne dreimal über die Hand laufen ließ, und vom Spin-
nenglück handelt auch der Dreizeiler:

> Spinne am Morgen bringt Kummer und Sorgen
> Spinne am Mittag Freude am dritten Tag
> Spinne am Abend erquickend und labend.

Dieser Spruch hat ursprünglich der Spinnarbeit gegolten und
wurde erst später auf die Spinnen übertragen. In England wech-
selt die Vorbedeutung der Spinnen mit ihrer Zahl:

> Eine bringt Segen, zwei machen froh
> drei künden Hochzeit, vier aber Tod.

Lief eine Spinne über das Bett eines Kranken oder bei ihm an der
Wand entlang, so glaubte man an seinen baldigen Tod. Im Haus
sollten Spinnen vor Blitzschlag schützen, besonders die Kreuzspinne, die wegen ihres Kreuzzeichens oft als Glückstier angesehen wurde und zum Beispiel auch vor dem Militärdienst
bewahrte. Im Stall wurden Spinnen gern gesehen, weil man
glaubte, sie könnten das Vieh vor Krankheit schützen, indem sie
giftige Stoffe aus der Luft an sich ziehen würden. Den Spinnweben im Stall schrieb man viel Gutes zu: Sie würden feindliche
Dämonen vertreiben, wären aber auch zum Blutstillen geeignet
und würden bei Wechselfieber helfen. Fand sich eine tote Spinne
in der Milch, so galt dies als Todesvorzeichen. Man glaubte aber
auch, eine in eine Schachtel gesperrte Kreuzspinne würde sich
nach sechs bis sieben Jahren in Gold oder Edelsteine verwandeln.

Auch als Wetterpropheten hat man Spinnen angesehen: Schönes Wetter wurde erwartet, wenn eine Kreuzspinne an ihrem Netz webte, Kälte und Frost sollte bevorstehen, wenn eine Hausspinne ihr Netz in Ofennähe spann, webte sie es aber in der Nähe des Fensters, dann waren Tauwetter und Wärme angesagt.

Spinnen Am Samstagabend mußte jede Frau ihren Spinnrocken leergesponnen haben, weil man glaubte, daß sonst die Hexen weiterspinnen oder der Teufel am Sonntag haspeln würde. Was eine Frau am Samstagabend noch spann, galt nicht und sollte in der Nacht wieder zerstört oder weggenommen werden. Man sagte auch, sie spinne zu dieser Zeit ihren Galgenstrick. Wertlos war nach Meinung des Volksmundes auch alles bei Mondschein gesponnene Garn.

Spitze und scharfe Gegenstände wie Messer, Scheren, Nadeln und so weiter soll man nicht an Freunde und Verwandte schenken, man zersticht oder zerschneidet sonst die Freundschaft. Ließ man spitze Gegenstände fallen und blieben diese im Boden stecken, so galt dies als Hinweis auf einen Besuch.

Splitter, die man sich eingestoßen hatte, kämen von selbst heraus, sofern man ein Korn eines am Oswaldstag (5. August) gesammelten Fruchtstandes des Breitwegerich eingenommen hat. Diese Pflanze wurde deshalb auch »Dornsamen« genannt. Mühelos sollten sich Splitter auch herausziehen lassen, wenn man ein Wurzelstück der weißblühenden Wegwarte gegessen hatte, die an Jakobi (25. Juli) schweigend mit einem Goldstück auszugraben war. Grüne Seife zog ebenfalls den Splitter »selbsttätig« heraus, wenn man sie auf einen Lappen strich und diesen auf den Splitter legte. War ein Splitter glücklich entfernt, so mußte man ihn zerbeißen, denn man meinte, daß er nur dann keinen weiteren Schaden anrichten könne und die Wunde weder schmerze noch eitere.

Sprache Verschiedentlich gab man kleinen Kindern Wasser von Gewitterregen zu trinken in der Erwartung, daß sie dann leicht und frühzeitig sprechen lernen würden. Mit dem gleichen Wunsch ließ man anderswo die Kinder aus einer Glocke trinken. Man sollte aber die Fähigkeit zu sprechen verlieren, wenn man Fleisch eines vom Wolf gerissenen Tieres gegessen hat (↗ Nachwort S. 281). Falls man die Sprache durch einen Schlaganfall verloren hatte, so war das angeblich behebbar, wenn man zwei Tage hintereinander je drei Tropfen Blut aus dem Ohr einer Eselsstute mit einem Glas Erdbeertrank zu sich nahm. Die Sprache der Tiere sollte verstehen lernen, wer Schlangenblut und Schlangenfleisch verzehrte. ↗ Christnacht.

Springwurzel Eine nicht eindeutig feststehende Pflanze, vielleicht eine Farnkrautwurzel, deren Samen bei der Reife aus einer Hülse springt. Der Mensch kann die sagenumwobene Springwurzel nicht selbst finden, sondern bediente sich dazu immer schon des Spechtes, eines Raben, des Wiedehopfs oder der Schwalbe, um mit List an die Pflanze zu gelangen. Sie wurde besonders geschätzt, weil man mit ihr durch bloßes Berühren angeblich alle verschlossenen Türen und Schlösser öffnen, Felsen und Gewitter teilen, Fesseln sprengen sowie Feuer löschen konnte. Wer sie in der rechten Tasche trug, glaubte, gegen alle Stiche und Kugeln gefeit zu sein. Man sagte auch, sie würde ihrem Besitzer alle Schätze der Erde zeigen. Um an die Wurzel zu kommen, versperrte man den genannten Vögeln, wenn sie ausgeflogen waren, das Nest mit einem Brett oder ähnlichem, zu dessen Beseitigung die Vögel dann eine Springwurzel suchen und herbeiholen mußten, die man ihnen mit List abzunehmen suchte.

Spucken Auf gefundene Gegenstände mußte man dreimal spucken, um eine eventuelle Behexung zu beseitigen. Ausspukken hob angeblich auch alle Folgen des ↗ Bösen Blickes auf. Spuckt man auf eingenommenes Geld, besonders das erste, so soll es sich vermehren. Man glaubte auch, Regen beenden und das von Raben angekündigte Unheil verhindern zu können, wenn man dreimal ausspuckte. Wer aber in einen Fluß spuckt, dessen Gesundheit schwimmt fort, sagte man. ↗ Steine, ↗ Feuer, ↗ Speichel.

Spulwürmer Diesen Parasiten des Menschen glaubte man beikommen zu können, wenn man zerstoßenes Glas einnahm. Auch eine Mixtur mit ↗ Lebkuchen sollte helfen. ↗ Würmer.

Spur ↗ Fußspur.

Stachelbeere Man meinte, wenn man einen wilden Stachelbeerstrauch drei Jahre hintereinander am Gründonnerstag vor Sonnenaufgang verpflanzte, daß sich dann ein Garten-Stachelbeerstrauch daraus entwickelt.

Stall Unglück und böse Geister glaubte man mit Hilfe von Steinöl (frühere Bezeichnung für Erdöl) vom Stall fernhalten zu können. Spinnen wurden im Stall gern gesehen, weil man annahm, sie könnten das Vieh vor Krankheiten schützen, da sie angeblich giftige Stoffe aus der Luft an sich zogen. Spinnweben im Stall, so meinte man, würden feindliche Dämonen vertreiben. Eine aufgehängte Zwiebel sollte Seuchen abwehren können, und in die Stalltür eingeschlagene Ahornzapfen würden die Hexen aussperren, glaubte man.

Star ↗ Augenkrankheiten.

Stärke wollte man erlangen, indem man im Frühjahr beim ersten Donner etwas Schweres, zum Beispiel einen Stein, eine Strecke weit trug. Gewaltige Stärke sollte denjenigen zuteil werden, die im Frühjahr eine gut verschlossene Flasche Wein in einen Ameisenhaufen legten, sie nach einem Jahr wieder ausgruben und den Wein tranken. Auch der Besitz eines ↗ Donnerkeiles konnte angeblich außerordentliche Kraft verleihen. Die Kraft von neun Männern übertrug sich auf den, der in der Sonnwendnacht (21. Juni) zwischen elf und zwölf Uhr eine Eberwurz mit neun Blüten fand, in Wein sott und den Absud trank. Ein in Schöllkraut eingewickeltes Maulwurfherz sollte sogar übermenschliche Stärke verleihen, mit der man jeden Feind überwinden konnte. Schwangere Frauen glaubten ihren Kindern bereits besondere Kräfte vermitteln zu können, indem sie sich einen Malachit auf den Nabel banden. Den Neugeborenen wollte man mittels Stutenmilch Kraft und Unüberwindbarkeit einflößen. ↗ Kraft.

Stecknadel Fiel eine Stecknadel zu Boden, so erwartete man Streit. Wer eine gefundene Stecknadel aufhebt, hebt sein Unglück auf, sagte man. Geschwüre sollte man mit einer Stecknadel aufstechen, weil die Nähnadeln dabei angeblich Krankheiten verursachten.

Steinbrech Diese Pflanzen haben ihren Namen, weil sie im Gebirge zwischen den Steinen hervorwachsen, sie aufzubrechen scheinen. Seit der Antike sagt man den in Wein eingelegten Steinbrechwurzeln nach, menschliche Blasensteine auflösen zu können.

Steine Von ihnen nahm man an, sie würden so lange wachsen, wie sie unberührt unter der Erdoberfläche blieben. Das stellte man sich besonders bei den Erzen so vor. In der Volksmedizin hatten Steine noch eine besondere Funktion. Man meinte auf sie Krankheiten übertragen zu können, wenn man entweder einen Stein auf die kranke Körperstelle legte oder damit über die kranke Körperpartie hinwegstrich oder sie umkreiste. Um die jetzt dem Stein anhaftende Krankheit unschädlich zu machen, warf man ihn in einen Bach oder legte ihn unter die Dachtraufe oder spülte ihn einfach mit Wasser ab. Auch das Anspucken sollte die Krankheit vom Stein tilgen. Man war auch der Meinung, der von seinem Leiden Befreite sollte den Stein nicht mehr sehen und ihn rücklings von sich werfen. ↗ Zahnschmerzen, ↗ Edelsteine.

Stein der Weisen ↗ Nachwort S. 301.

Sterben Konnte ein Todkranker nicht sterben, so glaubte man, seine Leiden abkürzen zu können, wenn man eine Schindel auf dem Dach lockerte, drei Ziegel abhob oder auch ein Fenster öffnete, damit die Seele ausfahren könne (↗ Seelentiere). Der Gesang einer Nachtigall sollte einem Sterbenden einen sanften Tod bescheren. Ein mit Tauben- oder Hühnerfedern gefülltes Kopfkissen machte das Sterben zur Qual. Auch in einem am Sonntag genähten Hemd würde man schwer sterben, wurde behauptet. Wollte man das Sterben eines Kranken hinauszögern, so versuchte man, dies durch Einreiben mit Kirschwasser von schwarzen Kirschen zu erreichen. Es wurde als besonderes Glück angesehen, wenn jemand an seinem Geburtstag starb.

Sterndeutung oder **Astrologie** Die Versuche, den Charakter und das Schicksal des Menschen mit Hilfe des Laufes und der Stellung der Gestirne zu deuten und zu ermitteln sind sehr alt (↗ Nachwort S. 284, 289 und 306). Immer wieder wird für die Astrologie wissenschaftlicher Rang beansprucht, vor allem, wenn sie mit Hilfe der Mathematik und der Statistik ihre Ergebnisse sorgfältig aufarbeitet. C. G. Jung hat dazu festgestellt:»Die moderne Astrologie nähert sich mehr und mehr der Psychologie und klopft bereits vernehmlich an die Tore der Universitäten.«

Das Lesen eines pauschalen Horoskopes, wie es in den weitaus meisten Fällen gemacht wird, ist damit nicht zu vergleichen. So wurde diese Laien-Astrologie denn auch einmal mit Recht als »die Königin des Aberglaubens« (W.-E. Peuckert) bezeichnet, und vermutlich ist das ↗ Horoskop heute der am meisten herangezogene Ratgeber, wenn es darum geht, etwas über die nächste Zukunft und den Charakter der in bestimmten Sternkonstellationen geborenen Menschen auszusagen.

Sternschnuppe ↗ Wünsche.

Stiefvater sollte ein Knabe werden, der auf dem Kopf vorne einen Haarwirbel hatte.

Stierhörner ↗ blutstillend.

Stinken ↗ riechen.

Stolpern eines Gastes beim Betreten eines Hauses: Mit dem rechten Fuß sollte es bedeuten, daß er willkommen ist, passierte es mit dem linken, so sollte er lieber wieder umkehren.

Stolz Darauf sollten geschwungene Augenbrauen und eine Hakennase schließen lassen. Hat ein Kind zu früh und zu viel in den Spiegel geschaut, so sollte es stolz werden. ↗ Hochmut.

Storch Er galt häufig als Glücksbringer und ist in vielen Landstrichen, gerade heute wieder, ein gern gesehener Gast. Es wurde behauptet, er schütze das Haus, auf dem er nistet, vor Feuer und Blitz und bringe die Kinder. Oft wurden Störche als verwandelte Menschen (↗ Freimaurer) angesehen und deshalb besonders gehegt.
Allerdings galt er nicht uneingeschränkt als Glücksbote: Man glaubte es folge Unglück, wenn man einen Storch stehend sah, und nur wenn man ihn fliegend beobachtete, glaubte man an seine Glücksvorbedeutung. Sah ihn ein Mädchen im Frühling erstmals stehend, so sollte es entweder faul oder als Patin gebeten werden, sah es einen fliegenden Storch, so sollte es fleißig werden oder bald heiraten, und hörte es einen klappern, so war zu befürchten, daß es in nächster Zeit viel Geschirr zerbrechen werde. Auch die Beobachtung eines sich putzenden Storches sollte Unglück bringen. Dagegen kündete der erste Storch Wohl-

stand für das restliche Jahr an, wenn man bei seinem Anblick Geld in der Tasche hatte. Und ein langes, gesundes Leben sollte dem beschieden sein, der Storchenblut trank.

Straße Gingen zwei Leute nebeneinander auf der Straße, so durften sie niemand zwischen sich hindurchlassen, weil dieser ihnen sonst das Glück fortnehmen würde. ↗ Weg.

Streit stand angeblich ins Haus, wenn man Elstern schreien hörte oder von Bier träumte. Auch verschüttetes Salz galt als Streitankündigung, aber dieser Zwist sollte zu vermeiden sein, wenn man Salz schnell über die linke Schulter warf und es dann verbrannte, auch wenn man ein wenig zum Fenster hinauswarf oder Wein auf die Hand goß. Noch schlimmeren Streit als auf das Salzverschütten habe man auf das Verschütten von Pfeffer oder Paprika zu gewärtigen, und ähnlich erging es einem mit Bärlapp. Lag ein Schlüssel auf dem Tisch oder geriet Immergrün in eine Speise, so sollte bald Zwist zwischen den Eheleuten ausbrechen, ebenso wenn im Zimmer ein Schirm aufgespannt wurde. Zank war angeblich auch zu erwarten, wenn zwei aus dem gleichen Teller aßen, oder wenn zwei Liebende ihre Hände am gleichen Handtuch trockneten. Damit ist die Aufzählung der möglichen Streitpunkte noch nicht zu Ende. Es gibt derer noch viele:

Wenn man beim Stubenkehren mit heißem Wasser feuchtete
Wenn jemand auf ein angelaufenes Fenster schreibt
Bei Raben- und Krähengeschrei, Katzengeheul, besonders in der Freitagnacht
Beim Anblick einer kleinen Spinne
Wenn die Braut Eier mit ins Haus brachte
Wenn am Freitag gebacken wurde
Wenn Pfauenhahnfedern in der Wohnung waren
Wenn man unterwegs Schafe rechts vom Weg sah
Wenn jemand mit einem Bissen im Mund ins Zimmer kam
Wenn man ein Messer mit dem Rücken auf den Tisch legte
Wenn das Feuer im Ofen knisterte und prasselte
Wenn man Tränen lachte
Wenn die Nase juckte
Wenn eine Stecknadel zu Boden fiel
Wenn eine Harke irgendwo mit den Zinken nach oben lag
Schaute jemand zur Tür herein, ohne einzutreten, so würde der Ehemann seine Frau schlagen

Aber dem ↗ Türkis hat man versöhnende Kräfte zugeschrieben, vor allem bei Zwistigkeiten zwischen Mann und Frau. ↗ Hund.

Strick Dem Strick eines Gehängten (↗ Hinrichtung) wurde viel Kraft beigemessen, er galt als Glücksbringer und schützte ein Haus angeblich vor Blitzschlag, wenn man damit dreimal auf die Hausschwelle schlug. Beim Kauf einer Kuh mußte ein knotenfreier Strick mit auf den Käufer übergehen, sonst, so meinte man, hält der Verkäufer mit dem Strick auch die Milch der Kuh zurück.

Stricken sollten die Mädchen immer nur ganz herum und nicht vorher aufhören, weil ihnen sonst ihr Freund nicht treu bliebe, sagte man. Strickenden Frauen könnten die Hexen nichts anhaben, weil sie mit ihren Stricknadeln immer ein Kreuz machten.

Strohhalm Es galt der Glaube, daß den Unglück erwartet, der auf seinem Weg zwei gekreuzte Strohhalme findet.

Strumpf Zieht man den linken Strumpf zuerst an, so hat man den ganzen Tag Unglück. Will man Glück haben, dann muß man morgens zuerst beide Strümpfe und dann erst beide Schuhe anziehen, denn zieht man zuerst ein Bein vollständig an und dann das andere, so sollte das Unheil verheißen. Bei Halsschmerzen würde, so glaubte man, ein tagsüber getragener, abends umgebundener Strumpf helfen. Und die Zuneigung einer geliebten Person vermeinte man durch Trinken eines Absudes aus deren Strümpfen gewinnen zu können. ↗ Fuß.

Strumpfband Geht das Strumpfband auf, denkt der Liebhaber an das Mädchen, sagte man. Verlor ein Mädchen oder eine Frau ein Strumpfband, so war ihr Liebhaber oder Ehemann angeblich untreu. Band der Bräutigam am Hochzeitstag seiner Braut die Strumpfbänder, so konnte sie sich Hoffnung auf eine leichte Niederkunft machen. Auch sonst glaubte man vor allerlei Krankheiten durch das Strumpfband geschützt zu sein, besonders wenn es aus Natternhaut oder von einem Toten war. ↗ Schwefel.

Sturm zeigten faul und träge herumsitzende Sperlinge an; zur See galten zwei Raben und auch aufs Land zufliegende Möwen als Sturmboten. Wer mittags fischte, sollte Sturm heraufbeschwören und ebenso, wer pfiff. Wehte ein heftiger Sturm, so sagte man, es habe sich jemand erhängt (↗ Selbstmörder).

Stürze haben weder Knochenbrüche noch sonstige Schäden zur Folge, glaubte man, wenn man eine an Neujahr geschenkte Muskatnuß oder den Kern einer Dattel bei sich trägt. ↗ Knochenbrüche. Auch eine ↗ Gemme sollte vor Schaden bewahren.

Stutenmilch galt als besonders kräftigend. Man hat sie deshalb Neugeborenen eingeflößt, denen man damit für ihr weiteres Leben Unüberwindbarkeit, zumindest aber Stärke, vermitteln wollte. Mit Stutenmilch glaubte man auch, sich von Sommersprossen befreien zu können. ↗ Pferd.

Sukkubus ↗ Inkubus.

Sünden Davor sollte ein ↗ Chalzedon seinen Träger bewahren. Ein durchgerissenes Blatt des ↗ Wegerichs lasse die Anzahl der begangenen Sünden erkennen. Verschiedentlich glaubte man, es sei möglich, sich mit Hilfe von Brech- und Abführmitteln von Sünden zu befreien. Der Wolle hat man die Fähigkeit zugeschrieben, Sünden, ähnlich wie Schmutz und Staub, »aufsaugen« zu können. Die Zahl ↗ Elf galt als Symbol der Sünde, weil sie die zehn Gebote »übertritt«.

Suppe Wer viel Suppe ißt, lebt lang, sagt eine alte Spruchweisheit. Kochte jedoch die Suppe noch auf dem Tisch, gab es jemand, der sie einem nicht gönnte. An Fastnacht sollte man keine Suppe essen, weil sonst die Nase tropfen würde. Eine versalzene Suppe verrät eine verliebte Köchin. ↗ Ehe.

Sympathie Verschiedene Edelsteine sollten ihren Trägern Sympathie bei den Mitmenschen sichern: der ↗ Granat, der ↗ Amethyst, der ↗ Achat, der ↗ Hyazinth, der ↗ Opal, der ↗ Topas.

Syphilis Dagegen sollte zu Asche gebrannter Schweinekot helfen. ↗ Geschlechtskrankheiten.

T

Tagwählerei Vielfach wurde sorgsam darauf geachtet, für Hochzeit, Kindstaufe, Richtfest, Wohnungs- und Arbeitsplatzwechsel, Kauf und Verkauf, Schiffsausfahrt, Verreisen und ähnliche wichtige Handlungen, nur bestimmte Wochen- oder Monatstage zu wählen und andere unbedingt zu meiden, weil man den einen glückhafte Vorbedeutung zugeschrieben hat und an den anderen Unglück befürchtete. Dieser Aberglaube ist uns schon aus dem Altertum überliefert und hat sich teilweise bis heute erhalten. ↗ Glückstage, ↗ Unglückstage sowie ↗ Nachwort S. 284 und S. 305.

Talisman Allgemein ein glückbringender Gegenstand wie das ↗ Amulett. Die am Körper getragenen Glückssymbole bezeichnet man in der Regel als Amulette, während die im Auto mitgeführten, am Schiff befestigten, im Haus aufbewahrten meist als Talismane oder Maskottchen bezeichnet werden.

Tanne Den Dieben von Tannenbäumen hat man prophezeit, sie würden sich in den Arm hacken. Wer eine Tanne widerrechtlich fällte, sollte sieben Jahre Pech haben.

Tannenzapfen Viele Tannenzapfen kündigten angeblich eine reiche Ernte an:

> Viel Mockele auf der Tanne,
> Viel Roggen in der Wanne.

Aber auch ein strenger Winter soll zu erwarten sein, wenn es viele Tannenzapfen gibt. Damit kleine Kinder einschlafen können, legt man ihnen Tannenzapfen unter das Kopfkissen.

Tanzen bei Mondschein würde die Geister herbeilocken, sagte man, denn zu dieser Zeit sei die Erddecke besonders dünn.

Taschentuch Läßt ein Mädchen zu, daß sich ein Bursche an ihrem Taschentuch oder an ihrer Schürze die Hände abtrocknet, so fesselt es ihn an sich, sagte man.

Tasse Versucht jemand geistesabwesend aus einer leeren Tasse zu trinken, so ist ein durstiger Gast zu erwarten. Fällt einer Person ein Stück Brot oder Kuchen in die Kaffeetasse, so kommen bald Gäste. ↗ Kaffee, ↗ Tee, ↗ Schwiegermutter.

Tau reinigt die Haut, vertreibt Sommersprossen und Fieber, behauptete man; man wusch sich damit, wälzte sich in ihm und trank ihn auch. Barfuß durch den Tau zu gehen, sollte von allen Unreinheiten des Körpers befreien. Von einem Bad im Tau erhofften die Mädchen und Frauen sich große Schönheit. Besonders intensive Wirkung hat man dem Tau an Walpurgis (1. Mai), am Johannistag (24. Juni) und an Weihnachten nachgerühmt. Wer sich nackt im Tau wälzte oder diesen vor Sonnenaufgang mit Tüchern auffing und damit seinen Körper einrieb oder das Gesicht wusch, glaubte alle Unreinheiten der Haut, Ausschlag und ähnliches ausmerzen zu können. ↗ Hämorrhoiden.

Tauben bringen dem Haus Glück (↗ Nachwort S. 281) und ziehen Krankheiten an sich, glaubte man. Baden sie sich im Wasser oder sitzen sie in einer Reihe hintereinander auf dem Dach, so sollte das Regen ankündigen. Mit Hilfe von Taubenblut meinte man nicht nur Sommersprossen beseitigen, sondern allen bösen Zauber tilgen zu können. Aber Kopfkissen mit Taubenfedern sollten weder einen ruhigen Schlaf noch einen ruhigen Tod erlauben. Mit dem Herz einer Turteltaube sei es jedoch möglich, die Zuneigung einer geliebten Person zu gewinnen. Bei der ↗ Hochzeit hatten die Tauben unterschiedliche Bedeutung, je nach dem Zeitpunkt ihres Erscheinens. ↗ Jagd.

Taubheit Dagegen glaubte man, das Fett eines Reihers mit Erfolg anwenden zu können. Gab ein Salamander, wenn er gefangen wurde, einen Laut von sich, so sollte der Fänger taub werden.

Taufe Sah man im Frühling zuerst einen gelben Schmetterling, dann stand »sicher« eine Taufe bevor. Man sollte aber Taufen bei abnehmendem Mond vermeiden, weil da das Kind nach einem verbreiteten Glauben weniger gut gedeihen würde als nach einer Taufe bei zunehmendem Mond. Vor der Taufe durfte man dem Kind kein Geld zeigen, weil es sonst habgierig würde, sagte man. Würde ein Mädchen mit dem Taufwasser eines Knaben getauft, so prophezeite man ihm einen Bart. Man meinte auch, Mädchen sollten zur Taufe weiße Kleider anhaben, da sie sonst sterben müßten. ↗ Wöchnerin, ↗ Namen, ↗ Gedächtnis, ↗ Augen, ↗ Salz.

Taufwasser ↗ Rauferei und ↗ Nachwort S. 285.

Tausendgüldenkraut sollte dauernden Wohlstand sichern, wenn man es am Johannistag (24. Juni) beim Mittagläuten pflückte und in den Geldbeutel steckte. Dem Kraut hat man außerdem eine hervorragende Wirkung bei der Wundheilung nachgerühmt.

Tauwetter sollte eintreten, wenn die Elstern sich zankten oder wenn eine Hausspinne ihr Netz in der Nähe eines Fensters spann. Frißt ein Hund Schnee oder wälzt er sich darin, so erwartete man gleichfalls Tauwetter.

Tee Schwammen die Teeblätter in der Tasse, dann sei Besuch zu erwarten, orakelte man. Schwimmen die Zuckerbläschen in der Teetasse alle in der Mitte der Oberfläche, so schickt einem jemand in Gedanken einen Kuß. Kann man die Bläschen alle mit dem Löffel einfangen, so meint man, den Kuß wirklich zu bekommen. Steigt der Dampf aus dem Teekessel senkrecht auf, so gehen die Freier zum Schornstein hinaus. Gibt man die Milch vor dem Zucker in die Tasse, so wird man sich wahrscheinlich unglücklich verlieben oder man bekommt keinen Partner beziehungsweise keine Partnerin. In neuerer Zeit hört man: »Tee mit Zitrone schärft den Verstand.«

Teig Legt man die Hefe vor dem Zubereiten des Teiges auf den Tisch, so wird der Teig nicht aufgehen, sagte man.

Teller Aßen zwei aus dem gleichen Teller, so sollte es Streit geben.

Teuerung hat man befürchtet, wenn es viele Schmeißfliegen oder viele Feldmäuse gab. Auch viele Pilze im Wald würden eine Teuerung ankündigen, meinten die Menschen. ↗ Hungersnot.

Teufel Man soll den Teufel nicht rufen oder »an die Wand malen«, sonst komme er, sagte man. Trank man nachts Wasser, so sollte man dreimal in das Glas blasen, weil sonst der darin sitzende Teufel Macht über einen bekäme. Aber wer eine Wurzel des Türkenbundes bei sich trug oder ein in den ↗ Frauendreißigern gesammeltes Immergrün, dem würde der Teufel nichts anhaben können. Auch Salz sowie verschiedene stark riechende Pflanzen (↗ riechen) galten als Schutzmittel gegen Teufel und Dämonen (↗ Nachwort S. 300). Bei nächtlichem Klopfen an die verschlossene Türe sei es ratsam, erst nach dem Namen des Klopfenden zu fragen, um nicht etwa dem Teufel zu öffnen. Geraten wurde auch, beim Gähnen die Hand vor den Mund zu halten, damit nicht der Teufel in Gestalt einer Mücke hineinfliegen könne. Auch beim ↗ Niesen bestand Gefahr.

Eine Reihe von Tieren wurde gelegentlich als Verkörperungen des Teufels angesehen, so der Rabe, der Kuckuck, die Hummel. Wer eine Biene tötete, sollte dem Teufel verfallen. Aber wer das Ei einer schwarzen Henne sieben Tage lang unter seiner linken Achsel trug, sollte dadurch einen kleinen schwarzen Teufel ausbrüten können, der ihm dienen mußte. Auch an Ostern war angeblich Ähnliches möglich. Wer sich jedoch mit dem Teufel verbunden hatte, konnte nur wieder loskommen, wenn er sich sieben Jahre lang weder wusch noch kämmte. Katzen wurden zum Zweck der Teufelsaustreibung getötet. ↗ Exorzismus, ↗ Inkubus, ↗ August sowie ↗ Nachwort S. 309.

Thymian oder **Quendel** war eines der ↗ Frauenkräuter, und wurde auch häufig zum ↗ Räuchern verwendet. Von dem Absud versprach man sich, daß geronnenes Blut wieder flüssig werde.

Tiersprache Da viele Menschen an die Beseeltheit der Tiere glaubten und glauben (↗ Animismus, ↗ Nachwort S. 297), wollten sie auch die Sprache der Tiere verstehen, und der Volksglaube bot auch dafür Rezepte an: Wenn man einen Smaragd unter die Zunge legte, Farnsamen bei sich trug, Schlangenhaut trank und Schlangenfleisch aß oder wenn man das Zauberfett der Hexen mit Kröten in Sahne kochte. Die Volksbücher und Sagen berichten, daß Siegfried nach seinem Bad im Drachenblut die Sprache der Vögel verstand. ↗ Christnacht.

Tisch Wer sich auf den Tisch setzt, bekommt Geschwüre (↗ Nachwort S. 309) und wer ein Kind mit bloßen Füßen auf den

Tisch stellt, verschafft ihm kranke Füße, drohte man. Tisch und Bank mit einem Besen zu kehren, sollte ansteckende Krankheiten ins Haus bringen, hieß es, und wer den Tisch mit Papier statt mit einem Wischtuch säubert, verursache Zank und Streit. Auch sollte man nicht mit den Fingern auf den Tisch trommeln, denn das ruft das Elend herbei. ↗ Rheumatismus.

Tischtuch Wird es verkehrt auf den Tisch gelegt, so werden die Gäste nicht satt. Ließ man es über Nacht liegen und fraßen die Mäuse die restlichen Brosamen, so sollte man, wenn man wieder darauf frühstückte, schwarze, faulige Zähne bekommen.

Tobsucht wurde angeblich durch den Verzehr einer aus Elsternfleisch gekochten Suppe hervorgerufen. ↗ Irrsinn.

Tochter ↗ Mädchen.

Tod ↗ Sterben.

Todesvorzeichen glaubte man in großer Anzahl bei den verschiedensten Gelegenheiten zu sehen oder zu erkennen: Wenn der Geburtstagskuchen mißglückt war, sich gelbe Flecke an den Fingern bildeten, wenn man eine Nähnadel mit einem schwarzen Faden fand und wenn ein Spiegel oder ein Bild von der Wand fiel. Des weiteren, wenn ein unerklärliches Klirren oder Klingeln zu hören war, wenn Wespen im Haus nisteten, wenn sich eine Krähe auf das Hausdach setzte oder wenn Raben über das Haus hinwegflogen oder wenn ein anderer Vogel sich gar ins Haus verirrte. Ferner glaubte man das auch, wenn sich jemand beim Honigessen nicht bekleckste oder wenn Glas zerbrach – auch Spinnen, Eulen, Käfer und andere Tiere konnten angeblich den Tod ankündigen. In nicht wenigen Fällen – beispielsweise in den Monaten ↗ April, ↗ August – wurde den an bestimmten Tagen oder in einer bestimmten Zeitspanne Geborenen von vornherein der baldige Tod vorausgesagt.

»Toi, toi, toi« Wer dies ausruft, will einen Glücksumstand oder einen glücklichen Zufall vor der nachträglichen Zerstörung schützen, wenn er darüber gesprochen hat. ↗ Bereden, ↗ Unberufen.

Tollkraut ↗ Bilsenkraut.

Tollwut glaubte man mit Silber heilen zu können. Soff aber ein Hund bei Flut vom Meerschaum, sollte er angeblich tollwütig werden. Als Schutz vor seinem Biß wurde empfohlen, sich selbst in den Daumen zu beißen. ↗ Gründonnerstag.

Topas Diesem Edelstein hat man die Fähigkeit zugeschrieben, Zorn und Unkeuschheit zu bändigen sowie vor Räubern und Dieben zu schützen. Er sollte auch von Pessimismus und Traurigkeit befreien und wurde für ein sicheres Mittel gehalten, die Galle sowie gallsüchtige Anfälle zu beruhigen. Beim Topas müsse man aber noch darauf achten, daß seine Kraft von den Mondphasen abhängig sei.

Er gilt als Monatsstein für den November – verschiedentlich jedoch für den Januar – und die in diesem Monat Geborenen glaubten, daß ihnen der Topas speziell Freundschaft und Liebe sichern sowie ihren Zorn und ihre Phantasie zügeln könne.

Töpfe sollten über Nacht nicht ohne Deckel bleiben, denn man sagte, daß man sonst nicht schlafen könne.

Tote Man glaubte, man würde die Toten stören, wenn man von ihnen spricht und sollte deshalb nicht viel von ihnen reden. Vor allem durfte man nichts Böses über sie sagen, weil sie sich sonst rächten. Die Wäsche eines Verstorbenen mußte bald gewaschen werden, sonst habe er keine Ruhe, meinte man. Kleider und Bettwäsche sollten aber erst vier bis sechs Wochen nach dem Tod wieder in Gebrauch genommen werden. Eine Zuwiderhandlung würde ebenfalls die Ruhe des Toten stören. Ohnedies war man überzeugt, daß nicht wenige Verstorbene als ↗ Vampire oder ↗ Wiedergänger unter die Lebenden zurückkehren würden. ↗ Lotterie.

Töten so glaubte man, könnten die Menschen mit dem gefürchteten ↗ Bösen Blick. Es wurde auch behauptet, daß man jemand umbringen könne, indem man das Vaterunser neunmal rückwärts aufsagte. Und nicht zuletzt war man überzeugt davon – sogar Papst Johannes XXII. im 14. Jahrhundert – getötet werden zu können, wenn jemand ein Ebenbild aus Wachs anfertigte und in dieses zum Beispiel eine Anzahl Nadeln stach (↗ Nachwort S. 287). Aber es gab dagegen auch eine Reihe von Manipulationen, mit deren Hilfe man angeblich ↗ unverwundbar werden würde. ↗ Knopf.

Totenbahre Wer auf einer Totenbahre, auf der lauter ehrbare Jungfrauen zu Grabe getragen worden waren, ohne Furcht sechsmal hintereinander ausschlafen konnte, sollte auf dem Friedhof einen goldenen Schlüssel zur Hölle finden.

Totenbeschwörung, Nekromantie ↗ Nachwort S. 280 und 307.

Totengräber Die Begegnung mit einem Totengräber am Neujahrstag galt als schlimmes Vorzeichen für das beginnende Jahr.

Totenhand Mit Hilfe einer Totenhand glaubte man sowohl Augenkrankheiten und Rückgratverkrümmungen heilen als auch Ausschläge, Muttermale, Geschwüre und Warzen vertreiben zu können.

Totenzähne trug man bei sich, um sich Mut und Glück zu sichern. Man glaubte auch, sich dadurch Ungeziefer vom Leib halten sowie sich vor Zahnschmerzen und Zahnausfall schützen zu können. Auch das Zahnen der Kinder sollte durch Tragen von Totenzähnen gefördert werden. Schließlich meinte man auch, wenn man einen Totenzahn bei sich trug, man bliebe vom Militärdienst verschont und könne damit sogar einen Dieb zur Rückgabe des gestohlenen Gutes zwingen. Von unerwünschter Liebe wollte sich der befreien, der sich von einem Totenzahn beräuchern ließ.

Für die Wirksamkeit der Totenzähne wurde verschiedentlich gefordert, daß sie von gewaltsam zu Tode gekommenen Menschen stammen müßten; da und dort sollten sie auch mit den eigenen Zähnen aus der Leiche herausgebissen werden, tunlichst nachts, zwischen zwölf und ein Uhr.

Tragen Mannigfaltig waren die Gegenstände, die als Amulette oder Talismane oder auch ohne eine solche Bezeichnung getragen werden sollten, um Glück und Gesundheit zu sichern oder Unglück und Krankheit abzuwehren.

Tränen Wer Salz verschüttet, bekommt Ärger und wird Tränen vergießen, sagte man, und wenn man Tränen lacht, gibt es Streit. Perlen galten als Symbole der Tränen, weshalb die Bräute keine Perlen in ihrem Hochzeitsschmuck tragen sollten. ↗ Weinen.

Träume (↗ Nachwort S. 280 und S. 283.) Man glaubte, Träume seien am wahrhaftigsten, wenn sie nach Mitternacht gegen

Morgen geträumt werden. Nach einem anderen Glauben sind Träume in der ersten Nacht nach dem Vollmond am bedeutsamsten, oder auch in der Weihnachts- oder Neujahrsnacht, wie überhaupt in den ↗ Zwölfnächten. Auch Träumen in einem neuen oder fremden Bett sowie in einer neuen Wohnung hat man besondere Bedeutung beigemessen.

Man sagte, daß Träume in Erfüllung gehen, wenn man sie dreimal träumt, oder wenn man sie in der Geburtstagsnacht träumt. Wenn man um Mitternacht einen Fisch ißt, so sollte der nächste Traum in Erfüllung gehen. Überhaupt war man der Meinung, daß Träume nach Mitternacht eher in Erfüllung gehen als vor Mitternacht (↗ Specht). Angenehme Träume sollte der ↗ Schlafapfel bescheren, und vielerlei bunte Träume kämen durch Unterlegen eines Achates unter das Kopfkissen. Wollte man jedoch jemand, den man nicht mochte, einen unerfreulichen Traum verschaffen, so legte man ihm ein Bockshorn unter das Kopfkissen.

Vor schlimmen Träumen glaubte man sich bewahren zu können, wenn man abends vor dem Zubettgehen an die Bettlade klopfte. Lattich sowie den Wurzeln der weißen Seerose schrieb man vorbeugende Wirkung gegen sexuell erregende Träume zu, Sellerie sollte dagegen solche Träume auslösen. Mädchen legten entweder Leinsamen oder vierblättrigen Klee oder einen nicht berührten Kranz – der mit Hilfe eines gespaltenen Holzes geflochten wurde – unter das Kopfkissen und erwarteten daraufhin, ihren künftigen Ehemann im Traum zu sehen (↗ Betten). Schließlich sollte man im nüchternen Zustand von schlimmen Träumen nicht erzählen, weil sie sonst in Erfüllung gehen würden – gute Träume sollte man jedoch auch nicht erzählen, weil sie sonst nicht in Erfüllung gehen würden.

Die Bedeutung der einzelnen Gegenstände und Motive, die in Träumen erscheinen konnten, liegt – vermutlich spielen hier regionale Unterschiede eine Rolle – nicht eindeutig fest. Die nachfolgende Liste kann nur einen Auszug aus der Fülle der Traumsymbole und ihrer Interpretation geben.

Adler, zwei, sollten zwei Stürme verheißen
Äpfel, im Winter geträumt, bedeuteten Ankündigung des Todes, nach anderem Glauben jedoch Liebesglück
Betrunkensein bedeutet Übel, Schande und Laster; verschiedentlich Reichtum. Trunkenheit ohne Wein verheißt Unglück, von süßem Wein Glück.

Bier bringt Streit

Birnen, gelbe, bedeuten Tod in der nächsten Verwandtschaft

Blut soll Feuer oder Tod eines Blutsverwandten ankündigen

Blutegel versprechen finanziellen Gewinn

Bohnen künden Streit, Verdruß, Not

Braune und schwarze Dinge, Melancholie und schwarze Galle

Brot, ungebacken, und frisches Fleisch: Es stirbt jemand

Butterbrot: Ein Brief ist zu erwarten

Dach: Fällt man vom Dach, so wird man wachsen

Dampf kündet eine Beerdigung an

Eier lassen Streit erwarten, zumal faule Eier; nach anderer Deutung bringen geträumte Eier jedoch Glück

Elstern bedeuten Unheil

Erdbeeren: Sicheres Geld ist zu erwarten

Essig: Streit und Verdruß, wenn Essig getrunken wird

Feuer, rauchiges: Streit und Verdruß, auch Prügel; nach anderem Glauben jedoch Glück und große Freude

Fische, kleine, künden Streit und Verdruß. Wer faule Fische fängt, dessen Streit endet schlimm, bei frischen gibt es ein gutes Ende. Nach anderem Glauben sollte man mit Schlangen zu tun bekommen. Von Fischen zu träumen sollte auch auf den Tod eines Bekannten oder Hausgenossen hindeuten: bei einem kleinen Fisch ein Kind, bei einem großen ein Erwachsener. Träumt eine Schwangere von einem Fisch, so glaubte man, daß ihr Kind stirbt. Anderwärts meinte man, daß von Fischen kommende Träume gute Nachrichten anzeigten, auch Geld. Verschiedentlich galten diese Träume als Regenankündigung.

Fleisch, frisches, und ungebackenes Brot: Es stirbt jemand. Ißt man im Traum selbst zubereitetes Fleisch, so verheißt das Glück.

Fuchs bedeutet Gesundheit und Wohlergehen, aber man bekommt es mit hinterlistigen Leuten zu tun

Geld bedeutet Streit und Verdruß

Gold verheißt Glück. Goldstücke, die man armen Leuten geschenkt hat, künden großes materielles Glück

Grün deutet auf eine Leiche hin

Haare: Ihr Verlust kündigt einen Todesfall an

Heidelbeeren verheißen Trauer und Krankheit

Heu bringt Streit und Verdruß

Hochzeit: Todesfall in der näheren Umgebung

Honig verheißt Dinge, auf die man vorher nicht zu hoffen gewagt hatte, auch Klugheit

Hunde bedeuten Streit und Verdruß
Kamm: Großer Ärger steht bevor
Kartoffeln künden Unheil
Katzen bedeuten Streit und Verdruß
Kinder, nackte, oder wenn ein kleines Kind zur Tür hereinkommt:
Streit und Verdruß
Kirschen, schwarze: Tod in der näheren Umgebung
Kleider: Findet man die eigenen nicht, so wird man irgendwohin
gehen wollen, aber nicht ankommen
Krähen: Fing man welche, so war Trauer und Unfrieden zu
erwarten; sah man mehrere, so stand ein Todesfall bevor, aber bei
einer einzelnen konnte man mit einem Gewinn rechnen. Sah man
dagegen welche auf Bäumen, dann würde man sich bald mit
Verwandten treffen; hörte man sie schreien, so waren böse
Nachrichten zu erwarten.
Läuse: Streit und Verdruß
Leiche: Eine Hochzeit stand bevor
Mahlzeit: Eine große deutet auf Tod in der näheren Umgebung
Mäuse: Streit und Verdruß
Mehl: Streit und Verdruß
Musik: Streit, der den Träumenden aber nichts angeht; macht er
aber selbst Musik, dann wird ihn der Streit betreffen
Ofen: Fällt er ein, so kommt der Tod in die nähere Umgebung
Perlen im Traum kündigen Tränen an
Pfarrer: Streit und Verdruß
Pfeifen bringt Streit
Pfennige: Tod in der näheren Umgebung
Pferde: ↗ *Rappen,* ↗ *Schimmel*
Pflaumen, blaue gelten als Todesankündigung
Posaunen zu hören bedeutet Sieg in einem Streit
Raben deuten auf Streit, Feindschaft, Verlust, Kummer und Tod
Rappen verheißen Streit oder einen Brief
Rosmarin: Tod in der näheren Umgebung
Salz: Zu Boden gefallenes deutet auf Streit und Verdruß
Sand, weißer, kündet einen baldigen Todesfall in der Familie
Schimmel bedeuten Tod in der näheren Umgebung
Schlangen: Streit und Verdruß sowie Tod im näheren Umkreis
Schwarze und *braune Dinge:* Melancholie und schwarze Galle
Streit: Hört ein in einen Streit Verwickelter im Traum Trompeten
und Posaunen, so wird er in dem Streit siegen
Tanz deutet auf Tod oder auf zu erwartenden Ärger

Trinken, ↗ *Wasser,* ↗ *Betrunkensein*

Trompeten zu hören bedeutet Sieg in einem Streit

Verstorbene deuten auf einen Todesfall im näheren Umkreis oder sind eine Mahnung, für den Verstorbenen, von dem man geträumt hat, zu beten

Wäsche: Streit und Verdruß sowie Tod im näheren Umkreis

Weiße Dinge im Traum kündigen einen Todesfall an

Wolf: Unglück, Krankheit, Überfall, Mord und Tod stehen bevor

Wasser deutet auf Streit und Verdruß, trübes Wasser auf einen Todesfall im näheren Umkreis; trinkt man kaltes Wasser, so ist etwas Gutes zu erwarten, bei warmem Wasser ist Krankheit und geschäftlicher Verlust zu befürchten

Wein: ↗ *Betrunkensein*

Wespen bedeuten Unglück, vor allem Tod durch einen Feind

Wohnungswechsel bedeutet Unheil

Zahnverlust deutet auf Todesfall im näheren Umkreis

Zerbrechliches deutet auf Streit und Verdruß

Zwiebel: Träumt ein Kranker, er esse viele Zwiebeln, so wird er gesund; träumt er aber, er esse wenig Zwiebeln, so stirbt er, »denn die Verstorbenen weinen wenig«. Träumt man, man werde mit Zwiebeln gekrönt, so bedeutet das Gewinn, für die Nahestehenden aber Schaden.

Traurigkeit Davor sollen verschiedene Edelsteine ihre Träger bewahren: der ↗ Amethyst, der ↗ Chalzedon, der ↗ Granat, der ↗ Opal, der ↗ Rubin und der ↗ Saphir. Menschen mit starken, borstigen Augenbrauen unterstellt man einen Hang zur Traurigkeit. ↗ Melancholie.

Trauung ↗ Heiraten, ↗ Hochzeit.

Treppe Glück sollte haben, wer eine Treppe hinauffiel. Tat das ein Mädchen, so hat man ihm einen neuen Liebhaber verheißen. Das Knarren einer Treppe, von Möbeln und ähnlichen Gegenständen galt allgemein als schlechtes Vorzeichen.

Treue Fand ein Mann im Frühjahr zuerst eine blaue Blume, so galt ihm dies als Zeichen der Bekräftigung weiblicher Treue. Auch mit drei Augenbrauenhaaren der Geliebten in einem Amulett glaubten die Männer sich der weiblichen Treue versichern zu können. Umgekehrt vermeinten die Mädchen, sich beim ↗

Stricken die Treue ihrer Liebhaber bewahren zu können. Und mit einigen Blutstropfen in den Getränken wollten sich beide Liebende gegenseitig die Treue garantieren. ↗ Untreue.

Treulosigkeit ↗ Untreue.

Trinken zwei Leute sich gegenseitig zu, so wollen sie damit oft ihre Gemeinsamkeit stärken; in früheren Zeiten sollten damit verschiedentlich sogar Eheschließungen besiegelt werden. Mit dem Ruf »Prosit« (lat. »es nütze«) beim Zutrinken glaubte und glaubt man die beiderseitige Gesundheit und das Glück fördern zu können. Trank man aber mit Wasser auf die Gesundheit des Partners, so würde dieser Läuse bekommen, sagte man. Trank man jedoch aus dem Horn eines Tieres, so hat man geglaubt, überirdische Kräfte und eine besonders robuste Gesundheit zu bekommen. Tranken zwei aus dem gleichen Gefäß, so hat man Streit zwischen ihnen befürchtet.

Trinken aus einem gesprungenen Glas würde einen Bruch heraufbeschwören, glaubte man, und darüber hinaus brächte die Frau des Mannes, der so unvorsichtig war, dann nur noch Mädchen zur Welt. Bedeutungsvoll sollte auch der Umgang mit einer ↗ Tasse und noch mehr ein Trunk bei ↗ Mondschein sein. Mit dem richtigen Getränk glaubte man auch die ↗ Sprachentwicklung des Kindes und die ↗ Schönheit beeinflussen zu können. ↗ Nachschenken.

Trunkenheit Davor glaubte man sich schützen zu können, wenn man einen Amethyst am Finger oder auf dem Nabel trug oder ihn zerrieben einnahm. Der Stein sollte in jedem Fall verhindern, daß die Alkoholdünste zu Kopf stiegen.

Trunksucht Trank die Mutter während des Stillens, so sagte man, das Kind würde der Trunksucht verfallen. Als Mittel gegen die Trunksucht wurde Trinken von Leichenwaschwasser oder von Pferdeschweiß empfohlen. Davor bewahren sollte eine getötete Blindschleiche oder deren Kopf in einem Säckchen um den Hals getragen. Auch die Milch von Schweinen sollte die Trunksucht eindämmen helfen.

Tulpen und anderen blühenden Zwiebelgewächsen hat man nachgesagt, sie würden den Tod bringen, wenn man sie nachts im Schlafzimmer stehen ließ.

Türen könne man mit Hilfe einer ↗ Springwurzel oder einer ↗ Wegwarte öffnen, wurde behauptet. Das Knarren der Türe, einer Treppe und anderer Gegenstände galt allgemein als schlimmes Vorzeichen.

Türkenbund Die gelbe Zwiebel des Türkenbundes sollte gegen Melancholie helfen, wenn sie in einem Tüchlein am Körper getragen wurde. Der Teufel hätte keine Macht über denjenigen, der eine Wurzel des Türkenbundes (Goldwurz) bei sich trug. Außerdem sollte der Saft der Zwiebel gut gegen Nierenschmerzen sein. Wer die Goldwurz nachts bei sich trägt, hat keine Angst, sagte man. ↗ Zahnen.

Türkis Diesem Edelstein hat man versöhnende Kräfte zugeschrieben, vor allem bei Zwistigkeiten zwischen Mann und Frau. Er sollte seine Träger auch vor Schwindel bewahren, vor allem im Gebirge. Als Amulett am Hals wurde der Türkis gegen Blutergüsse getragen. Auch gegen Gelbsucht, Masern, Pocken und Verstopfung sollte er helfen. Seine Beziehung zu seinen Trägern hat man sich so innig vorgestellt, daß er bei deren Erkrankung die Farbe wechseln und bleigelb werden, bei Genesung wieder die alte Farbe annehmen, beim Tod aber einen Riß erhalten sollte. Er galt als echter Weihnachtsstein und sollte den im Dezember Geborenen Reichtum und Segen bringen.

U

Überbein Ein Überbein an der Hand glaubte man beseitigen zu können, indem man die Hand an einen Pflaumenbaum drückte. Überbeine, so meint die Volksmedizin, würden sich durch Auflegen plattgedrückter, also benutzter und aus dem Wild herausgeschnittener Bleikugeln wieder zurückbilden.

Überschwemmungen würden sich ankündigen, so glaubte man, wenn im Frühjahr auf den Wiesen viel Schaumkraut wuchs. Aber auch wenn eine Frau an einem Freitag Wäsche wusch, sollte angeblich eine Überschwemmung folgen.

Umgekehrt ↗ verkehrt.

Umrühren Ein Getränk mit einem Messer umzurühren sollte Leibschmerzen zur Folge haben.

Umschauen hatte immer eine schlimme Vorbedeutung (↗ Nachwort S. 279). Sah sich die Braut oder der Bräutigam beim Verlassen des elterlichen Hauses oder beim Einsteigen in die Hochzeitskutsche um, so sagte man, sie würden sich nach einer neuen Ehehälfte umsehen und die jetzige Ehe würde nicht lange dauern. Umschauen bringt Heimweh, man hat in der Ferne kein Glück, wurde behauptet. Umdrehen in der Tür sollte auch nicht gut sein, und wer in den Krieg zog und sich umsah, kehrte angeblich nicht zurück. Schaut ein Gast beim Weggehen öfters zurück, so stirbt er bald, orakelte man. Sieht sich im Leichenzug jemand um, so käme der Tod bald aufs neue, hieß es mancherorts. Auf dem Weg zum Altar in der Kirche darf man sich nicht umsehen, sonst sieht man den Teufel. ↗ Nacht.

»Unberufen toi, toi, toi« Dieser Ausspruch soll davor schützen, daß ein Glück zerstört wird, weil man darüber gesprochen, weil man es »berufen« hat. ↗ bereden.

Unehelich Stieß ein Mädchen in einer Gesellschaft ein Bierglas um oder trank es nach einem Sauerkrautessen, so hat man ihm ein uneheliches Kind prophezeit. Uneheliche Kinder bekommen wieder solche, sagte man. Viele Haselnüsse in einem Jahr würden viele uneheliche Kinder ankündigen, wurde behauptet. Ein Beweis für uneheliche Herkunft sollte es sein, wenn ein Knabe sein Handgelenk mit der zweiten Hand nicht umspannen konnte. ↗ Hure, ↗ ledige Mütter.

Unfälle Davor sollte ein in Schöllkraut gewickeltes Maulwurfherz bewahren. ↗ Unglück.

Unfruchtbarkeit bei Frauen glaubte man durch den Verzehr eines nicht geborenen, sondern aus dem Leib des Muttertieres geschnittenen Hasen überwinden zu können. Der Genuß von Eiern der Hennen, die keinen Hahn bei sich hatten, sollte auch hartnäckige Unfruchtbarkeit beseitigen. Auch Salat aus Hopfensprossen wurde als Mittel empfohlen, und verschiedentlich banden die Frauen Beifuß an ihre Schenkel, um fruchtbar zu werden. Hilfe erwartete man sich ferner von ↗ Birkensaft und ↗ Brennesselsamen. Der Volksmund wußte aber auch zu berichten, daß von weiblichen Zwillingen immer einer unfruchtbar sein werde.

Ungerecht so hat man früher geglaubt, seien Menschen mit kleinen, niedergedrückten Ohren.

Ungeziefer Der Zahn eines Toten schützt einen Lebenden, der ihn trägt, vor Flöhen, Läusen und anderem Ungeziefer. Bewahren wollte man sich auch vor solchem Ungeziefer am Körper, indem man sich an Walpurgis (1. Mai) nackt im Tau wälzte oder wenn man Friedhofserde bei sich trug. Das Haus von allem Ungeziefer zu reinigen sei möglich durch gründliches Auskehren mit dem ersten Märzschnee, oder wenn man an Pfingsten einen Strauß frischen Grüns ins Haus brachte. Wer sich aber am Freitag kämmte, würde das Ungeziefer vermehren, wurde behauptet. Von den Feldern sollte sich das Ungeziefer vertreiben lassen, wenn man alte Kleider verbrannte und die Asche durch ein Sieb ausstreute. Die gleiche Wirkung hat man der Lindenasche zugeschrieben. ↗ Nachwort S. 282.

Unglück komme über denjenigen, prophezeite man, dem der Vollmond zuerst über die linke Schulter scheint. Vor Unglück bewahren konnte man sich angeblich für vier Wochen, wenn man vor dem Vollmond dreimal den Hut zog, ihm drei Knickse oder Verbeugungen machte oder drei Kußhände zuwarf. Anderswo sollte man dafür ein Geschenk erhalten. Der falsche Umgang mit ↗ Nadeln, ↗ Strümpfen und einem ↗ Schirm beschwor angeblich Unglück herauf. Neben vielen anderen vermeintlichen Unglücksvorzeichen – ↗ Unglückstage und ↗ Tagwählerei –

sollte auch ein Besucher am Montagvormittag dem Gastgeber Unglück bringen. ↗ Unheil.

Unglückstage Tage, an denen der Mond abnimmt, galten vielfach als Unglückstage. Dazu kamen – regional unterschiedlich – die geraden oder ungeraden Monatstage, wobei aber überwiegend die ungeraden Daten als unheilvoll galten. Besonders unglücklich sind die siebener Tage: der 7., 17. und 27. jedes Monats, vor allem aber der 7. und auch der durch sieben teilbare 28., selbstverständlich aber auch der 13. Unter den Wochentagen hat man den Montag, den Mittwoch und den Freitag häufig als Unglückstag angesehen, dazu besonders den Aschermittwoch und den Karfreitag.

Die christliche Überlieferung machte den letzten Montag im April zum Unglückstag, weil Kain seinen Bruder Abel an diesem Tag erschlagen haben soll, den ersten Montag im August, an dem angeblich die Städte Sodom und Gomorrha untergingen, und den letzten Montag im November, der als Geburtstag von Judas Ischarioth gilt. Aber diese Datierungen und damit auch die Unglückstage sind nicht einheitlich. Nach anderen Versionen gilt zum Beispiel der 1. April als Geburtstag des Judas, zuweilen auch als Tag, an dem er sich erhängt habe oder an dem der Teufel aus dem Himmel gestoßen worden sein soll. Für dieses letzte Ereignis wird auch der 1. August genannt, wie auch der 1. Dezember als Datum der Zerstörung Sodoms und Gomorrhas bekannt ist. Alle diese Tage galten da oder dort als Unglückstage. Auch Peter und Paul am 29. Juni wurde zum Unglückstag erklärt, »weil da zwei regieren«, was eben nicht gut gehen kann.

Spezielle Tage, an denen man nicht reisen sollte, waren – landschaftlich verschieden – der 3. März, der 17. August sowie der 1., 2. und 30. September. In früheren Jahrhunderten waren handschriftliche und gedruckte Verzeichnisse und Kalender in Umlauf, die 42 Tage des Jahres zu Unglücks- oder verworfenen Tagen erklärten:

Januar: 1., 2., 6., 11., 17., 18.
Februar: 8., 16., 17.
März: 1., 12., 13., 15.
April: 3., 15., 17., 18.
Mai: 8., 10., 17., 30.
Juni: 1., 7., 10.

Juli: 1., 5., 6.
August: 1., 3., 18., 20.
September: 15., 18., 30.
Oktober: 15., 17.
November: 1., 7., 11.
Dezember: 1., 7., 11.

Auch diese Unglückstage wechselten da und dort. Man prophezeite für diese Tage allgemein Unheil, alles mißlingt, was man unternimmt. Besonders die an diesen Tagen Geborenen sollten entweder nicht lange leben oder arm und glücklos bleiben. Hochzeiten an diesen Tagen hätten schlechte Ehen mit Streit, Armut und Treulosigkeit zur Folge. Reisen an diesen Tagen würden krank und unglücklich enden, und an diesen Tagen begonnene Bauten, Saaten und Pflanzungen würden mißlingen. Wenn man sich an einem Unglückstag Haare schneiden läßt, wachsen sie nicht mehr, sagte man.

Diese Meinungen über Unglückstage führten dazu, daß alle Welt ständig auf der Suche nach Glückstagen war (↗ Tagwählerei) und daß man häufig glaubte, dies und jenes an diesem und jenem Tag nicht tun zu können, weil es da von vornherein zum Mißlingen verurteilt sei.

Unheil Davor sollte der Granat seinen Träger warnen, indem er angeblich rechtzeitig seinen Glanz verlieren würde. Auch ein Amulett mit einem Wolfsauge schützte seinen Besitzer angeblich vor Unheil. ↗ Unglück.

Unkeuschheit Der Topas sollte bei seinen Trägern die Neigung zur Unkeuschheit dämpfen. Auch dem Saphir und dem Sardonyx unterstellte man dieselbe Wirkung. Vom Smaragd behauptete man, er würde zerspringen, wenn sein Besitzer eine unkeusche Handlung beginge. Menschen mit einer stumpfen Nase hat man besondere Neigung zur Unkeuschheit zugeschrieben. ↗ Raute.

Unkraut im Garten und auf den Feldern wollte man vernichten, indem man Späne eines vom Blitz getroffenen Baumes vergrub.

Unlösbare Aufgaben ↗ Nachwort S. 303.

Unrecht Davor sollte ein Amulett mit einem Wolfsauge den Träger schützen.

Unsichtbar sollte man sich angeblich durch den Verzehr menschlicher Leber machen können, aber auch, wenn man die Milch einer völlig schwarzen Kuh, an der kein einziges weißes Haar sein durfte, trank. Weiterhin half das Mitsichtragen verschiedener Gegenstände, um unsichtbar zu werden: eines Donnerkeiles, eines bestimmten Kopfknochens des weißen Wiesels, einer Fledermaus, eines Amulettes mit einem Fledermausauge, eines Steines aus einem Elsternest, schließlich auch das Nest eines Zeisigs oder auch eines »Blendsteines« daraus. Diesen oft geäußerten Wunsch nach Unsichtbarkeit sollte auch ein Däumling von einem schwarzen Katzenbalg erfüllen, wenn kein einziges weißes Haar an ihm war und man ihn am linken Daumen trug. ↗ Katze und ↗ Nachwort S. 310.

Unterleibsleiden der Frauen wollte man durch Trinken von Wasser, Milch oder Wein heilen, sofern ein glühendes Eisen darin gelöscht worden war.

Untreue Der Volksmund meinte, der Saphir könne seinen Träger vor Untreue bewahren. Aber Menschen mit roten Haaren hat man verdächtigt, zur Untreue zu neigen. Und Hochzeiten an den Monatsersten des März, April, August, September und Dezember würden von vornherein zur Treulosigkeit der Eheleute führen, glaubte man da und dort. Schließlich sollte eine schimmelige Karfreitagsbrezel, ein blinder Spiegel, ein verlorenes Strumpfband oder eine verlorene Schürze die Untreue des Liebhabers oder Gatten anzeigen. War eine Frau untreu, so würde sich der von ihr zubereitete Käse nicht frisch halten, sagte man. Eine treulose Braut glaubte man zum Wahnsinn treiben zu können, wenn man ein Haar von ihr um einen Palmzweig wickelte und ins Feuer warf.

Unüberwindlich sollte der Diamant seine Träger machen. Aber auch wer Taubnesselwurzeln bei sich trug, die an einem Auffahrtstag (Christi oder Mariä Himmelfahrt, 40. Tag nach Ostern oder 15. August) ausgegraben, zunächst mit fließendem Wasser und dann mit Wein gewaschen waren, würde unüberwindlich sein. ↗ Sieg, ↗ Stärke.

Unverwundbar glaubte man zu werden, wenn man ein Hemd über den Kopf auszog und dann verkehrt wieder anzog. Verschiedene Pflanzenwurzeln – vor allem Zwiebeln – sollten gleichfalls hieb- und stichfest machen, zum Beispiel Knoblauch, Enzian, Gladiolen, Schwertlilien, Wegwarte und Springwurzel. Aber man glaubte auch, mit einem silbernen Knopf oder mit einer gläsernen Kugel angeblich Unverwundbare ↗ töten zu können.

Nach anderer Meinung sei es möglich, mit einer mit Ohrenschmalz bestrichenen Waffe den Schutz eines Unverwundbaren aufzuheben. ↗ Nachwort S. 310.

Unwetter Geschützt fühlte man sich vor Unwetter, wenn man eine rote Katze und eine rosa blühende Hauswurz hatte. Zog aber eine Wetterwolke mit einer darin vermuteten Hexe herauf, so sollte man zweimal auf einen Spiegel hauchen und »Azod, Ariel, Mirei« sagen und den Spiegel gegen die Wolken halten. Sah sich die Hexe darin, so würde sie erschrecken und davoneilen, ohne Schaden anzurichten, glaubte man. ↗ Hagel, ↗ Gewitter.

Urinieren ↗ Wasserlassen.

V

Vampire sollten aus ihrem Grab auferstandene Menschen (↗ Wiedergänger) sein, die nach dem Blut der Lebenden trachteten. Man war der Meinung, daß bei Neumond Geborene Vampire würden. Auch wer ein vom Wolf erwürgtes Lamm aß, setzte sich der Gefahr aus, ein Vampir zu werden. Mit dem Bild eines Wolfes auf dem Grabstein wollte man Tote ins Grab bannen. Anderen Berichten zufolge könne man Vampire nur im Grab festhalten, wenn man sie pfählte oder ihnen mit einem Spaten den Kopf abtrennte und ihn zwischen die Beine des Toten legte. ↗ Namen.

Vater ↗ Hosenträger, ↗ Stiefvater, ↗ Mutter.

Vaterunser Sagt man das Vaterunser neunmal rückwärts auf, so könne man dadurch jemand zu Tode bringen, wurde behauptet. ↗ Nachwort S. 273 und 284.

Veilchen Hat man am Ostermorgen die ersten drei gefundenen Veilchen verschluckt, so glaubte man, vom kalten Fieber verschont zu bleiben.

Veitstanz Die Anfälle wollte man mildern können, wenn man dem Kranken ein Stück Eisen in die Hand gab oder ihm einen Eisenschlüssel in den Nacken hielt. Auch der Kot von Sperlingen sollte angeblich gegen Veitstanz helfen.

Verbrecher werden nach ihrem Tod kohlrabenschwarz, sagte man. ↗ Hinrichtung.

Verdammt sollte ein Toter angeblich sein, wenn eine Distel auf seinem Grab wuchs, Verdammte würden in Raben verwandelt, glaubte man.

Verdauung Um sie zu fördern, wurde vorgeschlagen, einen Adlerbalg auf Magen und Bauch zu legen. ↗ Magen.

Verdruß bekommt, wer Salz verschüttet, sagt man. ↗ Ärger.

Vergessen Wollte man Unerfreuliches vergessen, dann sollte

242

man in dem Augenblick, da es sich wieder ins Gedächtnis drängte, einen Pantoffel über den Kopf nach hinten werfen.

Vergiftungen ↗ Gift.

Verhandeln ↗ reden.

Verhexen ↗ behexen.

Verkehrt Das Umgekehrte, nicht der Regel Entsprechende, hat im Aberglauben große Bedeutung. Ein verkehrt angezogenes Hemd sollte zum Beispiel unverwundbar machen, aber auch Krankheiten sollten dadurch gebessert, Gefahren gebannt und Heimweh gelöst werden. Um sich vor Hexenzauber zu schützen, sollte man zum Hemd auch die Strümpfe verkehrt anziehen. Legte man einen Brotlaib verkehrt auf den Tisch, so würden böse Leute Macht über das Haus bekommen, und auf einem verkehrt aufgelegten Tischtuch würden die Gäste nicht satt, hat man gesagt. ↗ rückwärts, ↗ Vaterunser.

Verleihen durfte man am Montag nichts, weil man glaubte, sonst den Segen wegzugeben.

Verlobte sollen sich kein Glas schenken, sonst zerbricht ihre Verbindung, sagte man. Auch die Geschenke aus oder mit ihren eigenen Haaren seien gefährlich, weil dadurch Unfrieden in ihre spätere Ehe einzöge. ↗ Patenschaft.

Verreisen sollte man an bestimmten Tagen, zum Beispiel montags und freitags (↗ Unglückstage) nicht, weil daraus Unglück entstehen würde. Umgekehrt kannte man ausgesprochene ↗ Glückstage dafür. Um sich auf der Reise vor Ermüdung zu schützen, pflückte man vor Sonnenaufgang Johanniskraut und legte es in die Schuhe, oder man steckte einen Wacholderzweig auf den Hut. Auch der ↗ Beifuß sollte vor Ermüdung schützen. ↗ Reisen, ↗ Wanderer, ↗ Weg.

Verrückt wurde man angeblich, wenn man einen Fischkopf aß. Eine untreue Braut wollte man in den Wahnsinn treiben, indem man ein Haar von ihr um einen Palmzweig wickelte und ins Feuer warf. ↗ Irrsinn.

Verschenken durfte man nichts, ohne wenigstens eine kleine Gegenleistung zu verlangen, weil man glaubte, sonst sein eigenes Glück wegzugeben. ↗ Geschenke.

Versöhnlich sollte der ↗ Türkis seine Träger stimmen. ↗ friedfertig.

Verstand Man glaubte, den Verstand eines Kindes öffnen zu können, wenn man ihm nach seinem sechsten Geburtstag seine Nabelschnur in einer Eierspeise zerkleinert zu essen gab oder wenn man ihm diese beim ersten Schulgang auf die Brust legte. ↗ Intelligenz. Den Verstand verlieren würde, so sagte man, wer angebissene Brotreste liegen ließ, die dann von einem Hund gefressen wurden. Eine Variante des 20. Jahrhunderts zu diesem Thema: »Tee mit Zitrone schärft den Verstand.« ↗ Irrsinn, ↗ verrückt.

Verstopfung sollte mit einem geschabten Apfel zu beheben sein, wenn man ihn von der Blüte in Richtung Stiel schabte (↗ Durchfall).
Den ↗ Türkis betrachtete man ebenfalls als ein Mittel gegen Verstopfung. Für Kinder hatte man noch ein anderes Rezept parat: Man schabe ihre Nägel an Fingern und Zehen von den Spitzen zu den Wurzeln und gebe das Abgeriebene sodann dem Kind ein. ↗ Holunder.

Verwundungen Davor sollte eine Enzianwurzel schützen, die man am Hals trug. ↗ unverwundbar.

Vögel Das Verhalten der Vögel, besonders ihr Flug, galten seit alters als Vorzeichen für künftige Ereignisse. Flog ein Vogel rechts, so sah man das als Glückszeichen an, flog einer ins Haus, so befürchtete man einen Sterbefall, flogen die Vögel hoch oder kamen die Zugvögel früh zurück, so erwartete man schönes Wetter.
Ein Vorzeichen für baldigen Regen sollte es sein, wenn sich ein Vogel sein Gefieder fettete oder wenn sich einer auf den Fenstersims setzte oder sich badete. Ließen sich Vögel auf dem Fenstersims nieder, so nahm man das auch als Zeichen für eine bevorstehende Hungersnot. Pickte ein Vogel ans Fenster, so galt das sowohl als Vorzeichen für einen Todesfall wie auch für einen

ankommenden Brief. Wem ein Vogel zuflog, der konnte das als Glückszeichen ansehen. Auch verschiedene Vogelfedern – zum Beispiel von Raben und Reihern – galten als Glückssymbole, wenn man sie gefunden hat. Ein toter Vogel am Weg sollte jedoch Unglück ankündigen. Und verschmähten die Vögel die ausgestreuten Samenkörner auf einem Feld, so hat man das als Vorzeichen für den baldigen Tod des Sämannes betrachtet wie allerdings auch umgekehrt, wenn sie die Körner eifrig fraßen. Man hat den ↗ Samen durch verschiedene Vorkehrungen auch vor dem Vogelfraß bewahren wollen. ↗ Vogelnamen und ↗ Nachwort S. 281.

Vogelbeeren Trägt die Eberesche viele Vogelbeeren, so erwartete man einen strengen, schneereichen Winter, ebenso auch viele Kinder.

Vollkornbrot Im 20. Jahrhundert erhielten Vollkornbrot und Quark den Rang von Schönheitsmitteln.

Vollmond Unter den vier Mondphasen galt der Vollmond allgemein als die für den Menschen beste Zeit. Seine Tage waren generell Glückszeiten, und man glaubte sich bis zum nächsten Vollmond vor Unheil schützen zu können, wenn man vor der freundlich vom Himmel lächelnden »Nachtsonne« dreimal den Hut zog oder drei Knickse machte. Die Tage des Vollmondes galten als Zeit der Fruchtbarkeit, die für das Pflanzen besonders günstig sein und reiche Ernten sichern sollten. Auch Betten sollte man nur in der Zeit des Vollmondes füllen, weil sie angeblich nur dann weich und füllig blieben.
Aber man wußte auch Nachteiliges über den ↗ Mondschein, und bei der Hochzeit war es nicht gleichgültig, ob die junge Frau den Vollmond zuerst im Freien oder durch ein Fenster sah. ↗ Blumen.

W

Wacholder galt als Fruchtbarkeitssymbol. Schlug man zum Beispiel im Wald einen Pilzplatz mit einer Wacholderrute, so erwartete man, daß dort viele Pilze wachsen würden. Man sollte vor dem Wacholderbusch den Hut ziehen oder das Knie beugen. Wacholderzweige schützten angeblich bei vielerlei Gelegenheiten Mensch, Tier und Haus vor Bann und Hexen. Sowohl in Amuletten gegen ↗ Epilepsie und ↗ Krämpfe hat man Wacholderbeeren getragen als auch das Holz zum ↗ Räuchern benutzt. Auch gegen Pest und andere Seuchen sowie gegen Warzen hat man dem Wacholder abwehrende Kräfte und Heilwirkungen zugeschrieben. ↗ verreisen.

Wachs wurde wegen seiner Herkunft von den hochgeachteten Bienen und wegen seiner guten Formbarkeit sehr geschätzt. Die Burschen erhofften sich bei den Mädchen die Erfüllung aller ihrer Wünsche, wenn sie Eberwurz und Baldrian in rotes Wachs gehüllt bei sich trugen. Eine durch einen Nadelstich verursachte Wunde würde schnell heilen, sagte man, wenn man die Nadel sogleich in Wachs steckte. ↗ töten.

Wachteln So oft ein Mädchen oder ein junger Mann eine Wachtel rufen hörten, so viele Jahre sollten sie noch unverheiratet bleiben. Wachteln zu töten galt als Sünde. Man hat geglaubt, Wachteln halten von den Feldern, auf denen sie nisten, den Hagel ab. Ihre Eier sollten die männliche Potenz stärken und den Milchreichtum der Frauen fördern. Das Gehirn der Wachteln wurde als Mittel gegen Epilepsie und Gelbsucht geschätzt, das Wachtelschmalz gegen Hornhautentzündung der Augen, und Wachtelbrühe sollte den Bauch weich machen und außerdem gut für die Nieren sein.

Waden Nach oben hin stark entwickelte Waden sollten auf Furchtsamkeit schließen lassen. Wadenkrämpfe, ↗ Krämpfe.

Waffen hat man mit Waffensalbe eingerieben, um sie siegessicher, unfehlbar zu machen. Ein wichtiger Bestandteil dieser Salbe war das Fett des Ebers, auch dessen Hirn. Mit einer mit Ohren-

schmalz eingeriebenen Waffe glaubte man sogar Menschen überwinden zu können, die sonst als unverwundbar galten.

Wagen Es sollte Glück bedeuten, an Neujahr einem bespannten
Wagen zu begegnen. ↗ Leichenwagen, ↗ Weltuntergang.

Wahnsinnig ↗ verrückt.

Wahrsagen kann, wer ein Maulwurfherz verzehrt hat, glaubte
man. Die verschiedensten Gegenstände und Begebenheiten dienten als Vorzeichen für die Ermittlung künftiger Ereignisse und
Schicksale, zum Beispiel die Sterne, das Verhalten der Vögel und
anderer Tiere, ebenso die Träume. Der weitaus größte Teil der
abergläubischen Sentenzen hat das Ziel, die ↗ Zukunft vorher zu
erkennen, um sich darauf einstellen zu können. ↗ Orakel, ↗
Nachwort S. 283, 288 und 305.

Walnüsse Die Fruchtbarkeit eines Walnußbaumes glaubte man
fördern zu können, wenn eine schwangere Frau die erste Ernte
vornahm. Walnüsse, an Johannis (24. Juni) oder an Jakobi
(25. Juli) geerntet, sollten gegen Koliken wirken. Wenn Kinder
Walnüsse ohne Brot essen, bekommen sie Läuse, sagte man.
Viele Walnüsse am Baum deuten auf einen strengen Winter. Ein
Walnußzweig über der Haustür soll vor Blitzschlag schützen.

Walpurgis gilt als christlicher Glückstag (1. Mai). Wer sich an
diesem Tag in der Dorfpfütze wusch, glaubte jung und schön zu
werden und zu bleiben. Sah jemand in der Walpurgisnacht (die
Nacht zum 1. Mai) um Mitternacht einen Stern vom Himmel
fallen, sollte er an der vom Stern bezeichneten Stelle nachgraben
und würde dann einen Schatz finden. Eine einjährige Haselrute,
in der Walpurgisnacht zwischen elf und zwölf Uhr gebrochen,
schütze den, der sie bei sich trug, vor dem Sturz in einen Ab-
grund, hieß es. Über das Wetter sagt ein Vers:

> Regen in der Walpurgisnacht
> hat Tenn' und Keller stets vollgemacht.

Felder und Bäume sollten fruchtbar werden, wenn sie der Schein
des Walpurgisfeuers erreichte oder wenn dessen Rauch über sie
hinwegzog. ↗ Gurken.

Wanderer legten zum Schutz vor Ermüdung ein vor Sonnenaufgang gepflücktes ↗ Johanniskraut in ihre Schuhe. Sie steckten auch ↗ Knoblauch in die Tasche, um gut gehen zu können. Zum Schutz vor dem »Wolf« (Wundwerden zwischen den Oberschenkeln) trug man auf Wanderungen und Fußmärschen Walnußlaub bei sich oder Wacholder auf dem Hut.

Wankelmut sagte man den Menschen mit einer stumpfen Nase nach.

Wanzen Angeblich wurde man dieses Ungeziefer los, wenn man drei Stück in den Sarg einer Jungfrau legte. Epileptiker glaubten, sich von ihrem Leiden mit Hilfe von Wanzen befreien zu können. ↗ Epilepsie, ↗ Ungeziefer.

Warzen Wer am Karfreitag Fleisch aß, würde die Hände voller Warzen bekommen. Gewarnt wurde auch davor, sich die Hände nach dem Waschen an einem Tischtuch abzutrocknen, und bekommen sollte Warzen auch, wer diejenigen eines anderen zählte. Zählte man die eigenen, so vermehrten sie sich.
Zur Beseitigung dieser schönheitsstörenden Auswüchse hat man zahlreiche Mittel empfohlen: Wacholder auf verschiedene Weise, bestreichen mit Schaum vom Pferdemaul, bestreuen mit pulverisiertem Lapislazuli, wortloses Einreiben mit Sand aus der Gruft eines Toten des anderen Geschlechts. Dabei durfte man aber nicht vergessen, den Sand danach wieder in die Grube zu werfen. Drückte man eine Messerklinge dreimal unter Besprechen auf die Warzen, so sollten sie ebenso verschwinden wie wenn man dreimal mit dem rechten Fuß darüberrieb. Auch die Berührung mit einer Totenhand ließ angeblich Warzen verschwinden, ebenso wie Waschungen mit Regenwasser, und wenn man sich bei zunehmendem Mond allein ans Fenster oder ins Freie stellte, den Mond ansah, mit der Hand über die Warzen dem Mond zu strich und sagte:

> Was ich abstreif', das verlier' sich,
> Was ich anseh', das vermier' sich.

Um das Übertragen auf andere Medien geht es auch bei den folgenden Rezepten: mit Bohnen oder der Schnittfläche eines Kartoffelstückes über die Warzen reiben und beides sodann unter der Dachtraufe vergraben. Hier würden dann die Warzen fortgespült werden. Tilgen sollten sich die Warzen auch mit einem Stück Speck lassen, mit dem sie zu bestreichen waren und das dann an einen Baum gehängt werden sollte – war es vertrocknet, sollten die Warzen weg sein. Eine andere Empfehlung lautete: Einen Apfel in drei Stücke teilen, mit einem davon die Warzen bestreichen und dieses verfaulen lassen. Auch danach sei man von Warzen befreit. Und schließlich hoffte man auch, sie loszuwerden, wenn man die Warzen am dritten Tag des abnehmenden Mondes mit dem Milchsaft des Löwenzahnes beträufelte. ↗ Zwiebel.

Wäsche durfte man montags nicht waschen, weil an diesem Tag alles mißlingen würde, wie man glaubte. Unter christlichem Vorzeichen sollte man am Freitag nicht waschen; bei Nichtbefolgung dieses Gebotes wurde sogar mit einer Überschwemmung gedroht. ↗ Schwangere Frauen hatten beim Wäschewaschen verschiedene Warnungen zu beachten. Wollte die Wäscherin schönes Wetter haben, so sollte sie in eine Unterhose hineinlachen. Wer im Mondschein Wäsche trocknet, ruft den Tod herbei, glaubte man. ↗ Sonnenfinsternis.

Waschen Wer sich morgens die Hände nicht wusch, der begab sich in die Gewalt der Hexen. Wusch man sich die Hände aber nach Sonnenuntergang mit kaltem Wasser, so sollte man keine Schrunden daran bekommen. ↗ Hand.

Wasser hat man vielfach große Heilkraft nachgerühmt, zum Beispiel ↗ Märzwasser, ↗ Maiwasser, ↗ Osterwasser, ↗ Mühlenwasser, ↗ Regenwasser. Besonders fließendes Wasser galt als heilkräftig, weil es Krankheiten fortschwemmt (beispielsweise ↗ Ausschlag). Die Heilkraft glaubte man noch verstärken zu können, wenn man es durch gebohrte Löcher eines heilkräftigen Baumes goß und trank. Auch um Mitternacht geschöpftes Wasser habe für Mensch und Tier besondere Wirkkräfte, glaubte man, vor allem, wenn man es an bestimmten Tagen trank oder sich damit wusch. Man meinte ferner, daß die Pest Wasser – Flüsse, Seen – nicht überschreiten könne. Von einem Salamander behauptete man, er vergifte das Wasser. Aber ungesundes Wasser sollte seine Gefährlichkeit verlieren, wenn man Brotkrumen hineinwarf. Trank man nachts Wasser, so durfte man nicht vergessen, dreimal in das Glas zu blasen, damit der darin sitzende Teufel keine Macht über einen erhielt. Wer über ausgegossenes Wasser hinwegging, müsse früh sterben, wurde behauptet. Mit Wasser darf man niemand Gesundheit zuprosten, weil der Betreffende sonst von Läusen befallen wird. ↗ Nachwort S. 307.

Wasserlassen Wer das nicht konnte, sollte Wasser trinken, in dem ein glühendes Stück Eisen gelöscht worden war. Sonstige Harnbeschwerden glaubte man lindern zu können, indem man sieben Holzwürmer in Milch kochte und diese trank. Durch Befolgen bestimmter Vorschriften beim Wasserlassen wollte man auch die verlorengegangene ↗ Geschlechtskraft zurückgewinnen und ↗ Halsschmerzen, ↗ Nervenfieber sowie ↗ Nesselsucht heilen können. ↗ Harn.

Wassersucht glaubte man mit Kornblumentee heilen zu können.

Wechselbalg Damit eine Hexe statt des eigenen Neugeborenen nicht einen mißgestalteten Wechselbalg in die Wiege legte, mußte man die Nachgeburt drei Tage unter dem Bett der Wöchnerin stehen lassen und sie dann in fließendem Wasser fortschwemmen. Auch sollte im Haus ständig ein Licht brennen, besser drei. Wechselbälge erreichten meist nur ein Alter von etwa sieben Jahren, und nur ganz selten wurden sie älter als zwanzig, tröstete der Volksmund.
Man glaubte, böse Geister mittels Muschelschalen zwingen zu können, geraubte Kinder zurückzubringen und den dafür hinterlassenen Wechselbalg wieder mitzunehmen.

Wechselfieber sollte abklingen, wenn man Spinngewebe in Zucker, auf einem Butterbrot oder mit einem Gemisch von Roggenbrot, Honig, Salz und Weinessig aß. Auch ein aus dem Pferdemist gepreßter Saft, vermischt mit Branntwein und mit einer Laus gewürzt, wurde gegen Wechselfieber getrunken. Hilfe erhoffte man sich ferner durch Auflegen kleiner Beutel mit Schafgarbe auf die Herzgrube und die Füße.

Weg Fand man auf seinem Weg zwei gekreuzte Strohhalme oder lief unmittelbar vor einem eine schwarze Katze, ein Hase oder ein Wiesel darüber, so sollte ein Unglück auf einen warten.

Auch ein toter Vogel auf dem Weg wurde als Unglücksvorzeichen gedeutet, einzelne Vogelfedern jedoch, etwa von Raben und Reihern, galten als Glückszeichen. Auch ein kreuzender Wolf sollte Glück bringen. ↗ Schafe am Weg hatten unterschiedliche Bedeutung, und eine ↗ Blindschleiche auf dem Weg war mindestens bedenklich. Schreckerregend war eine Nadel mit einem schwarzen Faden, denn ein solcher Fund galt als Todesvorzeichen. Wer sich aber verirrt hatte, sollte sich an einen an Weihnachten oder Neujahr gegessenen Apfel erinnern und würde dann den rechten Weg wiederfinden, wurde behauptet. ↗ Straße, ↗ verreisen.

Wegerich Riß man ein Blatt des Wegerich quer durch, so sollten die herausstehenden Blattrippen die Anzahl der Sünden anzeigen, die man an dem Tag begangen hat (daher auch »Lügenblatt« oder »Sündenkraut«« genannt) oder auch die Anzahl der zu erwartenden Kinder oder die Zahl der noch verbleibenden Lebensjahre. Hatte man sich einen Splitter eingezogen, so wurde geraten, ein Korn eines am Oswaldstag (5. August) gesammelten Fruchtstandes des Breitwegerich (auch »Dornsamen« genannt) zu schlucken, dann würde der Splitter von selbst herausgehen. Auch blutstillend sollte der Wegerich wirken, wenn man eine Pflanze mit der Wurzel in der linken Hand hielt.

Wegkreuz Späne von Wegkreuzen, so ging das Gerücht, brächten ihren Besitzern Spielglück und eigneten sich als heilkräftige Zahnstocher.

Wegwarte oder **Zichorie** Dieser Pflanze hat man enorme und erstaunliche Kräfte zugeschrieben. Man durfte sie aber beim Ausgraben nicht mit der bloßen Hand anfassen, sondern mußte ein weißes Tuch dazu verwenden. Graben sollte man mit einem Silberstück unter Anrufung der Dreieinigkeit, nach einer anderen Vorschrift nur am Montag oder Freitag barfuß bei Neumond. Jede Person, die mit der Wegwarte berührt wird, verfällt hemmungsloser Liebe, sagte man. Fesseln, Türen, Schlösser sollten sich mit der Wegwarte durch Berühren öffnen lassen. Behauptet wurde auch, die Pflanze würde ihren Besitzer vor allem Bösen schützen und ihn sogar unverwundbar machen. Aß man ein Stück von der Wurzel der seltenen weißblühenden Abart, so ließen sich eingezogene Dornen und Splitter aus der Haut mühelos entfernen. Allerdings durfte diese Wurzel nur an Jakobi (25. Juli) mittags mit einem Goldstück schweigend ausgegraben worden sein. Fand man sie zu anderer Zeit, so sollte man sie anbinden, damit sie nicht vorzeitig verschwinden würde. ↗ Diebe.

Weidenkätzchen ↗ Palmkätzchen.

Weihnachten Liegt an Weihnachten kein Schnee, so erwartete man welchen an Ostern gemäß dem Spruch:»Grüne Weihnacht, weiße Ostern.« Wer am Weihnachtsabend Knödel, Klöße aß, dem sollte Gesundheit, insbesondere Freiheit von Kopfschmerzen sowie Reichtum sicher sein – wer aber Sauerkraut aß, sollte im folgenden Jahr sterben. Nach einem anderen Glauben bringe Fasten am Christtag besonderes Glück. Viel Geld würde auch der erhalten, der an Weihnachten Mohn aß. Aber all denen, die an Weihnachten keine Bohnen aßen, hat man gedroht, daß sie zu Eseln würden. Und wer an Weihnachten Husten hatte, sollte an Schwindsucht sterben, wie man wissen wollte. ↗ Christnacht, ↗ Mette.

Weihrauch wurde bereits in vorchristlichen Kulten zur Abwehr böser und feindlicher Dämonen gebraucht. Im Alten Testament (2. Buch Mose, 30, 1–10) wurde das Räuchern auf dem Altar vorgeschrieben. ↗ räuchern, ↗ riechen.

Wein Um einem Neugeborenen Gesundheit zu sichern, sollte man es in Wein baden. Wurde Wein oder Wasser auf dem Tisch verschüttet, so erwartete man eine baldige Kindstaufe. Nach einem anderen Glauben bringe verschütteter Wein Freude, verschüttetes Wasser jedoch Tränen. Zeigt sich beim Einschenken von Wein in der Mitte des Glases runder Schaum, so erhält der Trinker oder die Trinkerin am gleichen Tag noch einen Kuß oder ein Geschenk. Wein, in den der Donner gefahren war, sollte sauer und sogar giftig werden. Wer sauren Wein trank, mußte mit Läusen rechnen. Wer aber von einer Schlange gebissen worden war, dem könne Wein helfen, den er aus einer Serpentinschale trank, in der einige Zeit ein Serpentinstein gelegen war. Gab man im Frühjahr eine Flasche Wein in einen Ameisenhaufen und grub sie nach einem Jahr wieder aus, dann würde dieser Wein dem Trinker außerordentliche Stärke verleihen. Wein mit Ochsenblut vermischt war ein alter germanischer Krafttrunk.

In vielen Fällen diente Wein als Grundlage oder Beigabe für heilende, kräftigende oder anregende Getränke, so zum Beispiel mit Kandiszucker gegen Durchfall, mit Ochsenfleisch gegen die Ruhr, mit Schweinekot gegen verschiedene Krankheiten, mit Baldrian als Aphrodisiakum, mit Petersilie zur Empfängnisverhütung und mit Gartenraute als Anti-Aphrodisiakum.

Weinen Wer am Morgen singt, weint am Abend, sagte man, und wer Salz verschüttet, bekommt Ärger und wird Tränen vergießen. Auch wenn man im Frühjahr den ersten Frosch im Wasser sah, sollte man im weiteren Jahr viel weinen müssen, und verschüttetes Wasser sowie juckende ↗ Augen wiesen ebenfalls auf kommende Tränen hin. Bei einer Beerdigung sollte nicht zuviel geweint werden, weil sonst die Ruhe des Toten gestört würde, glaubte man. Und weil Perlen als Sinnbilder der Tränen angesehen wurden, durfte eine Braut keine Perlen in ihrem Hochzeitsschmuck haben. ↗ Kaffee.

Weisheit ↗ Intelligenz.

Weiß gilt vielfach als Farbe der Reinheit, der Unschuld. Nicht selten bedeutet Weiß aber auch den Tod.

Weißdorn oder **Hagedorn**. Wenn der Weißdorn viele Früchte trug, so hat man einen strengen Winter erwartet.

Weißkraut Wer am Neujahrstag ein Weißkrautgericht aß, dem würde das ganze Jahr das Geld nicht ausgehen, meinte man.

Weizen Damit der Weizen gelb würde, sollte ihn der Bauer mit einem goldenen Ring am Finger aussäen.

Weltuntergang Sonnen- und Mondfinsternisse, Meteoritenfall, Erdbeben, Mißernten, Überschwemmungen und ähnliche Katastrophen galten als Vorzeichen des Weltendes. Noch im 19. Jahrhundert fürchtete man die Parallelität von Sonnenfinsternissen mit dem Weltuntergang. Lange Zeit sagte man:»Wenn die Wagen auf den Straßen ohne Rösser fahren, dann dauert es nicht mehr lang.«

Werkzeug das am 1. April hergestellt wurde, bringe allen Unglück, die damit arbeiten, behauptete man. ↗ Unglückstage.

Werwolf Menschen sollten sich zeitweilig in einen Werwolf verwandeln können, wenn sie einen Gürtel aus gegerbter Menschenhaut oder einen Wolfspelz anlegten. In der Antike glaubte man, wer die menschliche Gemeinschaft verläßt oder aus ihr ausgeschlossen wird, verwandelt sich in einen Werwolf.

Wespen Man hat lange geglaubt, Wespen würden aus fauligem Pferde- oder Eselsfleisch entstehen. Sie sollten, wie auch andere Insekten (Grillen, Fliegen, Mücken), nach dieser Vorstellung als böse Dämonen in den Köpfen der Menschen nisten, wo sie die Hirntätigkeit störten. Von den Wespen wußte man sich auch folgendes zu erzählen: Als Gott die Bienen geschaffen hatte, wollte es ihm der Teufel gleichtun, aber er brachte nur die Wespen zustande. Ein Wespennest im Haus sollte Feuer oder den Tod eines Familienangehörigen ankündigen. Wespen im Traum deutete man als bevorstehendes Unglück, vor allem als Tod durch einen Feind. Andererseits galten Wespen auch als Liebesboten: Burschen und Mädchen trugen Wespennester bei sich in der Hoffnung, dadurch die Liebe eines anderen gewinnen zu können. Gegen die Aggressivität der Wespen waren verschiedene Bannsprüche im Schwang:

> Wespen, ich bann' euch,
> beißt ihr mich, so bann' ich euch,
> freßt ihr mich, zerreiß ich euch.

Wetter Aus den verschiedensten Begebenheiten und Verhaltensweisen von Tieren meinte man, das Wetter vorhersagen zu können. Das galt von Sperlingen und Spechten wie überhaupt von Vögeln, ebenso wie von Katzen, Hunden, Spinnen und auch von verschiedenen Pflanzen (↗ Winter). ↗ Unwetter wollte man mit Hilfe eines Spiegels abwehren können. ↗ Regen. ↗ schönes Wetter.

Widder Verbrannte man die Wolle, die dem Widder zwischen den Hörnern wächst, so glaubte man, mit der Asche Kopfschmerzen beheben zu können. Kranke sollten Schlaf finden, wenn man ihnen Widderhirn zu essen gab. Delirien versuchte man mit dem Hirn eines Widders, der noch nicht gerammelt hatte, zu heilen.

Widerspruch ↗ Opposition.

Wiedehopf Die Leber eines Wiedehopfs, auf nüchternen Magen gegessen, sollte ein gutes Gedächtnis sichern.

Wiedergänger Tote, die keine Ruhe fanden, zum Beispiel Meineidige, Mörder und Selbstmörder, sollten angeblich aus ihrem Grab von Zeit zu Zeit wiederkehren. Man hatte Angst vor diesen Wiedergängern und bedeckte bei Todesfällen alle Spiegel bis nach dem Begräbnis, oder man warf Kämme (Wollkämme) über den Leichnam, um so der Gefahr, daß der Tote wiederkehren und sich einen weiteren holen würde (Nachzehrer), zu begegnen. Tote durften auch bei der Beerdigung nicht zu sehr beweint werden, weil sie sonst keine Ruhe fänden und wiederkehren würden, glaubte man. ↗ Vampire, ↗ Zwölfnächte und ↗ Nachwort S. 281 und 284.
Mit der ↗ Totenbeschwörung wollte man absichtlich die kurzfristige Wiederkehr eines bestimmten Toten erreichen.

Wiege Um Krankheiten, aber auch böse Geister, von dem Kind abzuwehren, legte man ein Hufeisen in die Wiege, das bei Erkrankungen auch heilend wirken sollte.

Wiesel Dem Wiesel wurde der Böse Blick zugeschrieben, mit dem es Hasen und andere Tiere bannen könne. Kreuzte ein Wiesel den Weg eines Menschen, so glaubte man an bevorstehendes Unglück. Dem Wiesel mußte man deshalb unbedingt ausweichen: allein seinem Fauchen sagte man die übelsten Wirkungen nach. Angeblich sollte es durch Anblasen Mensch und Tier vergiften können; der getroffene Mensch »bricht mitten entzwei«, erblindet oder sein Gesicht wird aufgedunsen, getroffene Kühe geben Blut statt Milch. Aber ein Amulett mit einem Wieselauge sollte vor dem Bösen Blick schützen. Die Hoden der Wiesel dienten Frauen als Amulett, in Salbenform oder pulverisiert zur Verhütung einer Schwangerschaft. Verschiedene Körperteile des Wiesels wurden gegen die unterschiedlichsten Krankheiten verwandt. ↗ Epilepsie, ↗ Schlangengift, auch ↗ Winter.

Wildschwein Es wurde behauptet, wer Wildschweinfleisch ißt, wird es im Leben nie zu etwas bringen. Einige Körperteile des Wildschweines wurden aber gegen verschiedene Krankheiten verwendet. Mädchen, die einen zu großen Busen hatten, sollten mit dem rechten Hoden eines Ebers über ihre linke Brust streichen und umgekehrt, dann würde der Busen auf normale Größe zurückgehen, meinte man. Eberhirn, besonders das Fett des Ebers, war ein wichtiger Bestandteil der Waffensalbe. ↗ Waffen, ↗ Eber.

Wimper Fiel ein Haar aus, so legte man es auf den Handrücken und wünschte sich etwas. Ließ sich das Haar leicht wegblasen, so glaubte man an die Erfüllung des Wunsches. Um einen lästigen Schluckauf zu beenden, sollte man sich ein Wimpernhaar ausziehen. ↗ sexy.

Wind War es an Neujahr windig, so glaubte man an eine reiche Obsternte im kommenden Jahr. Der Wind an Dreikönig (6. Januar) galt als der segensreichste, weshalb man um Mitternacht Türen und Fenster öffnete, damit er das Glück ins Haus bringen konnte. Man hat dem Wind auch die Fähigkeit zugeschrieben, Krankheiten mitzunehmen. Aus der Richtung, in der eine Katze kratzte und scharrte, sollte am nächsten Tag der Wind kommen. Die Windrichtung beeinflußte den Erfolg der Aussaat. Wollte man auf einem Segelschiff eine Flaute beenden, so glaubte man, Wind sogar aus einer bestimmten Richtung hervorrufen zu können, wenn man einen Besen in dieser Richtung ins Wasser warf. Auch Staub, in diese Richtung geworfen, sollte erfolgversprechend sein.
Um die Windgeister günstig zu stimmen und zu besänftigen, hat man Mehl, Getreidekörner und andere Dinge, die leicht flogen, in den Wind gestreut oder an Stellen gelegt, die dem Wind besonders zugänglich waren. Man sprach dabei von »Windfüttern«. ↗ Sturm, ↗ Wirbelwinde, ↗ Adler.

Windröschen oder **Anemone** wird auch als Augenblume bezeichnet. In manchen Regionen glaubte man, das Windröschen verursache Entzündungen der Augen, wenn man ihm zu nahe kommt. Anderwärts wird die Blume zur Heilung von Augenkrankheiten verwendet. Ins Haus durfte man das Windröschen nicht bringen, denn es würde den Blitz anziehen.

Winter Einen strengen, kalten Winter erwartete man, wenn das Jahr mit einem Samstag begann, oder wenn die Heide besonders reich blühte, die Bäume, besonders die Birken, ihre Blätter lang behielten, der Weißdorn viele Früchte und die Ebereschen viele

Vogelbeeren trugen, oder wenn es viele Walnüsse gab. Auch Haselnüsse sowie Tannenzapfen in Hülle und Fülle, viele Fliegen und hoch wachsende Brennesseln sollten auf einen kalten Winter schließen lassen. Einen milden Winter erhoffte man, wenn die Wiesel lange Zeit ihr braunes Fell behielten. ↗ Frost, ↗ Kälte.

Wirbelwinde glaubte man beenden zu können, wenn jemand eine Mütze dagegen warf. Spuckte man in einen Wirbelwind, wollte man damit einem Ausschlag vorbeugen, denn man vermutete in den Wirbelwinden die Hexen, die angeblich die Ausschläge brächten.

Witwe Wer die Hände unter einer Pumpe wäscht, wird verwitwet, hieß es. Wollte eine Witwe einen Witwer heiraten, so sollte sie Erde vom Grab ihres verstorbenen Mannes über den werfen, den sie sich wünschte, dann würde sie ihr Ziel erreichen. Des weiteren meinte der Volksmund: Heiratet eine Witwe erneut, so muß sie am Hochzeitstag eine Männerhose flicken.

Witwer Dachte ein Witwer bereits ans erneute Freien, bevor seine verstorbene Frau kalt war, so würde er keine Frau mehr bekommen, meinte man. Ist ein Mann schon mehrfach Witwer geworden, so ließ er die neue Frau nicht durch die Tür, sondern durch ein Fenster in das Haus ziehen. ↗ Witwe.

Woche Wie der Montag beginnt, so sagte man, glücklich oder unglücklich, so geht es die ganze Woche. Die neue Woche sollte glücklich werden, wenn das jüngste Kind der Familie Samstag abends im Bett nieste.

Wöchnerin Ebenso wie das neugeborene Kind hat man auch dessen Mutter bis zur Taufe für äußerst gefährdet durch Dämonen, Hexen und Teufel gehalten. ↗ Frauenkräuter im Wochenbett hielt man für einen wirksamen Schutz. Die Wöchnerin durfte das Zimmer nicht verlassen, da selbst ein Gang in den Keller oder auf den Speicher Unheil bringen konnte. Etwas Stroh im Schuh, vor allem aber die Begleitung von älteren Leuten, besonders von Frauen, sollte die Wöchnerin schützen. Weiterhin wurde empfohlen, der Wöchnerin einen Kamm in das Bett zu legen oder eine Männerhose auf das Bett, um böse Geister zu täuschen. Das beste Gericht für die junge Mutter sollte eine Suppe von einem ganz schwarzen Huhn sein. Kämmen durfte sie sich in den ersten vierzehn Tagen nach der Niederkunft möglichst nicht, weil ihr sonst angeblich die Haare ausgingen. Damit die Milch reichlich fließe, hat man der Wöchnerin empfohlen, Wachteleier zu essen oder etwas Pimpinelle an ihrem Busen zu tragen. Entzündeten sich ihre Brüste, so sollte das Auflegen eines Kammes oder ein um den Hals gehängter Elfenbeinkamm helfen. ↗ Nachwort S. 302.

Wohlstand und Geld glaubte man sich zu sichern, wenn man sich die Nägel stets am Freitag schnitt. Reich sein sollte, wessen Fingernägel an den Enden weiße Segmente, die »Goldbogen«, zeigten, und reich werden sollten Menschen mit zwei Haarwirbeln, mit krausen Haaren und wer am Hals unten behaart ist. Es gab eine Fülle von Empfehlungen, wie man sich den ersehnten Wohlstand sichern könne. Wer etwa am Weihnachtsabend Mohn aß, käme zu viel Geld, und wer an Silvester oder Neujahr Möhren verzehrte, dem sollte das Geld während des ganzen Jahres nicht ausgehen. Überhaupt glaubte man, an ↗ Silvester und am ↗ Neujahrstag zu erkennen, wie es im neuen Jahr mit dem Geld gehen würde. Es gab jedoch für diesen wichtigen Lebensbereich noch weitere Termine: Wer etwa am Fastnachtdienstag vor Sonnenaufgang Hirsebrei mit Blutwurst aß oder wer am Gründonnerstag ein Brennesselgemüse oder Linsen oder Hirse verzehrte, der glaubte, den Grundstein für seinen Wohlstand im weiteren Jahresverlauf gelegt zu haben:

Wer an Fastnacht Hirsebrei ißt,
Dem wächst das Geld auf dem Mist.

Das Frühjahr war natürlich auch in dieser Hinsicht bedeutungsvoll. Sah man zuerst einen weißen oder gelben Schmetterling, so verhieß das Glück in Geldangelegenheiten. Beim Anblick der ersten Schwalbe und beim ersten Kuckucksruf sollte man sein Geld im Beutel fest umrühren, dann würde es sich in den nächsten Monaten kräftig vermehren. Auch mit Hilfe des ↗ Wünschelsamens und einer gefangenen Hummel wollte man zu Geld kommen. In anderen Gegenden mußte man beim Anblick der ersten Schwalbe einen Stein aufheben und einstecken, dabei aber die Schwalbe fest im Auge behalten. Den Stein mußte man dann stets bei sich tragen, wodurch der Reichtum gesichert sein sollte. Der Wohlstand sollte auch garantiert sein, wenn man den

Neumond im Freien in seinen Geldbeutel hineinschauen ließ; wer ihn jedoch nur durchs Fenster oder durch die Tür sah, hatte mit vielen Ausgaben zu rechnen. Geld, das man zu einer Alraunwurzel legte, würde sich bis zum nächsten Morgen verdoppeln, wurde behauptet. Trug man eine Wurzel des Knabenkrautes bei sich, so glaubte man ebenfalls, von allen finanziellen Sorgen frei zu bleiben. Der Genuß von Wildschweinfleisch hingegen mache alle Anstrengungen zunichte, denn wer Wildschweinfleisch ißt, wird es im Leben nie zu etwas bringen.

Wohnung Eine neue Wohnung sollte man nur bei zunehmendem Mond beziehen, weil nur dieser das ersehnte Glück bringen könne, wurde behauptet. Nach anderem Glauben galten aber Montag und Freitag als Unglückstage für einen Umzug. Das in sehr frühen Zeiten als heilig und wirksam gegen Zauber und Dämonen geltende Salz wurde zusammen mit Brot beim Einzug in eine neue Wohnung geschenkt, damit beides künftig nicht fehlen sollte. War in der neuen Wohnung der erste Besucher ein Mädchen oder ein junger Mann, so nahm man das als Glückszeichen, eine alte Frau, meinte man, würde hingegen Unglück bringen. ↗ Glückstage.

Wolf Ein Amulett mit einem Wolfsauge hatte die Aufgabe, vor dem Bösen Blick sowie allgemein vor Unheil, Gefahren und Unrecht zu schützen. Wer Wolfshaare bei sich trug, den würden Diebe verschonen, und der Verzehr eines Wolfsherzens sollte Epilepsie heilen. Heilkraft, so meinte man, hätten auch Gürtel aus der Haut der von Wölfen gerissenen Tiere. Wer den Wolf sieht, bevor dieser ihn bemerkt, habe von dem Tier nichts zu befürchten, beruhigte man sich, und wessen Weg er kreuzt, dem bringt er angeblich sogar Glück. Träumen vom Wolf gab man jedoch üble Vorbedeutung. Mit Stummheit geschlagen werde der, der Fleisch eines vom Wolf gerissenen Tieres äße (↗ Nachwort S. 281) und wer ein vom Wolf erwürgtes Lamm verzehrte, sollte zu einem ↗ Vampir werden. Andererseits glaubte man mit dem Bild eines Wolfes auf dem Grabstein verhindern zu können, daß der Tote wiederkehrt.

Wolken Stehen bei der Geburt eines Kindes Schäfchenwolken am Himmel, so wird das Neugeborene vom Glück gesegnet sein. ↗ Unwetter.

Wolle Weil die Wolle Schmutz und Staub »aufsaugen« kann, hat man ihr auch die Kraft zugeschrieben, den Menschen von Sünden und Verfehlungen reinigen zu können. Geschwülste vermeinte man mit einem Stück Baumwolle tilgen zu können, das vorher im Regen gehangen war.

Wunden würden bei abnehmendem Mond heilen, glaubte man, aber man durfte sie dem Mondschein nicht aussetzen, sonst bestand die Gefahr, daß das Fleisch sehr schnell zu faulen beginnen würde. Faules Fleisch in Wunden »verzehre« angeblich eine Silbersalbe, die auch die Wunden zusammenziehen sollte. Die Heilung glaubte man durch allerlei Hilfsmittel fördern zu können, so durch Auflegen von 77 Gundermannblättern, oder wenn man die Daumen kreuzweise auf die Wunde legte, oder wenn man sie mit einem Feuerstahl kreuzweise bestrich. Ungesalzene Gründonnerstagsbutter heilte angeblich alle Wunden. Sämtliche körperlichen Schäden glaubte man auch mit einem Öl beheben zu können, das man von großen, schwarzen Schnecken gewann, die man im Mai morgens im Tau in ein Glas sammeln mußte. Zur Wundbehandlung wurde ferner Gänsefett sowie Baldrian und das Tausendgüldenkraut empfohlen. Die Heilkraft der beiden letztgenannten schien den Menschen so enorm, daß sie von ihnen behaupteten, sie würden sogar »das Fleisch im Topf zusammenwachsen lassen«. Von Kraut und Wurzeln der Arnika, die man am Johannistag (24. Juni) vor allem am Abend sammelte, stellte man eine angeblich heilsame Wundtinktu: her. Man sollte auch mit einer ↗ Zwiebel über die Wunden reiben und jene dann ins Feuer werfen. ↗ Kranke, ↗ Krankheiten.

Wünsche Alle Wünsche gingen angeblich in Erfüllung, wenn man in der Johannisnacht (24. Juni) die Blüten eines siebenjährigen Hartriegelstrauches aufhing, oder wenn man einen Granat, oder ein in Milch gesottenes Schwalbenherz, oder einen von Ameisen abgefressenen Knochen eines Frosches bei sich trug. Wer während des Fallens einer Sternschnuppe schnell einen Wunsch dachte, dem sollte er gleichfalls in Erfüllung gehen. Und wem ein Wimpernhaar ausfiel, der sollte es auf den Handrücken legen und sich etwas wünschen; ließ sich das Haar sodann leicht wegblasen, so hoffte er auf die Erfüllung seines Wunsches. Die Erfüllung aller ihrer Wünsche erhofften sich die Burschen bei den Mädchen, wenn sie Eberwurz und Baldrian in rotem Wachs bei sich trugen. ↗ Münzen.

Wünschelrute Man wollte damit nicht nur Verbrecher finden, sondern auch gestohlene und verlorene Güter, vergrabene und noch ungehobene Schätze, verirrtes Vieh, im Wasser Versunkenes. Man erfragte auch das Geschlecht eines Kindes vor der Geburt und das Schicksal der Seelen nach dem Tod und wie es gesundheitlich weitergehen werde. Zur Ermittlung eines Diebes schrieb man die Namen der Verdächtigen auf einzelne Zettel und erwartete, daß die Rute bei dem Zettel mit dem Namen des Täters ausschlagen würde.

Wünschelsamen ↗ Farnkraut, ↗ Springwurzel.

Würfelspiel Um dabei Glück zu haben, sollte man die Würfel mit einem Pulver aus Rabenherzen bestreichen. ↗ Spielglück.

Würmer Von Würmern im Darm glaubte man sich befreien zu können, wenn man einen Gürtel an einer Stelle auslegte, die von vielen Molchen belebt war. Je mehr Molche über den Gürtel krochen, um so sicherer sollte der Abgang der Würmer sein, wenn der Besitzer den Gürtel wieder umlegte. ↗ Spulwürmer. Würmer im Gehirn meinte man töten zu können, wenn man mit Nußblättern zerlassenes Schweineschmalz kalt auf das Ohr legte. Dienstag und Donnerstag waren die»Wurmtage«, an denen man im Garten nichts säen und pflanzen sollte, was Würmer bekommen könnte, zum Beispiel Rettiche.

Z

Zahlen Ungerade Zahlen, so meinte man, entsprechen dem Mann, denn beide sind »stärker als gleich« und »unspaltbar«. Die geschmeidigeren geraden Zahlen sollten den weicheren Frauen entsprechen. Im römischen Kalender hatten die Monate 29 oder 31 Tage, weil die geraden Zahlen verpönt waren. In der antiken Heilkunde galten jedoch die ungeraden Tage als gefahrvoll. Ist bei mehrstelligen Zahlen oder Daten die Quersumme durch drei teilbar, so gilt dies heute als gute Vorbedeutung. Siehe auch die verschiedenen Zahlen, ↗ Unglückstage, ↗ Leben, ↗ Nachwort S. 311.

Zähne Stehen die oberen Schneidezähne weit auseinander, so wird man weit von zu Hause fortgehen, sagte man. Hohle Zähne sollte bekommen, wer Brot aß, das er während des Läutens der Totenglocke in der Tasche hatte, und schwarze Zähne hat man prophezeit, wenn jemand während des Trauergeläutes gegessen hat. Die Zähne sollten demjenigen ausfallen, der während eines Gewitters aß. Frühstückte man von einem Tischtuch, das über Nacht liegen geblieben war und von dem die Mäuse die Brosamen gefressen hatten, so bekäme man faulige Zähne, wurde gesagt. Aber den bei zunehmendem Mond entwöhnten Kindern hat man schöne Zähne prophezeit. ↗ Totenzähne sollten allerlei magischen Zauber bewirken, wenn man sie bei sich trug, so etwa vor Ungeziefer bewahren und Glück bringen.

Zahnen der Kinder versuchte man durch Umhängen einer Zwiebel des Türkenbundes (Goldwurz) zu erleichtern. Auch von einem als Amulett getragenen Totenzahn versprach man sich Hilfe. Gut für die Kinderzähne sollte Schafhirn mit etwas Honig vermischt sein.

Zahnschmerzen Gegen diese Plage glaubte man vorbeugen zu können, indem man beim Waschen den rechten, nassen Daumen hinters Ohr hielt oder täglich mit dem Ringfinger, der auch »Arztfinger« genannt wurde, über die Zähne strich oder sich mit diesem Finger und frischem Wasser hinter den Ohren wusch. Zeitlebens sollte ein Mensch keine Zahnschmerzen bekommen, wenn er bei zunehmendem Mond entwöhnt worden war oder wenn sich seine Mutter beim Abstillen auf einen Kieselstein gesetzt hatte. Aber auch die Zubereitung des ersten Breies mit einem am Karfreitag während des Zwölf-Uhr-Schlagens geschnittenen Lindensproß sollte lebenslänglich vor den gefürchteten Zahnschmerzen bewahren. Und mit einem Rehauge als Amulett fühlte man sich ebenfalls davor beschützt. Abwehr für das laufende Jahr erwartete sich, wer einen Storch zu allererst sah und ihn willkommen hieß, oder wer sich die Nägel am Karfreitag schnitt. Auch Fasten am Gründonnerstag sollte schützen. Abhilfe bei akuten Zahnschmerzen erhoffte man sich hingegen von einer Salbe aus Rosenöl und Blattläusen, die in den äußeren Gehörgang gestrichen werden sollte, sowie von dem nach Opium riechenden Saft, den die Marienkäfer bei Gefahr auf ihrem Rücken ausscheiden. Wirken sollte auch ein Pflaster aus grüner Seife und etwas gemahlenem Kaffee, das man hinter das der schmerzenden Stelle gegenüberliegende Ohr legte. Als ein gutes Mittel wurde empfohlen, sich nach dem Waschen zuerst die Hände und dann erst das Gesicht abzutrocknen. Auch mit geriebenem Meerrettich, in einem weißen Tuchflecken auf das Genick gelegt, meinte man, die Schmerzen zu lindern, und ebenso ein warmes, blaues Tuch, das man um den Kopf gebunden hat oder ein um den Hals geschlungenes schwarzes Band. In der Hoffnung auf Linderung rieb man die rechte Hand des Leidenden mit der eigenen Rechten, bis sie heiß waren, und strich dann mit der eigenen dreimal an der Wange des Patienten abwärts entlang. Schließlich wollte man Zahnschmerzen auch vertreiben können, indem man einen Esel küßte. ↗ Löwenzahn, ↗ Zahnstocher, ↗ Sargnägel.

Zahnstocher Ein solcher aus Myrtenholz sollte Abhilfe bei Zahnschmerzen bringen oder ihnen überhaupt vorbeugen. Man glaubte auch, daß sich aus Wegkreuzen oder alten Sargnägeln wirksame Zahnstocher gegen Zahnschmerzen herstellen lassen würden.

Zauber Man glaubte, daß verschiedene Edelsteine ihre Träger und Besitzer vor bösem Zauber bewahrten, so der ↗ Achat, der ↗ Diamant, der ↗ Jaspis, der ↗ Karneol, der ↗ Rubin und der ↗ Sardonyx. Auch mit Immergrün wollte man sich gegen allen bösen Zauber schützen. Allerdings mußte es zwischen den

Frauentagen Mariä Himmelfahrt (15. August) und Mariä Geburt (8. September) gesammelt worden sein. Abwehrend sollte Gundermann, Liebstöckel, Kümmel sowie eine Reihe von Amuletten wirken (↗ Abwehrzauber)..

Wollte man aber vorhandenen Zauber aus einem Menschen vertreiben, so glaubte man, daß das Auflegen von frischem Eichenlaub helfen würde. Mit Taubenblut oder einem Amulett aus Muscheln sollte sich jeder Zauber ebenso bekämpfen lassen wie mit einem Strauße frischen Grüns, den man an Pfingsten ins Haus brachte. Mehrere Sagen berichten von Menschen, die in andere Gestalten verzaubert und durch Anruf mit ihrem richtigen Namen wieder entzaubert werden konnten. Vom Specht sagte man, daß er zauberkräftige Pflanzen nachweisen könne, und eine getötete, getrocknete Blindschleiche diente da und dort als Zauberstab. Frauen, die Zwillinge geboren haben, hat man Zauberkräfte zugeschrieben. ↗ Bann, ↗ Hexen, ↗ unsichtbar, ↗ Schadenzauber, ↗ Nachwort S. 288.

Zehn galt als Symbol des Abschlusses und der Vollkommenheit, weil die Zahlenvorstellungen lange Zeit über die Zehn Finger nicht hinausgingen.

Zeisig Vom Zeisig munkelte man, er habe in seinem Nest einen »Blendstein«, der das Nest unsichtbar macht. Mit diesem Stein oder dem ganzen Nest oder auch mit einem Zeisigei sollten sich die Menschen unsichtbar machen und sich beliebig verwandeln können. Man glaubte auch, der Stein ermögliche es seinem Besitzer, die Zukunft zu erkennen.

Zeugen die falsch aussagten, glaubte man überführen zu können, indem man ihnen einen Beryll in die Hand gab, der angeblich schwarz wurde, wenn sein Träger log. ↗ lügen.

Zeugung Wünschte man sich einen Jungen, so sollte man es in einer Neumondnacht sowie bei Flut versuchen, denn bei Ebbe und im letzten Mondviertel erwartete man Mädchen (↗ Nachwort S. 314). Lebhafte Liebe von Mann und Frau sowie ein kräftiger Samenerguß versprachen ebenfalls einen Knaben. Ist aber der Samen dünnflüssig, so sollte bei gegenseitiger Liebe doch ein gesundes Mädchen entstehen. Aus kräftigem Samen, aber mangelnder beiderseitiger Liebe würde sich ein verbitterter Knabe bilden, entsprechend der Bitterkeit bei seiner Zeugung. Trotz der Liebe des Mannes und einem kraftvollen Samen sei nur ein schwächlicher Knabe zu erwarten, wenn es an der Liebe der Frau mangelt, sagte man. Ein Mädchen sollte sich auch entwickeln, wenn es beim Mann oder der Frau an Liebe fehlte und der Samen dünnflüssig war.

Zeugungskraft ↗ Geschlechtskraft.

Zichorie ↗ Wegwarte.

Ziegenbock Klauen und Barthaare eines Ziegenbockes als Amulett getragen sollten Kinder vor plötzlich auftretenden Krämpfen schützen. Gegen die ↗ Habergeiß half, so hörte man vielerorts, ein schwarzer Ziegenbock, wenn man ihn im Schlafzimmer hielt. Es wurde auch behauptet, daß eine Frau mit Sicherheit den Mann bevorzugen würde, der sein Glied mit Talg (Unschlitt) eines Ziegenbockes eingerieben hatte. Die gleiche Wirkung sollte auch eine auf das Glied aufgetragene Salbe aus Fett, Bocksgalle und reinem Öl haben. ↗ Bock.

Ziegenpeter oder Mumps glaubte man heilen zu können, wenn man einer schwarzen Ziege ein schwarzes Tuch umband.

Zigarrenasche ↗ Kegeln.

Zimmerpflanzen die man im Dezember beschneidet, sollen besonders reich blühen, wurde behauptet.

Zirkon ↗ Hyazinth.

Zorn Dem Chrysolith, dem Karneol und dem Topas hat man beruhigende Wirkung bei Zornausbrüchen ihrer Träger nachgerühmt. Menschen mit einem dicken Hals galten als reizbar und zornmütig (was mit der Schilddrüse zu erklären ist). ↗ Opposition.

Zukunft Künftige Entwicklungen und Ereignisse, die man natürlich vorher wissen wollte, glaubte man beim ↗ Bleigießen oder auch beim langsamen Eingießen von Milch in den schwarzen Kaffee aus den dabei sich bildenden Figuren ablesen zu können. Auch der Blick in einen Zauberspiegel aus Beryll oder in einen ↗ »Kristall« sollte die Zukunft offenbaren. In der Neujahrsnacht zeige, so wurde an vielen Orten geglaubt, ein ganz gewöhnlicher Spiegel den Unverheirateten ihren künftigen Lebenspartner. Mit der Wünschelrute wollte man das künftige Schicksal gleichfalls ermitteln können. Unter vielen anderen Medien sollten auch ↗ Zwiebeln und der ↗ Zeisig Blicke in die Zukunft gewähren. Silvester und Neujahr sind natürlich für die Fragen nach der Zukunft die wichtigsten Tage. ↗ Glücks- und ↗ Unglückstage ↗ Wahrsagen sowie ↗ Nachwort S. 305.

Zunehmender Mond   Alles, was in den Tagen des zunehmenden Mondes begonnen wurde, sollte Zunahme und Gewinn bringen, meinte man. Diese Zeit galt allgemein als besonders erfolgversprechend und fruchtbar, ähnlich wie die des Vollmondes (↗ Glückstage). Heiraten sollte man sogar nur bei zunehmendem Mond, um es in der Ehe zu etwas zu bringen. Den in dieser Mondphase Geborenen hat man bessere Zukunftsaussichten gegeben als den bei abnehmendem Mond Geborenen (↗ Niederkunft, ↗ Taufe, ↗ Entwöhnen). Auch eine neue Wohnung sollte man nur bei zunehmendem Mond beziehen, um sich das erwünschte Glück zu sichern. Ließ man sich in dieser Mondphase die Haare schneiden, so glaubte man, sie würden besonders schön und üppig wieder nachwachsen. Für Säen und Pflanzen galten Vollmond und zunehmender Mond ebenfalls als günstig, vor allem für über der Erdoberfläche fruchtende Gewächse. ↗ Garten.

Zuneigung   einer geliebten Person glaubte man erzwingen zu können, wenn man deren gebrauchte Socken oder Strümpfe in Wasser auskochte und den Absud trank. Mit dem gleichen Ziel gab man der angebeteten Person ein in Brot gebackenes oder pulverisiertes Herz einer Turteltaube zu essen oder trug ein solches Herz mit sich. Küßte ein Bursche mit einer Turteltaubenzunge im Mund ein Mädchen, so sollte es nicht mehr von ihm lassen und ihm keinen Wunsch abschlagen können. Mit der gleichen Absicht steckte ein Bursche seinem Mädchen – wie er hoffte unbemerkt – ein Stück der Pimpernelle in die Tasche; die Mädchen benutzten dazu umgekehrt ihre ↗ Schürze oder ihr ↗ Taschentuch. Ähnlich wandte man auch ↗ Liebstöckel und ↗

Baldrian, sowie das ↗ Fünffingerkraut und ↗ Wespennester an. Auch weiße Steine aus dem Magen eines schwarzen Hahnes galten als sichere Sympathiemittel. Von einer zufällig in einem Ameisenhaufen gefundenen schwarzen Kugel erhoffte man sich gleichfalls Liebesglück.

Zunge Erkrankungen der Zunge glaubte man durch Tragen eines Saphirs heilen zu können.

Zurückschauen ↗ umschauen.

Zwei Die Eins galt als Symbol der Einheit, die Zwei dagegen als das des Dualismus und der Zwietracht, daher auch als böse Zahl. Weil die Zwei über die Einheit der Schöpfung hinausgeht, wurde sie vielfach auch als Zeichen der Sünde und des Abfalles von Gott angesehen. ↗ Zahlen.

Zweites Gesicht Verschiedentlich glaubte man, daß die an einem Samstag Geborenen das Zweite Gesicht bekommen. ↗ hellsichtig.

Zwetschgen Eine reiche Zwetschgenernte stand bevor, wenn es am Fastnachtdienstag schneite.

Zwiebel Die Ansichten über die beste Mondphase für das Stecken von Zwiebeln gingen schon immer auseinander. Aber man sollte bei Vollmond mitternachts schweigend aus dem Haus gehen und die jungen Zwiebelröhrchen treten oder sich an Johannis (24. Juni) im Zwiebelbeet wälzen, um das Wachstum zu fördern. Hatte man im Zeichen des Steinbocks (22. Dezember bis 20. Januar) gesteckt, so glaubte man, feste und harte Zwiebeln zu bekommen; im Zeichen des Wassermanns (21. Januar bis 18. Februar) gesteckte würden faulig, und im Zeichen des Schützen (23. November bis 21. Dezember) gepflanzte wachsen aus, sagte man. Wer an Benedikt (21. März) oder am Himmelfahrtstag (40. Tag nach Ostern) gesteckt hat, sollte dicke, große Zwiebeln bekommen. Und das hat man auch demjenigen prophezeit, der sich beim Stecken aus irgendeinem Grund kräftig geärgert hat. Schnitt man an Johannis zwei Zwiebelrohre gleich hoch ab und gab ihnen die Bedeutung von Glück und Unglück, so sollte das besser nachwachsende Rohr anzeigen, was im weiteren Jahresverlauf hauptsächlich zu erwarten war. Man benützte Zwiebeln auch zur Ermittlung von Glücksnummern in der ↗ Lotterie. Hing man eine Zwiebel an die Zimmerdecke oder über die Tür, so glaubte man, daß sie alles Üble und Krankheiten abwehrt. Im Stall aufgehängt, sollte eine Zwiebel das Vieh vor Seuchen schützen. Nach einem Jahr mußten diese Zwiebeln erneuert werden. Eine in der Tasche getragene Zwiebel bewahrte angeblich vor Schwindel und Ohnmacht, sofern sie ohne Feilschen erworben worden war oder man sie geschenkt bekommen hatte. Verschiedene Zwiebeln – Knoblauch, Enzian, Gladiolen, Schwertlilien – sollten hieb- und stichfest machen. Eine weiße Zwiebel unter der Mütze beseitigt Kopfschmerzen und zieht allgemein Gift aus den Wunden, wurde behauptet. Zur Heilung von Wunden und Blutungen sollte man mit einer Zwiebel darüberreiben, die nachher ins Feuer zu werfen war. Bei Nasenbluten empfahl man eine halbe Zwiebel an die Halsschlagader zu drücken und bei Husten die Fußsohlen mit einer gebratenen Zwiebel einzureiben. Auch Warzen glaubte man so beseitigen zu können. Nur durfte man nicht vergessen, die Zwiebel hinterher schweigend bei Mondschein oder in der Dämmerung zu vergraben. ↗ Träume.

Zwiebelkalender In der Silvesternacht sollte man zwölf Zwiebelschalen auf einen Teller legen, jeder einen Monat zuordnen, salzen und über Nacht stehen lassen. Nach der unterschiedlichen Flüssigkeitsmenge, die sich am Morgen in den Schalen gebildet hatte, schloß man auf die relative Regenmenge in den einzelnen Monaten des neuen Jahres.

Zwillinge sollte eine Frau bekommen, wenn sie während ihrer Schwangerschaft zusammengewachsene Früchte gegessen hat. Frauen, die Zwillinge geboren haben, hat man besondere Zauberkräfte zugeschrieben. Bei Zwillingsschwestern war angeblich immer eine unfruchtbar.

Zwölf Eine mindestens seit dem Alten Testament – die zwölf Söhne Jakobs gründeten die zwölf Stämme Israels – bedeutsame Zahl, die sich in fast allen wichtigen Zeugnissen nachweisen läßt: das Zwölfprophetenbuch im Alten Testament, die zwölf Arbeiten des Herkules im griechischen Mythos, die Zwölftafelgesetzgebung der Römer im 5. Jahrhundert vor Christus, die zwölf Apostel, die ↗ Zwölfnächte. Die Zwölf eignet sich durch ihre vielfältige Teilbarkeit in Hälften, Viertel, Drittel und Sechstel im Duodezimalsystem hervorragend, um Zäsuren zu setzen, nicht zuletzt im Zwölfstundentag und bei der Unterteilung der Stunden und Minuten.

Zwölfnächte oder Rauhnächte (die Nächte zwischen dem 25. Dezember und dem 6. Januar) galten als eine Zeit der Wiederkehr der Seelen, in der aber auch Geister erwartet wurden. Man schützte sich durch ↗ Räuchern (deshalb regional »Rauchnächte«) und durch Unterlassen aller nicht dringend nötigen Arbeiten (zum Beispiel backen). Man glaubte, daß Träume in diesen Nächten sich im neuen Jahr bewahrheiten würden. Wer während der Zwölfnächte Bohnen oder andere Hülsenfrüchte aß, dem hat man Geschwüre prophezeit. Aber ein fruchtbares Jahr hat man erwartet, wenn sich in den Zwölfnächten Eisblumen an den Fenstern bildeten.

Nachwort

I.

»Der Aberglaube gehört zum Wesen des Menschen und flüchtet sich, wenn man ihn ganz und gar zu verdrängen gedenkt, in die wunderlichsten Ecken und Winkel, von wo er auf einmal, wenn er einigermaßen sicher zu sein glaubt, wieder hervortritt.« JOHANN WOLFGANG VON GOETHE ist einer der wenigen »Intellektuellen«, die sich so rückhaltlos und an prominenter Stelle – in seinen *Maximen und Reflexionen* – zum Aberglauben als einem Wesenszug des Menschen bekannt haben. Die meisten Menschen wollen den Aberglauben »ganz und gar verdrängen«, wie GOETHE schreibt, der mit dieser Formulierung bereits einen bemerkenswerten Vorgriff auf SIGMUND FREUD und die Psychoanalyse unternommen hat.

Es ist verständlich, daß der Aberglaube besonders von allen Religionen mit größter Feindseligkeit bekämpft wird, denn zweifellos schmälert er den Einfluß der christlichen Kirchen ebenso wie jeder anderen Konfession. In der Volkskunde dagegen nimmt der Aberglaube im Rahmen ihrer empirischen Forschungen einen breiten Raum ein, denn er ist – wie Goethe schon festgestellt hat – ein wesentlicher Teil des Volkslebens und hat den Alltag unserer Vorfahren weithin beeinflußt. Deshalb sollte dieser »Volksglaube«, wie eine Fraktion der Volkskundler den Aberglauben bezeichnet, auch die Geschichtswissenschaft stärker interessieren, denn er enthält zweifellos viel unausgewertetes Material über das seit einigen Jahrzehnten besonders beachtete Alltagsleben der sogenannten Unterschichten in vor- und nichtindustriellen Zeiten. Dabei entstehen jedoch Schwierigkeiten, auf die noch zurückzukommen sein wird.

Schließlich spielt der Aberglaube im medizinischen Bereich und in den Naturwissenschaften eine nicht unerhebliche Rolle, wie das im lexikalischen Teil dieses Buches ausgebreitete Material zeigt. Jeder praktizierende Arzt weiß davon zu berichten, daß gerade auf dem Gebiet des Gesundheitswesens sich viele eindeutig abergläubische Vorstellungen erhalten haben, die heute noch oder schon wieder ohne Zweifel geglaubt werden. Psychologen und Physiker endlich sehen sich auf den Gebieten der sogenannten außersinnlichen Wahrnehmungen, der Telepathie, der Telekinese und so weiter, schwierigen Fragestellungen gegenüber, wobei es nicht nur um die Erklärung, sondern auch um die objektive Einordnung differenzierter Vorgänge und Erscheinungen geht.

Angesichts solch unterschiedlicher Betrachtungsweisen, Ausgangspositionen und Aspekte des Aberglaubens ist es unzweckmäßig, von Anfang an mit einer der zahlreich vorhandenen Definitionen zu arbeiten. Es erscheint erfolgversprechender, sich zunächst möglichst unvoreingenommen mit den verschiedenen Seiten des Aberglaubens zu beschäftigen und erst dann eine Begriffsbestimmung ins Auge zu fassen. MARTIN LUTHER hat im 16. Jahrhundert den Aberglauben als »Mißglauben« bezeichnet, und zweifellos wird der Aberglaube überwiegend in Konkurrenz mit einem kirchlich »richtigen« Glauben – was immer man darunter versteht – aufgefaßt. Der Begriff »Aberglaube« ist das eingedeutschte Wort des lateinischen Ausdrucks *superstitio* und dieser wiederum leitet sich von *superstes*, dem Zurückgebliebenen, ab. In unserem Fall sind damit die Überreste von früheren, vorchristlichen Glaubenslehren gemeint. TACITUS (Annalen 15,44) hat allerdings genau umgekehrt das zu seiner Zeit noch ganz junge Christentum als *superstitio* bezeichnet. Und PLAUTUS, im 2. vorchristlichen Jahrhundert, versteht unter *superstitiosus* einen Wahrsager und Propheten. Dagegen ist das griechische δεισιδαιμονία als kleingläubige Furcht vor Göttlichem und Dämonischem zu übersetzen. Seit dem Ende des 4. Jahrhunderts nach Christus hat man in Rom im christlichen Sprachgebrauch den noch nicht christlichen, somit heidnisch-rückständigen Landbewohner *paganus* genannt. Daraus ist Paganismus entstanden, eine Bezeichnung für alte Glaubensformen, die besonders auf dem naturverbundenen Land fortleben. Aber den christlichen Amtsträgern konnte es selbstverständlich nie gleichgültig sein, wenn aus früheren Religionsanschauungen noch Rudimente geglaubt wurden und die von ihnen gelehrten Glaubenssätze beeinträchtigten.

Ein Zeitgenosse MARTIN LUTHERS, der katholische Humanist und Abt JOHANNES TRITHEMIUS (1462–1516) hat bitter geklagt: »Wie sehr sind heutzutage Christen, Geistliche und Priester, von Höheren zu schweigen, in diesen Aberglauben versunken!« Aber der Trittenheimer hat selbst nicht wenig zum Aberglauben seiner Zeit beigetragen (↗ S. 308). Im 18. Jahrhundert war sodann in JOHANN HEINRICH ZEDLERS *Großem vollständigen Universal-Lexicon aller Wissenschaften und Künste* zu lesen: »Das Wort Aberglaube

wird in weitläufigem Verstande für einen Irrtum gebraucht, da man natürlichen und menschlichen Dingen etwas Göttliches zuschreibt, welches sie nicht an sich haben, so daß daraus ein unvernünftiger Affekt in dem Gemüt entsteht. Es leidet also hierbei unsere ganze Seele Schaden, sowohl in Ansehung des Verstandes als des Willens. Es besteht der Aberglaube in einem Irrtum, der den Sachen etwas Göttliches beilegt, welches in der Tat nicht bei ihnen anzutreffen ist.« Auch dieser Text eines unbekannten Autors ist deutlich vom kirchlichen Standpunkt inspiriert. Und im 19. Jahrhundert schimpfte der evangelische Theologe ADOLF WUTTKE 1858 auf einem Kirchentag in Hamburg lauthals über den Widersacher des christlichen Glaubens und schrieb dann in seinem in mehreren Auflagen verbreiteten Buch (↗ Literatur-Verzeichnis) darüber:»Unter den geistigen Mächten, welche unser Volksleben bewegen und beherrschen, ist der Aberglaube eine der bedeutendsten, in vielen Kreisen eine größere als die Religion und manchmal fast ganz an deren Stelle getreten. Der Wissenschaft und der Religion gleichsehr entgegengesetzt und von beiden aufs äußerste bekämpft, zeigt er eine überraschend zähe Ausdauer und unverwüstliche Lebenskraft...« So ist es nicht verwunderlich, wenn im 20. Jahrhundert der Jesuit PHILIPP SCHMIDT erneut klagt:»Eine breite, hohe und starke Welle von Aberglauben geht durch die Kulturwelt. Die Zahl der Sterndeuter, Handleser, Hellseher, Traumdeuter, Kartenleger, Handschriftendeuter, Geheimkünstler, Propheten, Beschwörer, Hexenbanner und Magier ist Legion. Außer diesen Formen der Mantik, des magischen Erkennens, gibt es auch noch verschiedene Arten des magischen Handelns, der direkten Magie oder Zauberei, die in erschreckender Weise zeigen, in welch seelische Tiefen das magische Denken bei Gebildeten und Ungebildeten hineinreicht. Uralte lebenskräftige Gedankenkreise und Mytheninhalte haben sich mit zäher Festigkeit durch die Jahrtausende im Volksbewußtsein unvermindert erhalten und beeinflussen auch heute noch nachhaltig das Vorstellungsvermögen weitester Kreise. Das Magische wird vielfach zu einer Weltanschauung, zu einer emotional-magischen Ersatzreligion.«
Die Klagen der christlichen Theologen über den weit verbreiteten Aberglauben reichen also durch die Jahrhunderte bis in die Gegenwart. Aber es ist nicht zu übersehen, daß die Grenzen zwischen Glauben und Aberglauben oft nicht allzu scharf gezogen sind, daß Vermischungen vorkommen und daß die Kirche

immer wieder gegen abergläubische Verzerrungen ihrer eigenen Riten durch ihre Anhänger einschreiten muß.

Lange Zeit war das Ergründen künftiger Schicksale mit Hilfe eines zufällig aufgeschlagenen Bibelspruches weit verbreitet: Man stach mit einem spitzen Messer oder mit einer Nadel in die geschlossene Bibel und nahm das Wort oder den Satz, auf den die Messer- oder Nadelspitze zeigte, als überirdische Antwort auf die aktuelle Frage. Solche *Bibliomantik* wurde sogar vom großen Kirchenlehrer Augustinus geübt, wie er in seinen *Bekenntnissen* (8/12) berichtet. Man muß das aber wohl aus seiner eigenen Zeit heraus sehen und relativieren. Einzelne Seiten aus der *Heiligen Schrift* wurden auch als Amulett getragen oder unter das Kopfkissen eines Kranken gelegt, der dadurch geheilt werden sollte. Bestimmte Gebete mußten in vorgeschriebener Vielzahl gesprochen werden, damit ein Wunsch in Erfüllung gehe (↗ Gesundbeten). Durch das Rückwärtsbeten des ↗ *Vaterunsers* glaubte man nicht nur, Krankheiten zurückdrängen, sondern auch verhaßte Mitmenschen zu Tode bringen zu können. Von der Kirche heiliggesprochene Personen wurden nicht nur zu Patronen einzelner Berufsgruppen – zum Beispiel die heilige Anna für die Bergleute – sondern auch zu Schutzheiligen für verschiedene Haustiere und vor allem zu Helfern und Fürbittern bei Krankheiten. Jakob Grimm hat festgestellt: »Im katholischen Volksglauben des späteren Mittelalters hatte sich ein förmliches System ausgebildet, welche einzelne Heilige und Heiliginnen in besonderen Schmerzen und Nöten fast für jedes Glied des Leibes angerufen werden sollten« (↗ Heilige). Zur Genesung wurden Papierbilder (Schluckbilder) dieser »zuständigen« Heiligen an den entsprechenden Wallfahrtsorten gekauft und verschluckt. 1455 verbot jedoch eine Synode zu Brixen unter Kardinal Nikolaus von Cues den Geistlichen, aus der *Legenda aurea* über verschiedene Heilige zu predigen, um die kirchliche Lehre nicht zu beeinträchtigen.

An den Wallfahrtsorten wurden auch sogenannte Himmelsbriefe mit Beschwörungsformeln gegen Gicht, Blitzschlag und andere Nöte feilgeboten, ebenso Papierstreifen in der »Länge Christi« oder »Länge Mariä«, auf denen Gebete aufgedruckt waren, die durch den Kauf der Streifen wirken sollten und die der Käufer deshalb nicht mehr zu beten brauchte (die Parallele zu den Gebetstrommeln des Lamaismus ist frappant, aber auch an die jüdischen Gebetsriemen – *Philakterien* – mit den *Thora*-Abschnitten aus der Genesis ist in diesem Zusammenhang zu erinnern). Es ist verständlich, daß die Kirche gegen derartige Mißbräuche ihrer Glaubenslehre immer wieder Einspruch erhebt. Mit dem Begriff *Paraliturgie* werden gelegentlich diese Phänomene umschrieben. In der Frühzeit mußte das Christentum zweifellos dingliche, schau- und greifbare Anbetungsmöglichkeiten bieten, um gegen den ursprünglich vorhandenen Natur- und Dämonenglauben aufzukommen, der in vieler Hinsicht sehr persönliche Beziehungen erlaubte. Die Lebensbeschreibungen der Heiligen sind voll von solchen Stützen für den christlichen Glauben, und die im Laufe der Jahrhunderte immer stärker beachteten persönlichen Schutzengel weisen gleichfalls in diese Richtung. »Es ist gut bekannt, daß mit der Zeit viele heidnische Glaubensvorstellungen von der Kirche adoptiert und adaptiert wurden« (AARON J. GURJEWITSCH). Die Schutzengel wurden allerdings von der Kirche nie offiziell anerkannt.

Die Gläubigen haben meist nicht das Bewußtsein, mit den von der Kirche nicht bestätigten Bräuchen gegen die Lehre zu verstoßen, vielmehr sind sie der Überzeugung, die kirchlichen Vorschriften besonders intensiv auszuüben und in ihren Alltag einzubinden. Hier wird also ein vermeintlicher Überglaube praktiziert, wobei der Begriff »Aberglaube« im Sinn etwa der *Aberacht*, der besonders strengen Form der Ächtung, gebraucht wird. Tatsächlich wird dabei nicht selten eine abergläubische Sentenz durch Hinzufügung der »drei heiligen Namen« verstärkt, um den Wünschen dadurch besondere Erfolgschancen zu sichern.

Andererseits geben aber jene Auswüchse des christlichen Glaubens all denen, die ohnehin zur Kritik an religiösen Glaubenslehren neigen und alles Übersinnliche in Zweifel ziehen, zusätzlichen Anlaß, die kirchlichen Thesen als Aberglauben zu qualifizieren. Im evangelischen Handbuch *Religion in Geschichte und Gegenwart* heißt es dazu: »Für den Rationalisten ist vieles auch aus dem Bereich der Religion und der Kirchenlehre Aberglaube, je nach Radikalität der Auffassung, sogar diese selbst.«

Wie schwer die Grenzen zwischen Glauben und Aberglauben zu ziehen sind, wird auch daraus ersichtlich, daß die christlichen Konfessionen manches gegenseitig dem Aberglauben zurechnen: wenn etwa im römisch-katholischen Glauben das Fegefeuer eine sichere Glaubenswahrheit ist, so existiert für die Protestanten dieser Ort der Läuterung überhaupt nicht und gilt demnach als Irr- oder Aberglaube (↗ auch S. 286).

Auf die schwierige Abgrenzung des Aberglaubens wird noch mehrfach zurückzukommen sein. An sich wäre wohl anzunehmen, daß die Trennlinie zwischen der weitgehend dogmatisierten und rechtlich strukturierten römisch-katholischen Kirche und dem Aberglauben relativ leicht und genau zu fixieren sei. Aber gerade das katholische *Lexikon für Theologie und Kirche* schreibt von einer bemerkenswerten Vermischung: »Aberglauben in einem engeren Sinn entsteht durch gegenseitige Beeinflussung von magischer und religiöser Weltanschauung.« Hier wird also an prominenter katholischer Stelle eingeräumt, daß die Religion am Entstehen des Aberglaubens beteiligt ist. Die moderne Völkerkunde geht einen Schritt weiter und »... akzeptiert heute kaum noch die Unterscheidung zwischen Magie und Religion, sondern sieht darin eher ein historisch bedingtes Ergebnis der Trennung zwischen Christentum und Volksreligion, bei der letztere als Magie diskriminiert wurde«. (*Der große Brockhaus*, 18. Auflage, 1977–1981, Stichwort Magie.)

Schon Justus Möser, einer der Wegbereiter der Volkskunde, schlug im 18. Jahrhundert vor, man solle in den Resten des Aberglaubens früherer Zeiten weniger nach der Einfalt unserer Vorfahren fahnden, sondern vielmehr den Geist und den Sinn ihres Suchens nach Erkenntnissen neu entdecken.

Tatsächlich kann die Volkskunde gar nicht anders, als mit dem Aberglauben äußerst sorgsam umzugehen, denn er ist natürlich ein wichtiger Teil des Brauchtums und des Volkslebens. Das kommt auch in der bereits erwähnten Wortwahl »Volksglauben« statt »Aberglauben« zum Ausdruck. Die Volkskundler wollen mit der Bezeichnung »Volksglauben« den Aberglauben auch von der unversöhnlichen Gegnerschaft der Religion sowie von ideologischen Werturteilen befreien. Je nach subjektiver Einstellung werden doch einzelne Aberglaubens-Sentenzen oder ganze Komplexe als unsinnig verlacht und abgetan, was jedoch nicht den volkskundlichen Auffassungen entspricht.

Unter »Volksglauben« versteht die erwähnte Fraktion der Volkskundler alles »... was das Volk zumal in bezug auf die außer- und übernatürliche Welt für wahr hält« (O. A. Erich und R. Beitl, *Wörterbuch der deutschen Volkskunde*, 3. Aufl., 1974). Diese These provoziert natürlich die Frage nach dem Unterschied zwischen dem kirchlichen Glauben und dem Volks- oder Aberglauben. Auch die kirchliche Lehre ist darauf angewiesen, vom Volk für wahr gehalten zu werden, wenn sie nicht zu einem esoterischen

Ritus absinken und schließlich untergehen soll. Allerdings haben wir bereits gesehen, daß religiöse Volksbräuche teilweise erheblich von der offiziellen kirchlichen Lehre abweichen.

Die hier angesprochene Richtung innerhalb der Volkskunde macht jedoch keinen Unterschied zwischen Aber- oder Volksglauben und dem Glauben im kirchlichen Sinn. Im Anschluß an die oben zitierte Definition erläutert das *Wörterbuch der deutschen Volkskunde:* »Dabei bedeutet es nur einen untergeordneten Unterschied, ob solche transzendente Schau und Offenbarung unmittelbar dem Schoße des Volkes und seiner Gemeinschaftskultur entspringt, oder ob sie ›von oben‹ kommt, von einer bestimmten kirchlichen oder philosophischen Lehre her, und dann erst im Volk verwandelt, seiner Denk- und Schauweise anverwandelt wurde.« Das genannte Wörterbuch beruft sich zudem auf Äußerungen JOHANN WOLFGANG VON GOETHES und zitiert: »Praktisch genommen lassen sich Glaube und Aberglaube nicht unterscheiden. Beim Glauben kommt alles darauf an, daß man glaube; was man glaube, ist völlig gleichgültig. Mit dem Wissen ist es gerade das Gegenteil; es kommt gar nicht darauf an, daß man wisse, sondern was man wisse, wie gut und wieviel man wisse.« (Zusammengesetztes Zitat aus: *Über Kunst und Altertum*, Band 3, 1821, und *Aus meinem Leben – Dichtung und Wahrheit*, 14. Buch, 1811–1814).)

Die Volkskunde kann und muß als historisch-empirische Kulturwissenschaft dem Aberglauben und seinen Sentenzen a priori neutral und objektiv gegenüberstehen, während alle kirchlichen Beurteilungen des Aberglaubens naturgemäß von einem Feindbild ausgehen. Das macht eine zusätzliche Äußerung des bereits zitierten Jesuiten PHILIPP SCHMIDT deutlich: »Nach katholischer Lehre ist das Wesen des Aberglaubens eine der Vernunft widerstreitende, den Schöpfer und Herrn der Welt entehrende Übertragung göttlicher Eigenschaften auf ein Geschöpf, ist Vergötterung des Geschöpfes, ist Sünde gegen die Tugend der Gottesverehrung.«

In dem evangelischen Handbuch *Religion in Geschichte und Gegenwart* heißt es etwas abwägender: »Es kann also ein und dasselbe Gebet, je nach der Einstellung des Betenden, Ausdruck des Vertrauens und Glaubens oder eine abergläubisch verwendete Beschwörungsformel sein. Die Entscheidung hierüber liegt lediglich in der inneren Einstellung des gläubigen oder abergläubischen Menschen.« Man sieht auf seiten der Kirche sittliche

Unterschiede als entscheidende Kriterien zwischen gläubigen und abergläubischen Menschen:»Der abergläubische Mensch sucht in der Regel Vorteile für sich selbst: Abwehr von Unheil, Schadenzauber gegen andere Menschen, Sicherung für sich selbst; das heißt, der Abergläubische ist egozentrisch und subjektbezogen. Im Aberglauben äußert sich ein tiefes Bedürfnis des Menschen nach Sicherheit, und die Mehrzahl abergläubischer Praktiken und Auffassungen läßt sich verstehen als Versuch des Menschen, die drohenden Gefährdungen, Angst und Tod zu bannen.« (*Religion in Geschichte und Gegenwart.*)

Natürlich stellt sich die Frage, ob der im kirchlichen Sinn Gläubige mit seinem Gebet etwas anderes will als Abwehr von Unheil, Sicherheit für sich und die ihm Nahestehenden, Überwindung von Ängsten aller Art, auch vor dem Tod. Die Ziele und Wünsche menschlichen Glaubens und Aberglaubens lassen da keinen wesentlichen Unterschied erkennen: die Menschen versuchen hier wie dort ihre persönlichen Nöte zu überwinden.

Die Bezeichnung»Volksglauben« als Formel für»das, was das Volk, zumal in bezug auf die außer- und übernatürliche Welt, für wahr hält«, ist keineswegs befriedigend – sie ist eine unsachgemäße Verallgemeinerung, denn der Glaube eines Volkes, also einer großen Menschengruppe, ist viel zu differenziert, und der Ausdruck»Volksglaube« täuscht eine Einheitlichkeit vor, die nicht vorhanden ist. Ohne den Begriff»Aberglauben« ist nicht auszukommen und er ist deshalb in jedem Nachschlagewerk zu finden. Im *Lexikon des Mittelalters* (1984 ff.) heißt es in seinem Aberglaubensartikel unumwunden, Volks- und Aberglauben seien»nicht identisch«. Deshalb empfiehlt es sich, beide Bezeichnungen für ihr jeweiliges spezifisches Gebiet zu verwenden.

Der Begriff»Volksglaube« bietet sich im Bereich der christlichen Kirchen für all die größeren und kleineren Abweichungen und Varianten an, die von den christlichen Gläubigen intuitiv, ohne Absicht einer Opposition gegenüber der kirchlichen Lehre, gepflegt werden. Dazu zählen – mindestens teilweise – auch die vielen Beispiele übertreibender, verzerrender Anwendung kirchlicher Bräuche und Devotionalien. Die Grenzen zwischen dem Aberglauben und dem Volksglauben sind allerdings nicht präzise zu ziehen.

Das maßgebliche katholische *Lexikon für Theologie und Kirche* schreibt in seinem Aberglaubensartikel unter anderem:»Der Mensch ist seiner tiefsten Wesensbestimmung nach ein kultisches

Wesen. Er hat darum nicht die Wahl, anzubeten oder nicht. Aber es hängt von seiner Entscheidung ab, ob er ein Anbeter des wahren Gottes oder ›Liturge‹ eines abgefallenen Thronassistenten Gottes wird.« Tatsächlich neigen Anhänger des kirchlichen Glaubens häufig dazu, sich dem Aberglauben zu öffnen. Wer überhaupt einen Sinn für das Transzendente hat, für den Glauben an das Übersinnliche, nicht Erklärbare, der sucht in Notsituationen Hilfe bei überirdischen Kräften. Im Volksmund heißt es doch sogar: »Wo kein Aberglaube, da ist auch kein Glaube«, und wer über abergläubische Brauchtümer spottet, dem sagt man leicht religiöse Gleichgültigkeit oder gar religiöse Aversionen nach.

Wenn jedoch Gegner des Kirchenglaubens meinen sollten, JOHANN WOLFGANG VON GOETHE aufgrund der bisherigen Zitate als Kronzeugen für den Aberglauben beanspruchen zu können, dann werden sie enttäuscht sein, das Folgende von ihm zu lesen: »Der Aberglaube läßt sich Zauberstricken vergleichen, die sich immer stärker zusammenziehen, je mehr man sich gegen sie sträubt. Die hellste Zeit ist nicht vor ihm sicher; trifft er aber gar in ein dunkles Jahrhundert, so strebt des armen Menschen umwölkter Sinn alsbald nach dem Unmöglichen, nach Einwirkung ins Geisterreich, in die Ferne, in die Zukunft; es bildet sich eine wundersame reiche Welt, von einem trüben Dunstkreise umgeben. Auf ganzen Jahrhunderten lasten solche Nebel und werden immer dichter und dichter; die Einbildungskraft brütet über einer wüsten Sinnlichkeit, die Vernunft scheint zu ihrem göttlichen Ursprung gleich Asträen zurückgekehrt zu sein; der Verstand verzweifelt, da ihm nicht gelingt, seine Rechte durchzusetzen.« (*Über Kunst und Altertum*, Band 4, 1823.)

GEORG CHRISTOPH LICHTENBERG, der mit GOETHE zeitweilig seine Publikationen austauschte, von dem Dichter des *Werther* und des *Götz* jedoch nicht allzuviel hielt, äußerte sich 1790 über sein Verhältnis zum Aberglauben: »Ich bin sehr abergläubisch, allein ich schäme mich dessen gar nicht, so wenig als ich mich schäme, zu glauben, daß die Erde stille steht . . . Einer der merkwürdigsten Züge in meinem Charakter ist gewiß der seltsame Aberglaube, womit ich aus jeder Sache eine Vorbedeutung ziehe und in einem Tage hundert Dinge zum Orakel mache. . . . Jedes Kriechen eines Insekts dient mir zu Antworten über Fragen über mein Schicksal. Ist das nicht sonderbar von einem Professor der Physik? . . . Ich habe immer gegen den Aberglauben gepredigt und bin für mich immer der ärgste Zeichendeuter.«

Wenn einer der unbestechlichsten Geister jener Zeit und einer der eifrigsten Gegner allen Aberglaubens ein solch zwiespältiges Bekenntnis ablegte, gab es dann Aussicht, daß die Aufklärung den Aberglauben würde wirksam reduzieren können?

II.

Geistig Verwandtes hat nicht nur Berührungsflächen, sondern reibt und kreuzt sich in vielerlei Hinsicht. Das läßt sich auch von dem Verhältnis des Kirchenglaubens zum Aberglauben sagen. Zunächst ist festzustellen, daß die Bibel, vor allem das Alte Testament, die Grundlage und Quelle für viele Sentenzen des Aberglaubens bildet. Dazu gehört die Meinung, daß in den Haaren des Menschen seine Lebenskraft enthalten sei. Dieser Glaube geht zurück auf das *Buch der Richter*, in dem Simson offenbarte, daß seine übermenschliche Kraft zu zerstören wäre, wenn man ihm seine Haare schnitte. Und als man ihn im Schlaf seiner Locken beraubt hatte, konnte er von den feindlichen Philistern überwunden werden. Im 3. *Buch Moses* (19,27) findet sich ein Verbot Gottes, das Kopfhaar und den Bart zu scheren. Im 5. *Buch Moses* (21,12 f.) wird aber das Haarescheren, Nägelkürzen und Neueinkleiden als Symbolhandlung für den Beginn eines neuen Lebens befohlen.

Die linke Seite galt den Römern als die Vorzugsseite, den Griechen die rechte. Das Christentum hat sich unter dem Einfluß der Bibel für die rechte Seite entschieden. Schon in der *Genesis* legte der Stammvater Jakob seine rechte Hand auf das Haupt seines Enkels Ephraim, dessen größere Bedeutung für den Fortbestand des Stammes Israel im Vergleich zu dem erstgeborenen Manasse der Greis damit hervorheben wollte. Diese Bevorzugung der rechten Seite wird im Neuen Testament noch deutlicher, da in *Matthäus* 25,33 ff. prophezeit wird, daß der Herr die Guten auf seine rechte Seite stellen werde, die Schlechten jedoch auf seine linke. In Matthäus 26,64 erklärte Jesus bei seiner Vernehmung dem Hohen Rat u. a. »Von nun an werdet ihr den Menschensohn zur Rechten der Macht sitzen sehen...«

Das Umschauen hat vermutlich aufgrund der Erzählung in der *Genesis* von Lots Weib im Aberglauben eine so schlimme Vorbedeutung bekommen. Diese Frau hat sich bekanntlich beim Verlassen von Sodom entgegen Gottes Gebot umgedreht, da sie ihre

Neugierde nicht zügeln konnte; daraufhin ist sie zu einer Salzsäule erstarrt. Möglicherweise ist diese Erzählung auch der Ursprung für die Sentenz »Wer neugierig ist, lebt nicht lange«. Menstruierende Frauen galten als unrein (3. Buch Moses 15,19–30). Wen und was sie berührten, wurde gleichfalls unrein und mußte gereinigt werden. Daraus entstanden dann weitere Meinungen über Verunreinigungen und Unheil durch menstruierende Frauen.

Entgegen der sonst meist guten Vorbedeutung des ↗ Morgens ist das Morgenrot in der Bibel mehrfach ein schlechtes Signal: Lot mußte bei Morgenrot Sodom verlassen, das Morgenrot war also gewissermaßen das Zeichen für die Vernichtung der beiden Städte Sodom und Gomorrha. Und im Matthäus-Evangelium 16,3 erscheint das Morgenrot bereits als Ankündigung schlechten Wetters.

Traumdeutung, die Interpretation von Träumen für künftige Ereignisse, begegnet uns ebenfalls in der Bibel: Schon in der Genesis sind es nicht nur die Träume Josephs in Ägypten, sondern auch die seiner Mitgefangenen und anderer Personen, die eine wichtige Rolle für die Zukunft des Landes und das Schicksal dieser Personen spielen. Im 1. Kapitel des Matthäus-Evangeliums hat Gott bei der Geburt Jesu Christi seinen Willen mehrfach in Träumen den verschiedensten Personen kundgetan. So ist es nicht erstaunlich, daß man sich für die Traumdeutung auf die Autorität der Heiligen Schrift berief, wenn das Wahrsagen aus Träumen von der Kirche angegriffen wurde, was vielfach geschehen ist, wie noch zu zeigen sein wird. Allerdings machte und macht die Kirche geltend, daß die biblischen Interpreten von Träumen, Joseph und Daniel, jeweils auf Gott als den Urheber ihrer Kenntnisse hingewiesen haben (Genesis 41,16 und Buch Daniel 2,30). In neuerer Zeit haben Psychologen wie SIGMUND FREUD und CARL GUSTAV JUNG die Traumdeutung für die Psychotherapie nutzbar gemacht, wobei Jung auch mythologisches und kulturgeschichtliches Material zur Interpretation der Träume herangezogen hat.

Der alttestamentarische König Saul verlangte im 1. Buch Samuel von einer Frau, sie solle den toten Samuel beschwören, ihn doch einmal herbeizitieren, da Saul von ihm Rat haben wollte, was er tun solle. Tatsächlich erschien Samuel in der Erzählung vor Saul und kündigte ihm seine Niederlage in der Auseinandersetzung mit David an. Diese Erzählung kann man als biblisches Vorbild für das später oft versuchte Beschwören von Toten und Geistern, aber auch für den Aberglauben an die ↗ Wiedergänger ansehen. Andererseits wurde das Totenbeschwören im Alten Testament mehrfach verboten (3. *Buch Moses* 20,6; 20,27). Im Neuen Testament, Lukas 16,28 ff., hat der in der Unterwelt leidende Reiche gewünscht, Lazarus möge von den Toten auferstehen und seine Brüder warnen; aber Abraham hat diesen Wunsch strikt abgeschlagen.

Auch Essensvorschriften der Bibel haben ihren Niederschlag gefunden. Im 2. *Buch Moses* wird der Genuß eines auf dem Feld gerissenen Tieres verboten. Im Mittelalter wurde dieses Verdikt auf von Wölfen gerissene Tiere eingeengt, und schließlich hat man mit Stummwerden gedroht, um die Einhaltung des Verbotes zu sichern. Im 18. Jahrhundert wollte man beobachtet haben, daß Hunde, die von Wölfen gerissene Schafe gefressen haben, selbst wolfsähnlich geworden sind und auch Schafe anfielen. Möglicherweise war dabei Tollwut im Spiel.

Die im Aberglauben mehrfach empfohlene, geheimnisumwitterte ↗ Alraunwurzel erwähnte schon der Aristotelesschüler Theophrast im 3. Jahrhundert v. Chr. als Grundlage von Liebestränken. Auch in der *Genesis* 30,14 wurde der außerordentliche Wert der Alraune betont: Von den zwei aufeinander eifersüchtigen Frauen Jakobs erklärte sich Rachel für ein paar Alraunen damit einverstanden, daß ihr gemeinsamer Mann eine Nacht bei Lea zubrachte. So wichtig war ihr der Besitz der Alraunen. Im Mittelmeergebiet heißen die Pflanzen allerdings Mandragora. Der oft menschenähnliche Wurzelstock hat im Norden seinen Namen Alraun oder Alraune vom Althochdeutschen runa = Geheimnis erhalten, nach JAKOB GRIMM wurden bei den Germanen die weisen Frauen *aliruna* genannt.

Auch Rabe und Taube haben ihren Platz im Alten Testament. Noah sandte sie nach der vierzigtägigen Fahrt der Arche Noah durch die Sintflut aus, um zu erkunden, ob der Wasserspiegel auf der Erdoberfläche schon gesunken sei (*Genesis* 8). Im Aberglauben spielen Vögel – und nicht zuletzt Raben und Tauben – oft die Rolle von Glücks- oder Unglücksbringern. Zweifellos haben da auch antike Einflüsse mitgewirkt, und in der germanischen Mythologie wurde Odin unter anderem von zwei Raben begleitet.

War die Möglichkeit, mit blankem, spiegelnden ↗ Metall das Licht zurückzuwerfen eine Ursache, an die Abwehrwirkung des

Metalles gegen Unheil und bösen Zauber zu glauben? Wir wissen es nicht, aber die Schutzfunktion einer ehernen Schlange im *4. Buch Moses* hat viel Nachahmung gefunden. Zunächst hat Gott Moses die Herstellung dieser Schlange befohlen und jeder, der künftig von einer Schlange gebissen wurde, sollte am Leben bleiben, wenn er die eherne Schlange ansah. Der römische Dichter VERGIL berichtete, daß aus Neapel alle Heuschrecken mittels einer ehernen Nachbildung vertrieben werden konnten, und PLINIUS D. Ä. wußte von der Möglichkeit, Fliegen auf diese Weise fortzujagen. Ähnliches wird von Schlangen, Skorpionen und Mücken erzählt. GREGOR VON TOURS schreibt im 6. Jahrhundert n. Chr., daß auf solche Weise Paris von Ungeziefer befreit worden sei. Ein germanischer Glaube war, daß Eisen die Kraft der Geister hemmt (↗ Hufeisen, ↗ Gurken, ↗ Nadel). Eisen sollte besonders auch die Wassergeister binden.

Auch auf andere Weise trug die christliche Kirche zum Aberglauben bei. Das herausragende Beispiel ist die Erzählung, wie der heilige Bonifatius 724 bei Geismar die Donareiche gefällt hat, um den hessischen Bauern zu beweisen, daß ihr Glaube an die Allmacht Donars ein Irr- oder Aberglaube ist, weil Donar nichts gegen das Umhauen des Baumes getan hat. Die Anwesenden waren offenbar so fassungslos, daß sie nicht auf den Gedanken gekommen sind, mit einem christlichen Symbol eine Gegenprobe anzustellen.

Die zitierten Beispiele biblischer Ursprünge von abergläubischen Sentenzen sind natürlich nicht vollständig. Aber eine weit größere Fülle als aus der Bibel und der germanischen Mythologie hat der spätere Aberglauben aus der Antike übernommen. EDUARD STEMPLINGER hat dies eindrucksvoll nachgewiesen (↗ Literatur-Verzeichnis).

Christliche Synoden und Konzilien verboten zahlreiche, aus vorchristlicher Zeit überlieferte Bräuche und Gewohnheiten, die mit dem christlichen Glauben nicht vereinbar waren. Dadurch sind wir über damalige abergläubische Bräuche und was man dafür hielt, verhältnismäßig gut unterrichtet. So hat eine Synode im kleinasiatischen Laodicea um 360 den Klerikern untersagt, sich mit Zauberei, Astrologie – die damals mit der Astronomie noch weithin identisch war – und Mathematik zu befassen. Auch das Herstellen der schon aus vorchristlicher Zeit bekannten Amulette wurde den Klerikern strengstens verboten, und wer eines trug, sollte sogar aus der Kirche ausgeschlossen werden. Im 5. Jahrhundert wandte sich eine bretonische Synode gegen das Wahrsagen aus der Bibel. In Auxerre untersagte eine Kirchenversammlung 585 Geschenke zu Neujahr, wie überhaupt die Kirche lange Zeit den heidnischen Jahresbeginn am 1. Januar nicht anerkennen wollte. In Narbonne erließ 589 eine weitere Synode ein Verdikt gegen die Feiern des germanischen Donarstages, des Donnerstages. Der heilige Bonifatius, der Apostel der Deutschen, verbot im 8. Jahrhundert das Wahrsagen aus der Heiligen Schrift aufs Neue. Karl der Große, der sich als Herr der fränkischen Kirche betrachtete, erließ 789 in Aachen wiederum ein gleiches Verbot und wandte sich auch gegen die Traumdeuterei. Daß unter diesem pragmatischen Herrscher die schon aus der Antike bekannten »Himmelsbriefe« ebenfalls keine Anerkennung fanden, versteht sich ohnehin – aber diese angeblich im Himmel ausgestellten Privilegien fanden bis in die Gegenwart immer wieder Gläubige.

Da den Priestern der vorchristlichen Religionen meist auch die Fähigkeiten von Sehern, Mantikern und Magiern zugeschrieben worden waren, mußte es für die christliche Kirche schwierig sein, ihre Kleriker vor solchen Erwartungen abzuschirmen. Zahlreiche Synoden haben entsprechende Verbote aussprechen müssen, bis sich der christliche Standpunkt endlich durchgesetzt hat. Eine Synode zu Paderborn im Jahre 785 drohte den Klerikern nicht nur mit Absetzung, sondern auch mit Haft hinter Klostermauern, wenn sie sich wahrsagen ließen. Wenn Laien die Zukunft deuteten, sollten sie der Kirche als Sklaven übereignet werden. Die gleiche Synode hat noch den Glauben, daß Frauen in Hexen verwandelt werden könnten, als Teufelseinflüsterung gebrandmarkt und als heidnischen Irrglauben mit der Todesstrafe bedroht. Aber bereits im folgenden 9. Jahrhundert wurden von der Kirche angebliche Hexen zu Kerker verurteilt, und später erlebte die Welt riesige Hexenverfolgungen mit tausendfachen schauerlichen Morden. Dabei konnte man sich allerdings auch auf die Bibel berufen, wo es im 2. *Buch Moses* 22,17 heißt: »Eine Hexe sollst du nicht am Leben lassen« – es war nur die Frage, wer eine Hexe war und wer darüber zu bestimmen hatte. Eine Synode zu Paris 829 wandte sich nicht nur erneut gegen Wahrsagerei, Zauberei, Traumdeuterei und Amulette, sondern auch gegen Liebeszauber, weil damit versucht werde, den Willen eines anderen Menschen auszuschalten und ihn zu betrügen. In Köln und Trier erließen Synoden im 14. Jahrhundert Verbote des Glaubens an ↗ Glücks- und ↗ Unglückstage sowie daran, daß man aus dem Flug und dem Schrei von Vögeln oder aus dem Anblick eines Tieres Glück oder Unglück erschließen könne. Auch gegen die Sterndeuterei schritt die Kirche erneut ein und verbot, aus der Gestirnsstellung bei der Geburt eines Menschen auf dessen Eigenschaften oder Schicksal zu schließen. Eigens erwähnt wurde, daß man sich auch beim ↗ Hausbau und beim ↗ Heiraten keinesfalls nach Sternzeichen richten dürfe. »Es gibt keine Tage und Zeiten, die an sich glücklich oder unglücklich sind, so daß man da etwas beginnen soll oder nicht«, versuchte sich die Kirche gegen die ↗ Tagwählerei zu stemmen. Die Kölner Synode wandte sich auch gegen die anscheinend häufigen Versuche, Feinde zu Tode zu beten, wozu man nicht nur das ↗ Vaterunser verwandte, sondern auch die Psalmen 108 und 109 sowie das Lied *Media vita* des heiligen Notker Balbulus von St. Gallen. Vornehmlich vor Schlachten wollte man damit Gott für die eigene Sache gewinnen, daß »er selbst unsere Feinde zertrete«, wie es in Psalm 108 heißt, und des Feindes »Kinder sollen zu Waisen werden«, doch auch diese »Nachkommen soll man vernichten«, sang man in Psalm 109. Eine Synode zu Ferrara sah sich 1612 angesichts des verbreiteten Glaubens an die Wunderkräfte des Farnes und seiner Samen genötigt, das Sammeln derselben in der Johannisnacht zu verbieten (ein Jahr zuvor hatte der Herzog von Bayern das gleiche Verbot erlassen). Vor allem glaubte man, den Teufel mit Hilfe dieser Kräuter gründlich vertreiben und unschädlich machen zu können, was verständlicherweise nicht im Sinne der Kirche war.

Jahrhundertelang bestand der Glaube, daß ungetauft gestorbene oder totgeborene Kinder nicht in den Himmel kommen könnten. Um sie an der Wiederkehr zur Erde zu hindern, wo sie Unheil anrichten würden (↗ Wiedergänger), durchstieß man die kleinen Körper oft mit einem Pfahl, wie aus einem Bußbuch BURCHARDS VON WORMS (965–1025) hervorgeht. DANTE gab in seiner *Göttlichen Komödie* den ungetauften Neugeborenen einen Platz an der Schwelle zur Hölle. Später versuchte man, diese toten Kinder nochmals zum Leben zu erwecken, um sie taufen und ihnen den Zugang zum Himmel öffnen zu können. Dazu legte man die kleinen Leichname beispielsweise in die Nähe von Kerzen, und es genügte, wenn sie davon rote Bäckchen bekamen, um schnell die Taufe vornehmen zu können. Um die Wende zum 18. Jahrhundert sollen dazu in vierunddreißig Jahren rund 24 000 Kinderleichen teilweise von weither in den schwäbischen Wallfahrtsort Ursberg gebracht worden sein. Aus dem Vatikan mußte zweimal ein Verbot gegen diesen »Mißbrauch, tote Kinder zu taufen« ergehen, bevor das Kloster effektiv reagierte.

Nicht nur die Ver- und Gebote der Synoden spiegeln den von kirchlicher Seite verurteilten Irr- oder Aberglauben, sondern auch die Bußbücher oder *Poenitentialen*. Sie wurden fast über das ganze Mittelalter hinweg von zahlreichen Klerikern – zum Beispiel von dem oben zitierten Bischof BURCHARD VON WORMS – zusammengestellt und enthielten umfangreiche Sammlungen von Fragen, die den Beichtenden nach bestimmten Verfehlungen gestellt werden sollten. Zweifellos spiegeln diese Fragenkataloge die häufigsten Verstöße gegen die kirchlichen Gebote wider. Auch wenn die Antworten der Beichtenden nicht überliefert sind, haben wir in diesen Bußbüchern doch wichtige Quellen für die abergläubischen Bräuche in der jeweiligen Zeit.

Aber alle kirchlichen Verbote konnten nichts Grundlegendes gegen den Aberglauben bewirken, wie die zitierten Klagen von Theologen aus den späteren Jahrhunderten beweisen. Wie vielseitig sogar der Mißbrauch kirchlicher Gegenstände, Bräuche, Feiertage und dergleichen mehr war, soll noch durch weitere Beispiele belegt werden. Den Hostien hat man neben ihrer eigentlichen Aufgabe außerhalb der Kirche noch allerlei Wirkungen zugetraut, wenn man sie zerbrochen auf Felder streute, um deren Fruchtbarkeit zu steigern, in Bienenstöcke legte, um mehr Honig zu gewinnen, als Amulette trug, um ↗ unsichtbar und kugelfest zu werden. Sogar einen Meineid sollte man straffrei schwören können, wenn man eine Hostie bei sich trug. So wundert es nicht mehr, wenn solche geweihten Oblaten auch zum Liebeszauber gebraucht wurden und Kranke sich allein von ihrem Anblick Heilung erhofften, sogar die Bewahrung vor einem plötzlichen Tod. Durch ein Verbot FRIEDRICHS II., DES GROSSEN, ist es in Erinnerung geblieben, daß es zu seiner Zeit üblich war, abgeschabte Partikel von Hostienbehältern (Ziborien) auf Zettel zu kleben und diese den kranken Haustieren in der Hoffnung auf Genesung zu fressen zu geben. Auch dem Taufwasser schrieb man – was schließlich zu verstehen ist – Heilwirkung sowie siegbringende Kraft bei allen Raufhändeln zu. Bei den Kirchenglocken glaubte man nicht nur an das magische Fluidum ihres Klanges gegen Gewitter, Hexen, Ameisen und Rauhreif – schon in der Antike wollte man mit Geräuschen und Lärm Schaden und

Gefahren abwehren –, sondern ein Trunk aus einer Glocke oder abgefeilte Späne sollten auch gegen verschiedene Krankheiten helfen. Besonders mit den kirchlichen Feiertagen verband man den Glauben an allerlei magische Kräfte und Bräuche (beispielsweise ↗ Karfreitag, ↗ Ostern). Dabei ist die Annahme sicher nicht falsch, daß die Kirche den von ihr eingeführten Feiertagen zunächst spezifische Eigenschaften zugeschrieben hat, die dann von einzelnen Klerikern ausgeschmückt und erweitert und schließlich vom Volk zusätzlich mit magischen Vorstellungen ausgestattet wurden.

Wie labil jedoch das Verhältnis zwischen Glauben und Aberglauben im kirchlichen Bereich ist, wird erneut deutlich, wenn man einen Blick in das vom Zürcher Rat 1530 aufgrund der Zwinglischen Reform erlassene Sittenmandat wirft. Dort wurden verschiedene, von der römisch-katholischen Kirche gutgeheißene Bräuche kurzerhand als »gespänst- und aberglouben Gott zum höchsten missfällig« bezeichnet: Messen, Altäre, Bilder, Gemälde, Lichter, Wallfahrten galten als »abgöttisch verfuerungen« und wurden bei Strafe verboten. Ein markanteres Beispiel für die unterschiedlichen Anschauungen über den Aberglauben innerhalb der christlichen Kirchen ist kaum zu finden.

Gläubige und Abergläubische nehmen auch in unserer Zeit noch öfters ein unmittelbares Eingreifen Gottes oder einer anderen überirdischen Macht in ihre Geschicke oder in den Lebenslauf anderer Menschen an, sei es nun positiv durch eine erfreuliche Fügung oder negativ in Form eines Unglücks. Im Mittelalter sprach man häufig von Gottesurteilen und unterwarf Verdächtige solchen *Ordalien* in dem Glauben, dadurch die Meinung des allwissenden Gottes zu erfahren und über allen Lug und Trug zu einem gerechten Urteil zu kommen. Diese Vorstellung, daß ein Gott selbst richtend eingreift, läßt sich schon in der Antike nachweisen, zum Beispiel in der *Antigone* des SOPHOKLES, wo er über die Verdächtigung einiger Männer schrieb:

> Doch keinem konnte man etwas beweisen.
> Drum war'n sie bereit, durchs Feuer zu geh'n,
> ein glühend Eisen in der Hand zu tragen,
> um zu bekunden, daß keiner schuldig war.

Solche Gottesurteile haben dann auch die Germanen ausgeführt, und sie sind in die christliche Zeit übergegangen. Mit den christlichen Ansichten sind diese *Ordalien* jedoch nicht vereinbar, und mehrere Päpste sind deshalb energisch dagegen eingeschritten, besonders INNOZENZ III. mit dem 4. Laterankonzil 1215. Aber auch hier war, wie bei der sonstigen Bekämpfung festverwurzelter abergläubischer Bräuche, der Erfolg nur begrenzt.

In der Papstgeschichte finden sich genügend Hinweise darauf, daß sich selbst die Päpste dem Aberglauben nicht entziehen konnten. JOHANNES XXII. (1316–1334) hatte zeitlebens Angst, daß einer seiner zahlreichen Gegner von ihm aus Wachs ein Abbild herstellen, es mit Nadeln durchstechen und ihn auf diese Weise ums Leben bringen könnte. Dieser Glaube – ein Analogiezauber –, von dem bereits OVID um Christi Geburt schrieb, war im Hohen Mittelalter sehr verbreitet, wie Erzählungen in den Gesta Romanorum sowie in mehreren Sagen zeigen. Für die Zeit von Papst JOHANNES XXII. muß man diese Vorstellung jedoch als Aberglauben bezeichnen, jedenfalls bei gebildeteren Leuten, weil mehrere Herrscher jener Zeit, darunter der im 13. Jahrhundert regierende großartige König ALFONS X. VON KASTILIEN, dagegen bereits mit Verboten eingeschritten waren.

Auch Papst INNOZENZ III. war Anfang des 13. Jahrhunderts in eine sonderbare Aberglaubensgeschichte verwickelt. Der französische König PHILIPP II. AUGUST hatte in zweiter Ehe eine dänische Prinzessin geheiratet, wollte sich aber wegen einer anderen Frau bald wieder scheiden lassen. INNOZENZ III. weigerte sich, dazu seine Zustimmung zu geben. PHILIPP berief sich deshalb darauf, er sei durch Verzauberung nicht in der Lage, die Ehe mit der Dänin wirklich zu vollziehen. Das war in der damaligen Zeit eine nicht gerade seltene Vorstellung oder Vortäuschung. Obgleich sowohl in der Bibel als auch durch Konzilien Zauberei vielfach verboten und damit zum Aberglauben erklärt worden war, ging der Papst auf die Argumentation des französischen Königs ein. Er gab ihm sogar Ratschläge, wie er die Trennung von seiner Gemahlin betreiben könne und erbot sich, dem Franzosen den Weg zu seiner neuen Frau zu ebnen.

Selbst wenn man bereit ist, den beiden Päpsten JOHANNES XXII. und INNOZENZ III. für ihre passive Rolle in den zwei überlieferten Berichten Gutgläubigkeit zuzubilligen, so ist dies für die aktive Prophezeiung Papst GREGORS VII. kaum möglich. Dieser Gegner des deutschen Kaisers HEINRICH IV. verkündete am Ostermontag 1080 öffentlich von der Kanzel der Peterskirche in Rom den Untergang seines Kontrahenten bis spätestens 1. August des gleichen Jahres. GREGOR VII. stellte anheim, ihm nichts mehr zu glauben, wenn sein Orakelspruch sich nicht bewahrheiten würde. Es ist zwar überliefert, der Papst sei der festen Überzeugung gewesen, daß die von ihm angerufenen Apostel Peter und Paul seine Ankündigung in die Tat umsetzen würden, doch er wußte zweifellos auch, daß es jedem Christen verboten war, Wahrsagerei zu treiben. Die Konzilien konnten sich bei ihrem Verdikt auf die Bibel stützen, wo das Wahrsagen sogar unter Todesstrafe gestellt worden war (3. Buch Moses 20,27). Die Ankündigung des Papstes erfüllte sich nicht, denn HEINRICH IV. regierte noch bis Dezember 1105 und lebte bis August 1106, also sechsundzwanzig Jahre über den ihm vom Papst prophezeiten Todestag hinaus. GREGOR VII. beanspruchte jedoch auch nach dem 1. August 1080 noch seine volle Autorität.

Nicht weniger als fünf mittelalterlichen Päpsten hat man – zu Recht oder Unrecht – Zauberei nachgesagt: SILVESTER II. (999–1003), JOHANNES XIX. (1024–1032), BENEDIKT IX. (1032 – nach Vertreibung und zwei Absetzungen –1048), GREGOR VII. (1073–1085) und ALEXANDER VI. (1492–1503). Der Zauberei beschuldigt und der Verbindung mit dem Teufel bezichtigt zu werden, widerfuhr in der damaligen Zeit allerdings vielen, die mit überdurchschnittlichen Kenntnissen hervortraten, wie die Beispiele der deutschen und englischen Gelehrten ALBERTUS MAGNUS († 1280) und ROGER BACON († 1294) zeigen. Noch im 16. Jahrhundert wurde PARACELSUS oder THEOPHRASTUS BOMBASTUS zum Objekt mehrerer abergläubischer Sagen, wie zum Beispiel:»Theoprastus, der große Wunderdoktor, welcher in der ganzen Welt herumreiste, hatte einen Teufel in einem Glase, mit dessen Hilfe er die größten Taten verrichtete. Der Teufel hatte ihn alle Kräuter und Blumen kennen gelehrt, woraus man Arznei bereiten kann. Nun machte Theophrastus, wie der Herr Christus im Evangelium, Blinde sehend, Taube hörend, Lahme gehend, Aussätzige rein – aber nur durch die Schwarze Kunst. So viel ihn auch die Kranken suchten, um geheilt zu werden, so fürchteten sie sich doch vor ihm, weil er es mit den Höllengeistern hielt. Bei Kaisern und Königen stand er in großer Gunst, weil er sie nicht nur gesund machte, sondern ihnen auch ihre Reiche stützen und schirmen half. Er brauchte nur sein Glas etwas zu öffnen, so sagte ihm der Teufel immer, was zu tun sei. Zuletzt ist es ihm aber schlecht ergangen. Als er schon alt war und sich vor dem Tod fürchtete, gab ihm der Teufel den Rat, sich in kleine Stücke zerhauen und in Roßmist begraben zu lassen, dann werde er nach

Jahr und Tag wieder als Jüngling zurückkommen. So ließ sich Theophrastus also von seinem Knecht zerhauen und begraben. Dieser aber konnte die Zeit vor Ungeduld nicht abwarten und öffnete am vorletzten Tag neugierig die Grube. Da lag Theophrastus als schöner Jüngling lebendig darin, nur der Kopfdeckel war noch nicht ganz zugewachsen. Nun aber kam die Luft ins Gehirn und er mußte sterben. Sonst hätte er wieder alt und mit Hilfe des Teufels auch immer wieder jung werden können.«

Im 16. Jahrhundert sprach der glücklose Papst CLEMENS VII. 1532 über einen Kometen die Exkommunikation der Kirche aus, und sein Nachfolger, PAUL III., versäumte es nie, sich vor wichtigen Entscheidungen von Astrologen beraten zu lassen. Die wiederholten kirchlichen Verbote der Sterndeuterei ließ dieser Papst für sich nicht gelten.

Den Päpsten, die die grausame Verfolgung der angeblichen Hexen angeordnet haben, ist gleichfalls krasser Aberglaube vorzuwerfen. GREGOR IX. (1227–1241), INNOZENZ VIII. (1484–1492) und GREGOR XV. (1621–1623) sind hier vor allem zu nennen. In der berüchtigten Hexenbulle INNOZENZ' VIII. vom Dezember 1484 erklärte der Papst unter anderem, daß die Hexen Frauen und Männer unfruchtbar und impotent machen, daß sie die Nachkommen von Menschen und Tieren töten sowie Menschen und Tieren Krankheiten aller Art anzaubern, auch Wiesen und Felder, Baumgärten und Weinberge sowie Früchte aller Art zerstören. Diese Verbrechen erklärte der Papst als Tatsachen, an deren Realität er in keiner Weise zweifele. Wie wollte man dann von weniger hochgestellten und weniger »aufgeklärten« Zeitgenossen ein anderes Urteil gegenüber diesem Aberglauben erwarten? Angesichts der päpstlichen Autorität wagten nur wenige vorurteilsfreie Männer, gegen den überall tobenden Hexenwahn einzuschreiten.

Ein Dokument aus dem Bistum Bamberg berichtet über einen Hexenprozeß des Jahres 1659: »Darauf der Kanzler und Doktor Horn, des Kanzlers Sohn, sein Weib und zwei Töchter, auch viele vornehme Herren und Ratspersonen, die mit dem Bischof an der Tafel gesessen, sind alle gerichtet und zu Asche verbrannt worden und haben bekannt, daß sich ihrer über zwölfhundert miteinander verbunden haben. Und wenn ihre Teufelskunst und Zauberei nicht an den Tag gekommen wäre, so hätten sie gemacht, daß in vier Jahren kein Wein noch Getreide im ganzen Land geraten wäre und dadurch viel Menschen und Vieh Hungers sterben und ein Mensch den anderen hätte fressen müssen...« Von schrecklichen Unwettern ist weiter die Rede, die die Zauberkundigen in ihrer Bosheit über das Land gebracht, von Broten, die sie mit Hexensalbe beschmiert und dadurch viele Menschen getötet, von vergifteten Brunnen, deren Wasser die Pest ausgelöst haben, »... und sind in dem Stift Bamberg über sechshundert Zauberinnen verbrannt worden, deren täglich noch viele festgenommen und verbrannt werden«.

Solch Massenwahn und tiefsitzender Aberglaube mußte schließlich zu einer Umkehr führen. Zwar berichtet der Hallesche Philosoph und Jurist CHRISTIAN THOMASIUS noch 1703: »Nun sollte zwar jemand denken, daß die Leute durch Luthers Reformation, wodurch sie doch sonst von vielem päpstlichen Aberglauben befreit worden, auch von diesem Mönchs- und Pfaffengeschwätze von der Zauberer Bündnis mit dem Teufel freigeworden wären, aber es ist nichts weniger als dies geschehen. Dieses sind nun die Ursachen, warum nicht allein im Papsttum auch nach der Reformationszeit so viele Prozesse wider die Hexen vorgenommen werden, sondern warum auch unter den Protestanten in Europa, vornehmlich aber unter den Lutheranern öfters so wunderlich und grausam mit ihnen verfahren werde...« Aber sein Eintreten für religiöse Toleranz und humanere Strafen hat wesentlich zur Beendigung der Hexenverfolgung in Deutschland beigetragen, so daß FRIEDRICH II., DER GROSSE, schließlich feststellen konnte, daß die Weiber wieder alt werden und in Sicherheit sterben können.

Als GOTTHOLD EPHRAIM LESSING sich zur gleichen Zeit dagegen stemmte, sich noch aufgrund der – von ihm keineswegs geleugneten – Wunder Jesu zum christlichen Glauben zu bekennen (Über den Beweis des Geistes und der Kraft, 1777), da war jene Abkehr vom Hexen- und Zauberglauben hin zum Glauben an die Vernunft schon überdeutlich. RENÉ DESCARTES, PIERRE BAYLE, VOLTAIRE, THOMAS HOBBES, DAVID HUME, CHARLES DE MONTESQUIEU, CHRISTIAN WOLFF und andere hatten das Zeitalter der Aufklärung herbeigeführt, über das IMMANUEL KANT 1784 schrieb:»Aufklärung ist der Ausgang des Menschen aus seiner selbstverschuldeten Unmündigkeit. Unmündigkeit ist das Unvermögen, sich seines Verstandes ohne Leitung eines anderen zu bedienen. Selbstverschuldet ist diese Unmündigkeit, wenn die Ursache derselben nicht am Mangel des Verstandes, sondern der Entschließung und des Mutes liegt, sich seiner ohne Leitung eines anderen zu bedienen. Sapere aude! Habe Mut, dich deines eigenen Verstandes zu bedienen! ist also der Wahlspruch der Aufklärung.« Wenngleich schon am Anfang des 18. Jahrhunderts das weit verbreitete vierbändige Werk *Die gestriegelte Rockenphilosophie* (Chemnitz 1718, 5. Auflage 1759) kräftig den Widersinn von nicht weniger als sechshundert Aberglaubens-Sentenzen gebrandmarkt hatte, so gab doch eine physikalische Erscheinung in der 2. Hälfte des gleichen Jahrhunderts dem Aberglauben neue Nahrung: die unsichtbare, aber doch so wirkungsvolle Elektrizität. Bei dem Exorzisten JOHANN JOSEPH GASSNER (1727–1779) vermutete man offenbar elektrische Wirkungen bei seinen »Heilungen«, weil eine Professorenkommission 1775 eigens feststellte, daß dies nicht der Fall sei. Das traditionelle Läuten der Kirchenglocken bei Gewitter wurde von dem fortschrittlichen Kaiser JOSEPH II. 1783 mit der Begründung verboten, daß der Glockenschall die Elektrizität anziehe. Trotzdem oder gerade deshalb wollte der Verfasser eines im gleichen Jahr erschienenen Romanes »eine Skizze der letzten konvulsivischen Bewegungen des sterbenden Aberglaubens...« geben.

Aber das war ein verfrühter, voreiliger Abgesang auf den Aberglauben, denn auch das 18. Jahrhundert wollte der Vernunft nicht die ausschließliche Herrschaft überlassen, sondern brachte neben KANT, LESSING, VOLTAIRE und anderen Aufkärern auch so abenteuerliche Gestalten wie den CHEVALIER DE SEINGALT, GIACOMO GIROLAMO CASANOVA, den Grafen ALESSANDRO VON CAGLIOSTRO und den Grafen von SAINT-GERMAIN hervor, die sich ihre Adelstitel alle selbst zugelegt hatten. Sie und eine Menge anderer alchimistischer und sonstiger Scharlatane sorgten dafür, daß die Menschen des 18. Jahrhunderts weiter ihren Aber- und Wunderglauben pflegen konnten, indem sie allerlei Blendwerk, künstliches Gold, herrliche Edelsteine und geheimnisvolle Elixiere zur Lebensverlängerung erfanden und fabrizierten. Die geheimnisumwitterten Kuren des Wiener Arztes FRANZ ANTON MESMER mit dem tierischen Magnetismus sind hier ebenfalls zu nennen, auch wenn man MESMERS Tun heute teilweise als Vorform der Hypnosetherapie betrachtet. Auf andere Weise sorgte der FREIHERR VON MÜNCHHAUSEN dafür, daß die Menschen in diesem »Zeitalter der Vernunft« in bezug auf Wunder und Abenteuer nicht zu kurz kamen. GOETHE wußte sich völlig einig mit seiner Zeit, als er 1770/

1775 seinen Faust sich der Magie ergeben ließ, nachdem ihm das Studium der Philosophie, Juristerei, Medizin »und leider auch die Theologie« nicht die erwarteten Erkenntnisse gebracht hatten – die Magie sollte ihm endlich helfen,

> daß ich erkenne, was die Welt
> im Innersten zusammenhält.

WOLFGANG AMADEUS MOZART vertonte zu dieser Zeit *Die Zauberflöte* seines Logenbruders EMANUEL SCHIKANEDER, in der der Magier Sarastro eine tragende Rolle spielt und neben der Zauberflöte auch ein Zauberring sowie ein magisches Glockenspiel die Szene beherrschen. Einige Jahrzehnte später erschienen CARL MARIA VON WEBERS Opern *Der Freischütz* und *Oberon*, in denen »der schwarze Jäger« Samiel ebenso anrüchige wie obskure Freikugeln gießen läßt, Luft- und Wassergeister die Menschen erschrecken und ängstigen sowie ein wunderwirkendes Horn seine Besitzer alle Gefahren überwinden läßt. Die Romantik war angebrochen mit ihrem Märchen- und Magieglauben.

III.

»Unter Aberglauben ist nicht der gesamte Inhalt des heidnischen Glaubens zu verstehen, sondern die Beibehaltung einzelner heidnischer Gebräuche und Meinungen. Der bekehrte Christ verwarf und verabscheute die Götter der Heiden, in seinem Herzen blieben aber noch Vorstellungen und Gewohnheiten haften, die ohne offenen Bezug auf die alte Lehre der neuen nicht unmittelbar zu widersprechen schienen. Da, wo das Christentum eine leere Stelle gelassen hatte, wo sein Geist die roheren Gemüter nicht sogleich durchdringen konnte, wucherte der Aberglaube oder Überglaube. Niederdeutsch sagt man Biglove, Beiglaube. Er bezeichnet ein in einzelnen Menschen fortbestehendes Verharren der Ansichten, welche die große Menge vernünftig fahren läßt.« Mit diesen – hier etwas gerafften – Worten hat JAKOB GRIMM 1835 den Abschnitt über den Aberglauben in seiner *Deutschen Mythologie* eingeleitet. Zu dem erwähnten alten, überholten Glauben zählt aller Animismus, der sich die natürlichen Dinge – Tiere, Pflanzen, Steine – mit einer Seele ausgestattet vorgestellt hat (z. B. ↗ Tiersprache und S. 304). Aber auch der Glaube an Dämonen, Hexen und Geister gehört dazu, jedoch nur zum Teil, denn auch der christliche Glaube kennt Dämonen und Hexen.

Im letzten Satz des GRIMM'schen Textes klingt das Absinken älteren Kulturgutes an. In der heutigen Volkskunde wird es jedoch – jedenfalls teilweise – abgelehnt, mit der These vom Absinken von Glaubenslehren aus den Oberschichten in die Unterschichten zu arbeiten, weil hier wieder Wertungen entstehen, die man bei der Beurteilung des Aberglaubens als untauglich betrachtet. Es steht jedoch außer Zweifel, daß in früheren Zeiten für wahr und richtig gehaltene Sentenzen durch spätere Erkenntnisse relativiert wurden und dann noch als Aberglauben kursieren, ohne dabei auf bestimmte Kreise oder Schichten beschränkt zu sein. Man braucht dazu nicht das Bild von »oben nach unten«, auch nicht von »abgesunken« zu bemühen. Trotzdem wird es diejenigen, die Glauben und Aberglauben unterschiedlich betrachtet wissen wollen, nicht interessieren, mit welchem Terminus diese Verschiebung von altem Glaubensgut in die Kategorie »Aberglauben« belegt wird.

Dazu sei an den Kunsthistoriker GUSTAV FRIEDRICH HARTLAUB erinnert, der nicht ohne einen gewissen Sarkasmus darauf hingewiesen hat, daß jemand, der eine Krankheit mit Hilfe eines abergläubischen Rezeptes kurieren wollte, leicht als geistesgestört angesehen würde, daß die Volkskunde aber das gleiche Verfahren, wenn es in einem Landstrich als Brauchtum auftritt, als kulturgeschichtlich höchst bedeutsam aufgreift.

Hier wird erneut die Doppelbödigkeit des Aberglaubens sichtbar. Nicht nur religiöse Handlungen – Gebete, Umgang mit Hostien und anderen kirchlichen Gegenständen – finden unterschiedliche, oft gegensätzliche Anwendungen, sondern auch bei Krankheits- und Schadensabwehr sowie bei Orakeln kann ein Ritual mit völlig verschiedener Sinngebung ausgeführt werden.

JAKOB GRIMM unterscheidet zwei wichtige Arten des Aberglaubens, nämlich einen aktiven und einen passiven: »Wenn dem Menschen, ohne sein Zutun, von höherer Hand ein auffallendes Zeichen gegeben wird, folgert er daraus Heil oder Unheil. Entspringt das Zeichen aber nicht von selbst, lockt er es erst durch seine Verrichtung hervor, so besteht ein positiver Aberglaube. Das Christentum hat natürlich dem positiven, der mit heidnischen Bräuchen vermischt war, eher zu steuern vermocht, als dem schuldlosen, negativen Aberglauben, der wie Gespensterfurcht auf das menschliche Gemüt wirkte.«

Wie nahe der kirchliche Glaube und das, was wir heute als Aberglauben bezeichnen, oft beieinanderstehen, wird auch deutlich, wenn wir uns die Tendenz zur Furcht vor dem Irrationalen ansehen, die da wie dort auftritt. Ein wesentlicher Bestandteil vorchristlicher Glaubenslehren war es, auf dem Weg über die Furcht vor Göttern und Dämonen die Menschen zu moralischem Verhalten zu veranlassen. Das Christentum verfolgt mit seiner Erbsündenlehre und seinen Drohungen mit dem göttlichen Gericht und der Hölle sowie mit den Vorschriften zu Beichte und Buße das gleiche Ziel.

Die gegenseitige Nähe von Religion und Aberglauben wird von der Volkskunde auch auf dem weit verzweigten Gebiet der Magie herausgestellt. So findet sich in einem Nachschlagewerk der Gegenwart unter dem Stichwort »Magie« folgender Kernsatz: »Theoretisch lassen sich zwar Religion und Magie in der Weise voneinander abgrenzen, daß innerhalb der Religion der Mensch sich einer schicksalsbestimmenden (göttlichen) Macht unterwirft, mit Hilfe der Magie jedoch die Welt und die Natur aus eigener Kraft lenken und beeinflussen will; tatsächlich werden aber in den meisten Religionen magische Praktiken vollzogen, sogar dann, wenn diese von offiziellen religiösen Institutionen verboten sind oder als nicht magisch interpretiert werden.« (*Meyers enzyklopädisches Lexikon,* 9. Auflage, 1971–1979.)

Wenn man die Magie als die Inanspruchnahme übernatürlicher, verstandesmäßig nichtfaßbarer Kräfte definiert, so kann als das bekannteste Beispiel in der christlichen Kirche die »Wandlung« (Transsubstantiation) von Wein und Brot (Oblaten) in das Blut und Fleisch Jesu Christi gelten. Der *Katholische Erwachsenenkatechismus* (1985, Seite 350) schreibt dazu unter anderem: »Die Lehre von der Wesensverwandlung bei der Eucharistie will keine rationale Erklärung des nur im Glauben erfaßbaren Geheimnisses der Eucharistie sein.«

Im Bereich des Aberglaubens kann man eine lange Reihe von Vorgängen als Magie charakterisieren, so etwa die angenommenen Ausstrahlungen und Wirkungen der Edelsteine, den oft zitierten Bösen Blick, die erhofften Kräfte von Amuletten und Talismanen, die Manipulationen mit den Fußspuren anderer Menschen, die angestrebte Unsichtbarkeit, Unüberwindbarkeit und Unverwundbarkeit. Ein gutes Beispiel früher magischer Vorstellungen bietet der ↗ Kreis oder ↗ Ring, dem eine Doppelfunktion nach außen und innen zugeschrieben wurde, die heute noch in der immer wieder gebrauchten Formel »Der Kreis schließt sich« anklingt. Schon die Etrusker und Römer haben mit dem

Pflug einen Kreis um einen Ort gezogen, dem damit ein magischer Schutz zukommen sollte. Wie lebendig dieser Brauch im frühen Mittelalter noch war, zeigt sein Verbot durch eine christliche Synode im Jahr 743. Im *Volksbuch vom Doktor Faust* wurde Ende des 16. Jahrhunderts vom Titelhelden erzählt, wie er in einen Wald bei Wittenberg ging:»An einem Wegkreuz zog er einige Kreise, zwei kleine in einen großen, beschwor also in der Nacht den Teufel zwischen neun und zehn Uhr.« Faust stellte sich in den Kreis, so daß der Teufel seiner nicht habhaft werden konnte. – Die Beispiele magischer Aspekte im Aberglauben lassen sich mühelos um ein Vielfaches vermehren, der aufmerksame Leser wird das im lexikalischen Teil dieses Buches selbst wahrnehmen.

So wie sich die im Kirchensinn Gläubigen von ihrem vorgestellten, aber trotz verschiedener philosophischer »Gottesbeweise« nicht beweisbaren Gott die erbetene Hilfe in Notlagen und für diverse Anliegen erhoffen, so erwarten sich Abergläubische von anderen übersinnlichen, übernatürlichen Mächten ebenfalls Beistand. GOETHE fühlte sich den Christen offenbar überlegen, als er 1777 an JOHANN KASPAR LAVATER schrieb:»Dein Durst nach Christus hat mich gejammert. Du bist übler dran als wir Heiden, uns erscheinen doch in der Noth unsre Götter.« Auch wenn GOETHE sich hier als »Heide« bezeichnet, kann man abergläubische Menschen nicht als eigentlich a-religiös einstufen, wenn man »religiös« einfach als »gläubig« oder als »an eine höhere Macht glaubend« definiert. Aberglaube und *Theismus* schließen sich allerdings gegenseitig aus, denn während der erstere stets für die diversen Bedürfnisse spezielle Kräfte und Mächte – Götter, Dämonen und Schutzgeister – kennt, läßt der *Theismus* nur einen einzigen Gott gelten.

Man mag als »aufgeklärter« Mitteleuropäer schmunzeln, wenn man liest, daß die Indianer vor einem Kampf Abführmittel genommen haben, um in ihrem Körper Platz für den Kriegsgott zu schaffen, der ihnen Mut geben sollte. Aber auch in Mitteleuropa war man früher von solchem Glauben nicht weit entfernt, als man meinte, sich seiner Sünden durch Erbrechen und mit Hilfe von Abführmitteln entledigen zu können. Von Sünden hatte man im Mittelalter durchaus materielle Vorstellungen. Der heilige REMIGIUS, Bischof zu Reims im 6. Jahrhundert, hat angeblich eine Besessene zum Erbrechen veranlaßt, um dadurch den bösen Geist aus ihr auszutreiben. Aufwärts von einem Holunderzweig abgeschabte Rinde sollte zum Erbrechen führen.

Es wird heute jedoch kaum Menschen geben, die ausschließlich abergläubischen Reflexionen anhängen – dazu sind diese, wie der lexikalische Teil des Buches beweist, einfach zu widersprüchlich, zu konträr zu unseren modernen Kenntnissen und Erkenntnissen. Es kann sich beim Aberglauben immer allenfalls um das Glauben an und um das Befolgen von einzelnen Sentenzen handeln. Hier allerdings sind es gerade die kirchlich Gläubigen, die sich in großer Zahl gelegentlich auch von der einen oder anderen abergläubischen Devise beeinflussen oder leiten lassen. Diese kirchlich Gläubigen haben eben eine Neigung, an überirdische Mächte zu glauben, nicht nur an die kirchlich sanktionierten. Unter diesem Aspekt ist der häufig sehr heftige Kampf von Klerikern gegen den Aberglauben zu verstehen. Die wirklich a-religiösen Menschen glauben weder an eine Gottheit, noch an Dämonen oder andere irrationale Geistwesen.

JAKOB GRIMM hat am Schluß seiner Ausführungen über den Aberglauben festgestellt, daß »er das Leben unserer Voreltern nicht allein mit Furcht, sondern auch mit Trost« erfüllt hat. Damit war GRIMM gegenüber dem Aberglauben sehr objektiv. Das Ziel und die Aufgabe alles Religiösen ist es doch, dem Menschen auf seinem Lebensweg tröstend und ermutigend beizustehen. Und solch hilfreiche Elemente hat der Aberglaube hinlänglich aufzuweisen, auch wenn dies in christlichen Abwehrreaktionen immer wieder geleugnet wird.

Ein Neuerer, der Psychologe CARL GUSTAV JUNG, hat sich kurz vor seinem Tod 1961 noch sehr nachhaltig für den Naturglauben und dessen positive Wirkungen auf den Menschen ausgesprochen: »In dem Maße, wie unser wissenschaftliches Verständnis zugenommen hat, ist unsere Welt entmenschlicht worden. Der Mensch fühlt sich im Kosmos isoliert, weil er nicht mehr mit der Natur verbunden ist und seine emotionale ›unbewußte Identität‹ mit natürlichen Erscheinungen verloren hat. Diese haben allmählich ihren symbolischen Gehalt eingebüßt. Der Donner ist nicht mehr die Stimme eines zornigen Gottes und der Blitz nicht mehr sein strafendes Wurfgeschoß. In keinem Fluß wohnt mehr ein Geist, kein Baum ist das Lebensprinzip eines Mannes, keine Schlange die Verkörperung der Weisheit, keine Gebirgshöhle die Wohnung eines großen Dämons. Es sprechen keine Stimmen mehr aus Steinen, Pflanzen und Tieren zu Menschen, und er selbst redet nicht mehr zu ihnen in dem Glauben, sie verständen ihn. Sein Kontakt mit der Natur ist verlorengegangen und damit auch die starke emotionale Energie, die diese symbolische Verbindung bewirkt hatte.«

Die gedanklichen Schönheiten und die poetische Tiefe vieler Aberglaubens-Sentenzen sind noch zu entdecken. CARL GUSTAV JUNG hat bereits darauf hingewiesen und ebenso JAKOB GRIMM, als er schrieb:»Noch stärkere Macht als in Kraut und Stein liegt in dem Wort, und bei allen Völkern gehen aus ihm Segen oder Fluch hervor. Es sind aber gebundene, feierlich gefaßte Worte, wenn sie wirken sollen, erforderlich, Lied und Gesang; darum hängt alle Kraft der Rede, deren sich Priester, Arzt, Zauberer bedienen, mit den Formen der Poesie zusammen.« Wenn dann WILHELM GRIMM über das Märchen schreibt:»Jede wahre Poesie ist der mannigfaltigsten Auslegung fähig, denn da sie aus dem Leben aufgestiegen ist, kehrt sie auch immer wieder zu ihm zurück«, dann ist das auch auf so manche Sentenz des Aberglaubens anzuwenden. Welch feines Wünschen macht sich bemerkbar, wenn die übersinnliche, seelische Verbindung zwischen verschiedenen Edelsteinen – etwa dem Smaragd oder dem Beryll – und ihren Trägern im Guten wie im Bösen beschrieben wird. Und welche Weite der Phantasie wird in dem Glauben offenbar, das Gold wäre mit Hilfe der Sonne entstanden, weshalb es das beste Arznei- und Stärkungsmittel mit unfehlbarer Wirkung sei. War es nicht schönste Vorstellungskraft, einem einfachen Strauß frischen Grüns an Pfingsten die Fähigkeit zuzuschreiben, jeden Zauber zu lösen? Auch wenn die in der Christnacht im Stall sprechenden Tiere eine Anlehnung an die Bibel erkennen lassen, so liefert dieses Beispiel ebenso wie aller Analogiezauber doch weitere Beweise für die Poesie, die im Aberglauben immer wieder zutage tritt. Nicht gering ist auch der Anteil bildkräftiger Metaphern in unserem Aberglaubensgut, etwa die nach dem Winter zurückkehrenden Schwalben als Glücksbringer, der Adler als Winderzeuger und die verschiedenen Farben mit ihren jeweiligen Bedeutungen, weiß für Reinheit und Unschuld, rot für Liebe und Leben, blau für Treue, Beständigkeit und das Wunderbare. Die Schönheit der Sprache und die Bildhaftigkeit mancher Aberglaubens-Sentenzen zu erkennen, blieb allerdings uns Heutigen vorbehalten, da wir die nötige Distanz zu den Inhalten aufbringen.

IV.

Der Aberglaube ist völlig systemlos gewachsen und wuchert weiter nach allen Seiten (zum Beispiel ↗ Autofahrer, ↗ Tee mit Zitrone, ↗ Quark). Infolge der verschiedenen Quellen existieren unter den Aberglaubens-Sentenzen zahlreiche große und kleine Widersprüche, die durch regionale Besonderheiten noch vermehrt werden. Das *Handwörterbuch des deutschen Aberglaubens* gibt darüber teilweise Auskunft. Aber auch in diesem umfangreichen Werk mußten die Herausgeber einräumen, daß Ursprung und Bedeutung der Sentenzen nicht durchweg geklärt werden konnten, sondern nur »soweit das uns heute möglich ist«.

Was wir in der Gegenwart als Aberglauben einstufen, war früher:

a) echtes Glaubensgut (Griechen, Römer, Germanen)

b) Aberglaube (die römische Religion für die Griechen usw.)

c) Lebens- und Verhaltensregeln usw.

Man hat den Aberglauben öfters als »geschichtslos« qualifiziert, weil seine Grundzüge durch die Zeiten gleich blieben.

Aber es wäre dennoch ein ebenso verdienstvolles wie vermutlich aufschlußreiches Unterfangen, zu untersuchen, welche der heute als Aberglaubens-Sentenzen klassifizierten Reflexionen zum Beispiel in der Zeit des Hochmittelalters und welche im Spätmittelalter im Umlauf waren – und damals auch ernsthaft praktiziert wurden.

Es ist vorstellbar, daß man dabei zu wesentlich erweiterten Erkenntnissen über das Alltagsleben früherer Zeiten käme. Dabei sollte eine solch ungenaue Pauschalangabe wie »im Mittelalter« möglichst vermieden werden, denn das Mittelalter hat nach einer üblichen Einteilung immerhin tausend Jahre gedauert – nach einer anderen Version sogar tausendzweihundert – und niemand wird behaupten wollen, daß in diesem Zeitraum keine Veränderungen vor sich gegangen sind. Man sollte auch nicht glauben, die Aufgabe einfach durch Hinweise auf eine literarische Quelle lösen zu können, in denen eine Sentenz mehr oder weniger zufällig genannt wird: Sie kann bereits einige Jahrhunderte vorher und einige weitere Jahrhunderte nachher noch im Schwang gewesen sein, ebenso auch in ganz anderen Gegenden als nur dem Herkunftsort der auf uns gekommenen einzelnen Quelle. Vielleicht wäre ein ähnliches Verfahren hilfreich, wie es die Paläontologie mit ihren Leitfossilien entwickelt hat.

Besonders könnten in diesem Zusammenhang die Praktiken der Gesunderhaltung und der Heilung von Krankheiten ein Gegenstand der Untersuchung sein. Der lexikalische Teil dieses Buches zeigt, daß die Nöte unserer Vorfahren sehr vielfältig gewesen sind – von Zahnschmerzen über Epilepsie bis zur Erhaltung der Geschlechtskraft – und daß die Versuche, diese Nöte zu beheben, gleichfalls sehr vielfältig waren. Häufig befolgten die angewandten Mittel den sympathetischen Grundsatz, Gleiches mit Gleichem zu kurieren – *similia similibus curentur* –, was dann so weit ging, daß man zum Beispiel der Gelbsucht mit allerlei gelben Mitteln beizukommen suchte. Die oft gepriesene Farbensymbolik früherer Zeiten entpuppt sich dabei als das Unvermögen, tiefer in das Wesen einer Krankheit einzudringen, weshalb man zwangsläufig bei der äußerlichen Farbe mit den Heilversuchen angesetzt hat.

In den verschiedenen menschlichen Absonderungen – Speichel, Schweiß, Blut, Kot, Harn, männlichem Samen, weiblichem Menstrualblut, Ohrenschmalz – hat man Wirkkräfte, Lebensstoffe vermutet und sie zur Heilung von Krankheiten empfohlen. Schon in der vorchristlichen Antike wurde dem Speichel Heil- und Zauberkraft nachgerühmt; JESUS hat nach dem *Johannes*-Evangelium 9,6 mit Hilfe seines Speichels einen Blinden sehend gemacht, und wir haben hier einen der Fälle, in denen antikes Glaubensgut in das christliche übergegangen ist. Leichenteile, etwa ↗ Totenzähne und ↗ Totenhände, galten gleichfalls als heilkräftig, vor allem, wenn sie von gewaltsam zu Tode Gekommenen stammten, zum Beispiel von Gehenkten.

Eine besondere Möglichkeit für die Tilgung von Krankheiten glaubte man in deren Übertragung auf Steine, Wasser, Tiere (zum Beispiel ↗ Rheumatismus), aber auch auf andere Menschen zu kennen. Noch bei PARACELSUS finden sich entsprechende Anweisungen. Allerdings gelten derartige Versuche, die eigene Krankheit auf einen anderen zu übertragen, wegen ihres Widerspruches zur christlichen Nächstenliebe als besonders schlimme Aberglaubens-Äußerungen. PLINIUS DER ÄLTERE (23–79 n. Chr.) hat solche Aktionen ebenfalls schon verurteilt. Jedoch ist nicht auszuschließen, daß der Glaube an die Übertragbarkeit von Übeln auf das Alte Testament zurückgeht, wo Gott befohlen hat, die Sünden einem Sündenbock aufzuladen und diesen in die Wüste zu schicken (3. *Buch Moses* 16,21 f.) Der Stellvertretungsgedanke ist in der Bibel sehr mannigfach zu finden.

JAKOB GRIMM hat festgestellt, daß die »ältere Heilkunde« sehr viel mit tierischen Stoffen gearbeitet hat, mit dem Fett bestimmter Tiere, mit verschiedenen Eingeweiden, Augen, Herzen, Zungen und anderen Substanzen von Tieren, die den Menschen Heilung bringen sollten. Im Gegensatz dazu verwandte die Heilkunde schon zu GRIMMS Zeit vorwiegend pflanzliche und mineralische Mittel. Eine andere Beobachtung JAKOB GRIMMS, daß der Glaube an die Kräfte der Edelsteine nie so recht volkstümlich geworden sei, ist wohl in ihrer fremden Herkunft und Seltenheit begründet. ALBERTUS MAGNUS beschäftigte sich im 13. Jahrhundert schon sehr ausführlich mit den Eigenschaften der Edelsteine.

Das Rezept, Epilepsie durch den Verzehr eines mit Wanzen belegten Brotes zu vertreiben, gründet wie ähnliche ekelerregende Anweisungen – zum Beispiel bei ↗ Schwindsucht – auf dem Glauben, mit solchen üblen Mitteln die Krankheitsdämonen verscheuchen zu können. Dergleichen Überlegungen haben schon in der Antike ihre Ursprünge und sie fanden ihren Ausdruck auch in der erwähnten Anwendung menschlicher Ausscheidungen bei der Heilung äußerer wie innerer Krankheiten. EDUARD STEMPLINGER brachte auch die berüchtigte »Drecksapotheke« des Altertums und des Mittelalters damit in Verbindung. Nicht selten wollte man die Krankheitsdämonen auch mit stark riechenden oder stinkenden Mitteln austreiben (↗ riechen). Die Pest glaubte man im 17. Jahrhundert unter anderem mit *eau mirabilis*, gewissermaßen dem Vorläufer des späteren Kölnisch Wasser, riechend heilen zu können.

Die Wechselbeziehungen zwischen Mensch und Natur wurden von unseren Vorfahren ungleich intensiver gepflegt und praktiziert als von uns. Die Menschen fühlten sich als Bestandteil der Natur und glaubten in mannigfaltiger Hinsicht, den Fortgang, das »Funktionieren« der Natur durch ihr Mitwirken sichern zu müssen, wobei ihnen ihr Tun als »naturnotwendig«, als integrierter Vorgang des Geschehens galt: die Felder würden keine Früchte ohne magischen Segen bringen, die Haustiere konnten nur durch Beschwörungen von Seuchen freigehalten werden, sogar der Mond sollte nicht wieder rund und »gesund« werden ohne das menschliche Mitwirken in Form von Gebeten. Das alles war kein Einwirken von außen, sondern das Mitwirken, das nach Meinung der Menschen so unentbehrlich war wie der Sonnenschein und der Regen.

Diese Einschätzung des Verhaltens unserer Vorfahren (AARON

J. Gurjewitsch) steht der Verurteilung, sie hätten durch ihre Beschwörungen die Natur und die Dämonen zu einem für sie günstigen Verhalten *zwingen* wollen, diametral gegenüber. Dieser Zwang, der angeblich ausgeübt werden sollte, wird vor allem von kirchlicher Seite als gravierendes Negativum des Aberglaubens, also früherer Glaubensanschauungen, herausgestellt. Und verständlicherweise konnte jener Glaube, an den Entwicklungen der Natur mitzuwirken, unter christlichen Auspizien keinen Bestand haben, denn nach diesem neuen Glauben konnte allein Gott über das Geschehen in der Natur verfügen.

In anderer Hinsicht meinte man nicht nur, Krankheiten und Unerwünschtes auf die verschiedensten Medien übertragen zu können (↗ Warzen, ↗ Hühneraugen, ↗ Sommersprossen), sondern war umgekehrt auch überzeugt, durch Verschlucken von Getreideblüten oder der ersten Frühlingsblumen deren Triebkräfte und Unverbrauchtheit für sich gewinnen und damit die eigene ↗ Gesundheit stärken zu können. Die Erhaltung der Jugendkraft, die Erschließung eines Jungbrunnens, ist eine der innigsten menschlichen Sehnsüchte, die auch dem Wunsch nach dem jahrhundertelang gesuchten Stein der Weisen beziehungsweise dem Lebenselixier zugrunde lag.

Der Stein der Weisen, *lapis philosophorum,* spukte seit der Spätantike durch die Köpfe. Immer wieder glaubte dieser oder jener, dieses »große Mysterium« gefunden zu haben, von dem eine Winzigkeit alles unedle Metall in Gold und Silber verwandeln, womit man aber auch alle Krankheiten heilen könnte. In der Antike glaubte man, daß durch das Verschmelzen der richtigen Metalle die Herstellung eines künstlichen Menschen, des *Homunkulus,* möglich wäre. Wenn im 8. Jahrhundert der arabisch-persische Arzt DSCHABIR IBN HAIJAN (latinisierter Name: GEBER), später ALBERTUS MAGNUS, ROGER BACON und zu Beginn der Neuzeit noch PARACELSUS an die Möglichkeit glaubten, diese »Quintessenz« finden zu können, so entsprach dies den naturwissenschaftlichen Kenntnissen der damaligen Zeit, vor allem dem Glauben, daß alle irdischen Stoffe aus den alchimistischen Urstoffen Salz, Schwefel und Quecksilber durch verschiedene Mischungen entstanden seien. Jahrhundertelang ist man dem Phantom nachgejagt, Vermögen wurden geopfert in der Erwartung, noch größere gewinnen zu können, wenn man das ersehnte Gold in beliebiger Menge herstellen könnte. JOHANN HEINRICH ZEDLERS *Großes, vollständiges Universal-Lexicon aller Wissenschaften und Künste* widmete dem Stein der Weisen 1744 noch elf Seiten – aber doch mit einem resignierenden Abschluß. Wenn jedoch im 20. Jahrhundert GUSTAV MEYRINK noch glaubte, durch Transmutation diesen »philosophischen Stein« gewinnen zu können, so ist das sicher Aberglaube. Hinter all dem Suchen stand eben auch immer die Erwartung, mit Hilfe des aufgelösten Steines der Weisen, einem Elixier, sich verjüngen und das Leben verlängern zu können.

War der Stein der Weisen vielleicht eine Vorahnung der in jüngster Zeit von der theoretischen Physik konzipierten Antimaterie? Diese umgekehrt elektrisch geladene Antimaterie könnte beim Zusammentreffen mit unserer irdischen Materie enorme Energien freisetzen, für deren Beherrschung allerdings noch Möglichkeiten gefunden werden müßten. Aber vielleicht wird der Stein der Weisen dadurch eines Tages im Zeitalter der Raumfahrt Wirklichkeit, allerdings in anderer Richtung als ursprünglich gedacht?

In seinem *Weltbuch* schrieb SEBASTIAN FRANCK 1534 über die Franken:»An S. Johans tag machen sye ein simetfeür (Sonnwendfeuer), tragen auff disen tag sundere krentz auff, weiß nit auß was aberglauben, von beyfuoß und eysenkraut gemacht, und hat schier ein jeder ein blauw kraut, Rittersporn genant, in der hand. Welcher dardurch in das feür sihet, dem thuot diß gantz jar kein aug wee, wie sye aberglauben. Wer vom feür heym zuo hauß will weg geen, der würfft diß kraut in das feür und spricht ›Es gehe hinweck und werd verbrent mit disem kraut all mein unglück‹.«

Im folgenden Jahrhundert wies der berühmte Wanderprediger ABRAHAM A SANCTA CLARA seine Zuhörer darauf hin, daß nach biblischem Vorbild ein Blinder mit Hilfe von Fischgalle von seinem Leiden erlöst werden könne. In dem apokryphen *Buch Tobias* des Alten Testamentes findet sich ein entsprechender Bericht mit dem Erzengel Raphael als Ratgeber.

Die verschiedenen menschlichen Ausnahmestellungen waren verständlicherweise in besonderem Ausmaß Objekte zahlreicher Reflexionen. Dazu zählen Rothaarige und Bucklige, Schwangere und Wöchnerinnen, Menstruierende und Huren, Juden und Besessene, Hingerichtete, Selbstmörder und sonstige Tote. Nicht wenige magische Handlungen sollten zu verstärken oder erfolgreicher zu gestalten sein, wenn man sie nüchtern, nackt, schweigsam oder vor Sonnenaufgang bewerkstelligte, wenn sich der Ausführende also mit Vorbedacht in eine Ausnahmestellung begab. Im allgemeinen duldete die frühe Gesellschaft – wie auch die gegenwärtige – aus der Reihe tanzende Mitglieder nur selten und rächte sich an ihnen soweit irgend möglich.

Dem Glauben, durch Vorzeigen des nackten Gesäßes oder der Genitalien Schaden abwehren zu können, ist auch die bekannte Aufforderung Götz von Berlichingens zuzurechnen und ebenso eine Sage aus dem Böhmerwald, in der ein Toter aufgestanden ist und seine Bewacherin »arschlings« zurückwich in der Annahme, daß er ihr so nichts anhaben könne. Für diesen Glauben ist vielleicht eine Episode aus der griechischen Mythologie Schlüssel und Ursprung: PLUTARCH erzählt, als Poseidon mit seinen Männern gegen die Lykier zog, um Bellerophontes zu rächen, gingen die lykischen Weiber mit aufgehobenen Röcken den Männern entgegen, die daraufhin verwirrt zurückwichen. Die Lykierinnen hatten damit die Gefahr von ihrem Land ohne Blutvergießen abgewehrt. Nach TACITUS haben die Germaninnen ihre Brüste entblößt, um auf diese Weise ihre Männer zu weiterem Kampf und zur Abwendung drohender Gefangenschaft anzuspornen. Und MARTIN LUTHER soll nach GUSTAV FREYTAG öfter vorsätzlich mit nacktem Gesäß im Bett gelegen sein, weil er glaubte, dadurch den Teufel vertreiben zu können.

Die Forderung des ↗ Nacktseins für die Erfüllung verschiedener Wünsche kommt einer unlösbaren Aufgabe bereits sehr nahe. Viele Menschen haben sicher darauf verzichtet, ihr Begehren nach Erfüllung eines Anliegens durch Entblößen ihres Körpers in der Öffentlichkeit erkennbar zu machen. Im Aberglauben begegnet uns jedoch auch eine Reihe andersgearteter unlösbarer Aufgaben, so etwa wenn ein Fiebernder zur Heilung eine schwarze Katze so lange hetzen sollte, bis sie tot liegen blieb, oder wenn in dunkler Nacht ein vierblättriges Kleeblatt zu finden verlangt wurde oder eine Eberwurz mit neun Blüten. Das Einnehmen der verschiedenen ekelerregenden Mixturen etwa mit Wanzen, Läusen, aus Pferdemist, Schweinekot und so weiter dürfte für viele Menschen gleichfalls eine unlösbare Aufgabe gewesen sein. Aus Märchen und Sagen sind unlösbare Aufgaben für Dämonen, Hexen und Teufel bekannt, die dadurch von ihren üblen Zielen abgehalten werden sollten.

Ausnahmeverhalten ist auch die Voraussetzung in weiteren abergläubischen Sentenzen. Eine Reihe von Wünschen ließe sich erreichen, wenn man ein Hemd ↗ verkehrt herum anziehen würde, hat man gesagt. Entgegen der üblichen Gewohnheit sollte man auch verschiedene Gegenstände über den Kopf oder eine Schulter nach hinten werfen (↗ rückwärts). In anderen Fällen durfte ein bestimmter Gegenstand nicht gekauft, sondern er mußte ↗ gefunden werden, wenn er wirksam sein sollte. Wieder andere Objekte sollten ohne ↗ Feilschen gekauft, auch erbettelt oder gestohlen (↗ Schnittlauch) sein. Das Regelwidrige hatte in all diesen Fällen eine hohe Bedeutung.

Der Erde wurde von den Naturreligionen viel Kraft zugeschrieben. In diesem Lexikon wird erwähnt, daß man Neugeborene auf die Erde gelegt hat, um deren Kraft auf das Kind überströmen zu lassen. Man hat auch Erde auf kranke Körperstellen gelegt und erhoffte davon Heilung. Sollte für ein Grundstück eine Kauf- oder Lehens-Urkunde ausgefertigt werden, so legte man das leere Pergament sowie die Schreibutensilien zuerst auf dieses Stück Land, um die Kraft der Erde wirken zu lassen, damit die Urkunde durch diese magische Handlung unverletzlich werde.

In vielen Glaubens-Reflexionen der frühen Zeit, die wir heute auch zum Aberglauben zählen, spielt der bereits erwähnte *Animismus*, der Glaube an die Beseeltheit aller Dinge, eine entscheidende Rolle. Die Beobachtung LUIGI GALVANIS an den zuckenden Froschschenkeln im Jahre 1780 wurde weithin als Bestätigung der animistischen Vorstellungen gewertet. Neben den ausgesprochenen ↗ Seelentieren, die als Träger der Seelen von Verstorbenen gedacht wurden, schrieb man auch verschiedenen Edelsteinen die Fähigkeit zu, mit ihren Besitzern zu fühlen, sie vor Gefahren der Seele und des Leibes warnen und schützen zu können. Kröten und Spinnen zogen nach häufigen Vorstellungen Gift an sich – ein Gedanke, der sich auch in JAKOB BÖHMES *Sechs theosophischen Punkten* findet – und bewahrten so die Menschen davor.

Der Animismus, der dem Fetischismus verwandt ist, findet sich nicht nur im Glauben früherer oder primitiver Menschen: Viele Autofahrer unserer Tage geben ihrem Fahrzeug einen liebevollen Kosenamen und lassen damit modernen Animismus erkennen. Gleiches läßt sich auch bei vielen Hunde- und Katzenbesitzern feststellen.

Analogien und Parallelen bietet der naturverbundene Aberglaube in Fülle. Das naheliegendste Beispiel ist vielleicht der zu- und abnehmende Mond als Sinnbild zu- und abnehmenden Wachstums und Reichtums. Sehr sinnfällig war auch die Anweisung für das richtige Schaben eines Apfels, um ↗ Verstopfung zu beheben. Zukunftweisende Analogien waren beim Brautbett, für die Freigebigkeit von Kindern, für Operationen sowie für zahlreiche andere Umstände und Begebenheiten im Schwang.

Bemerkenswert ist die Analogie, wonach die ↗ Wolle Menschen von Sünden reinigen könne, weil sie auch dinglichen Schmutz absorbieren kann. Auch auf die imaginäre Ähnlichkeit verschiedener Wurzeln mit menschlichen Gestalten, vor allem der geheimnisvollen Alraune, ist hinzuweisen. Beim ↗ Knabenkraut glaubte man handähnliche Formen zu erkennen und nannte die älteren Wurzelknollen der gefleckten Art Teufelshände, die frischen aber Glückshändchen.

Die Zukunft, das zu erwartende Schicksal des einzelnen, war viel zu wichtig und bedeutungsvoll, um sie allein durch Analogien zu ermitteln. Schon an Neujahr, natürlich auch an jedem Geburtstag, wurde die Frage nach der Zukunft gestellt, und noch mehr interessierte das künftige Los der Neugeborenen und der Heiratenden. Haare, Augen, Augenbrauen, Ohren, Nase, Mund und Hände sollten Aufschluß über den Charakter der Menschen geben. Die Mondphasen und eine Reihe von Manipulationen mit verschiedenen Pflanzen – ↗ Immergrün, ↗ Zwiebeln – sowie Verhaltensweisen von Tieren – ↗ Spinnen, ↗ Vögel – nicht zuletzt auch die ↗ Wünschelrute, dienten als Orakel.

Diese nachdrücklichen Wünsche, über die Zukunft im voraus Klarheit zu gewinnen, führten dazu, bestimmten Tagen und Zeiten festgelegte Eigenheiten zuzuschreiben. Für jeden Wochentag glaubte man Besonderheiten zu erkennen, vielen – auch christlichen, kirchlichen – Feiertagen legte man für dieses oder jenes spezielle Qualifikationen bei, man stellte – schon in der Antike – ganze Tabellen von Glücks- und Unglückstagen zusammen, vielfach aufgrund astrologischer Beobachtungen und Spekulationen. Der römische Kaiser AUGUSTUS war nicht bereit, an bestimmten Tagen etwas Wichtiges zu unternehmen, zum Beispiel eine Reise anzutreten, wie sein Biograph SUETON schreibt. JAKOB GRIMM verwies darauf, daß die ↗ Tagwählerei bei Juden, Griechen und wahrscheinlich bei allen Heiden praktiziert worden ist, und er meinte weiter:»Kaum hat bei einem anderen Volk mehr Tagwählerei gegolten als bei den Christen im Mittelalter.« Auch der spanische Jesuit BALTHASAR GRACIAN hat in der ersten Hälfte des 17. Jahrhunderts von Unglückstagen geschrieben:»Es gibt dergleichen; an solchen geht nichts gut.« Kaiser HEINRICH IV. hat im 11. Jahrhundert alle entscheidenden Kämpfe an Dienstagen begonnen, weil er sich davon einen glücklichen Ausgang erwartete – Napoleon I. hat dagegen den Freitag buchstäblich gefürchtet. All dieser Glaube an feststehende gute und schlechte Tage hat seinen Ursprung in den uralten Versuchen der Bestimmung und Vorhersage menschlicher Schicksale aufgrund der Gestirne. Schon die Babylonier und Assyrer, Ägypter, Chinesen und auch die alten Griechen und Römer beobachteten den Wechsel der Gestirne sehr sorgfältig und zogen daraus Schlüsse für ihre Entscheidungen. Platon und Aristoteles waren überzeugt, daß die Gestirne beseelt und göttlich seien. So ist es nicht erstaunlich, daß auch in der Bibel bei der Geburt Jesu Christi ein Stern eine wichtige Rolle spielt, und sein Tod am Kreuz wurde nach Auskunft der Evangelisten von einer Sonnenfinsternis begleitet: das waren für viele christliche Menschen untrügliche Zeugnisse der Korrespondenz zwischen irdischen Ereignissen und der Gestirnswelt. Konstantin der Große, Thomas von Aquin, Roger Bacon, Friedrich II., Dante, Paracelsus, Nikolaus Kopernikus, Johannes Kepler, Philipp Melanchthon, Albrecht von Wallenstein, Tycho Brahe waren alle vom Einfluß der Gestirne auf das menschliche Schicksal überzeugt – im Gegensatz zu Tacitus, Seneca, Paulus, Augustinus, Bonaventura, Pico della Mirandola, Martin Luther, um nur einige der zahllosen Gegner der Sterndeutung zu nennen. Nicht wenige Menschen mußten im Laufe der Zeiten ihr Leben lassen, weil die Mächtigen aus ihren Horoskopen Gefahren für sich von ihnen fürchteten. Erst im 18. Jahrhundert, in der Zeit der Aufklärung, wandte man sich allgemeiner von der Astrologie ab. Trotzdem verzeichnete Goethe in *Dichtung und Wahrheit* genau die Konstellation der Gestirne bei seiner Geburt, und anscheinend war es der Wille Hölderlins, in seinem Rhein-Gedicht ein Bekenntnis zum Glauben an den Einfluß der Sterne auf den menschlichen Charakter abzulegen:

> Denn wie du anfingst, wirst du bleiben,
> so viel auch wirket die Not und die Zucht;
> das meiste nämlich vermag die Geburt
> und der Lichtstrahl, der dem Neugebornen begegnet.

Der Freitag bietet im lexikalischen Teil dieses Buches ein gutes Beispiel für den Wandel der Anschauungen von der vorchristlichen Zeit zur christlichen: war er ursprünglich ein Glückstag, so wurde er unter christlichen Vorzeichen ein Unglückstag. Nicht so

ausgeprägt ist der Wandel in den Auffassungen des Donnerstages, obgleich gerade dieser »Tag Donars« von der Kirche nachdrücklich bekämpft worden ist, da man ihn regional noch bis ins
17. Jahrhundert gefeiert hat. Ganz im Gegensatz dazu ist in dem
Verhältnis zum Wasser ein bemerkenswerter Gleichklang zwischen vorchristlichen und christlichen Auffassungen feststellbar:
die kultische Reinigung und Weihe nach alten religiösen Vorstellungen (beispielsweise im Isis- und Mithras-Kult sowie bei den
Nordgermanen) ging über in die christliche Taufe mit dem
geweihten Wasser, das – mit dem Leben spendenden ↗ Salz
versetzt – in der katholischen Kirche zu vielen religiösen
Handlungen gehört.
Gegenüber dem Glauben an die Heilkräuter verhielt sich die
Kirche vorsichtig taktierend: Wurden sie unter dem Hersagen von
Gebeten gesammelt, so war dagegen nichts einzuwenden, wur-
den aber die althergebrachten Beschwörungsformeln gemurmelt,
so sollte die Wirkung der Kräuter null und nichtig sein.
Der Morgen, die Zeit vor Sonnenaufgang, aber auch die nach
Sonnenuntergang, die Mittagszeit, Mitternacht, hatten alle ihre
besonderen Vorzüge und Nachteile für Arbeiten, magische
Beschwörungen, für die Gesundheit. Auch GOETHES Faust
wünschte sich bei Vollmond am Morgen:

> »... von allem Wissensqualm entladen,
> in deinem Tau gesund mich baden.«

Jahres-, Monats-, Wochen- und Tages-Anfang spielen auch bei
dem viel beachteten Glauben vom sogenannten ↗ Angang eine
wichtige Rolle. Man glaubte, daß beispielsweise die erste Begegnung mit einer alten Frau, mit einem Kaminkehrer oder einer
schwarzen Katze für das Folgende, insbesondere für Gesundheit
und Finanzen von Bedeutung sei. In diesem Zusammenhang sei
auch die weit verbreitete Meinung erwähnt, man könne durch
Anspucken des ersten eingenommenen Geldes den weiteren
Geschäftserfolg fördern, wobei der bereits angeführte Glaube an
die magischen Kräfte menschlicher Ausscheidungen eine Rolle
spielt.
Der Ermittlung der Zukunft dienten auch die Totenbeschwörun-
gen, die im Orakel König Sauls im Alten Testament, aber auch im
11. Gesang von HOMERS Odyssee Vorbilder hatten. Aus der Antike
wie aus der spätrömischen Kaiserzeit – NERO, CARACALLA und
andere Kaiser – sind nicht wenige solcher spiritistischen Orakel

bekannt. Der bereits zitierte Abt JOHANNES TRITHEMIUS soll einer Überlieferung zufolge 1482 für den nachmaligen Kaiser MAXIMILIAN I. dessen verstorbene Frau nochmals aus dem Totenreich zurückgeholt haben. Verschiedentlich wird vermutet, daß der Abt, der über ein reiches magisches Wissen verfügt haben soll, für seine wiederholten nekromantischen Experimente mit Spiegeln manipuliert habe. Im *Volksbuch vom Doktor Faust* hat dieser Magier für KARL V. sowohl dessen verstorbene Frau wie auch den seit achtzehnhundertfünfzig Jahren toten ALEXANDER DEN GROSSEN herbeizitiert. Aber auch in der Gegenwart behaupten manche Hellseher, Kontakt mit dem Jenseits zu haben und Verbindungen mit Verstorbenen herstellen zu können. Ein Gericht in Aachen hat dazu 1985 festgestellt, daß heutzutage viele Menschen an »übersinnliche Fähigkeiten« glauben und ein von der Staatsanwaltschaft beantragtes Betrugsverfahren gegen eine Hellseherin abgelehnt.

Das Verhalten gegenüber dem Spiegel ist ein interessantes Indiz für den Wandel von der antiken zur christlichen Weltanschauung. SOKRATES soll seinen Schülern einen täglichen Blick in den Spiegel empfohlen haben, denn er wollte auf diese Weise die Selbsterkenntnis seiner Eleven vervollständigen: Man strebte in der Antike nach der Übereinstimmung zwischen Geist und Aussehen des Menschen (*Kalokagathie).* Dem Christentum jedoch galt der Spiegel in erster Linie als ein Instrument der Eitelkeit, und JOHANNES TRITHEMIUS war einer der vielen, die sogar vom Wirken von Dämonen in den Spiegeln überzeugt waren.

An ↗ Dämonen glaubten eben nicht nur Griechen und Römer in vorchristlicher Zeit, sondern bestimmt ebenso heftig auch die Christen. ORIGENES, HIERONYMUS und AUGUSTIN sind dafür frühe Beispiele. Der heilige Augustin hat das ganze Mittelalter nachhaltig beeinflußt und er meinte etwa: »Alle Krankheiten der Christen kommen von diesen Dämonen, die besonders die frisch Getauften quälen und sogar neugeborene Kinder.« So erklären sich viele Ängste um die ↗ Neugeborenen, aber auch der bereits erwähnte Glaube, Krankheiten durch Vertreiben der Dämonen heilen zu können. THOMAS VON AQUIN schrieb in seiner *Summa Theologiae:* »Regen und Wind und all dergleichen schlimmes Wetter wird durch Dämonen verursacht. Es ist ein Dogma, daß die Dämonen Wind, Sturm und Feuerregen vom Himmel herabstürzen.« ALBERTUS MAGNUS, der Lehrer des THOMAS VON AQUIN, glaubte, es entstünden Wirbelwinde, wenn man einen besonderen Balsam in eine Quelle wirft, und noch dreihundert Jahre später wollte MARTIN LUTHER Ähnliches wissen: Wenn man einen Stein in einen bestimmten Sumpf werfe, werden die dort gebannten Teufel oder Dämonen frei und erzeugen einen furchtbaren Sturm.

Nicht wenige Sentenzen des Aberglaubens verleiten heute zu der Meinung, es wären damit vordergründige pädagogische Ziele verfolgt worden, etwa wenn mit Geschwüren bedroht wurde, wer sich auf einen Tisch setzte, oder wenn der vor dem Teufel gewarnt wurde, der beim Gähnen die Hand nicht vor den Mund hielt und wenn diejenigen ihre Gesundheit verlieren sollten, die in einen Fluß spuckten. Aber hier waren – jedenfalls in den Ursprüngen – tiefere Motive ausschlaggebend, als wir auf den ersten Blick aus der heutigen Situation erkennen: Der Tisch galt ebenso wie der Herd des Hauses als heilig, und sich darauf zu setzen war ein schlimmes Sakrileg; vom Teufel glaubte man ebenso wie von den Hexen, daß sie häufig in Mückengestalt umherschwirrten und so in den beim Gähnen geöffneten Mund fliegen und von dem Menschen Besitz ergreifen könnten; den Speichel als Träger des Lebensstoffes sollte man nicht achtlos beseitigen, sondern tunlichst bei sich behalten.

Zwei uralte Delikte, die aber seit langem zum Aberglauben zählen, sind der ↗ Böse Blick und das ↗ Bereden. Schon in der griechischen Sage hat man die Gorgonen bezichtigt, ihr Blick und Anblick würde jeden versteinern. Auch im Alten Testament wendet sich Gott von den Sündern nicht ab, sondern er richtet sein Angesicht »gegen« sie (*3. Buch Moses*, 20,6; 26,17). Die altrömischen *Decemviri* haben um 450 v. Chr. in ihren Gesetzen alle die mit dem Tod bedroht, die mittels eines Bösen Blickes Schaden angerichtet haben. PLUTARCH berichtete von Anwohnern des Pontus, des Schwarzen Meeres, die mit ihrem Blick angeblich Männer und Knaben erkranken und dahinsiechen lassen konnten. Im Mittelalter berichtete BURCHARD VON WORMS von Frauen, die durch ihren Blick Gänse, Pfauen, Hühner und Ferkel bezaubern und vernichten konnten. Auch der berüchtigte »Hexenhammer«, der zum verderbenbringenden Strafkodex des 16. und 17. Jahrhunderts wurde, prangerte die Wirkungen des Bösen Blickes an. Die Römer haben Papst PIUS IX. (1846–1878) den Bösen Blick nachgesagt und zur Abwehr bei Gelegenheit den kleinen und den Zeigefinger ausgestreckt. Aber sogar noch in unserer Gegenwart wird dem Auge, dem Blick, magische Macht über andere Menschen zugeschrieben, im guten wie im bösen Sinn:»Mit den Augen aufspießen« sagt man. Wie man den Schielenden, Rothaarigen, Menstruierenden besonders häufig den Bösen Blick nachgesagt hat, so auch den Hinzurichtenden, denen deshalb die Augen verbunden wurden. S. SELIGMANN hat den Glauben an den Bösen Blick in zwei Bänden mit rund 900 Seiten umfassend dargestellt (↗ Literatur-Verzeichnis).

Im Altertum wurde von ganzen Völkerschaften in Afrika behauptet, daß sie mit Lobsprüchen Bäume vertrocknen und Kinder sterben lassen könnten. Wohlmeinend soll der athenische Gesetzgeber SOLON um 600 v. Chr. geraten haben:»Ehe jemand gestorben, soll man sich hüten, ihn glücklich zu nennen« (Herodot I,32). Das Berufen, Bereden oder Beschreien eines Glücksumstandes gilt für Abergläubische auch heute noch als gefährlich, weil daraufhin das Glück zerbrechen und die Gesundheit entfliehen würde, wie man teils scherzhaft, teils ernst meint. Die Flieger wünschen sich gegenseitig»Hals- und Beinbruch«, um nicht durch einen förmlichen Glückwunsch das Glück zu beschreien und damit zu vertreiben. In JOHANN WOLFGANG VON GOETHES *Faust* warnt Wagner seinen Herrn:

> Berufe nicht die wohlbekannte Schar,
> die strömend sich im Dunstkreis überbreitet,
> dem Menschen tausendfältige Gefahr
> von allen Enden her bereitet!

Die Möglichkeit, sich unsichtbar und damit unverwundbar und unüberwindbar zu machen, kennt man gleichfalls vom Altertum bis in die Neuzeit. Nach der von HERODOT überlieferten Sage hat der lydische König Kandaules im 7. Jahrhundert v. Chr. dem Gyges seine schöne Gemahlin unbekleidet vorgeführt. Die beleidigte Königin zwang Gyges zum Kampf gegen den König, den er – nach PLATON – mit Hilfe eines unsichtbar machenden Ringes besiegen konnte. Mit vielerlei Mitteln und Manipulationen glaubten die Menschen sich ↗ unsichtbar und ↗ unverwundbar machen zu können. In der Neuzeit galten die Hohenzollern insgesamt als kugelfest, und nur silberne Kugeln sollten die Angehörigen dieser Dynastie verwunden können. 1724 wurde in Preußen zwar das zauberische»Festmachen« sogar gesetzlich verboten, aber noch im Ersten Weltkrieg war der volkstümliche preußische Feldmarschall Graf HAESELER, der»grobe Gottlieb«, mit der Aura der Unverwundbarkeit umgeben.

Im heutigen Zahlenaberglauben sollten die Drei und die Sieben Glück verheißen, die Dreizehn jedoch Unglück. Zahlenmystik und Zahlensymbolik sind bei allen Völkern und Religionen von den Uranfängen verbreitet. Es ist vorstellbar, daß das Denken in Zahlensymbolen mit dem Einen, der Eins als dem Zeichen der Einheit, den Anfang nahm und mit den Zweien als dem Symbol des Dualismus und der Polarität fortgesetzt wurde, die Drei galt sodann als Sinnbild der Synthese (zum Beispiel Vater, Mutter, Kind) und bei vielen Völkern und Religionen als heilige Zahl. Die christliche Trinitätslehre war keineswegs neu, sondern hatte ihre Vorbilder und Analogien in einer Fülle von Götterdreiheiten in der gesamten Antike. Die Beobachtung des Sternenhimmels gab Anlaß zu weiterer Zahlenmystik, und die siebentägigen Mondperioden verliehen der Sieben besonderes Gewicht, teilweise mit heiliger Bedeutung (↗ Zahlen und die verschiedenen Zahlwörter).

V.

Ist es möglich, die Beweggründe für den Aberglauben allgemeinverbindlich zu fixieren? Warum glauben Menschen heute an diese oft widersinnigen, unverständlichen Sentenzen aus meist alten Zeiten?

Zweifellos reizt nicht selten gerade das Unverständliche, Unerklärliche an den einen oder anderen Aberglaubens-Reflexionen. Das Geheimnisvolle, verstandesmäßig nicht Erfaßbare weckt im Menschen oft den Glauben, daß ihm dies das ersehnte Heil bringen könne. So kommt der Aberglaube in vielen Fällen der menschlichen Lust an Abenteuern und an Spekulationen entgegen. Oft ist die Anwendung abergläubischer Sentenzen gar nicht so ernst gemeint, sondern soll mehr den Spieltrieb stillen. Widersprüchlich ist vieles im Aberglauben, weil die Sentenzen oft aus verschiedenen Zeiten und Regionen kommen, aber er bietet häufig sinnlich eingängigere, konkretere Formeln als die kirchlichen Glaubenssätze, womit auch das Variieren dieser Glaubenssätze hin zu dinglicheren Bräuchen im Volksglauben zu erklären ist. »Brauchbare Religion ist immer auch sehr direkt und materialistisch« schrieb der Hamburger Religionspädagoge FULBERT STEFFENSKY. Viele da und dort Abergläubische lockt heute sicher auch die Naturverbundenheit, die in nicht wenigen Reflexionen zum Ausdruck kommt.

Oft unterstützen zufällige Begebenheiten den Aberglauben: die blinde Schicksalsmacht des Zufalls scheint den Glauben an geheimnisvolle Kräfte und Mächte zu bestätigen, verschiedentlich auch bis dahin unbekannte Zusammenhänge zu offenbaren und dadurch zu neuen abergläubischen Vorstellungen anzuregen. So ist im 17. Jahrhundert in einem von einem Offizier am Körper getragenen Mansfelder St.-Georgs-Taler eine Gewehrkugel steckengeblieben. Dieser Zufall war die Ursache, daß den Georgs-Talern nachgesagt wurde, sie würden generell unverwundbar machen.

Es scheint, daß gewisse geistige Tendenzen, die dem Irrationalen besonders verbunden sind, etwa romantische und mystische Strömungen, für das Blühen des Aberglaubens vorzugsweise günstig sind. Solche Zeiten waren in der Vergangenheit für alle subjektiven Äußerungen ungewöhnlich aufgeschlossen, die geistige Vielfalt hatte einen guten Nährboden, spekulatives Denken fand besondere Aufmerksamkeit, und so erhielt auch der Glaube an die Fülle der Schutzgeister, Genien und individuellen Engel viel Förderung. Unter diesem Aspekt ist es auch verständlich, daß den Frauen besonders große Empfänglichkeit nicht nur für den religiösen Glauben, sondern auch für den Aberglauben nachgesagt wird – nicht selten freilich in ironischer, boshafter Weise, wenn etwa FRIEDRICH NICOLAI 1783 von der »Spinnrockentheologie« schrieb. Aber dieser scharfzüngige Anführer der Berliner Aufklärung war selbst keineswegs gegen Aberglauben gefeit und verfiel allgemeinem Gelächter, als er öffentlich kundtat, er habe sich von Wahnvorstellungen durch Aufsetzen von Blutegeln auf sein Hinterteil geheilt. GOETHE schrieb darüber süffisant in seinem *Faust:*

> Wenn Blutegel sich an seinem Steiß ergetzen
> Ist er von Geistern und von Geist kuriert.

Die Sagen sind vielfach Transportformen des Aberglaubens, und die Wechselbeziehungen zwischen diesen beiden Äußerungen des Volksglaubens und der Unterhaltung sind mannigfaltig. Beide nehmen oft tatsächliche Begebenheiten, wirkliche Erfahrungen mindestens als Hintergrund für sich in Anspruch. Mit Hilfe der örtlich und zeitlich meist festgelegten Sagen kann manche abergläubische Sentenz näher bestimmt werden. In Wien wurde 1814 die Herausgabe der Grimmschen Kindermärchen verboten, weil sie allzuviel Aberglauben enthielten!

Was ist nun dieser vielgestaltige Aberglaube? Ist er nur der Widerpart des christlichen Kirchenglaubens, wie es nach mancher der zitierten Äußerungen von Klerikern scheint? Oder sind es über den authentischen, offiziellen Kirchenglauben hinausgehende Übertreibungen, wie wir sie in großer Zahl festgestellt haben? Handelt es sich beim Aberglauben um die Reste früherer religiöser Anschauungen, wie sich aus einer semantischen Ableitung der lateinischen Bezeichnung *superstitio* ergibt? Oder sind die Maximen als eine Gegenposition zu gültigen naturwissenschaftlichen und medizinischen Erkenntnissen zu verstehen? Es ist nicht leicht, den Aberglauben mit seinen vielfältigen Erscheinungen und Verzweigungen in einer eindeutigen Definition zu erfassen. Alle oben gestellten Fragen sind mit Teilen des im alphabetischen Abschnitt dieses Buches aufgeführten Materials positiv zu beantworten. Aber eben immer nur mit einem Teil, während die Mehrheit stets über den Rahmen der einzelnen Fragen hinausgeht.

In dem umfangreichen *Handwörterbuch des deutschen Aberglaubens* wird der Aberglaube als »Glaube an die Wirkung und Wahrnehmung naturgesetzlich unerklärter Kräfte, soweit diese nicht in der Religionslehre selbst begründet sind«, beschrieben. Hier wird also, im Gegensatz zu der bereits zitierten Definition im *Wörterbuch der deutschen Volkskunde* (↗ S. 275 f.), der Aberglaube deutlich vom Glauben abgehoben, obgleich beidemale »naturgesetzlich unerklärte Kräfte« angenommen werden. Aber doch kann auch diese Definition nicht alle Aberglaubens-Sentenzen erfassen, wie sich zeigt, wenn man im lexikalischen Teil dieses Buches etwa die Stichwörter ↗ Not, ↗ Pfeifen, ↗ Knödel, ↗ Angang nachliest. Aber auch die Reflexionen über die verschiedenen Zahlen werden durch diese Definition kaum gedeckt. Wenn etwa allen denen Wohlhabenheit versprochen wird, die am Weihnachtsabend Knödel essen, oder wenn ein Skandal sich durch das Nachrauchen einer ausgeblasenen Kerze ankündigen soll, so ist eine naturgesetzliche Erklärung überhaupt nicht gefragt, sondern es handelt sich um reine Glaubenssätze, möglicherweise aufgrund mehrmaliger, zufälliger Erfahrungen.

Nach heutiger allgemeiner Auffassung steht der Aberglaube notwendig in Opposition zu einem anderen, mehrheitlich anerkannten und praktizierten Glauben. Dieses Erfordernis wird in der Definition des *Handwörterbuchs des deutschen Aberglaubens* nicht berücksichtigt. Wenn im 12. Jahrhundert HILDEGARD VON

313

BINGEN Würmer in den Zähnen vermutete und den Nährstoffgehalt des Fleisches davon abhängig wähnte, ob die Tiere bei zu- oder abnehmendem Mond geschlachtet wurden, oder wenn der Zürcher Arzt und Physiker KONRAD GESNER im 16. Jahrhundert Pulver von den Spitzen der Stierhörner mit Wasser getrunken als blutstillend empfohlen hat, dann wurde das alles damals vielleicht mehrheitlich als hilfreich geglaubt und akzeptiert – es wurde erst später als Aberglauben erkannt. Allerdings wird man nicht jede Hypothese, die sich nachträglich als Irrtum herausstellt, als Aberglauben bezeichnen – es kommt dabei auch auf den individuellen Blickwinkel an. Das gilt zum Beispiel von dem *Phlogiston*, das man im 17./18. Jahrhundert als Bestandteil jedes brennbaren Stoffes vermutete und das die Brennbarkeit angeblich erst ermöglichte. Nach der Entdeckung des Sauerstoffes wurde die Phlogistontheorie Ende des 18. Jahrhunderts verworfen. Die Meinung des THOMAS VON AQUIN:»Der Nordwind hilft zur Zeugung von Männern, der Südwind aber zur Zeugung von Frauen«ist vielleicht schon im 13. Jahrhundert auf abergläubische Skepsis gestoßen, jedenfalls kann man sich das heute kaum anders vorstellen.

Eine Verschiebung von Glaubensinhalten zum Aberglauben kann auch heute subjektiv vollzogen werden, wenn zum Beispiel die christliche Grundlage verlassen und etwa das liturgische Ritual nur noch als sinnleere Handlung verstanden wird. Für Rationalisten und Positivisten haben Glauben und Aberglauben die gleiche Wurzel, für sie ist jeglicher Glaube an Götter, Dämonen, Genien und sonstige überirdische Geistwesen nur ein menschlicher Versuch, sich über die Rätsel der Welt, über das Unerklärliche um uns herum, hinwegzutrösten und die Widrigkeiten des menschlichen Lebens besser zu bewältigen.

Es hat sich mehrfach gezeigt, daß zwischen Glauben und Aberglauben Wechselbeziehungen bestehen und daß es auf die persönliche Einstellung des einzelnen ankommt, wie er diese oder jene These realisiert. KARL PRÜMM stellt in seinem *Religionsgeschichtlichen Handbuch* mit Blick auf die Antike allerdings fest:»Sobald sich der Wille, die Gottheit zu beherrschen, an die Stelle demütiger und ehrfürchtiger Bitte schiebt, ist der Bezirk des Religiösen verlassen. Sobald unsittliche Zwecke, etwa der Wille, dem Nächsten zu schaden, festzustellen sind, ist man im Bereich des Irreligiösen, oft sogar dem der Magie, denn unsittliche Zwecke widerstreiten der Religion.« Hier ist zu fragen, bei welchem Dringlichkeitsgrad – nach dieser Argumentation – Bitten den Charakter von Forderungen an die überirdische Macht annehmen. Es sei an die erwähnten Psalmen 108 und 109 erinnert mit ihren Bitten an Gott um Vernichtung der Feinde und ihrer Nachkommen. Nach der oben zitierten Argumentation ist hier eindeutig der »Bereich des Irreligiösen« beschritten.

Es zeigt sich, daß keine der vorgetragenen Definitionen den Aberglauben ganz erfassen und ihn gegen den Glauben der Mehrheit abgrenzen kann. Deshalb soll hier eine neue Begriffsbestimmung zur Diskussion gestellt werden: Der Aberglaube ist subjektiv und steht im Widerspruch zu besserem Wissen seiner Zeit sowie zu einem mehrheitlich vertretenen Glauben und läßt sich zumeist auf Reste früherer Glaubens- und Verhaltensregeln zurückführen.

Diese Definition muß sich nun mindestens hinsichtlich des »mehrheitlich vertretenen Glaubens« verteidigen. Parallel spricht zwar auch WILHELM HEHLMANN in seinem *Wörterbuch der Psychologie* (12. Auflage, 1974) davon, daß der Aberglaube »den in einer Gesellschaft herrschenden religiösen oder ideologischen Vorstellungen« nicht entspreche – wenn wir uns aber die zitierten Äußerungen der verschiedenen Theologen ansehen, so ist zu bezweifeln, ob der christliche Glaube heute wirklich »der mehrheitlich vertretene Glaube« sein kann. Aber welcher Glaube sollte es sonst sein? Der Aberglaube sicher nicht, denn er ist viel zu differenziert, viel zu weitläufig und wechselhaft, als daß man überhaupt von »dem« Aberglauben sprechen könnte. Schon der vorchristliche CICERO mußte mit seiner Forderung, alle Keime des Aberglaubens auszurotten, erfolglos bleiben, und – ein großer Sprung – der deutsche Soziologe MAX WEBER bedauerte 1919 etwas voreilig, daß die Welt zunehmend entzaubert werde, weil infolge der Intellektualisierung der Glaube an geheimnisvolle, unberechenbare Mächte untergegangen sei. JOHANN WOLFGANG VON GOEHTE hatte dagegen recht mit seiner Meinung, daß Aberglaube zum Wesen des Menschen gehöre – und deshalb ebenso wie sein subjektiver Antipode, der Glaube, bestehen wird, so lange es Menschen gibt. Das, was für wahr gehalten wird, hat die Welt und das Leben der Menschen oft stärker verändert als die »Realitäten« – und das wird auch so bleiben. »Vom Glauben hängt die Welt ab«, meinte NOVALIS – allerdings auch »Glauben und Vorurteil ist eins«.

Literatur

Unter der Literatur über den Aberglauben ragt das »Handwörterbuch des deutschen Aberglaubens«, herausgegeben von Hanns Bächtold-Stäubli in Verbindung mit E. Hoffmann-Krayer und zahlreichen Beiträgern hervor. Obgleich das Erscheinen des 1. Bandes bereits rund sechzig Jahre zurückliegt und der angekündigte Ergänzungsband nie erschienen ist, ist dieses Werk für die wissenschaftliche Arbeit doch nach wie vor unentbehrlich.

Abel, Othenio: Die vorweltlichen Tiere in Märchen, Sage und Aberglauben. Karlsruhe 1923.

Agrippa von Nettesheim: Magische Werke. 5 Teile, 4. Aufl. (Manualdr. 1858) Berlin 1921.

Albach, Walter/Allgöwer, Albert: Sagen und Geschichten aus dem Odenwald. Tübingen 1981.

Albertus Magnus: Von den Geheimnissen der Weiber 1704. Von den Tugenden der Kräuter, Steine und etlicher Thiere. 1704.

Angerpointner, Alois: Altbairische Sagen. 3 Teile. Dachau 1980–1985.

Arnold, Klaus: Johannes Trithemius (1462–1516). Würzburg 1971.

Bächtold-Staubli Hanns (Hrsg.): Handwörterbuch des deutschen Aberglaubens. 10 Bände. Berlin 1927–1942.

Bausinger, Hermann: Aufklärung und Aberglaube. In: Deutsche Vierteljahresschrift für Literaturwissenschaft und Geistesgeschichte. 1963.

Becker, Rudolph Z.: Noth- und hülfs-büchlein für bauersleute. Gotha 1788–1798.

Berthold von Regensburg: Vollständige Ausgabe seiner Predigten mit Anmerkungen, 2 Bde. Nachdr. Berlin 1965.

Bibel. Einheitsübersetzung. 1980.

Bonin, Werner F.: Lexikon der Parapsychologie. Frankfurt 1981.

Borst, Arno: Lebensformen im Mittelalter. Berlin 1979.

Boudriot, Wilhelm: Die altgermanische Religion in der amtlichen kirchlichen Literatur des Abendlandes vom 5. bis 11. Jahrhundert. Bonn 1928.

Brandenburg, Dietrich: Medizin und Magie. Berlin 1975.

Bronner, Franz J.: Von deutscher Sitt' und Art. München 1908.

Buttersack, Felix: Außersinnliche Welten. 1939.

Carl, V.: Pfälzer Sagen. 3 Bände. 1967–1976.

Cäsarius von Heisterbach: Wunderbare und denkwürdige Geschichten. Hrsg. von Alexander Kaufmann. Köln 1888–1891.

Cube, Johannes von: Hortus sanitatis. Mainz 1485, Neudruck München 1924.

Delumeau, Jean: Angst im Abendland. 2 Bände. Reinbek 1985.

Diederichs, Ulf und Hinze, Christa: (Hrsg.) Alemannische Sagen. Köln 1984.

Diederichs, Ulf und Hinze, Christa: (Hrsg.) Sagen aus Niedersachsen. 2. Aufl. Düsseldorf 1978.

Diederichs, Ulf und Hinze, Christa: (Hrsg.) Hessische Sagen. Düsseldorf 1978.

Dinzelbacher, Peter: Vision und Visionsliteratur im Mittelalter. Stuttgart 1981.

Döbler, Hansferdinand: Märkische Sagen. Berlin 1985.

Eckartshausen, Karl von: Entdeckte Geheimniße der Zauberey. München 1790.

Endres, Franz C.: Mystik und Magie der Zahlen. 3. überarb. u. verm. Aufl. Zürich 1951.

Endres, Franz C./Schimmel Annemarie: Das Mysterium der Zahl. Köln 1984.

Endrös, Hermann/Weitnauer Alfred: Allgäuer Sagen. Kempten 1981.

Erich, Oswald/Beitl, Richard: Wörterbuch der deutschen Volkskunde. 3. Aufl. Stuttgart 1974.

Fehr, Joseph: Der Aberglaube und die katholische Kirche des Mittelalters in seinem Verhältnis zum Christentum... Stuttgart 1857.

Freybe, Albert: Der deutsche Volksaberglaube. Gotha 1910.

Freytag, Gustav: Bilder aus der Deutschen Vergangenheit. 3 Bde. München 1978.

Galling, Kurt u. a. (Hrsg.): Die Religion in Geschichte und Gegenwart. 6 Bde. u. Reg.-Bd. 3. bearb. neu-Aufl. Tübingen 1957–1965.

Geib, Karl: Die Sagen und Geschichten des Rheinlandes. Nachdr. Walluf 1984. Tübingen 1957–1965.

Geißler, Gerh. (Hrsg.): Europ. Dokumente aus fünf Jahrhunderten. 1939.

Gesner, Konrad: Historia animalium. 1551–1558, neu 1669–1670.

Geßmann, Gustav W.: Die Pflanze im Zauberglauben. Wien 1899.

Gesta Romanorum. Übers., hrsg. von Winfried Trillitzsch. Leipzig 1973.

Gregorius von Tours: Zehn Bücher fränkischer Geschichte. Auf Grund der Übersetzung Wilhelm von Giesebrechts. Neubearb. von R. Buchner. 2 Bde. New York 1964.

Grimm Jacob: Deutsche Mythologie. 3 Bde. Bearb. v. E. H. Mayer. Nachdruck der 4. Aufl. Berlin 1875–1878. Graz 1968/1969.

Grimm Jacob / Wilhelm Grimm: Deutsche Sagen. Nach d. Text d. 3 .Aufl. v. 1891 m. d. Vorrede der Gebr. Grimm z. 1. Aufl. Vollst. Ausgabe. München 1981.

Grimmelshausen Hans J. Chr. von: Des abenteuerlichen Simplicissimus. Ewig-Währender Calender. 1670. Neudruck hrsg. von K. Haberkamm. Konstanz 1967.

Guntern Josef (Hrsg.): Walliser Sagen. 6. Aufl. Olten 1981.

Gurjewitsch Aaron J.: Das Weltbild des mittelalterlichen Menschen. 2. Aufl. München 1982.

Hagen, Friedrich H. von der: Gesammtabenteuer. 100 altdeutsche Erzählungen: Ritter- und Pfaffen-Mären, Stadt- und Dorfgeschichten, Schwänke, Wundersagen und Legenden. Stuttgart 1850. unveränd. Nachdruck Darmstadt 1961.

Hahnzog, Christian: Predigten wider den Aberglauben der Landleute. Magdeburg 1784.

Hain, M.: Burchard von Worms († 1025) und der Volksglaube seiner Zeit. In: Hessische Blätter für Volkskunde. 1956.

Haining, Peter: Das große Gespenster-Lexikon. Düsseldorf 1983.

Haltrich, Josef: Die Macht und Herrschaft des Aberglaubens in seinen vielfachen Erscheinungsformen... 2. Aufl. Schässburg 1871.

Hansen, Joseph: Zauberwahn, Inquisition und Hexenprozeß im Mittelalter. München 1900.

Hardt, Manfred: Die Zahl in der Divina Commedia. Wiesbaden 1973.

Harmening, Dieter: Superstitio. Überlieferungs- und theoriegeschichtliche Untersuchung zur kirchlich-theologischen Aberglaubensliteratur des Mittelalters. Berlin 1979.

Harmening, Dieter: Aberglaube und Alter. In: Harmening Dieter u. a. (Hrsg.), Volkskultur und Geschichte. Festgabe für Josef Dünninger. Berlin 1970.

Hartlaub, Gustav F.: Zauber des Spiegels. München 1951.

Hartlaub, Gustav F.: Das Unerklärliche. Stuttgart 1951.

Hebel, Johann P.: Schatzkästlein des rheinischen Hausfreundes. Tübingen 1811.

Hefele, Karl J. von: Conciliengeschichte. 2. Aufl. 9 Bde. Freiburg 1873–1890.

Hehlmann, Wilhelm: Wörterbuch der Psychologie. 11. erg. Aufl. Stuttgart 1974.

Hildegard von Bingen: Heilkunde. Hrsg. von Heinrich Schipperges. 4. Aufl. Salzburg 1957.

Hinze, Christa/Diederichs, Ulf (Hrsg.): Fränkische Sagen. 2. Aufl. Köln 1981.

Höfer, J./Rahner, K. (Hrsg.): Lexikon für Theologie und Kirche. 11 Bde. 2. völlig überarb. Aufl. Freiburg 1957–1968.

Höfler, Max: Volksmedizinische Botanik der Germanen. Wien 1908.

Holtz, Gottfried: Die Faszination der Zwänge. Göttingen 1984.

Homann, H.: Der Indiculus superstitionem et paganiarum und verwandte Denkmäler. 1966.

Imhof, Arthur E.: Die verlorenen Welten. 2. Aufl. München 1985.

Jung, Carl Gustav u. a. (Hrsg.): Der Mensch und seine Symbole. 6. Aufl. Olten 1982.

Kahrstedt, Ulrich: Kulturgeschichte der römischen Kaiserzeit. 2. Aufl. 1958.

Kapfhammer, Günther (Hrsg.): Bayerische Sagen. Berlin 1984.

Klingner, Erich: Luther und der deutsche Volksaberglaube. Berlin 1912.

Konrad von Megenberg: Das Buch der Natur. Hrsg. von Hugo Schulz. Greifswald 1897.

Hansmann, Liselotte/Kriss-Rettenbeck, Lenz: Amulett und Talismann. München 1966.

Kühnel, Harry (Hrsg.): Alltag im Spätmittelalter. 2. Aufl. Graz 1985.

Krug, Antje: Heilkunst und Heilkult. München 1985.

Lehmann, Alfred: Aberglaube und Zauberei. Von den ältesten Zeiten an bis in die Gegenwart. 3. Aufl. Stuttgart 1925.

Lévi, Eliphas: Geschichte der Magie. 2 Bde. (Nachdr. 1. Ausg. 1926) Basel 1978.

Lexikon des Mittelalters. München 1984 ff.

Liebrecht, F.: Des Gervasius von Tilbury Otia imperialia. 1856.

Löhlein, Herbert: Handbuch der Astrologie. München 1977.

Löhr Hanns: Aberglauben und Medizin. Leipzig 1940.

Lurker, Manfred: Der Kreis als Symbol in Denken, Glauben und künstlerischen Gestalten der Menschheit. Tübingen 1981.

Lurker, Manfred: Adler und Schlange. Tiersymbolik im Glauben und Weltbild der Völker. 1983.

Lurker, Manfred: Lexikon der Götter und Dämonen. Stuttgart 1984.

Mangin, Henri: Die Hand, ein Sinnbild des Menschen. Zürich 1951.

Marzell, Heinrich: Die heimische Pflanzenwelt im Volksbrauch und Volksglauben. Leipzig 1922.

Marzell, Heinrich: Zauberpflanzen, Hexentränke. Stuttgart 1964.

Marzell, Heinrich: Geschichte und Volkskunde der deutschen Heilpflanzen. (Nachdr.) Darmstadt 1967.

Masson H.: Dictionnaire Initiatique. 1970.

Maué, Hermann/Veit, Ludwig (Hrsg.): Münzen in Brauch und Aberglauben. Mainz 1982.

Meyer, Carl: Der Aberglaube des Mittelalters und der nächstfolgenden Jahrhunderte. 1884. Nachdruck 1971.

Moisy, Sigrid von: Von der Aufklärung zur Romantik. Regensburg 1984.
Moser, Fanny: Das große Buch des Okkultismus. (Nachdr. d. 1. Aufl.) 1974.
Negelein Jul. von: Weltgeschichte des Aberglaubens. 2 Bde. Berlin 1931–1935.
Nicolai, Friedrich: Beschreibung einer Reise durch Deutschland und die Schweiz im Jahre 1781. 1783–1796.
Obermayr (Pseud.): Bildergalerie katholischer Misbräuche. 1784.
Ortolf von Baierland: Das Arzneibuch. 14. Jh. Neu hrsg. von James Follan. Stuttgart 1963.
Paracelsus: Werke. 5 Bde. Hrsg. von Will E. Peuckert. Stuttgart 1965–1977.
Der kleine Pauly. Lexikon der Antike. Hrsg. von Konrad Ziegler und Walther Sontheimer. 5 Bde. München 1964–1975.
Petzoldt, Leander (Hrsg.): Deutsche Volkssagen. 2. überarb. Aufl. München 1978.
Peuckert, Will-Erich: Deutscher Volksglaube des Spätmittelalters. Stuttgart 1942.
Peuckert, Will-Erich: Pansophie. 3 Bde. Berlin 1967–1976.
Physiologus. Hrsg. von Otto Seel. 4. Aufl. München 1984.
Praetorius, Johannes (Hrsg.): Hexen-, Zauber- und Spukgeschichten aus dem Blocksberg. 17. Jh. Auswahl. Frankfurt/M. 1979.
Prümm, Karl: Religionsgeschichtliches Handbuch . . . Freiburg 1943.
Radford, E. & M. A. and Hole Chr.: Encyclopaedia of Superstitions. 1961.
Rattelmüller, Paul E.: Bayerisches Brauchtum im Jahreslauf. München 1985.
Riehl, Wilhelm: Die Naturgeschichte des deutschen Volkes. Hrsg. von G. Ipsen. Stuttgart 1935.
Rölleke Heinz: Westfälische Sagen. Köln 1981.
Rose, Herbert J.: Griechische Mythologie. 6. durchges. Aufl. München 1982.
Rosenbohm, Ernst: Kölnisch Wasser. Köln 1951.
Sartori, Paul: Sitte und Brauch. 2 Teile. Leipzig 1910–1914.
Saupe, Heinrich: Der Indiculus superstitionem et paganiarum . . . Leipzig 1891.
Schairer, Immanuel: Das religiöse Volksleben am Ausgang des Mittelalters. Leipzig 1914. Neudruck 1972.
Schefold, Karl und Werner Ernst: Der Aberglaube im Rechtsleben. Halle 1912.
Schindler, Heinrich B.: Der Aberglaube des Mittelalters. Breslau 1858.
Schmidt Johann G.: Die gestriegelte Rockenphilosophie, Oder Aufrichtige Untersuchung derer von vielen superklugen Weibern hochgehaltenen Aberglauben. 5. u. vom neuen übersehene Aufl. Chemnitz 1759.
Schmidt, Philipp: Dunkle Mächte. Frankfurt/Main 1956.
Schmitz: Hermann J.: Die Bussbücher und die Bussdisciplin der Kirche. 2 Bde. (Photomechan. Nachdr. d. Ausg. 1883–1898.) Graz 1958.
Schneider, Carl: Geistesgeschichte des antiken Christentums. 2 Bde. München 1954.
Scholz, Wilhelm von: Der Zufall und das Schicksal. München 1959.
Schreiber, Georg: Die Wochentage im Erlebnis der Ostkirche und des christlichen Abendlandes. Köln, Opladen 1959.
Seligmann, S.: Der böse Blick und Verwandtes. 2 Bde. 1910. Neudruck Hildesheim 1985.
Sprenger, J. und Institoris H.: Der Hexenhammer. Hrsg. von J. W. R. Schmidt. 3. Aufl. 1985.
Stemplinger, Eduard: Antiker Aberglaube in modernen Ausstrahlungen. Leipzig 1922.
Stemplinger, Eduard: Antiker Volksglaube. Stuttgart 1948.

Suetonius Tranquillus, Gaius: Cäsarenleben. Hrsg. von R. Till. 1939.

Tacitus, Publius Cornelius: Germania. Hrsg. von H. Ronge. 3. Aufl. 1940.

Veit, Ludwig A.: Volksfrommes Brauchtum und Kirche im deutschen Mittelalter. Freiburg 1936.

Vintler, Hans von: Die Pluemen der Tugent des Hans Vintler. 1412. Hrsg. von Ignaz V. Zingerle. Innsbruck 1874.

Wesselski, Alb.: Mönchslatain. Leipzig 1909.

Wolf, Werner: Der Mond im deutschen Volksglauben. Bühl 1929.

Wuttke, Adolf: Der deutsche Volksaberglaube der Gegenwart. 3. Bearbeitung von Elard H. Meyer. Berlin 1900.

Zedler, Johann H. (Hrsg.): Großes vollständiges Universal-Lexicon aller Wissenschaften und Künste... 63 Bde. Halle 1732–1750. Supplemente, 4 Bde., Leipzig 1751–1754.

Zender, Matthias (Hrsg.): Sagen und Geschichten aus der Westeifel. Bonn 1966.